10대를 위한 DATA SCIENCE 데이터과학

일상의 문제를 데이터로 해결해보자!

with 엔트리

10대를 위한
DATA SCIENCE
데이터과학
일상의 문제를 데이터로 해결해보자!
with 엔트리

2022년 10월 20일 1판 1쇄 발행

저　　자　구덕회 · 김갑수 · 김정은 · 좌하은(저자 홈페이지 : http://ai9.kr/ds)
발 행 자　정지숙
마 케 팅　김용환

발 행 처　(주)잇플ITPLE
주　　소　서울 동대문구 답십리로 264 성신빌딩 2층
전　　화　0502.600.4925
팩　　스　0502.600.4924
홈페이지　www.itpleinfo.com
이 메 일　itpleinfo@naver.com
카　　페　http://cafe.naver.com/arduinofun

ISBN　979-11-91198-25-6　93000

엔트리는 네이버컨넥트재단에서 만든 비영리 소프트웨어 교육 플랫폼입니다.
본 도서는 엔트리에서 제공하는 로고와 캐릭터를 사용하여 제작하였습니다.

머리말

다가오는 인공지능 시대에 데이터 과학은 청소년들이 꼭 배워야 할 지식입니다. 이 책은 데이터 과학의 이론서보다는 차근차근 체험해 보는 실습서에 가깝습니다. 데이터 과학에 처음 입문하는 청소년들이 **복잡한 이론에 얽매이지 않고 재미있게 내용을 따라가다 보면 어느새 생활에서 데이터 과학을 사용할 수 있게 하는 책**입니다.

이 책은 아래와 같이 내용을 구성하였습니다.

한 걸음은 데이터 과학과 친해지는 단계입니다. 데이터 과학이 무엇인지 살펴보고, 데이터 과학의 절차를 학습하며 데이터 과학자가 되기 위한 방법을 알아봅니다.

두 걸음은 데이터 과학을 엔트리로 경험하는 단계입니다. 엔트리에서 제공하는 데이터를 이용하여 데이터 과학 절차에 따라 주어진 미션들을 해결합니다.

세 걸음은 공공데이터를 활용하여 데이터 과학을 경험하는 단계입니다. 다양한 공공데이터셋을 체험하고 직접 데이터를 수집하여 주어진 미션들을 해결합니다.

네 걸음은 인공지능과 데이터 과학을 연결하는 단계입니다. 엔트리의 인공지능 블록과 데이터분석 블록을 결합하여 데이터를 예측하는 프로그램을 제작합니다.

청소년에게 데이터 과학으로 문제 해결력을 기를 수 있게 하는 입문 실습서는 흔하지 않습니다. 이 책은 **청소년 스스로가 데이터 과학을 이용하여 문제 해결 능력을 키우는데 중점**을 두어 집필되었습니다. 이 책과 함께 즐겁게 도전하고 결과를 확인하며 데이터 과학 전문가로 발전하기 바랍니다.

구덕회 · 김갑수 · 김정은 · 좌하은

목차

이 책은 어떻게 공부할까요?

이 책에서는 데이터 과학 전문가인 구구 박사와 호기심 많은 친구들인 정은이, 하은이와 함께 데이터 과학을 경험해볼 거예요.

이름: 구구 박사
특징: 데이터 과학을 연구하는 박사.
데이터 과학에 대해 설명하는 것을 좋아한다.

이름: 정은
특징: 호기심이 많아 궁금한 것이 생긴다면 꼭 해결해야 한다.

이름: 하은
특징: 주변에서 일어나는 일들에 관심이 많고 탐구하는 것을 좋아한다.

세 인물의 안내에 귀를 기울이며 데이터 과학자가 되기 위한 여정을 떠나보아요. 우리 주변 속 문제들을 데이터 과학 절차에 따라 하나씩 해결하다 보면 어느새 여러분은 멋진 데이터 과학자로 성장할 거예요.

특히, 책을 읽다가 마주치는 구구 박사의 '데이터 과학 지식 더하기'는 책 속 문제를 해결하기 위한 단서가 될 거예요. 눈을 크게 뜨고 확인해보세요.

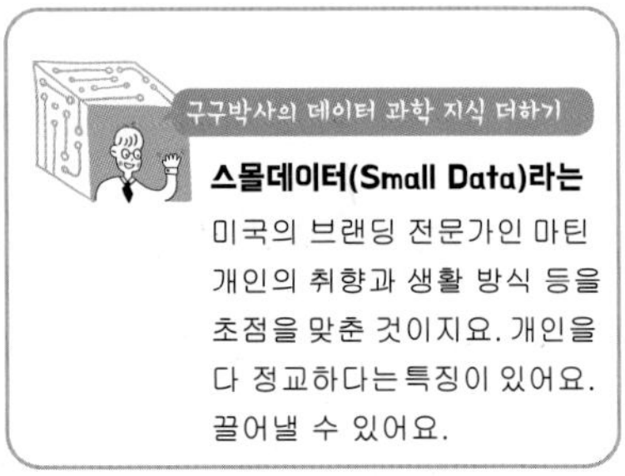
구구박사의 데이터 과학 지식 더하기
스몰데이터(Small Data)라는
미국의 브랜딩 전문가인 마틴
개인의 취향과 생활 방식 등을
초점을 맞춘 것이지요. 개인을
다 정교하다는특징이 있어요.
끌어낼 수 있어요.

이 책은 이렇게 공부하면 좋아요!

1. 스스로 생각해요.

문제해결력이 쑥쑥! 책을 읽다보면 여러분을 위한 여러 질문들이 등장해요. 질문에는 어떤 대답을 적으면 좋을까요? 빈칸에 들어갈 말을 생각하고 적어보세요. 다 적었다면, 자신이 생각한 정답과 해답에 적힌 정답을 비교해 보세요. 스스로 생각하고 적어보는 과정에서 문제해결력을 키울 수 있어요!

2. 함께 따라해요.

데이터 분석력이 쑥쑥! 책 속에는 생활 속 문제를 데이터 과학으로 해결하는 방법이 그림과 설명으로 자세하게 나와 있어요. 눈으로 읽기보다는 한 단계, 한 단계씩 함께 손을 움직여가며 따라 해 보세요. 스스로 해보는 과정에서 데이터 과학의 절차를 자연스럽게 익힐 수 있어요!

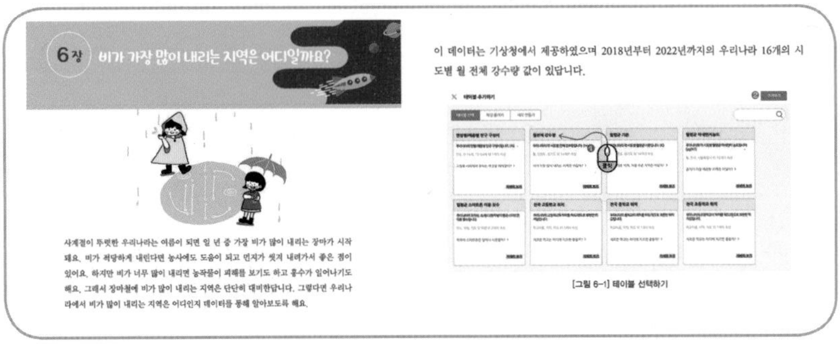
6장 비가 가장 많이 내리는 지역은 어디일까요?

사계절이 뚜렷한 우리나라는 여름이 되면 일 년 중 가장 비가 많이 내리는 장마가 시작돼요. 비가 적당하게 내린다면 농사에도 도움이 되고 먼지가 씻겨 내려가서 좋은 점이 있어요. 하지만 비가 너무 많이 내리면 농작물이 피해를 보기도 하고 홍수가 일어나기도 해요. 그래서 장마철에 비가 많이 내리는 지역은 단단히 대비한답니다. 그렇다면 우리나라에서 비가 많이 내리는 지역은 어디인지 데이터를 통해 알아보도록 해요.

이 데이터는 기상청에서 제공하였으며 2018년부터 2022년까지의 우리나라 16개의 시도별 월 전체 강수량 값이 있답니다.

[그림 6-1] 테이블 선택하기

3. 창의적으로 만들어요.

창의적 사고력이 쑥쑥! 데이터 과학의 마지막 단계인 '문제해결'에서는 문제를 해결하기 위한 엔트리 프로그램을 만들어요. 책 속의 예시 작품을 실행해보고, 여러분이 직접 작품과 비슷한 엔트리 프로그램을 제작해 보세요. 오브젝트와 코드를 자유롭게 수정하여 나만의 멋진 결과물을 만들 수 있어요!

· 이 책은 2020년 데이터를 기준으로 집필되었고 이를 사용할 수 있도록 파일을 제공하고 있어요. 그런데, 공공데이터들은 최신 데이터로 꾸준히 업데이트 되고 있어서 약간의 차이가 있을 수 있어요. 이를 이해하여 공부해주세요

엔트리 사용법

엔트리 들어가기

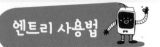

주소: https://playentry.org/

[엔트리 메인 화면]

블록을 조립하는 것처럼 코딩을 하는 것이에요. 블록에는 프로그램을 위한 명령어들이 적혀 있어 마우스로 끌어와 순서대로 조립하면 쉽게 코딩을 할 수 있어요.

엔트리는 블록 코딩으로 이루어진 코딩 플랫폼이에요. 우리가 상상하는 프로그램, 게임 등을 만들 수 있어요. 코딩 기초 기능부터 데이터 분석과 인공지능까지 있어 우리의 컴퓨팅 사고력과 창의력을 키워줄 수 있어요!

엔트리 로그인하기

메인 화면 오른쪽 윗부분을 보면 로그인 버튼이 있어요.

[엔트리 로그인 화면]

엔트리 아이디나 네이버 아이디가 있다면 로그인을 해주세요. 만약 아이디가 없다면 회원 가입을 하고 로그인을 하여 앞으로의 활동을 진행하는 것을 추천해요. 로그인을 하면 데이터 분석을 한 것과 만든 프로그램 등을 모두 저장할 수 있기 때문이에요.

참고 자료 내려받기

이 책의 참고 자료는 잇플 홈페이지에서 한 번에 다운받을 수 있어요.
검색창에 http://www.itpleinfo.com 를 입력하고, 잇플(ITPLE) 홈페이지에 접속하여 그림과 같은 화면이 보이면 커뮤니티 메뉴를 눌러요.

주소: www.itpleinfo.com

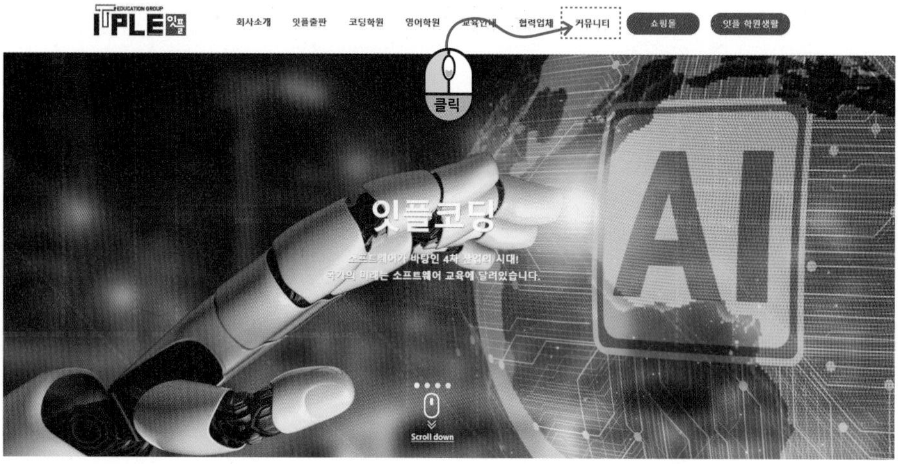

[잇플 홈페이지 메인 화면]

커뮤니티 메뉴에서 자료실을 클릭해요.

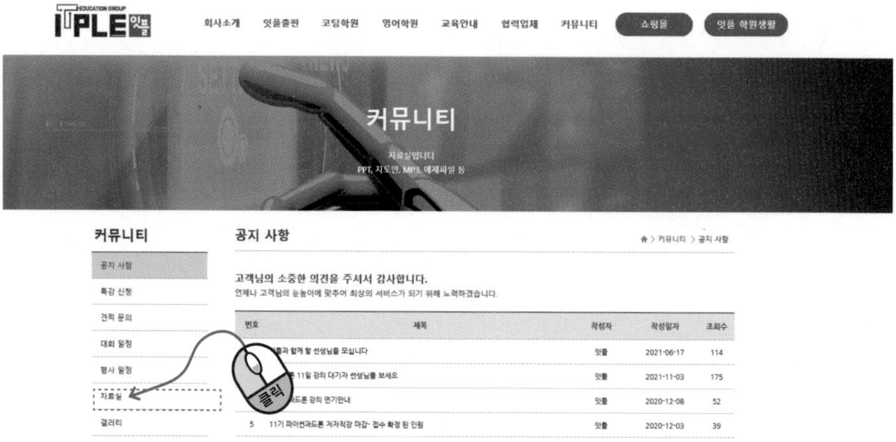

[자료실 들어가기]

자료실에는 코딩과 관련된 다양한 자료들이 있어요. 자료들 중에서 구구 박사를 클릭하면, 10대를 위한 데이터 과학 예제 파일 게시글이 보여요.

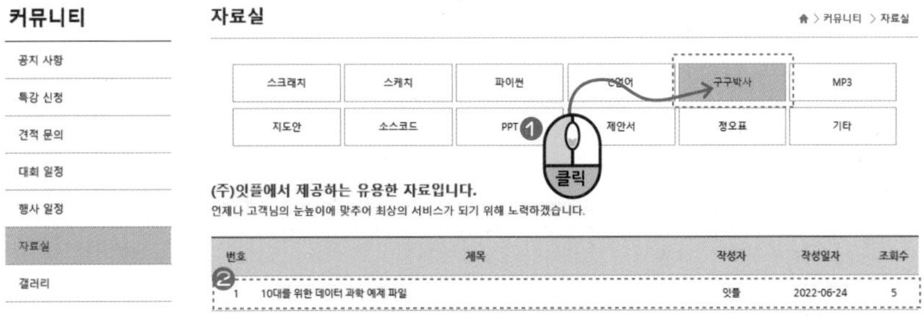

[예제 파일 자료집]

다운로드를 클릭하면, 예제 파일을 다운받을 수 있어요. 예제 파일은 zip형식으로 제공되니 압축을 풀어서 사용하면 되어요.

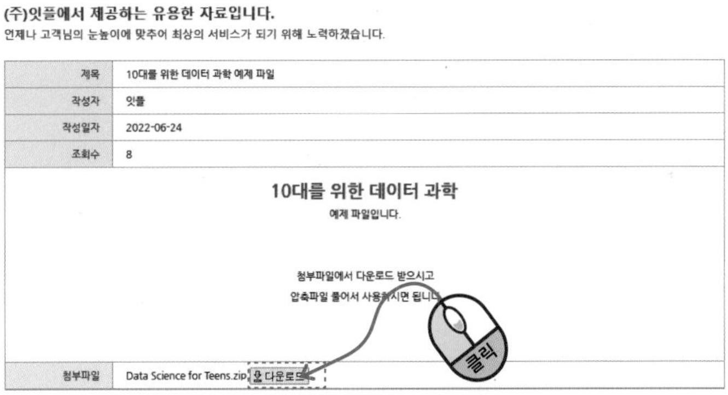

[예제 파일 다운로드]

저자가 직접 운영하는 홈페이지에서도 관련 파일을 다운받을 수 있어요!

http://ai9.kr/ds

10대를 위한 데이터 과학
with 엔트리

한 걸음

데이터 과학과 친해지기

1장 데이터 과학은 무엇일까요?

1 데이터 과학이란?

[그림 1-1] 데이터 과학이란 무엇일까요?

데이터 과학이란 데이터로부터 가치를 발견하는 학문이에요. 목적에 알맞은 데이터를 수집하고 분석하여 발견한 가치에 데이터 과학자의 경험과 다양한 학문적 지식을 더하여, 이를 효과적으로 활용하고 전달하는 과정을 포함해요.

5G 인터넷, 스마트폰, 사물인터넷 등의 정보 통신 기술의 발달과 함께 데이터 과학을 필요로 하는 분야가 늘어났어요. 데이터 수집을 보다 수월하게 할 수 있고 수집할 수 있는 데이터의 양도 많아졌기 때문이에요. 우리가 많이 들어 본 애플, 구글, 페이스북, 넷플릭스 등의 기업들도 데이터를 수집, 분석하여 기업의 발전을 위해 활용해요.

우리가 웹사이트에서 영상을 시청하는 것을 예로 들어 볼게요. 내가 시청하는 영상 기록의 데이터를 확인하고 내 취향에 맞는 영상을 추천해주는 과정을 생각해보아요. 나의 영상 시청 기록을 모으는 것은 데이터를 수집하고 확인하는 것이에요. 여기서 더 나아가 취향을 분석하는 것, 영상을 추천해주는 것은 데이터에서 가치를 창출하는 데이터 과학이라고 할 수 있어요.

데이터 과학은 피라미드와 같은 구조로도 설명할 수 있어요.

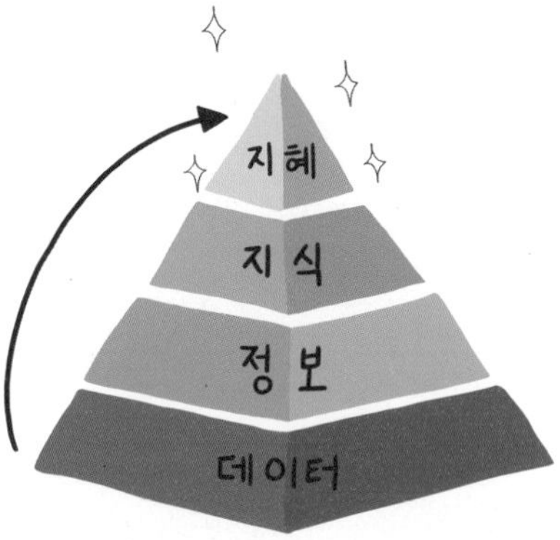

04 얻은 지식에 상황이나 맥락을 더해 알맞게 활용하는 지혜를 끌어내요.

03 정보를 분석하여 지식을 얻어요.

02 수집한 데이터 중 데이터 과학의 목적에 알맞은 데이터들을 정보로 분류해요.

01 단순한 값의 나열인 데이터를 수집해요.

[그림 1-2] 데이터로부터 지혜를 끌어내는 삼각형

2 데이터는 무엇인가요?

그렇다면 데이터 과학의 재료인 데이터는 무엇일까요? 데이터는 우리가 무언가를 관찰하거나 실험하거나 측정하는 등의 활동을 하여 얻은 값이라고 할 수 있어요.

여러분의 키, 몸무게, 시력 등도 신체 데이터이고 여러분의 학교 위치도 위치 데이터예요. 과자를 먹다가 과자 봉지 뒷면에 있는 식품영양 분석표를 본 적 있나요? 이것은 식품 영양 데이터예요. 뿐만 아니라 설문 조사를 통해 모은 사람들의 의견도 데이터예요. 따라서 일상생활 속 정보들이 모두 데이터인 것이죠!

3 지금은 빅데이터의 시대!

(1) 빅데이터의 개념

4차 산업혁명, 인공지능, 사물인터넷, 블록 체인 등과 함께 이야기되는 빅데이터! 여러분은 빅데이터가 무엇인지 알고 있나요?

빅데이터는 디지털 환경에서 만들어지는 큰 부피, 빠른 속도와 다양한 형태를 가진 데이터예요. 인터넷만 연결되면 언제 어디서나 데이터에 접속할 수 있는 지금, 디지털 환경에서의 나의 활동이 모두 데이터로 저장되어 빅데이터로 사용될 수 있어요. 기술의 발전으로 빅데이터 수집이 쉬워졌기 때문에 빅데이터는 정치, 경제, 문화, 과학 등 다

[그림 1-3] 빅데이터

양한 영역에서 활용되고 있어요. 이러한 빅데이터의 활용으로 우리는 좀 더 나은 생활을 할 수 있으며 미래의 변화도 예측할 수 있어요.

(2) 빅데이터의 활용

아마존의 예측 배송 서비스

웹사이트를 통해 다양한 제품과 서비스를 제공하는 미국의 기업 아마존은 빅데이터를 적극적으로 활용하고 있는 대표적인 기업이에요.

주소: https://www.amazon.com/

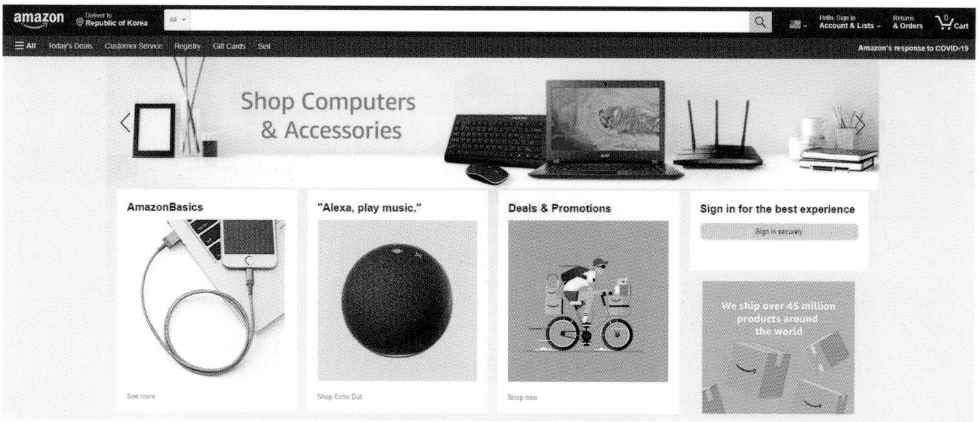

[그림 1-4] 아마존 메인 화면

아마존은 빅데이터 분석 시스템을 활용하여 나이, 취향, 소득 등을 종합 분석 후 예측하여 상품을 추천해요. 그리고 빅데이터를 활용한 '예측 배송 서비스'라는 것을 도입했어요.

이것은 어떤 고객이 물건을 실제로 구매하기도 전에 이 물건을 구매할 것이라고 예상해서 고객의 집 근처 물류 창고에 미리 배송해두는 시스템이에요. 빅데이터 분석을 통해 나이, 소득 및 지난 구매 내역 등을 종합적으로 분석하여 구매를 예측하는 시스템을 구축한 것이죠.

또한 아마존에서 판매하는 제품과 서비스를 다른 기업에서는 얼마에, 얼마나 팔리는지에 대한 빅데이터를 수집하여 가격 관리를 한다고 해요.

(3) 빅데이터의 특징

[그림 1–5] 빅데이터의 특징 5V

빅데이터는 'V'로 시작하는 5가지의 특징을 가지고 있어요. 양(Volume), 속도(Velocity), 다양성(Variety), 타당성(Veracity), 가치(Value)로 5개의 V라고 하여 5V라고도 해요. 그럼 이 다섯 가지 특징을 더 자세히 살펴보도록 해요.

첫 번째는 방대한 데이터의 양(Volume)이에요. 정보통신기술의 발전으로 대량의 데이터를 이전보다 쉽게 수집할 수 있게 되었어요. 따라서 활용할 수 있는 데이터의 양이 많아지면서 데이터의 활용 범위도 함께 넓어졌어요.

두 번째는 새로운 데이터가 만들어지는 속도(Velocity)예요. 우리가 스마트폰과 인터넷으로 소셜 미디어를 사용하거나 검색하는 과정에서 데이터는 계속 만들어져요. 이처럼 데이터는 다양한 곳에서 빠르게 생산되고 있어요.

세 번째는 데이터의 형태가 다양(Variety)해요. 데이터의 형태는 숫자뿐만 아니라 이미지, 음성 등 다양한 형태가 있어요.

네 번째로 데이터는 타당성(Veracity)을 가져야 해요. 많은 양의 데이터에는 정확하지 않거나 분석에 오류를 발생시킬 수 있는 데이터도 있어요. 이러한 데이터들은 데이터 분석의 정확도를 떨어뜨릴 수 있어요.

다섯 번째는 데이터로 가치를 끌어내는 것(Value)이에요. 데이터 분석을 토대로 의사결정을 내리거나 미래를 예측하는 등의 가치를 끌어낼 수 있어요.

구구박사의 데이터 과학 지식 더하기

스몰데이터(Small Data)라는 것도 있나요?

미국의 브랜딩 전문가인 마틴 린드스트롬(Martin Lindstorm)에 따르면, 스몰데이터는 개인의 취향과 생활 방식 등을 바탕으로 수집한 데이터예요. 개인의 상세한 데이터에 초점을 맞춘 것이지요. 개인을 자세히 관찰하여 수집한 데이터이기 때문에 빅데이터보다 정교하다는 특징이 있어요. 스몰데이터를 활용하면 맞춤형으로 개별화된 의미를 이끌어낼 수 있어요.[1)]

스몰데이터와 빅데이터는 다른 개념이지만, 두 가지의 데이터를 함께 이용한다면 더욱 의미 있는 데이터 과학을 경험할 수 있을 거예요.

1) 마틴 린드스트롬, 「스몰데이터」, 로드북, 2017.

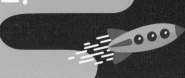

2장 데이터 과학은 어떻게 하는 걸까요?

1 데이터 과학의 단계

데이터 과학이 어떤 학문인지, 데이터는 무엇인지 어느 정도 이해가 되었나요? 이번 장에서는 데이터 과학의 단계를 알아보도록 해요. 데이터 과학은 ‘ 문제 인식 → 데이터 수집 → 데이터 다듬기 → 데이터 시각화 → 데이터 분석 → 문제 해결’의 단계로 이루어져요.

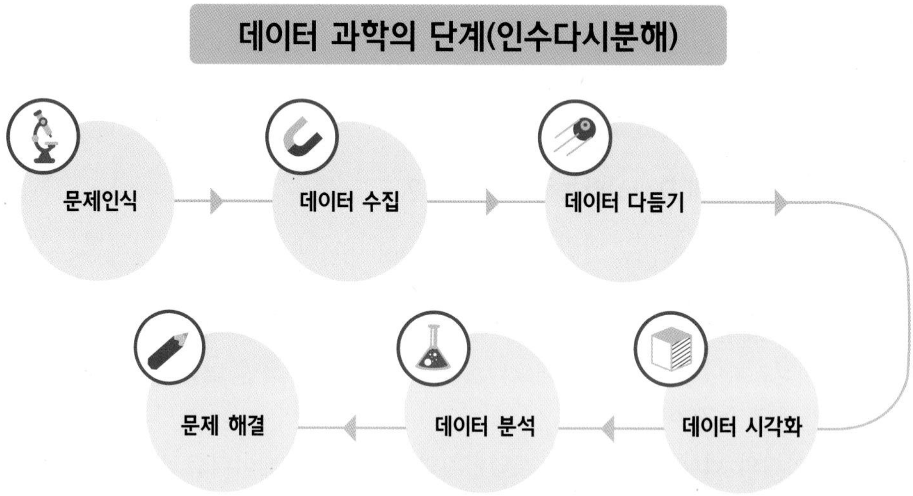

(1) 문제 인식

데이터 과학을 위한 출발점으로 데이터 과학을 하는 목적을 정하는 단계예요. 인식한 문제에 따라 어떠한 데이터를 수집할지, 어떠한 도구를 활용하여 분석할지 등 데이터 과학의 방향을 생각해요(때로는 수집한 데이터를 살펴본 후 문제를 설정하기도 해요). 여러분이 잘 알고 있는 분야나 관심이 많은 분야를 선택하면 데이터 과학을 하는 과정이 흥

미롭고 의미 있을 거예요.

(2) 데이터 수집

인식한 문제를 해결하기 위해 데이터를 수집하는 단계예요. 이 단계에서 중요한 것은 목적에 알맞은 데이터를 수집해야 한다는 점이에요. 데이터 수집 대상을 정하여 직접 온라인이나 오프라인에서 데이터 수집을 할 수 있어요. 또는 여러 웹사이트에서 제공하는 공공데이터를 가져와 활용할 수 있어요.

우리가 이 책에서 함께 다루어 볼 공공데이터 웹사이트에 대해서는 **'9장. 세 걸음 준비운동!'**에서 자세히 공부해요.

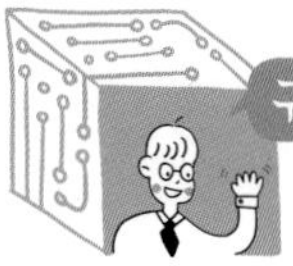

구구박사의 데이터 과학 지식 더하기

데이터 수집 시 우리가 주의해야 할 점이 있나요?

일반인들이 수집하기 어려운 방대한 양의 데이터를 수집하여 모아 놓은 공공데이터 웹사이트들이 많아지고 있어요. 데이터 과학을 하는 과정에서 우리가 다양한 데이터를 활용할 수 있게 되었죠.

이러한 공공데이터 활용 시 먼저 데이터를 제공하는 기관에서 제시한 이용 규정을 확인하여 저작권을 잘 지켜 이용해야 해요. 그리고 직접 데이터를 수집하는 경우 데이터를 수집하는 과정이 정보통신윤리, 개인정보 보호에 어긋나지 않도록 수집해야 해요. 예를 들어 데이터 수집 대상자의 동의 없이 데이터를 수집하거나 개인정보 동의 없이 개인정보 데이터를 활용해서는 안 돼요.

(3) 데이터 다듬기

데이터를 수집한 뒤에는 그 데이터를 살펴보아야 해요. 다듬기라는 단어에서 알 수 있듯이 본격적으로 데이터를 분석하기 전에 분석에 알맞게 데이터를 처리한다는 뜻이에요. 필요하지 않은 데이터나 분석에 오류를 불러올 수 있는 데이터가 있을 수 있어요. 따라서 전체적으로 데이터를 살펴보고 수정, 삭제해주어야 하므로 많은 시간이 걸릴 수 있는 단계예요. 또 다른 단어로는 '데이터 전처리'라고도 해요.

(4) 데이터 시각화

먼저, 준비한 데이터를 효과적으로 분석할 수 있는 도구를 선택해요. 분석을 위한 도구에는 엑셀, 파이썬, R, C언어, 자바 등의 프로그래밍 언어가 있어요. 데이터 분석을 할 사람이 사용할 수 있는 분석 도구와 데이터 크기에 따라 분석 도구를 정해요.

분석 도구를 정한 후 데이터 시각화를 해요. 데이터 시각화는 데이터를 한눈에 파악할 수 있도록 만들어주는 단계예요. 막대그래프, 선 그래프, 파이 그래프 등의 형식으로 나타내요. 데이터가 담고 있는 내용에 따라 적합한 시각화의 형식은 달라져요.

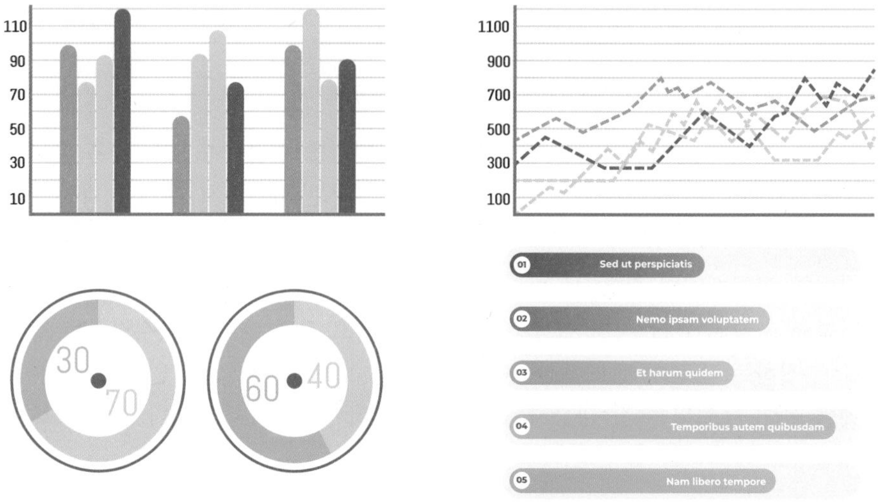

[그림 2-1] 다양한 그래프

(5) 데이터 분석

데이터와 시각화한 자료를 살펴보며 데이터 분석을 해요. 데이터 간의 관계를 파악해보거나 의미 있는 가치를 발견해요. 예상한 결과가 나오지 않을 수도 있고, 새로운 의미를 찾아낼 수도 있어요. 또한 데이터 분석을 바탕으로 미래를 예측하기도 해요.

(6) 문제 해결

데이터 수집부터 분석까지의 단계를 거치며 얻은 결과를 바탕으로 앞서 인식했던 문제를 해결해요.

이제까지 살펴보았던 데이터 과학의 단계들이 이해가 되었나요? 단계에 따라 데이터 과학을 하다가 필요하다면 앞의 단계들로 돌아가서 다시 시작해도 되어요. 또한 꼭 순서대로 데이터 과학을 하지 않고 필요에 따라 단계를 조정할 수도 있어요. 이 책에서 우리는 앞에서 배운 데이터 과학의 단계를 바탕으로 10대를 위한 데이터 과학을 경험해볼 거예요!

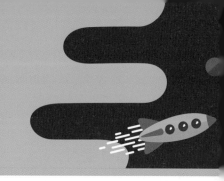

3장 우리 모두 데이터 과학자!

1 데이터 과학자라는 직업

[그림 3-1] 데이터 과학자

데이터 과학을 연구하는 사람을 데이터 과학자라고 해요. 다양한 데이터를 수집한 후 분석에 적합하게 데이터를 다듬고, 데이터에서 새로운 정보를 찾아내고, 이를 다른 사람들에게 효과적으로 전달하는 사람이에요. 데이터 과학자는 크게 6가지의 일을 해요.

1 데이터를 기반으로 해결할 수 있는 문제를 인식해요.

2 데이터를 수집하고 다듬어요.

3 데이터를 시각화해요.

4 데이터를 분석해요.

5 데이터 분석을 근거로 의사결정을 하거나 데이터에서 가치를 끌어내요.

6 데이터 분석의 결과를 다른 사람들과 공유해요.

2 데이터 과학자, 나이팅게일

[그림 3-2] 나이팅게일

백의의 천사, 광명의 천사라고도 불리는 플로렌스 나이팅게일에 대해 들어본 적 있나요? 1853년 크림전쟁[1]으로 많은 병사가 다치고 죽던 시기에 나이팅게일은 데이터 과학을 통해 사망자를 줄일 수 있었어요.

현대와 달리 나이팅게일이 살던 시기에는 사람들의 병원 기록, 질병에 관한 데이터들이 기록되어 있지 않았어요. 이때 나이팅게일은 입원 시점, 부상 내용, 감염 여부, 질병 여부, 치료 내용 등을 기록했고 이 기록을 원그래프로 그려 분석했어요. 이렇게 해서 만들어진 것이 [그림 3-3]의 장미 도표(로즈 다이어그램)예요. 그래프가 장미꽃의 모양과 비슷하여 '장미 도표'라고 불러요.

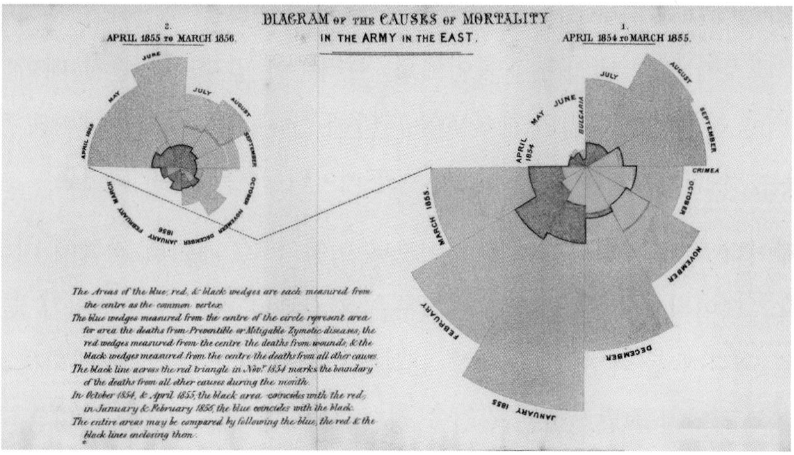

[그림 3-3] 장미 도표

1) 1853년~1856년. 오스만투르크 · 영국 · 프랑스 · 사르데냐 연합군과 러시아가 크림반도와 흑해를 둘러싸고 벌인 전쟁.

데이터 시각화를 통해 나이팅게일은 전쟁에서 입은 상처로 인해 죽은 병사들보다 병원에서의 2차 감염과 같은 질병으로 인해 죽은 병사들이 더 많다는 것을 알게 되었어요. 이를 바탕으로 병원의 환경을 개선하자 병으로 죽은 병사들의 사망률이 6개월 만에 42%에서 2%로 감소했어요.[1)]

나이팅게일은 총 2만 1,097명의 환자에 대한 기록을 하였고 이 기록을 우리는 '빅데이터'라고 말할 수 있어요. 이처럼 나이팅게일은 문제 인식부터 데이터 수집, 데이터 시각화와 데이터 분석의 절차를 거쳐 문제를 해결한 데이터 과학자라고 할 수 있어요.

3 우리 모두 데이터 과학자!

내 주변에서 문제를 발견하고 이를 해결하기 위해 데이터를 수집하고 분석하여 의미를 끌어낸다면 그것이 바로 데이터 과학이에요! 여러분이 언제 행복한지 데이터를 기록하고 그 데이터를 분석하여 개인의 행복도를 파악해 볼 수 있어요. 나의 미래 행복을 예측해 볼 수 있는 것이죠! 필요하다면 공개된 공공데이터를 활용하면 되어요.

'한 걸음, 데이터 과학과 친해지기'를 읽어보니 어떤가요? 데이터 과학에 대하여 이해가 잘 되었나요? 데이터 과학과 친해진 여러분은 지금부터 데이터 과학자가 되어 여러 가지 미션들을 해결해 볼 거예요. 문제를 인식하고 데이터를 수집, 시각화하고 분석하여 문제를 해결하고 가치를 발견하는 과정을 경험해보도록 해요. 그럼 데이터 과학자가 되기 위한 두 번째 발걸음을 내딛어봐요! 출발!

1) 와쿠이 요시유키,와쿠이 사다미,『그림으로 설명하는 개념 쏙쏙 통계학』, 성안당, 2019.

10대를 위한 데이터 과학
with 엔트리

두 걸음

엔트리 기반 데이터 과학

4장. 두 걸음 준비운동!

5장. 사람들은 봄에 어떤 종류의 노래를 즐겨 들을까요?

6장. 비가 가장 많이 내리는 지역은 어디일까요?

7장. 소풍은 몇 월에 가는 것이 좋을까요?

8장. 어느 지역으로 배추 수확을 도와드리러 갈까요?

4장 두 걸음 준비운동!

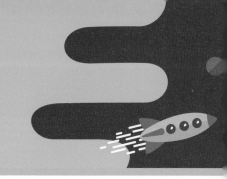

본격적으로 두 걸음을 시작하기 전에 준비운동을 해보도록 해요. 준비운동에서는 구구 박사와 정은이, 하은이와 함께 데이터 과학을 경험해보기 전에 어떤 순서로 데이터 과학을 해볼 것인지 알아보아요. **'한 걸음, 데이터 과학과 친해지기'**에서 배웠던 데이터 과학의 단계와 같은 방법으로 체험해보아요!

1 이야기를 읽고 문제 인식하기

호기심이 많은 두 친구는 대화하며 일상생활 속 궁금한 점들을 이야기해요. 일상생활 속의 이야기이기 때문에 여러분도 평소에 정은이와 하은이처럼 궁금했을 수도 있어요.

두 친구의 대화를 들어보고 어떤 것을 궁금해하는지, 어떻게 해결하면 좋을지 생각해보세요.

2 문제 해결 계획하기

앞으로 정은이와 하은이의 대화를 통해 우리가 해결해야 하는 문제가 무엇인지 생각해 볼 거예요. 그리고 어떤 데이터를 활용하여 그 문제를 해결할 수 있을지 아래와 같은 빈칸에 직접 적어볼 거예요.

● 문제 해결 계획하기

(1) 우리가 해결해야 하는 문제는 무엇인가요?

해결할 문제

(2) 문제 해결을 위해 어떤 데이터가 필요할까요?

필요한 데이터

3 엔트리와 함께 문제 해결하기

'데이터 수집하기' 단계부터는 엔트리의 도움을 받을 거예요.

엔트리에는 우리가 데이터 과학을 쉽게 할 수 있도록 데이터 분석 기능을 제공하고 있어요. 두 걸음부터 네 걸음까지 모두 엔트리를 활용하여 데이터 과학을 경험하게 되니 준비운동 제대로 하고 시작해보도록 해요!

[그림 4-1] 엔트리봇

(1) 엔트리 들어가기

엔트리 웹사이트로 들어가 [만들기] 메뉴 안의 [작품 만들기]를 눌러 편집 화면으로 들어가 보세요.

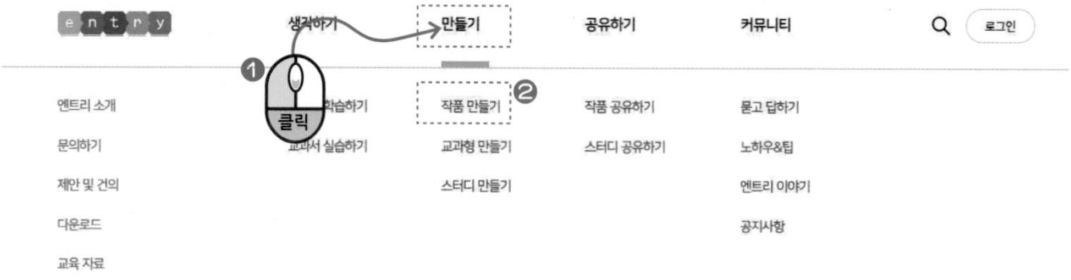

[그림 4-2] 엔트리 작품 만들기 메뉴

(2) 엔트리로 데이터 준비하기

새롭게 열린 **'작품 만들기'** 화면에서 블록 모음 아래쪽에 있는 데이터 분석을 눌러보세요.

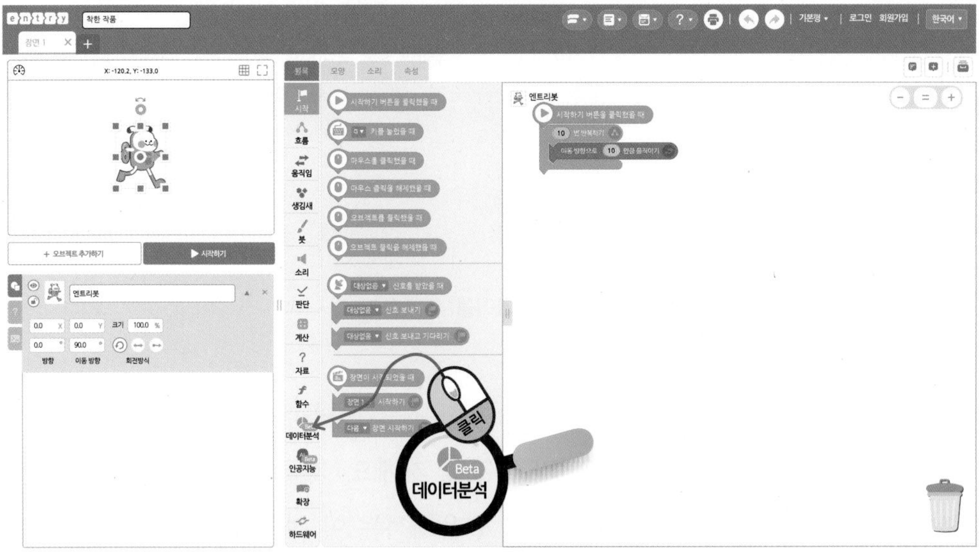

[그림 4-3] 데이터 분석 블록의 모양

눌렀는데 블록들이 아무것도 없다고요?

맞아요. 데이터를 불러와야 데이터 분석 블록들이 생겨요. 테이블 불러오기 버튼을 눌러보세요.

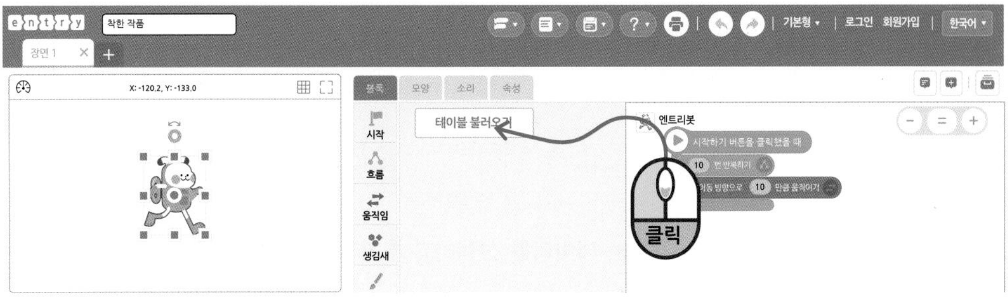

[그림 4-4] 테이블 불러오기

테이블 불러오기 화면의 왼쪽 윗부분에는 테이블 추가하기 버튼이 있어요. 테이블이 무엇인지 궁금한 친구들은 이 장 마지막에 구구 박사의 데이터 과학 지식 더하기에서 확인할 수 있어요!

[그림 4-5] 테이블 추가하기

테이블 추가하기 버튼을 누르면 엔트리에서 준비해준 공공데이터들이 있어요. 앞으로 이 공간을 **'데이터 테이블 선택 공간'**이라고 부를 거예요. 계절별 기온, 시도별 인구, 월평균 강수량 등 다양한 데이터가 있어요. 두 걸음에서는 이 데이터들을 활용하여 데이터 과학을 경험해 볼 거예요.

준비된 데이터 중 한 가지를 선택하고 추가하기 버튼을 누르면 데이터를 불러올 수 있어요. 우리는 **'계절별 기온'** 데이터를 불러와 볼게요.

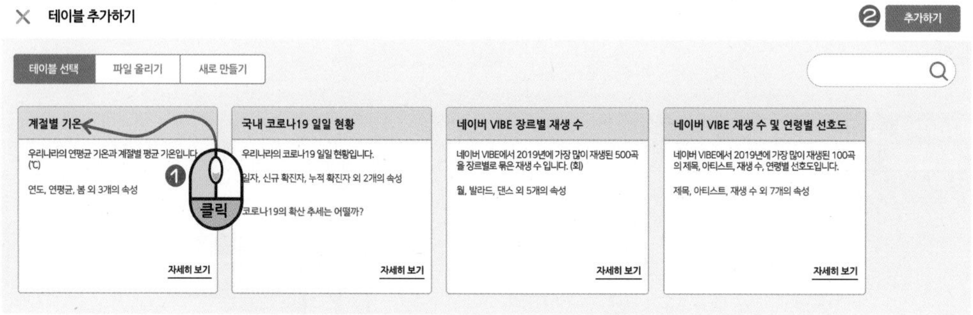

[그림 4-6] 원하는 데이터를 선택하고 추가 버튼 누르기

[그림 4-7] 데이터 테이블을 불러온 화면

데이터 테이블을 추가하면 빈 공간이었던 곳에 데이터가 적힌 테이블이 불러와져요. 이렇게 데이터 테이블이 보인다면 엔트리에서 데이터 수집을 완료한 거예요!

(3) 엔트리로 데이터 다듬기

엔트리에서는 해당하는 곳을 클릭하고 마우스 오른쪽 클릭을 하면 데이터를 삭제하거나 추가할 수 있는 기능을 제공해요. 데이터를 다듬어야 할 경우에는 이 기능을 사용하세요.

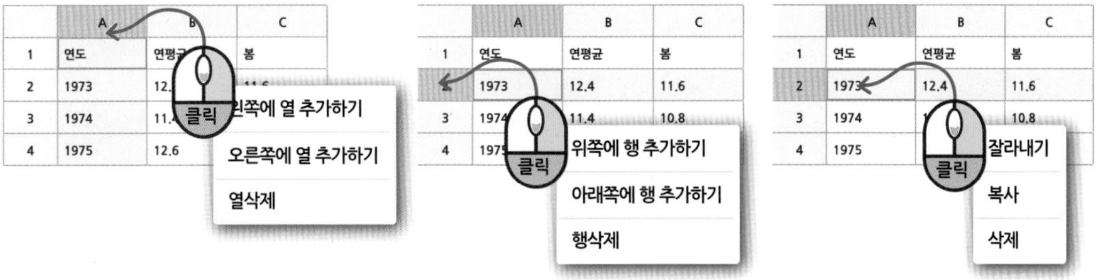

[그림 4-8] 데이터 다듬기

(4) 엔트리로 데이터 시각화하기

데이터를 분석하기 위해서는 데이터를 한눈에 보기 쉽게 표현할 수 있어야 해요. 데이터를 표현하는 방법에는 크게 두 가지가 있어요. 바로 표와 그래프예요. 그래프를 만드는 것을 **데이터 시각화**라고 해요. 엔트리에서는 차트 기능으로 5가지의 그래프를 제공하고 있어요.

[그림 4-9] 엔트리의 데이터 시각화 종류

우선 차트 버튼을 누른 후 + 버튼을 눌러보세요. 5가지의 데이터 시각화 종류가 나타나요. 그 중 적절한 그래프를 선택한 뒤 원하는 그래프의 가로축과 계열을 알맞게 선택해주세요. 지금은 5가지 그래프 중에 막대그래프를 선택해볼게요.

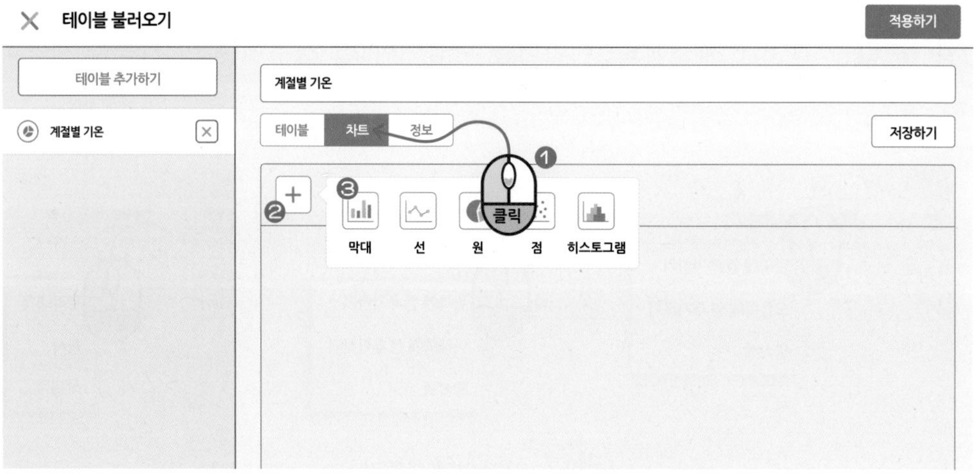

[그림 4-10] 데이터 시각화를 하기 위하여 차트 버튼 누르기

막대그래프를 선택한 뒤에 차트 이름을 적어주세요. 그다음 원하는 데이터 값들이 시각화될 수 있도록 가로축과 계열을 알맞게 선택해보세요. 지금은 가로축을 '연도', 계열을 '연평균'으로 선택해볼게요.

만약 데이터 분석을 위해 데이터 시각화 그래프가 여러 개 필요하다면 + 버튼을 눌러 여러 그래프를 추가할 수 있어요.

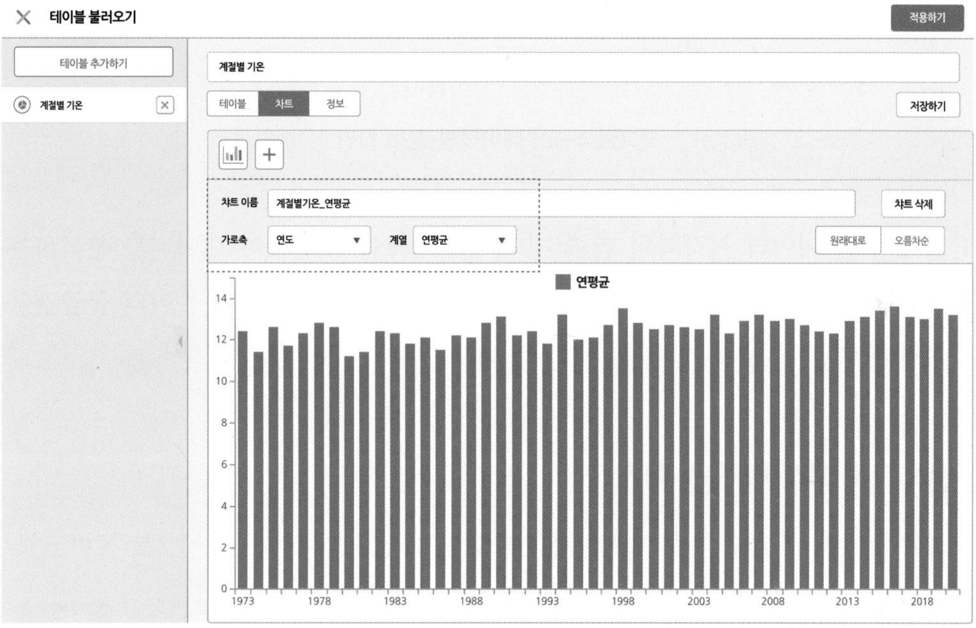

[그림 4-11] 데이터 시각화 완료 화면

(5) 엔트리로 정보 확인하여 데이터 분석하기

정보를 누르면 데이터 테이블에서 열을 기준으로 한 통곗값을 보여주어요.

1973년부터 2020년의 연평균 기온의 최댓값은 13.6도, 최솟값은 11.2도라는 것을 쉽게 알 수 있어요.

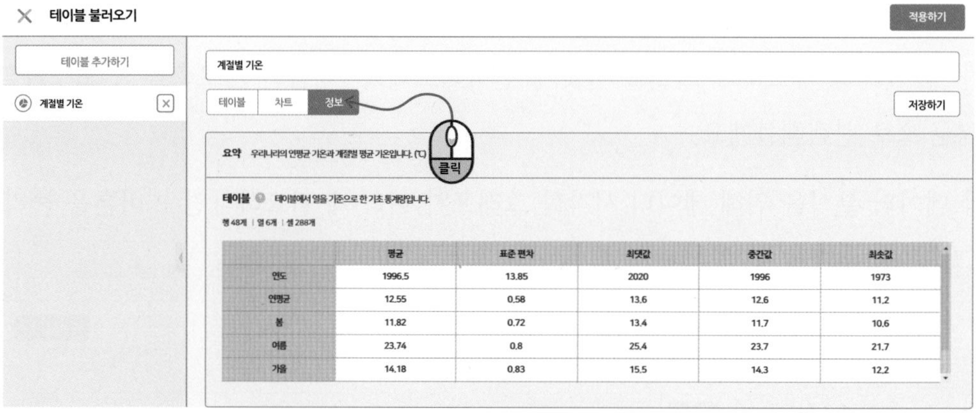

	평균	표준 편차	최댓값	중간값	최솟값
연도	1996.5	13.85	2020	1996	1973
연평균	12.55	0.58	13.6	12.6	11.2
봄	11.82	0.72	13.4	11.7	10.6
여름	23.74	0.8	25.4	23.7	21.7
가을	14.18	0.83	15.5	14.3	12.2

[그림 4-12] 데이터의 정보 화면

앞 단계에서 한 데이터 시각화와 함께 데이터의 정보를 확인하여 데이터를 분석하는 과정을 거쳐 데이터 과학을 경험해보세요! 그리고 앞으로 정은이와 하은이의 궁금점을 함께 해결해봐요!

(6) 엔트리로 데이터 응용하기

앞 단계까지 완료 후 오른쪽의 적용하기 버튼을 누른 뒤, 왼쪽 윗부분의 x를 눌러주세요.

[그림 4-13] 적용하기 버튼 누르기

블록 화면에 아까는 보이지 않던 데이터 분석 블록이 나타난답니다!

이 블록들을 활용해서 재미있는 응용 프로그램들을 만들어 볼 거예요.

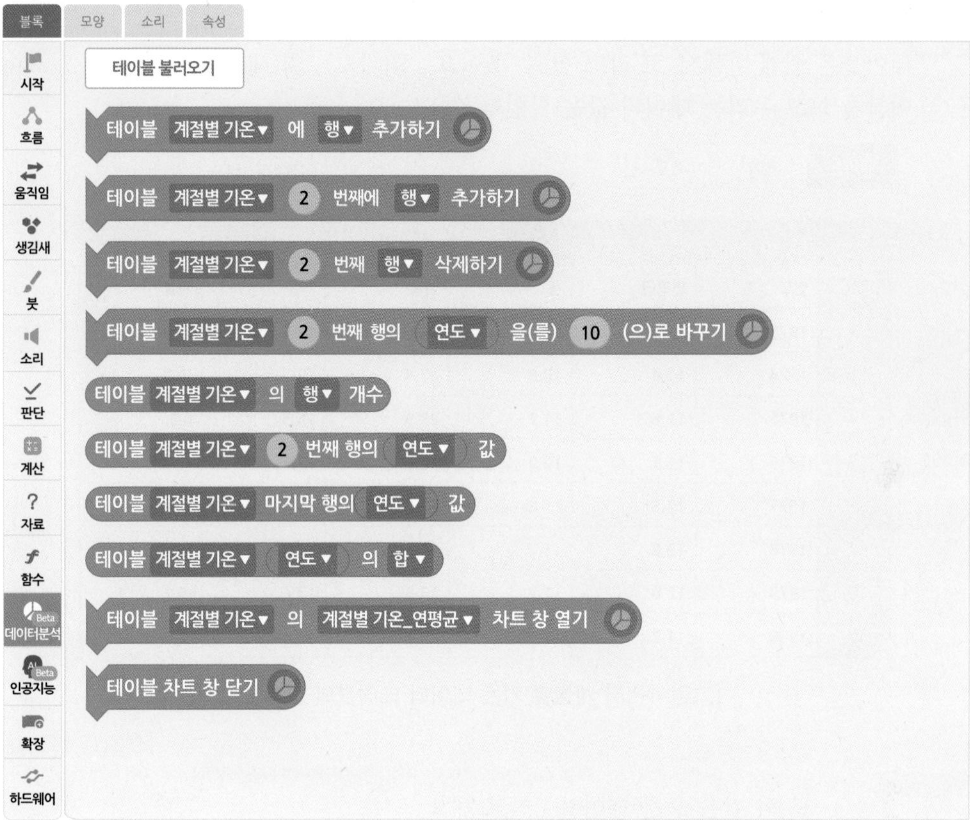

[그림 4-14] 적용하기 버튼 누르기

이로써 두 걸음을 내딛기 전 준비운동이 완료되었어요!

앞으로 배울 각 장에서 더 자세히 설명하며 데이터 과학을 경험해보도록 해요. 이제 본격적인 데이터 과학을 하러 자신 있게 두 걸음을 내디뎌 보아요!

구구박사의 데이터 과학 지식 더하기

테이블이란?

테이블은 쉽게 말해서 '표'라고 할 수 있어요. 행(가로), 열(세로)로 이루어져 있으며 테이블을 보고 우리는 데이터 값을 확인할 수 있어요.

테이블 | 차트 | 정보

	A	B	C	D	E	F
1	연도	연평균	봄	여름	가을	겨울
2	1973	12.4	11.6	24.5	12.9	-1.4
3	1974	11.4	10.8	22.4	13	-0.1
4	1975	12.6	11.2	23.9	15.5	0.3
5	1976	11.7	10.9	22.6	12.5	-1.7
6	1977	12.3	11.8	23.5	15	0.7
7	1978	12.8	11.7	24.7	14.3	2.2
8	1979	12.6	11.2	23.5	13.6	-0.2
9	1980	11.2	11	22.1	13.4	-2.3

[그림 4-15] 계절별 기온 데이터 테이블의 일부

[그림 4-15]와 같은 표를 테이블이라고 해요.

여기서 행(가로)에는 우리나라의 연도별 연평균 기온과 계절별 평균 기온 데이터 값이 있어요. 열(세로)에는 연도, 연평균 기온, 봄, 여름, 가을, 겨울의 각 데이터 값이 있어요. 데이터 값의 속성이 입력된 곳이 열인데, 속성을 보면 데이터가 무엇을 나타내는지 알 수 있어요.

두 번째 행에서 '1973', '12.4', '11.6', '24.5', '12.9', '−1.4'를 값으로 읽을 수 있어요. 행을 따라 값을 읽어보면, 1973년의 우리나라 연평균 기온은 12.4도, 봄은 11.6도, 여름은 24.5도, 가을은 12.9도, 겨울은 영하 1.4도였어요.

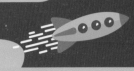

5장 사람들은 봄에 어떤 종류의 노래를 즐겨 들을까요?

여러분들은 즐겨 듣는 노래가 있나요? 주로 어떤 종류의 노래를 좋아하나요? 발라드? 댄스? 힙합? 개인의 취향에 따라 좋아하는 노래는 다를 거예요. 봄, 여름, 가을, 겨울 계절에 따라 즐겨 듣는 노래의 종류가 같을 수도 있고 다를 수도 있어요. 엔트리에서 제공하는 데이터를 통해 다른 사람들이 계절별로 즐겨 듣는 노래의 종류는 무엇인지 알아보도록 해요.

이번 장에서는 무엇을 배울까요?

- 테이블에 대해서 알고, 행과 열의 값을 읽을 수 있어요.
- 수집한 데이터 값을 한눈에 보이게 시각화 할 수 있어요.
- 계절별로 사람들이 많이 듣는 노래 장르를 보여주는 프로그램을 만들 수 있어요.

1 문제 인식

꽃도 피고 4월의 봄 날씨 정말 좋다! 날씨도 좋은데 점심 먹고 운동장에서 산책할래?
방송실에 가서 노래 틀자! 봄이니까 발라드 어때?

뭐? 잔잔한 발라드?
신나는 봄에는 춤추고 싶은 댄스곡이지!

꽃 피는 봄 풍경을 보면서 발라드를 들으면 기분이 얼마나 좋은데!
너는 봄에 주로 댄스곡을 듣는구나!

응! 나는 댄스곡! 취향이 다르니까 계절별로 즐겨 듣는 노래의 종류가 다 다르겠다!
대체로 사람들은 계절별로 어떤 종류의 노래를 즐겨듣는지 궁금해!

계절별로 즐겨 듣는 노래의 종류를 알아보고
방송실에서 계절별로 틀어줄 노래의 종류를 정하는 건 어때?

문제 해결 계획하기

(1) 우리가 해결해야 하는 문제는 무엇인가요?

해결할 문제	

(2) 문제 해결을 위해 어떤 데이터가 필요할까요?

필요한 데이터	

2 데이터 수집하기

(1) 데이터, 어디서 구할까?

4장을 참고해서 **데이터 테이블 선택 공간**으로 가보아요.

정은이와 하은이가 학교 친구들에게 방송실에서 계절별로 틀어줄 노래의 종류를 정하기 위해서는 사람들이 즐겨 듣는 노래의 종류에 관한 데이터가 필요하겠죠?

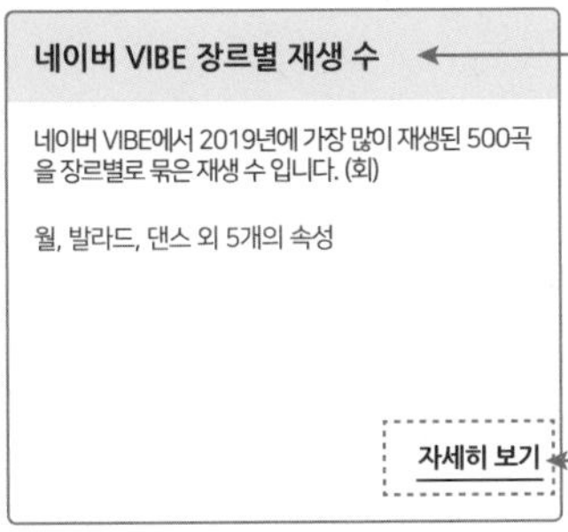

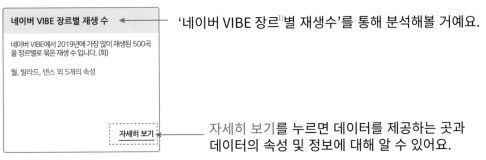

'네이버 VIBE 장르[1]별 재생수'를 통해 분석해볼 거예요.

자세히 보기를 누르면 데이터를 제공하는 곳과 데이터의 속성 및 정보에 대해 알 수 있어요.

[그림 5-1] 가져올 데이터 테이블

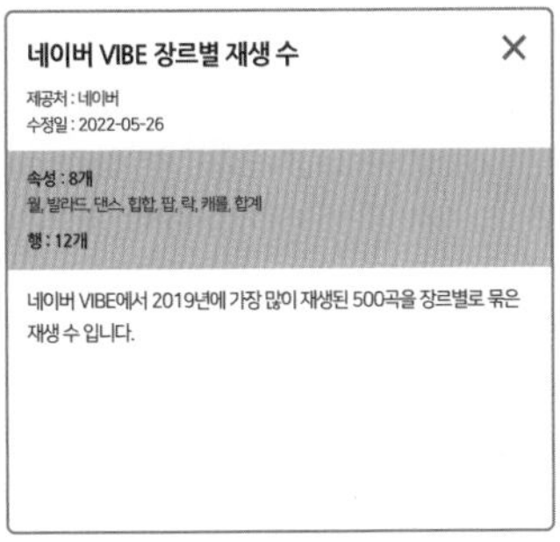

이 데이터에는 2019년에 가장 많이 재생된 500곡을 장르별로 묶은 재생 수 값이 있는 것을 확인할 수 있어요.

[그림 5-2] 데이터 테이블 자세히 보기

데이터 테이블을 살펴보기 위해 데이터를 선택하고 추가하기 버튼을 눌러보세요. 추가

1) 비슷한 단어로 '종류'가 있어요. 노래의 종류라고 생각하면 쉬워요.

하기 버튼을 누르면 **'네이버 VIBE 장르별 재생 수'**의 데이터 테이블을 불러올 수 있어요.

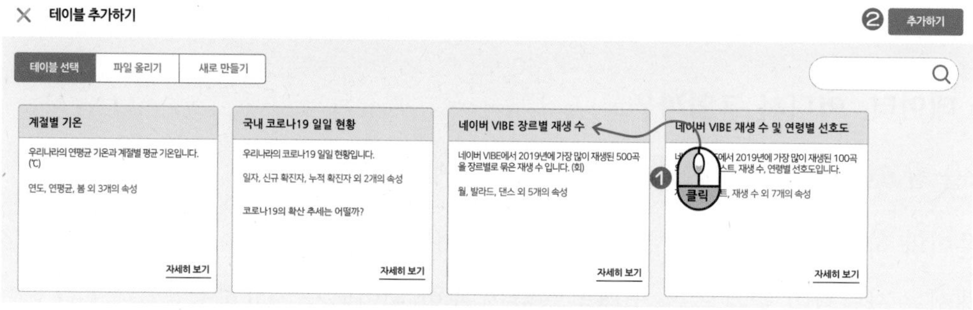

[그림 5-3] 테이블 추가하기

그럼 데이터 테이블을 살펴볼게요.

	A	B	C	D	E	F	G	H
1	월	발라드	댄스	힙합	팝	락	캐롤	합계
2	2019-01	4580340	3506013	2530997	1781670	433264	0	12832284
3	2019-02	5983086	5039213	3306147	2441981	563172	0	17333599
4	2019-03	7930240	6968901	5153241	3041281	2296628	0	25390291
5	2019-04	14700171	17289767	6208220	6488231	2541564	0	47227953
6	2019-05	14190101	18188894	6447376	6440902	2444351	0	47711624
7	2019-06	12654122	13172189	5232155	6014894	1164560	0	38237920
8	2019-07	10796347	11106577	6280753	7027246	1193829	0	36404752
9	2019-08	11164315	9920786	6034153	6296636	940801	0	34356691

[그림 5-4] 네이버 VIBE 장르별 재생수 데이터 테이블

테이블을 살펴보니 열에는 '월', '발라드', '댄스', '힙합', '팝', '락', '캐롤', '합계'라는 속성이 입력되어 있어요. 행에는 연도와 월별로 가장 많이 재생된 500곡을 장르별로 묶은 재생 수 값이 입력되어 있어요. 내가 평소에 좋아하는 장르는 몇 월, 어느 계절에 많이 재생되는지 데이터 테이블을 살펴보세요.

'캐롤' 데이터를 살펴보면 1월부터 9월까지는 캐롤 재생 수가 0이에요. 가장 많이 재생된 500곡 안에 캐롤이 없었다는 뜻이에요. 10월부터 많이 재생되기 시작한 캐롤은 크리스마스가 있는 12월까지 재생 수가 증가하는 것을 확인할 수 있어요.

3 데이터 다듬기

(1) 어떤 데이터가 필요할까?

계절별로 사람들이 즐겨 듣는 노래 장르에 대해 알아보기 위해 우리가 엔트리에서 수집한 데이터는 무엇인가요?

수집한 데이터	

우리가 수집한 데이터는 **'네이버 VIBE 장르별 재생 수'**예요. 테이블에는 2019년에 많이 재생된 500곡을 장르별로 묶은 재생 수 값이 들어있어요. 이 데이터를 통해 우리는 계절별로 사람들이 즐겨 듣는 노래의 종류를 살펴보려고 해요.

데이터 테이블을 살펴보았을 때 우리가 수집한 데이터는 모두 문제 해결을 위해 필요한 데이터예요. 삭제할 데이터는 없어요. 2019년 1월부터 12월까지 장르별로 재생 수가 모두 입력되어 있어 추가로 채워 넣거나 지울 데이터도 없어요. 따라서 데이터를 다듬지 않고 다음 단계로 넘어가도록 해요!

4 데이터 시각화하기

(1) 데이터, 어떤 그래프로 표현할까?

엔트리 데이터 분석 블록에서는 수집한 데이터를 분석하기 위해 손쉽게 그래프로 나타낼 수 있다는 것, **'4장. 두 걸음 준비운동!'** 에서 배웠죠?

문제 해결을 위해 **'네이버 VIBE 장르별 재생 수'** 데이터를 적절하게 표현할 수 있는 그래프는 어떤 것일까요?

계절별로 사람들이 즐겨 듣는 노래 장르를 알아보기 위해서는 월별로 노래의 장르별 재생 수를 비교해야 해요. 월별로 수집된 노래의 장르별 재생 수 데이터의 값을 한눈에 비교하기 위한 데이터 시각화의 종류는 '막대그래프'예요. 막대 그래프는 데이터들의 양을 비교하여 확인해야 할 때 사용하면 효과적이에요.

(2) 데이터, 그래프로 표현하자!

다음 표를 보고 값을 설정해 차트를 만들어봐요!

그래프 종류	막대	가로축	월
차트 이름	노래의 장르별 재생 수	계열	발라드, 댄스, 힙합, 팝, 락, 캐롤 '합계'는 그래프에 나타내지 않아도 되므로 선택하지 않아요.

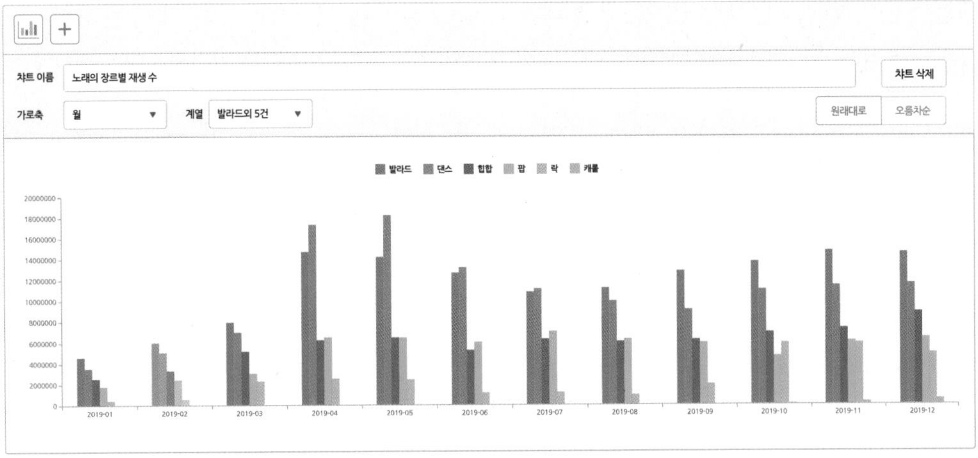

[그림 5-5] 노래의 장르별 재생수 막대그래프

5 데이터 분석하기

(1) 데이터로 무엇을 알 수 있을까?

우리는 사람들이 계절별로 즐겨 듣는 노래의 장르를 알아보기 위해 엔트리의 **'네이버 VIBE 장르별 재생 수'** 데이터를 수집했어요. 그리고 데이터를 효과적으로 표현할 수 있는 막대그래프로 데이터 시각화를 했어요.

막대그래프로 시각화한 **'네이버 VIBE 장르별 재생 수'** 데이터를 통해 우리가 읽을 수 있는 정보는 무엇인가요?

1~3월에 많이 재생되는 노래의 장르	
4~7월에 많이 재생되는 노래의 장르	

1~3월에는 발라드가 가장 많이 재생되다가 4~7월에는 댄스가 많이 재생된 것을 알 수 있어요. 그리고 다시 8월부터 발라드 재생 수가 증가하는 것을 알 수 있어요.

월별로 계절을 나누어 보았을 때(3~5월: 봄, 6~8월: 여름, 9~11월: 가을, 12~2월: 겨울), 비교적 봄, 가을에 많이 재생되는 장르는 무엇인지 데이터를 분석해보세요.

봄에 많이 재생되는 노래의 장르	
가을에 많이 재생되는 노래의 장르	

(2) 분석한 데이터로 문제를 해결하자!

데이터를 분석해보니까 겨울인 12~2월과 초봄인 3월에는 (발라드/댄스) 장르를 즐겨 듣네!
봄이 한창인 4월부터 여름인 7월까지는 (발라드/댄스) 장르를 즐겨 듣고 말이야!

맞아! 그리고 다시 8월 즈음부터 주로 (발라드/댄스) 장르를 많이 듣고
가을인 9~11월에도 계속 (발라드/댄스) 장르의 재생 수가 증가했어!

이렇게 데이터 분석을 해보니 사람들이 계절별로 즐겨 듣는 노래 취향을 알 수 있구나!

이런 데이터들을 활용해서 올해는 사람들이 어떤 장르의 노래를 즐겨 들을지 예측해 보거나
가수들은 이런 데이터를 활용해서 노래를 만들어도 좋겠다!!

좋은 아이디어야!
지금은 봄인 4월이니까 방송실에 (발라드/댄스) 장르의 노래를 틀자!

6 문제 해결

(1) 데이터를 어떻게 활용할까?

우리가 분석한 데이터를 활용하여 봄에 어떤 노래 장르를 즐겨 듣는지 물어보고 사람들은 어떤 노래 장르를 즐겨 듣는지 말해주는 엔트리봇 프로그램을 만들어보는 건 어떨까요? 그리고 월별로 많이 듣는 노래 장르를 시각화한 그래프도 함께 보여주면 좋을 것 같아요!

(2) 어떤 데이터가 필요할까?

앞에서 데이터 분석하였던 **'네이버 VIBE 장르별 재생 수'**의 데이터 테이블과 시각화한 그래프를 저장한 후 이어서 프로그램을 만들어볼게요.

(3) 데이터를 활용한 프로그램을 만들어보자!

완성된 작품 미리보기

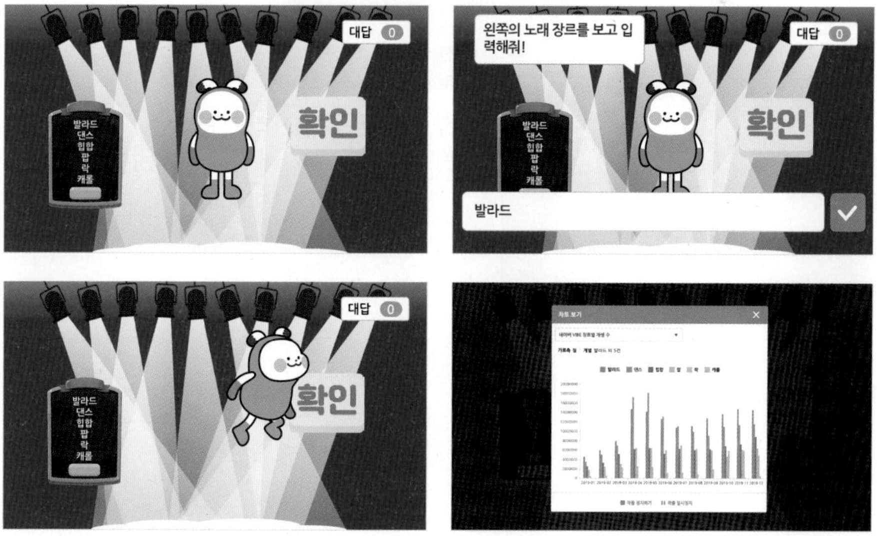

❶ [장면 1] 완성 장면 확인하고 오브젝트 추가하기

[그림 5-6]의 추가할 오브젝트 부분을 보고 오브젝트를 추가해요. 오브젝트를 추가하는 방법은 뒤에서 바로 배워볼 거예요. 앞으로도 같은 방법으로 오브젝트를 추가하면 되니 잘 따라해보세요. 추가된 오브젝트는 완성된 장면을 보고 배치하면 돼요.

[그림 5-6] 장면 1 완성 모습

엔트리 지식 더하기

오브젝트를 추가하는 방법

오브젝트를 추가하려면
+오브젝트 추가하기를 눌러주세요.

[그림 5-7] 오브젝트 추가하기

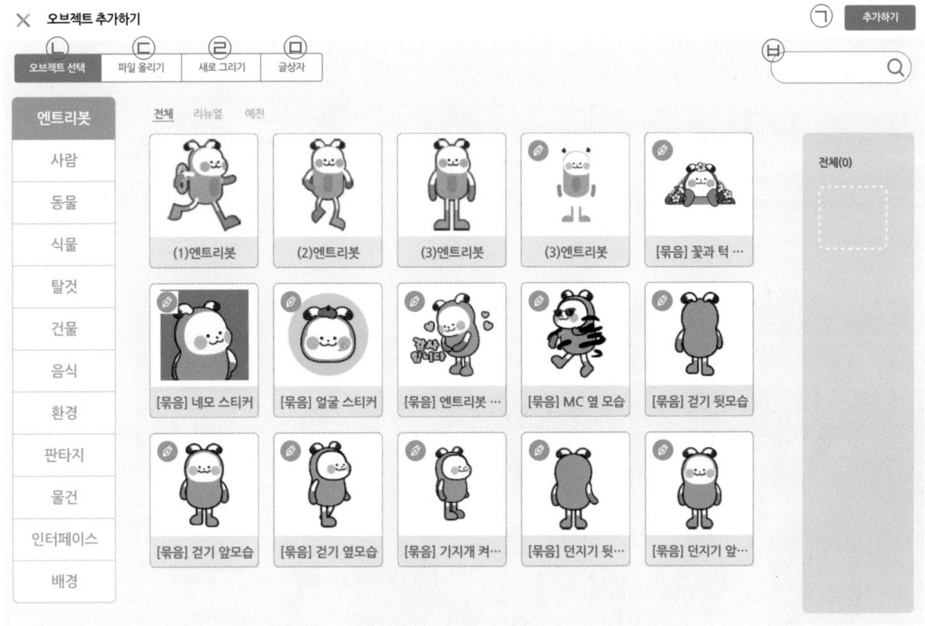

[그림 5-8] 오브젝트 추가 화면

㉠ 원하는 오브젝트를 선택하고 추가하기를 누르면 장면에 선택한 오브젝트가 추가돼요.

㉡ 오브젝트 선택을 클릭하면 엔트리에서 제공하는 오브젝트들을 선택할 수 있어요.

㉢ 파일 올리기로 내가 가지고 있는 그림을 업로드하여 사용할 수 있어요.

㉣ 새로 그리기는 직접 그려서 오브젝트로 사용할 수 있어요.

㉤ 글상자는 단어나 문구를 오브젝트로 사용하고자 할 때 이용해요.

㉥ 검색창에서 키워드를 직접 입력하여 오브젝트를 찾아볼 수 있어요.

❷ 오브젝트에 추가 작업하기

오브젝트를 선택하고 모양〉모양 추가하기를 누르면 선택한 오브젝트에 다른 모양도 추가할 수 있어요. 원하는 모양을 추가한 뒤 블록 중 [생김새]의 

블록을 사용하여 오브젝트의 표정, 움직임 등을 바꿀 수 있어요.

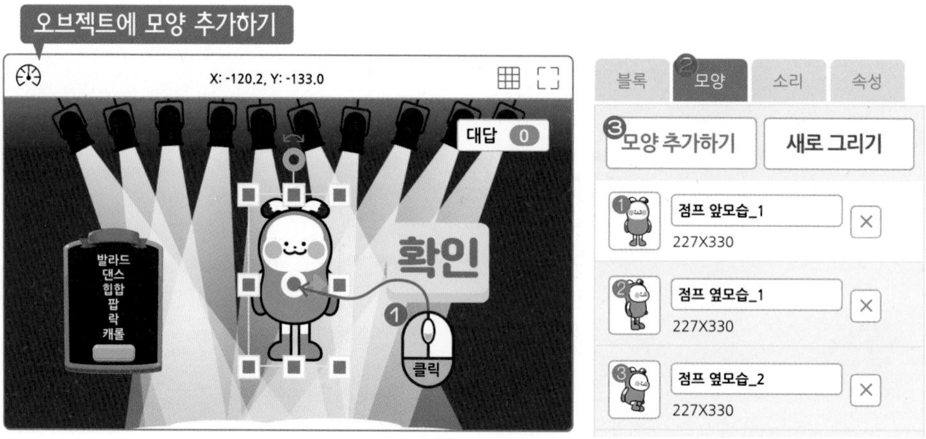

[그림 5-9] 오브젝트에 모양 추가하기

모양을 삭제하고 싶으면 ×를 눌러요.

[그림 5-10] 점프 앞모습

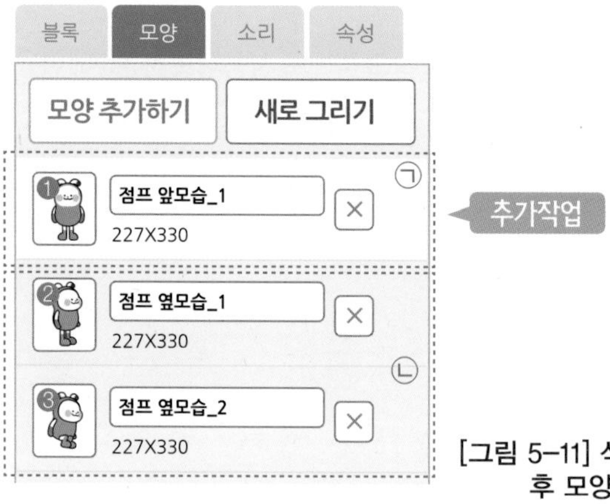

[그림 5-11] 삭제 및 추가 후 모양 확인

㉠ 점프 앞모습 오브젝트는 묶음으로 추가돼요. 우리는 '점프 앞모습_1'만 필요하기 때문에 '점프 앞모습_1'만 남기고 나머지 오브젝트는 x 를 눌러 삭제해주세요.

㉡ '점프 앞모습_1', '점프 옆모습_1', '점프 옆모습_2', '점프 옆모습_3'을 추가해주세요.

오브젝트를 선택하고 모양을 눌러주세요.

[그림 5-12] 오브젝트 선택하기

T를 선택하여 글상자를 만들 수 있어요. 글꼴, 색상, 크기, 스타일을 선택하고 원하는 글자를 입력하면 오브젝트 위에 글자를 쓸 수 있어요.

완료한 뒤, 저장하기를 눌러주세요.

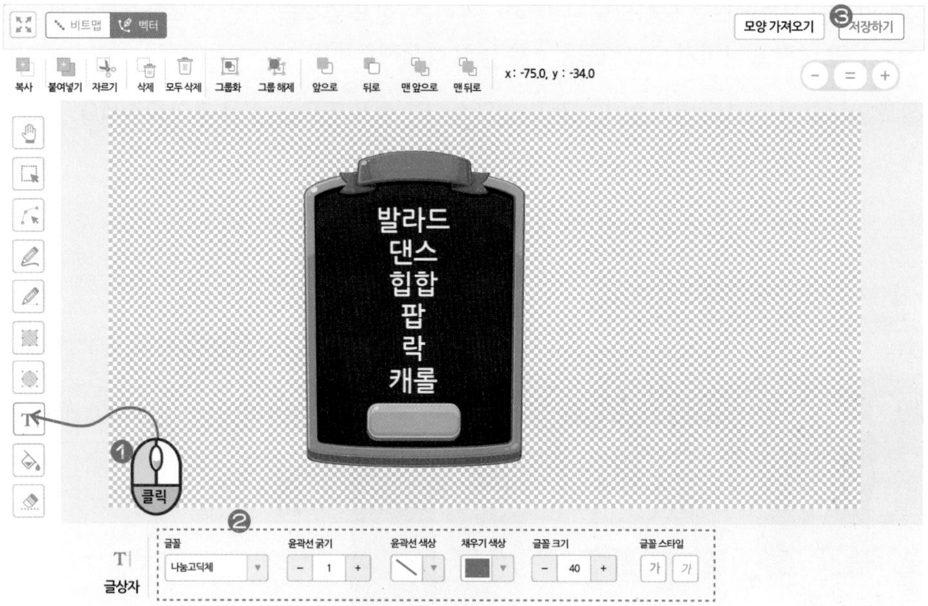

[그림 5-13] 글자 입력하기

[그림 5-14] 대시보드

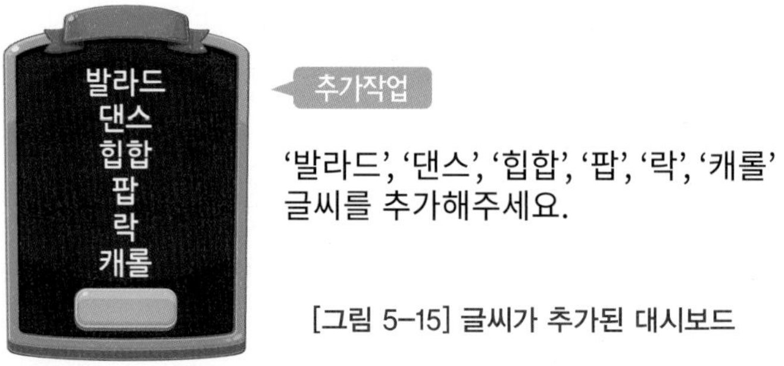

[그림 5-15] 글씨가 추가된 대시보드

❸ [장면 1]에 신호 추가하기

원하는 이름의 신호를 만든 뒤, 신호 보내기 블록을 사용하여 신호를 보내면 신호를 받은 오브젝트의 코드를 동작시킬 수 있어요.

속성 〉 신호 〉 신호 추가하기의 단계로 신호를 추가해요. 신호는 프로그램 내 장면 어디서든지 활용할 수 있어요.

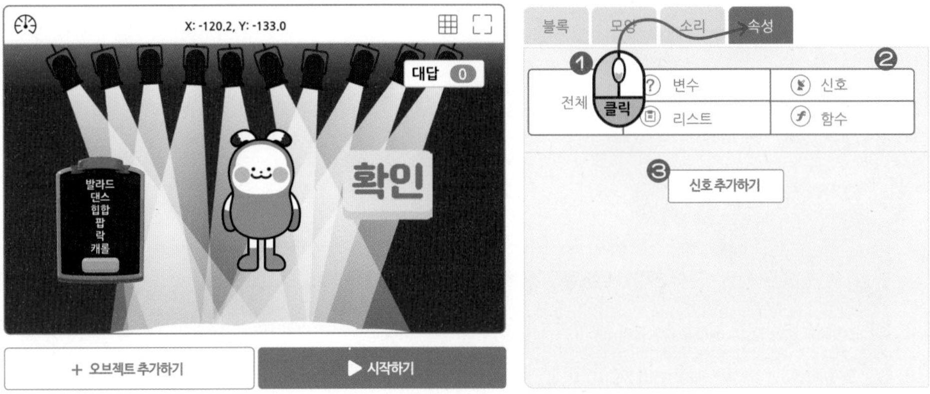

[그림 5-16] 신호 추가하는 방법

'확인 버튼' 신호를 받으면 버튼이 나타날 수 있도록 신호 [확인 버튼]을 추가해요.

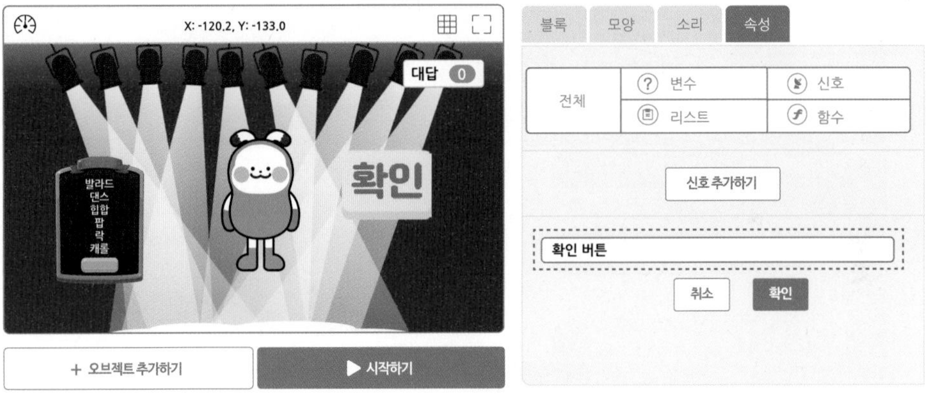

[그림 5-17] 신호 추가하기

❹ [장면 1]의 오브젝트별 코드

[묶음]점프 앞모습

오브젝트

[그림 5-18] 점프 앞모습

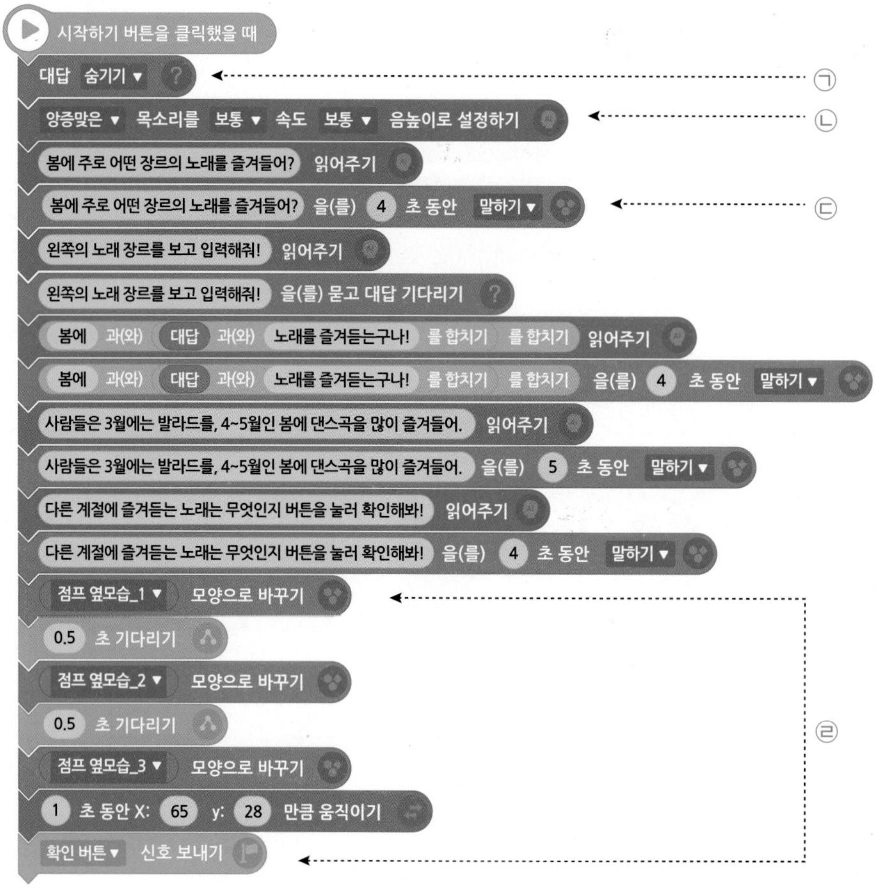

시작하기 버튼을 클릭했을 때
대답 숨기기 ▾
㉠
양증맞은 ▾ 목소리를 보통 ▾ 속도 보통 ▾ 음높이로 설정하기
㉡
봄에 주로 어떤 장르의 노래를 즐겨들어? 읽어주기
봄에 주로 어떤 장르의 노래를 즐겨들어? 을(를) 4 초 동안 말하기 ▾
㉢
왼쪽의 노래 장르를 보고 입력해줘! 읽어주기
왼쪽의 노래 장르를 보고 입력해줘! 을(를) 묻고 대답 기다리기
봄에 과(와) 대답 과(와) 노래를 즐겨듣는구나! 를 합치기 를 합치기 읽어주기
봄에 과(와) 대답 과(와) 노래를 즐겨듣는구나! 를 합치기 를 합치기 을(를) 4 초 동안 말하기 ▾
사람들은 3월에는 발라드를, 4~5월인 봄에 댄스곡을 많이 즐겨들어. 읽어주기
사람들은 3월에는 발라드를, 4~5월인 봄에 댄스곡을 많이 즐겨들어. 을(를) 5 초 동안 말하기 ▾
다른 계절에 즐겨듣는 노래는 무엇인지 버튼을 눌러 확인해봐! 읽어주기
다른 계절에 즐겨듣는 노래는 무엇인지 버튼을 눌러 확인해봐! 을(를) 4 초 동안 말하기 ▾
점프 옆모습_1 ▾ 모양으로 바꾸기
0.5 초 기다리기
점프 옆모습_2 ▾ 모양으로 바꾸기
0.5 초 기다리기
점프 옆모습_3 ▾ 모양으로 바꾸기
1 초 동안 X: 65 y: 28 만큼 움직이기
확인 버튼 ▾ 신호 보내기
㉣

[그림 5-19] '점프 앞모습'의 코드

㉠ 대답 창이 장면에 보이지 않도록 숨겨요.

㉡ '인공지능' 블록 > '인공지능 블록 불러오기' > '읽어주기' > '불러오기'를 눌러 블록을 추가해요.

이 블록은 우리가 입력한 글자를 인식하여 선택한 목소리로 읽어주는 인공지능 블록이에요.

ⓒ 말풍선에 입력한 문구를 보여주는 블록이에요.

ⓓ '확인 버튼'으로 엔트리봇이 점프하는 것처럼 모양을 바꾼 뒤, '확인 버튼'이 나타나도록 신호를 보내요.

[그림 5-20] 확인 버튼

[그림 5-21] '확인 버튼'의 코드 1

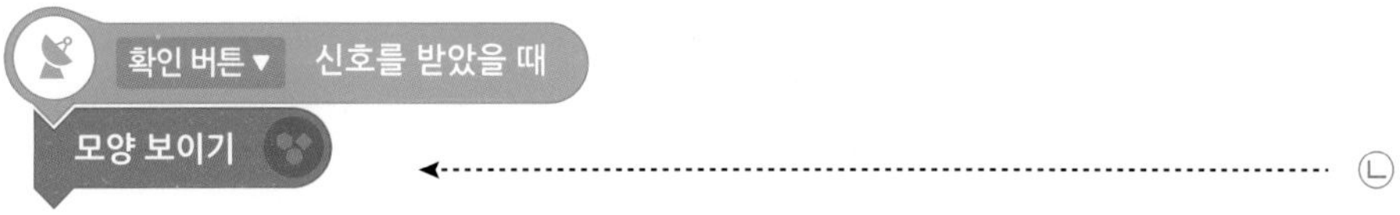

[그림 5-22] '확인 버튼'의 코드 2

[그림 5-23] '확인 버튼'의 코드 3

㉠ 화면에 대답 창이 보이지 않도록 모양을 숨겨요.

㉡ '확인 버튼' 신호를 받았을 때 모양이 나타나요.

㉢ 오브젝트를 클릭했을 때 데이터 시각화에서 만들어보았던 그래프를 보여주는 블록이에요.

7 추가 미션

구구 박사의 추가 미션

장르별 재생수를 선 그래프로 시각화 해보세요. 그리고 선 그래프와 막대그래프를 비교하여 알 수 있는 점을 분석해보세요.

6장 비가 가장 많이 내리는 지역은 어디일까요?

사계절이 뚜렷한 우리나라는 여름이 되면 일 년 중 가장 비가 많이 내리는 장마가 시작돼요. 비가 적당하게 내린다면 농사에도 도움이 되고 먼지가 씻겨 내려가서 좋은 점이 있어요. 하지만 비가 너무 많이 내리면 농작물이 피해를 보기도 하고 홍수가 일어나기도 해요. 그래서 장마철에 비가 많이 내리는 지역은 단단히 대비해요. 그렇다면 우리나라에서 비가 가장 많이 내리는 지역은 어디인지 데이터를 통해 알아보도록 해요.

이번 장에서는 무엇을 배울까요?

- 데이터 다듬기가 무엇인지 알 수 있어요.
- '데이터 삭제하기'로 엔트리에서 데이터를 다듬을 수 있어요.
- 강수량에 따라 비를 피하는 프로그램을 만들 수 있어요.

1 문제 인식

오늘 일기예보에서 곧 장마 기간이라고 하더라!
이번 여름에는 비가 많이 올까?

비가 적당히 왔으면 좋겠다!
비가 너무 오지 않는 것도 문제이고, 많이 오는 것도 문제라고 하더라.

맞아.
비가 너무 오지 않으면 가뭄이 발생하고, 너무 많이 오면 홍수 피해를 볼 수 있으니까.

비가 많이 오는 지역은 대비를 잘해 놓아야 해!

근데 우리나라의 어느 지역이 비가 많이 오지?

우리가 알아보고 친구나 가족에게 이야기해주면 좋을 것 같아!

● 문제 해결 계획하기

(1) 우리가 해결해야 하는 문제는 무엇인가요?

해결할 문제	

(2) 문제 해결을 위해 어떤 데이터가 필요할까요?

필요한 데이터	

2 데이터 수집하기

(1) 데이터, 어디서 구할까?

우리나라에서 비가 많이 오는 지역을 알아보기 위해 데이터 분석 블록 속 **데이터 테이블 선택 공간**을 살펴보세요. 엔트리에서 제공하는 다양한 데이터 중에서 문제 해결을 위한 데이터 분석에 적합한 데이터는 무엇일까요?

데이터 테이블 선택 공간을 살펴보니 강수량과 관련된 데이터가 있어요! 우리나라의 각 시도별 전체 강수량의 데이터인 **'월전체 강수량'**을 불러올게요.

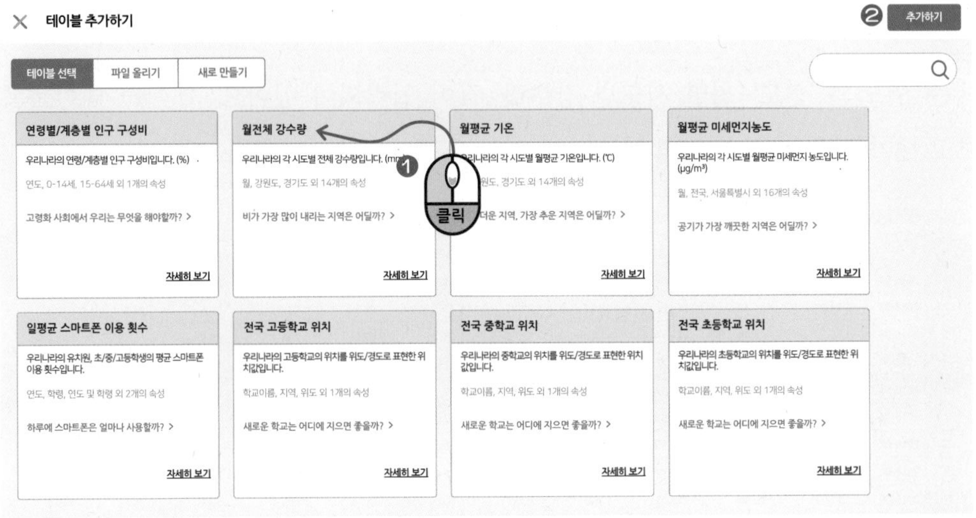

[그림 6-1] 테이블 선택하기

이 데이터는 기상청에서 제공하였으며 2018년부터 2019년까지의 우리나라 16개의 시도별 월전체 강수량 값이 있어요.

자세한 데이터를 살펴보기 위해 데이터를 선택하고 자세히 보기 〉 추가하기 버튼을 눌러보세요.

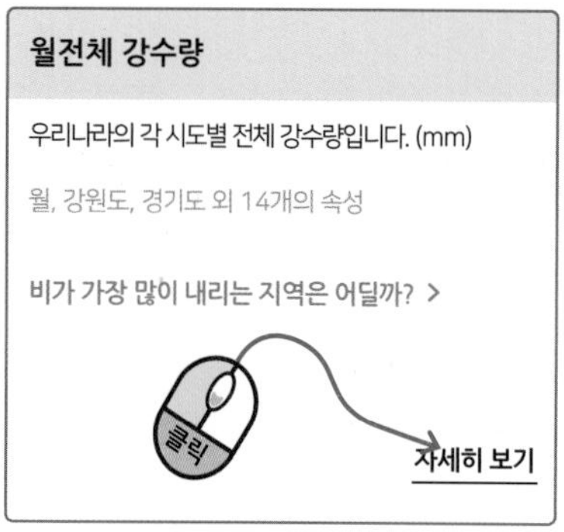

[그림 6-2] 가져올 데이터 테이블

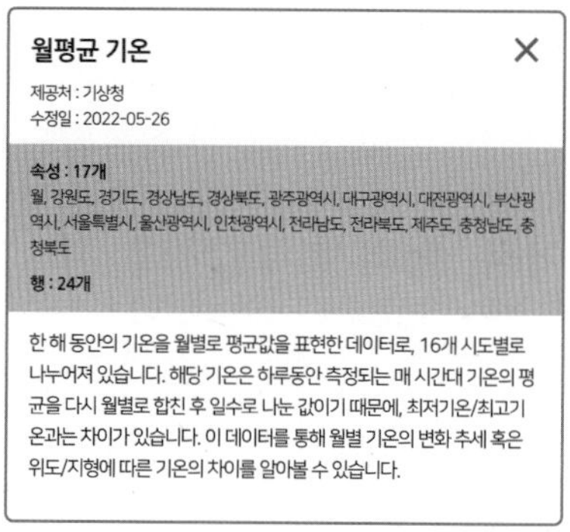

[그림 6-3] '월전체 강수량' 테이블 자세히 보기

'월전체 강수량' 테이블을 살펴보니 열에는 '월', '강원도', '경기도', '경상남도', '광주광역시' 등 총 16개의 시도명이 있어요.

행에는 '연도'와 '연도-월별 시도별 강수량' 값이 입력되어 있어요. 데이터 테이블을 살펴보고 내가 사는 지역의 월별 강수량은 얼마나 되는지 한 번 알아보세요!

	A	B	C	D	E	F	G	H	I	J	K	L
1	월	강원도	경기도	경상남도	경상북도	광주광역시	대구광역시	대전광역시	부산광역시	서울특별시	울산광역시	인천광역시
2	2018-01	5.68	6.7	27.36	21.04	38.8	21.1	23.9	40.9	8.5	31.3	6.6
3	2018-02	34.01	31.22	36.02	33.22	22	25.1	40.5	52.5	29.6	44.8	20.1
4	2018-03	60	60.42	172.14	118.39	115.8	98.7	108.4	206.1	49.5	155.3	44.27
5	2018-04	133.68	129.54	144.72	140.26	127.4	113	155.3	156.4	130.3	123.3	105.1
6	2018-05	175.08	208.74	134.94	101.01	85.4	99.7	95.9	155.8	222	95.4	124.03
7	2018-06	79.26	132.68	206.58	75.44	222.4	121.1	115.8	276.7	171.5	127.6	115.33
8	2018-07	217.21	210.12	165.99	198.2	84.5	169.6	226.9	122.1	185.6	160.3	160.4
9	2018-08	370.26	269.26	304.78	236.09	397.1	334.2	408.6	169.7	202.6	279.3	234.5
10	2018-09	127.78	69.64	213.02	126.11	129.7	109	149.4	308.4	68.5	156.9	49.2
11	2018-10	161.69	112.92	208.56	190.73	125.2	165.1	133.9	123.7	120.5	162	75.37
12	2018-11	64.9	66.2	33.93	36.86	47.2	17.2	49.8	107.3	79.1	51.8	60.43
13	2018-12	20.41	19.26	31.83	39.26	32.4	23.8	33.7	59	16.4	28.1	17.27
14	2019-01	4.68	0.56	14.48	11.26	16.4	9.5	1.7	12.7	0	15.5	0.27
15	2019-02	22.93	29.16	43.16	30.89	37	26.2	46.3	51.5	23.8	38.8	21.9
16	2019-03	41.66	34.96	54.99	35.14	33.9	20.7	33.7	75.4	26.8	40.7	24.2
17	2019-04	61.28	44.36	102.49	88.19	84.7	88	91.6	85	47.3	88.9	31.03
18	2019-05	14.86	28.36	107.46	36.23	78.8	25.7	35.6	76.1	37.8	35	35.03

[그림 6-4] 테이블 추가하기

3 데이터 다듬기

(1) 어떤 데이터가 필요할까?

우리나라 지역 중 비가 많이 내리는 지역을 알아보기 위해 우리가 엔트리에서 수집한 데이터는 무엇인가요?

수집한 데이터	

맞아요! 우리가 수집한 데이터는 **'월전체 강수량'**이에요. 테이블에는 2018년부터 2019년까지의 시도별 강수량이 모두 입력되어 있어요. 이 중 우리는 2019년의 데이터만 활용하려고 해요. 데이터 테이블의 값 중 필요한 것과 필요하지 않은 것을 나누어 볼까요?

필요한 데이터	필요하지 않은 데이터

우리는 2019년 1월부터 12월까지의 시도별 월전체 강수량이 필요하므로 2018년의 데이터들은 필요하지 않아요.

따라서 필요 없는 데이터를 삭제하기 위해 **데이터 다듬기**를 해야 해요!

구구박사의 데이터 과학 지식 더하기

데이터 다듬기란?

우리가 사용하게 될 데이터 파일들에는 데이터값이 입력되어 있어요.

그중에는 우리가 데이터를 수집하는 목적과 맞지 않아 필요하지 않은 데이터가 있을 수 있어요. 그리고 값이 입력되어 있지 않고 빈칸으로 되어있기도 해요. 또한, 컴퓨터가 읽지 못하는 언어로 쓰여 있는 데이터 값도 있어요.

그래서 우리는 데이터를 잘 읽을 수 있도록 수집한 데이터를 다듬어주는 과정을 거쳐야 해요.

이 과정을 데이터 과학에서는 '데이터 전처리'라고 해요.

만약 아래의 테이블에서 우리가 연도별 평균 키와 몸무게를 분석하려면 다듬어주어야 할 데이터들은 무엇일까요?

A	B	C	D
연도	평균 키	평균 몸무게	평균 시력
2018	150	38	1.0
2019	151	39	0.9
2020		39.5	
2021	156	40	0,8

필요 없는 데이터이기 때문에 삭제

비워진 데이터이므로 값을 넣어주거나 해당하는 열 또는 행 삭제

(2) 필요하지 않은 데이터를 삭제하자!

엔트리에서도 데이터 다듬기를 할 수 있어요! 데이터 분석 블록에서 데이터를 다듬기 중 **데이터 삭제하기** 방법을 배워볼게요.

데이터 삭제하기는 목적에 알맞지 않거나 필요 없는 데이터가 있는 전체 행이나 전체 열을 삭제하기도 하며 특정한 행이나 특정한 열을 삭제하기도 해요.

1 수집한 데이터 또는 불러온 데이터 파일을 추가하여 데이터 테이블 창 열기

2 지우고자 하는 데이터의 값이나 행 또는 열을 선택하기

① 특정 행 또는 열 전체를 지우고자 하는 경우

지우고자 하는 데이터의 행 또는 열의 가장 앞부분을 클릭하여 삭제하기

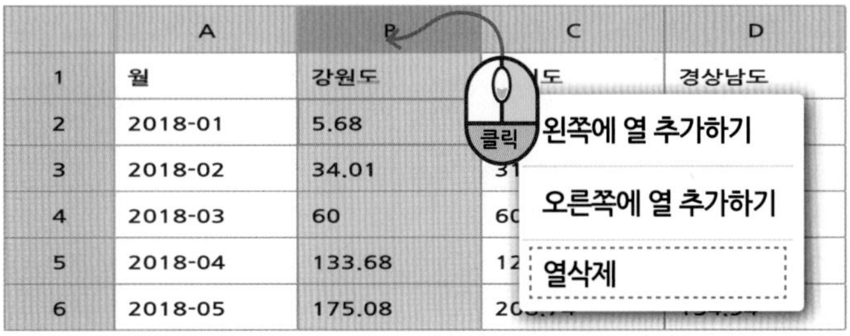

[그림 6–5] 특정 열 전체를 지우기

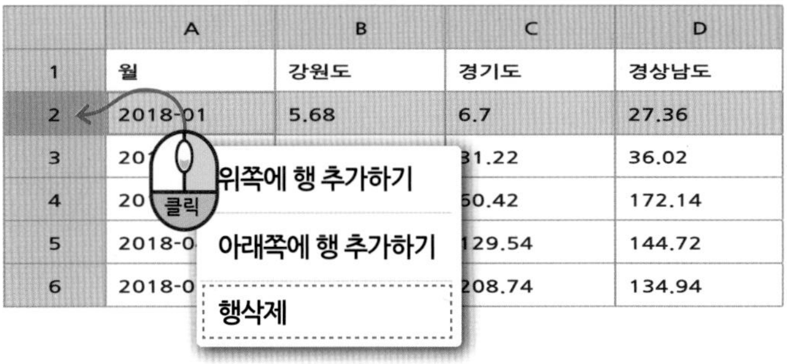

[그림 6–6] 특정 행 전체를 지우기

② 특정 데이터값을 바꾸거나 지우고자 하는 경우

데이터를 두 번 클릭하여 데이터값을 변경하거나 마우스 오른쪽 버튼을 눌러 알맞은 기능 사용하기

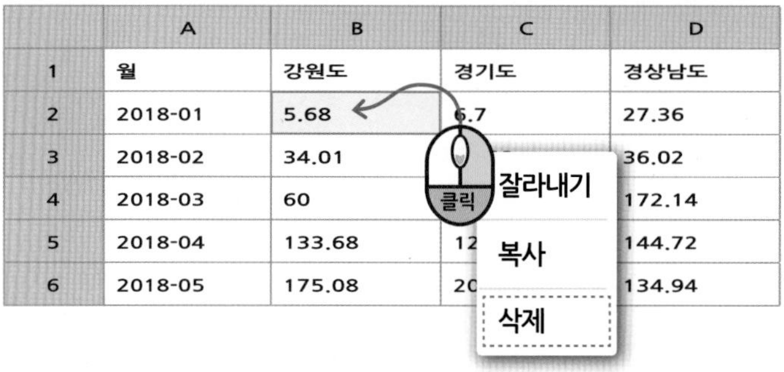
A
B
C
D
1
월
강원도
경기도
경상남도
2
2018-01
5.68
6.7
27.36
3
2018-02
34.01
36.02
4
2018-03
60
172.14
5
2018-04
133.68
144.72
6
2018-05
175.08
134.94
클릭
잘라내기
복사
삭제

[그림 6-7] 특정 데이터 값을 바꾸거나 지우기

어렵지 않죠? 엔트리에서 데이터를 다듬는 방법에 따라 2018년의 1월~12월의 시도별 월전체 강수량을 지워보세요. 가장 위에 있는 행인 1행(월, 강원도, 경기도, 경상남도 등이 쓰여 있는)은 지우지 않도록 유의해 주세요!

	A	B	C	D	E	F	G	H	I	J	K	L
1	월	강원도	경기도	경상남도	경상북도	광주광역시	대구광역시	대전광역시	부산광역시	서울특별시	울산광역시	인천광역시
2	2019-01	4.68	0.56	14.48	11.26	16.4	9.5	1.7	12.7	0	15.5	0.27
3	2019-02	22.93	29.16	43.16	30.89	37	26.2	46.3	51.5	23.8	38.8	21.9
4	2019-03	41.66	34.96	54.99	35.14	33.9	20.7	33.7	75.4	26.8	40.7	24.2
5	2019-04	61.28	44.36	102.49	88.19	84.7	88	91.6	85	47.3	88.9	31.03
6	2019-05	14.86	28.36	107.46	36.23	78.8	25.7	35.6	76.1	37.8	35	35.03
7	2019-06	103.34	66.86	267.37	154.26	158	160.8	77.9	324.3	74	247.5	47.2
8	2019-07	201.71	251.06	319.14	148.46	242.2	139.4	199	358.9	194.4	206.5	219.13
9	2019-08	187.19	147.02	96.32	136.41	64.8	141.9	104.3	156.3	190.5	195.7	106.17
10	2019-09	194.14	239.64	303.21	192.83	165.8	185.5	167	279	139.8	287.5	244.27
11	2019-10	174.19	56.66	220.13	236.42	149.9	155.2	106.1	139.9	55.5	222.2	22.37
12	2019-11	78.76	77.72	24.86	52.54	22.8	15.3	94	13.8	78.8	31	84.37
13	2019-12	9.86	24.12	34.78	25.21	31.6	27.5	27	50.3	22.6	40.8	28.8

[그림 6-8] 데이터 다듬기가 완료된 테이블의 일부

4 데이터 시각화하기

(1) 데이터, 어떤 그래프로 표현할까?

'월전체 강수량' 데이터의 양은 앞에서 다루었던 '네이버 VIBE 장르별 재생 수' 데이터의 양보다 많죠? 데이터의 양이 많아질수록 데이터를 시각화하여 분석하는 것이 데이터 분석에 도움이 되어요. **'월전체 강수량'** 데이터는 어떤 그래프로 시각화하는 것이 적합할까요?

비가 많이 내리는 지역을 알아보기 위한 문제이므로 막대의 길이로 강수량을 한눈에 비교할 수 있는 막대그래프가 효과적이에요! 선 그래프도 지역별 강수량의 변화가 잘 보이니 둘 중에 원하는 그래프로 선택해보세요.

(2) 데이터, 그래프로 표현하자!

다음 표를 보고 값을 설정해 차트를 만들어봐요!

그래프 종류	막대/선	가로축	월
차트 이름	2019년 월전체 강수량(차트 종류)	계열	모두

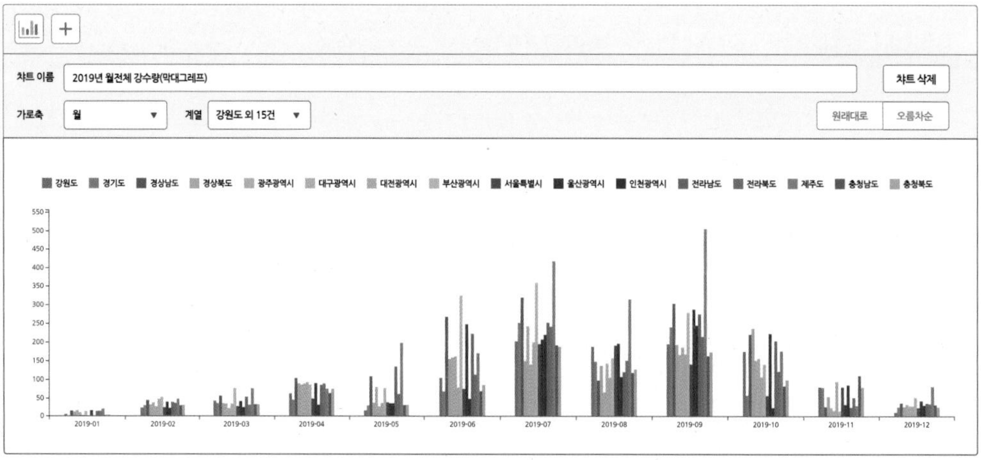

[그림 6-9] 2019년 월전체 강수량 막대그래프

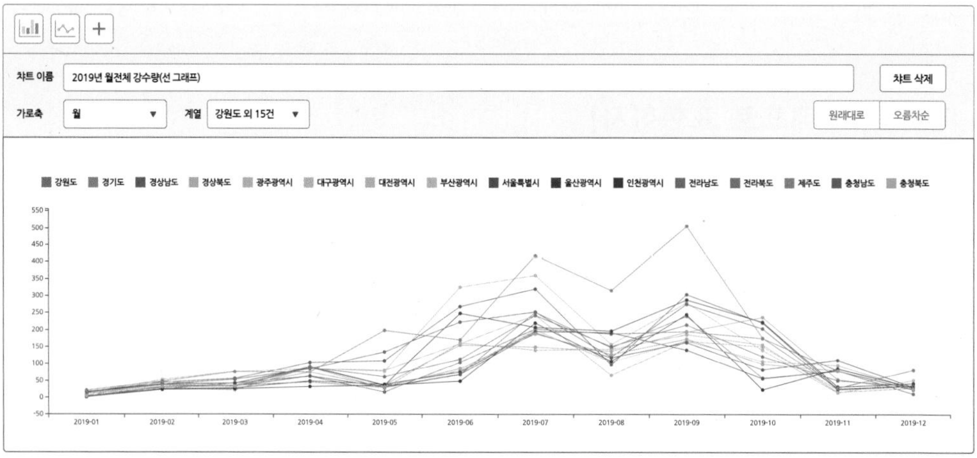

[그림 6-10] 2019년 월전체 강수량 선 그래프

5 데이터 분석하기

(1) 데이터로 무엇을 알 수 있을까?

지금까지 우리나라에서 강수량이 많은 지역을 알아보기 위해 **'월전체 강수량'** 중 2019년의 수집된 데이터를 불러오고 다듬었어요. 그리고 데이터를 효과적으로 표현할 수 있는 막대그래프 또는 선 그래프로 데이터를 시각화했어요.

그래프로 시각화한 데이터를 통해 우리가 읽어낼 수 있는 정보는 무엇인가요?

서울특별시의 7월 강수량	
제주도의 7월 강수량	

비가 많이 내리는 지역은 어디인지 정보를 클릭하여 지역별 평균 강수량 데이터를 분석해보세요.

전국적으로 강수량은 장마가 시작되는 7월과 가을비가 내리는 9월에 높아져요. 그렇다면 강수량이 줄어드는 달은 언제일까요? 주어진 질문을 데이터 시각화 그래프를 보며 답해보도록 해요.

7월에 비가 가장 많이 내리는 지역	
강수량이 점차 줄어드는 달	

(2) 분석한 데이터로 문제를 해결하자!

데이터를 분석해보니까 우리나라 지역 중에 강수량의 평균값이 큰 지역은 (강원도/제주도)야.

응. 그 지역의 최대 강수량은(   )mm래.

(3월/9월)에 비가 엄청 많이 내렸구나! 모든 지역이 비 피해 대비는 철저히 해야 하지만 그 지역은 더 신경 써서 해야겠다.

응. 할머니가 그 지역에 사시는데, (   )월부터 (   )월까지는 우리나라에서 강수량이 제일 높으니까 조심하시라고 전화해야겠어!

좋은 생각이야. 일기예보도 잘 챙겨 보시라고 전해드려!

6 문제 해결

(1) 데이터를 어떻게 활용할까?

우리가 수집한 데이터를 활용하여 지역별 7월의 월전체 강수량에 따라 내리는 비의 양이 달라지는 비 피하기 게임을 만들어보는 건 어떨까요?

(2) 어떤 데이터가 필요할까?

'월전체 강수량'의 2019년 데이터 테이블과 시각화한 그래프를 저장한 후 이어서 프로그램을 만들어볼게요.

(3) 데이터를 활용한 프로그램을 만들어보자!

완성된 작품 미리보기

❶ [장면 1] 완성 장면 확인하고 오브젝트 추가하기

[그림 6-11]의 추가할 오브젝트를 보고 오브젝트를 추가한 뒤 완성된 장면을 보고 배치해봐요.

[그림 6-11] 장면 1 완성 모습

❷ [장면 1] 오브젝트에 추가 작업하기

'날씨_흐림' 모양과 '소리 천둥2' 소리를 추가해요

[그림 6–12] 공원(3)

[그림 6–13] '공원(3)'의 모양

[그림 6–14] '공원(3)'의 소리

'다양한 표정 엔트리봇_놀람' 모양과 '소리 제비 여럿이 지저귀는 소리'를 추가해요.

[그림 6–15] 걷는 엔트리봇_옆

[그림 6–16] '걷는 엔트리봇_옆'의 모양

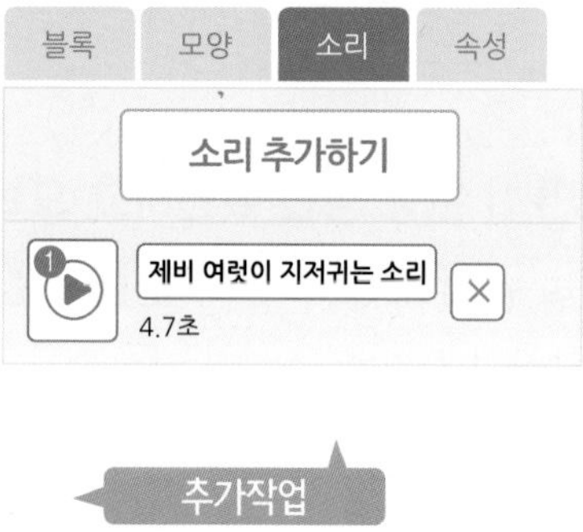

[그림 6–17] '걷는 엔트리봇_옆'의 소리

엔트리 지식 더하기

오브젝트를 선택하고 소리 〉 소리 추가하기를 눌러주세요.

[그림 6-18] 소리 추가하기

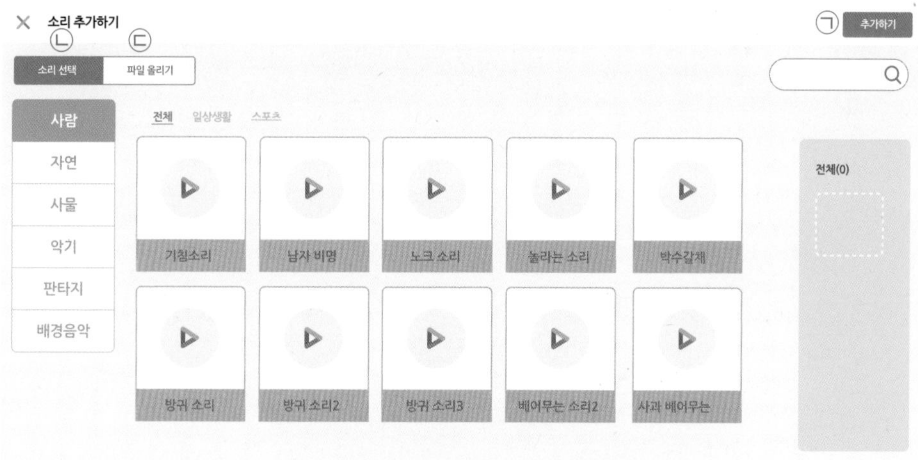

[그림 6-19] 소리 추가하기 화면

㉠ 원하는 소리를 선택하여 추가하기를 눌러주세요.

㉡ 왼쪽 윗부분의 소리 선택은 엔트리가 제공하는 소리 목록을 보여주어요.

㉢ 파일 올리기로 내가 가진 소리 파일을 업로드하여 사용할 수 있어요.

❸ [장면 1]에 신호 추가하기

신호 '흐림'을 추가해요.

[그림 6-20] 신호 추가하기

❹ [장면 1]의 오브젝트별 코드

[그림 6-21]
걷는 엔트리봇_옆

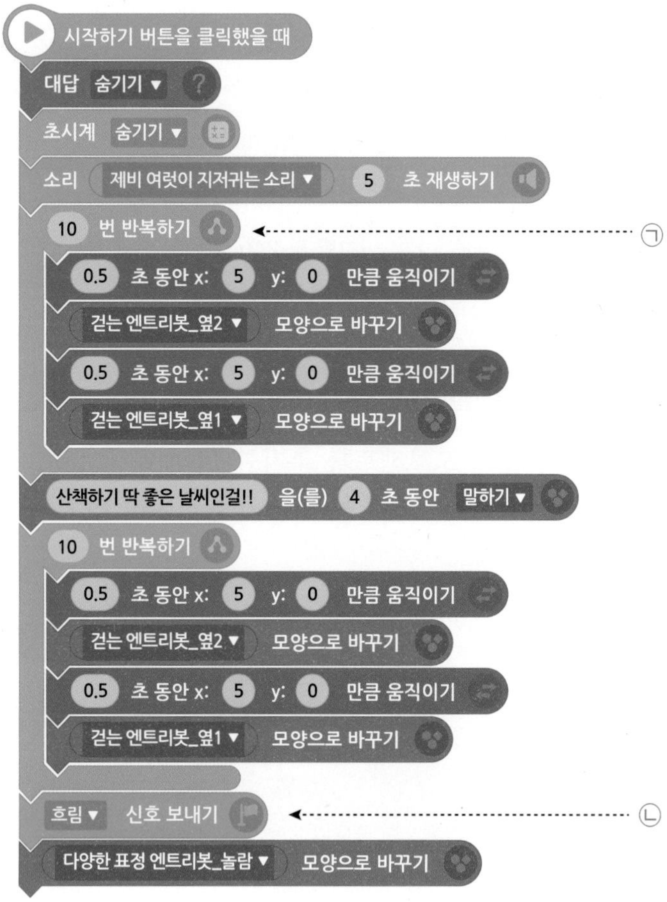

[그림 6-22] '걷는 엔트리봇_옆'의 코드

㉠ 걷는 모습처럼 보이도록 0.5초 동안 x 좌표를 5만큼 움직이며 모양을 바꾸는 것을 10번 반복해요.

㉡ 갑자기 천둥소리가 들리고 하늘이 흐려지도록 신호 '흐림'을 보내요.

[그림 6-23]
공원(3)

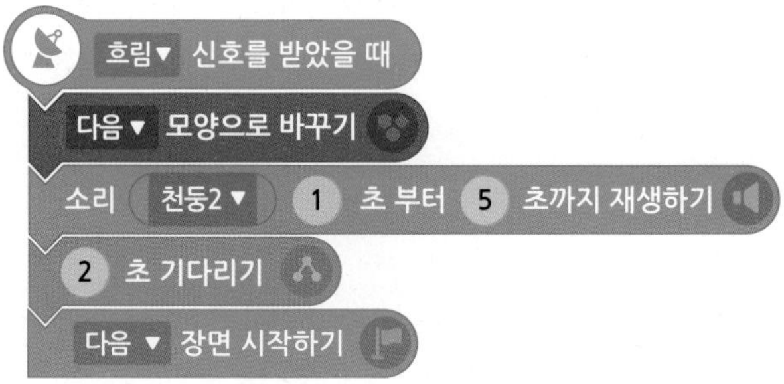

[그림 6-24] '공원(3)'의 코드

❺ [장면 2] 완성 장면 확인하고 오브젝트 추가하기

[그림 6-25]을 보고 오브젝트를 추가한 뒤 배치해보세요. 그런데 처음 보는 오브젝트가 있네요. 글상자 오브젝트는 어떻게 추가하면 되는지 이어지는 설명을 보고 추가해요.

[그림 6-25] 장면 2 완성 모습

엔트리 지식 더하기

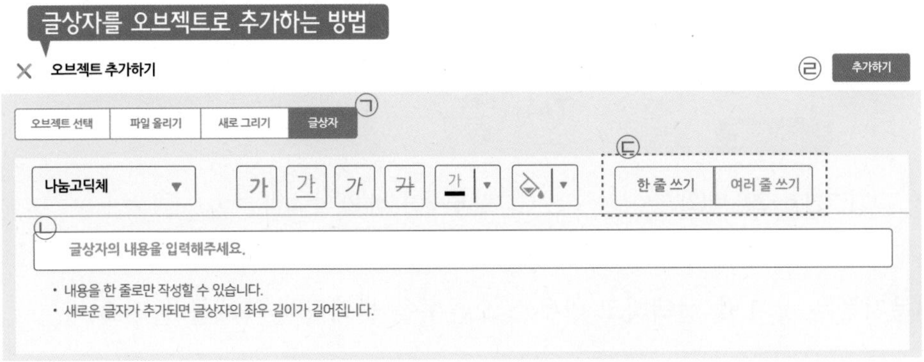

[그림 6-26] 글상자 오브젝트 추가하기

㉠ 오브젝트 추가하기 > 글상자를 선택해요.

㉡ 글씨체와 글씨 스타일, 색상을 선택하고 글을 입력해요.

㉢ 여러 줄을 쓴다면 여러 줄 쓰기를 선택해주세요.

㉣ 완성되면 추가하기를 눌러 오브젝트 추가를 완료해요.

❻ [장면 2] 오브젝트에 추가 작업하기

날씨 배경 오브젝트를 가져오면 여러 가지의 날씨 배경이 추가돼요. 그중에서 '날씨_흐림'만 남겨두고 다 지워주세요.

[그림 6-27] 날씨

[그림 6-28] '날씨'의 모양

'비(2)'를 선택하고 소리 '천둥2'를 추가해요.

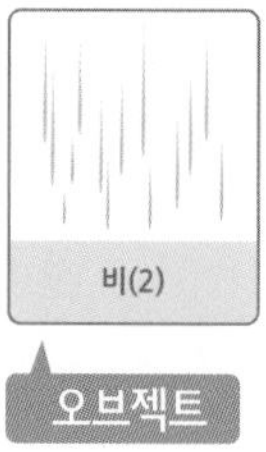

[그림 6-29] 비(2)

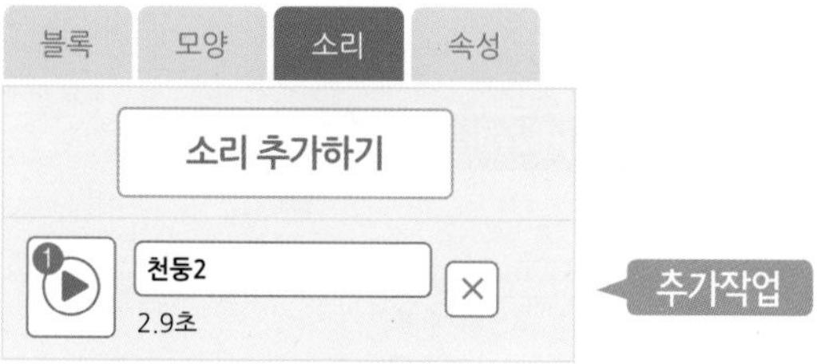

[그림 6-30] '비(2)'의 소리

'신문지묶은 것_1'을 선택하고 마우스 오른쪽을 클릭하여 복제를 눌러요.

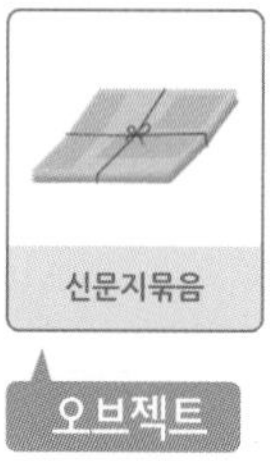

[그림 6-31] 신문지묶음

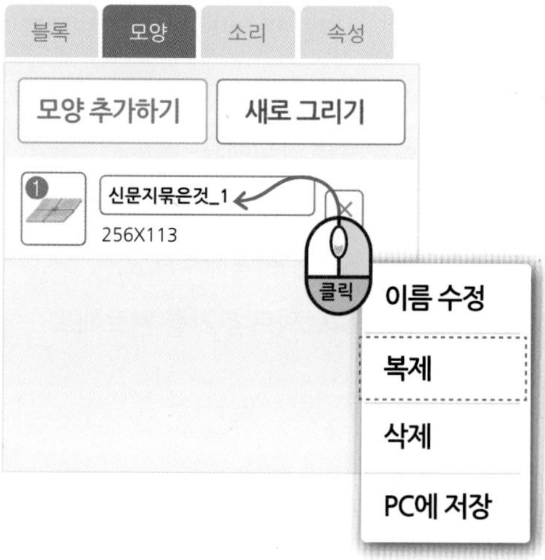

[그림 6-32] '신문지묶음'의 모양

복제한 오브젝트를 선택하여 10도 회전시켜주세요.

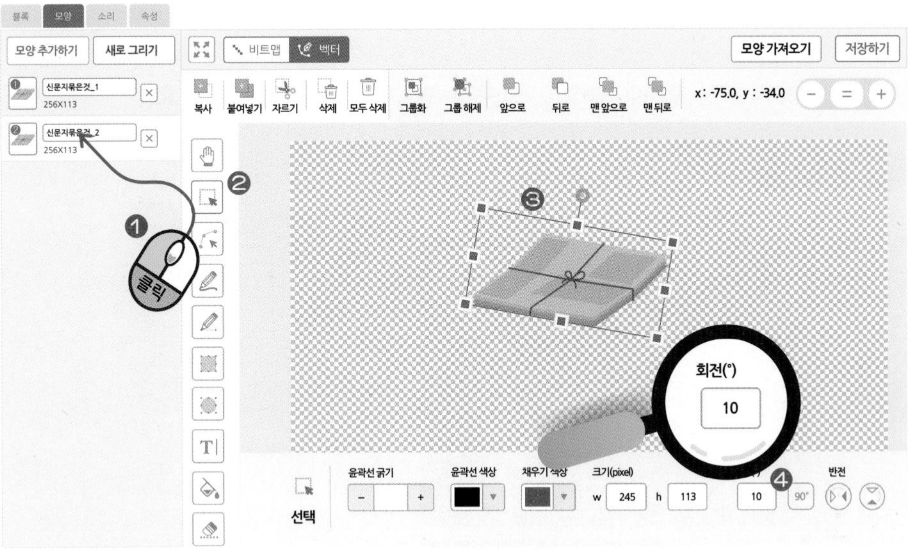

[그림 6-33] 오브젝트 회전하기

❼ [장면 2]에 변수와 신호 추가하기

기본값이 0인 변수 '점수'와 기본값이 1인 변수 '단계'를 추가하고 신호 '게임 시작'을 추가해요.

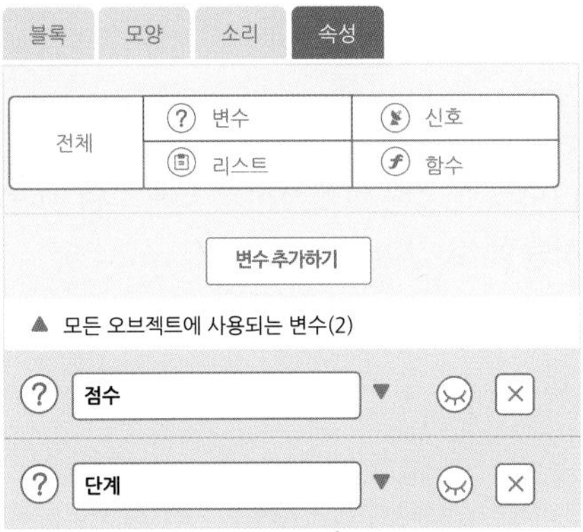

[그림 6-34] 변수 추가하기

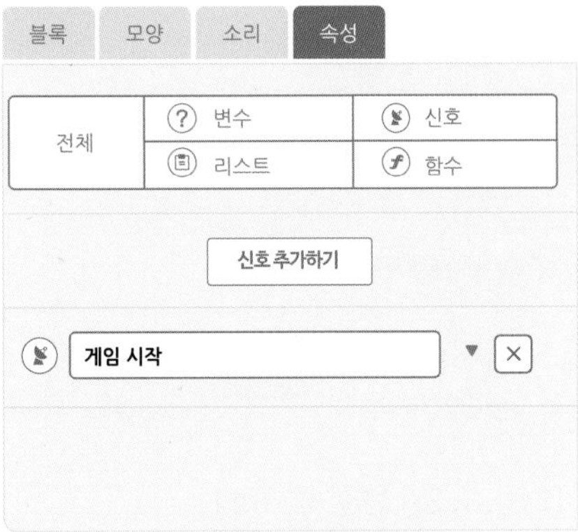

[그림 6-35] 신호 추가하기

엔트리 지식 더하기

변하는 값을 사용하고자 할 때 속성 〉 변수 〉 변수 추가하기를 눌러요.

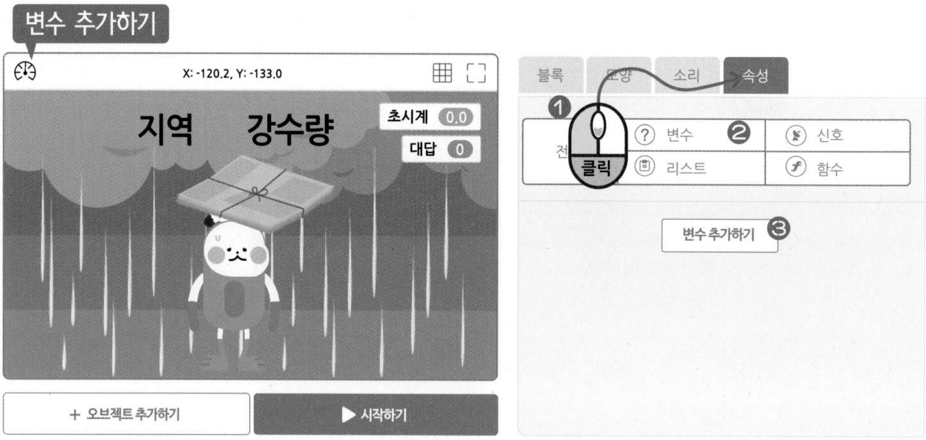

[그림 6-36] 변수 추가하기

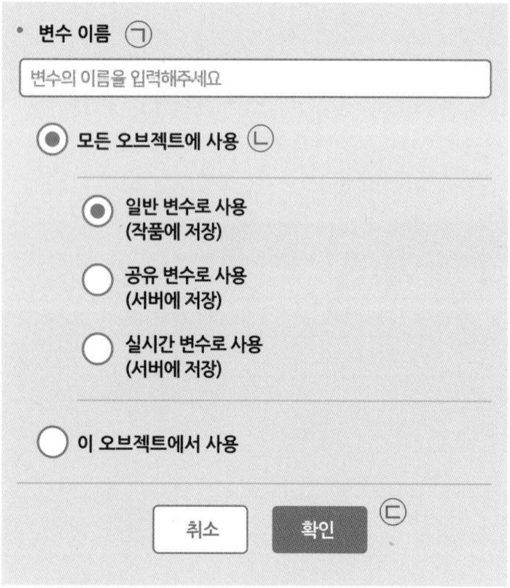

[그림 6-37] 변수 추가하기

㉠ 변수의 이름과 그 변수를 어떤 오브젝트에서 어떻게 사용할 것인지 정해요.

㉡ 보통 '모든 오브젝트에 사용+일반 변수로 사용'을 자주 활용해요.

㉢ 확인을 누르면 변수가 만들어져요.

* 변수도 신호와 마찬가지로 프로그램 내 어디서든 사용할 수 있어요

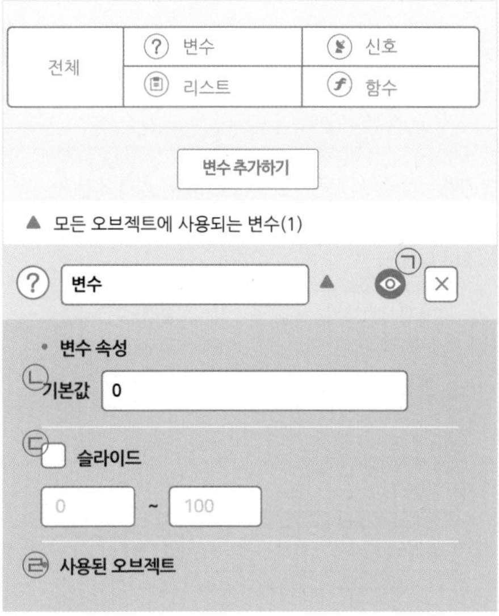

[그림 6-38] 변수 속성 설정하기

ㄱ 변수의 속성 설정에서 눈동자 아이콘이 켜져 있으면 변숫값이 장면에 나타나요. 변수가 장면에 나타나지 않게 하기 위해서는 눈동자 아이콘을 눌러 꺼주세요.

ㄴ 변수의 기본값은 변수의 시작 값과 같은 말이에요. 상황에 맞게 기본값을 조정해주세요.

ㄷ 슬라이드를 체크하면 장면이 시작되었을 때 화면에서 변수 기본값을 조절할 수 있어요.

ㄹ 사용된 오브젝트 아래에는 이 변수를 사용하여 블록 코딩이 되어있는 오브젝트 목록이 나타나요.

[그림 6-39] 변수 기본값을 0으로 했을 때와 슬라이드를 체크하였을 때

❽ [장면 2]에 리스트 추가하기

속성 〉 리스트 〉 리스트 추가하기를 선택하고 리스트 이름을 '지역'으로 만들어요.

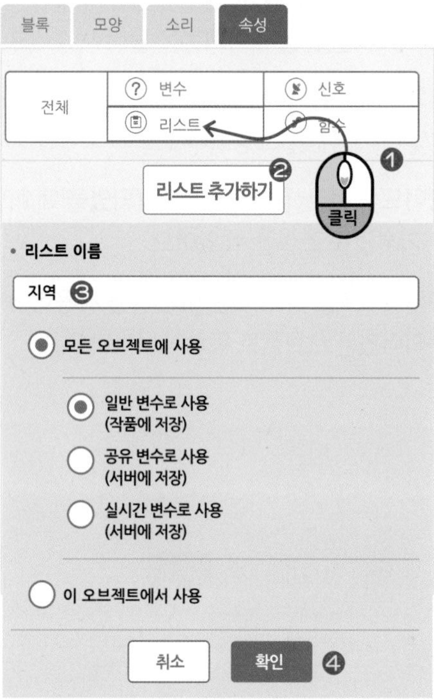

[그림 6-40] 리스트 추가하기

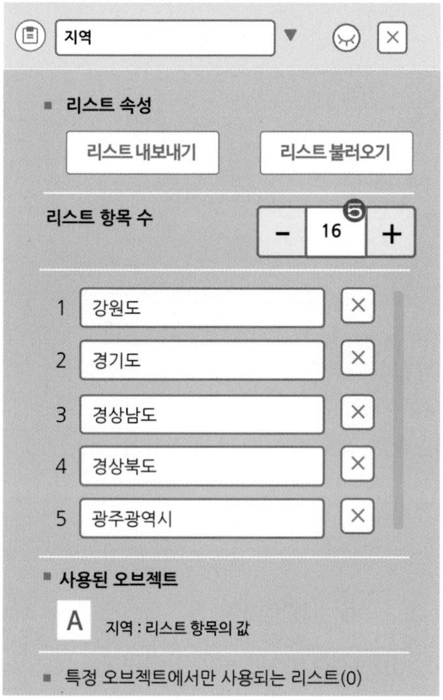

[그림 6-41] 리스트 속성 설정하기

'지역' 리스트를 추가했다면, 데이터 테이블에 있는 지역 순서대로 항목을 추가해 주세요. 리스트 항목 수에 16을 입력하고 총 16개의 리스트 항목을 추가해요. '강원도-경기도-경상남도-경상북도-광주광역시-대구광역시-대전광역시-부산광역시-서울특별시-울산광역시-인천광역시-전라남도-전라북도-제주도-충청남도-충청북도' 순이에요. 리스트 불러오기를 선택하여 한번에 입력할 수도 있어요.

리스트가 화면에는 보이지 않도록 눈동자 아이콘은 꺼주세요.

엔트리 지식 더하기

리스트는 쉽게 말하면 목록이에요. 적힌 순서대로 번호를 주어 코드를 간단하게 만드는 데 필요해요.

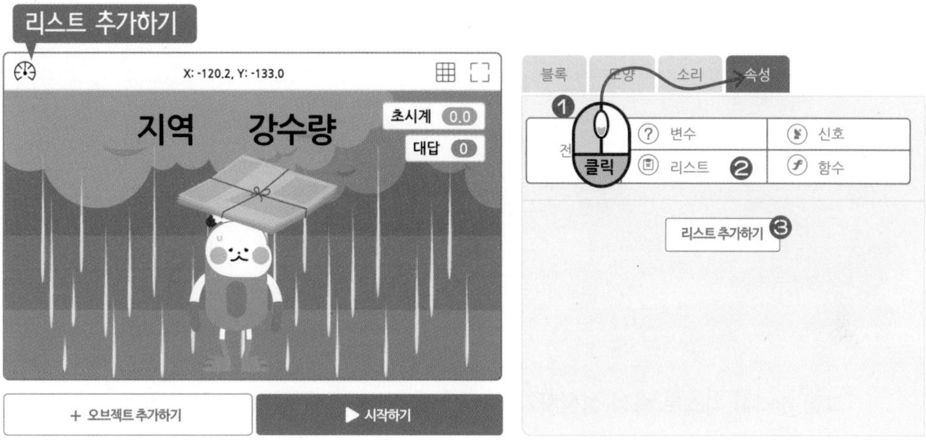

[그림 6-42] 리스트 추가하기

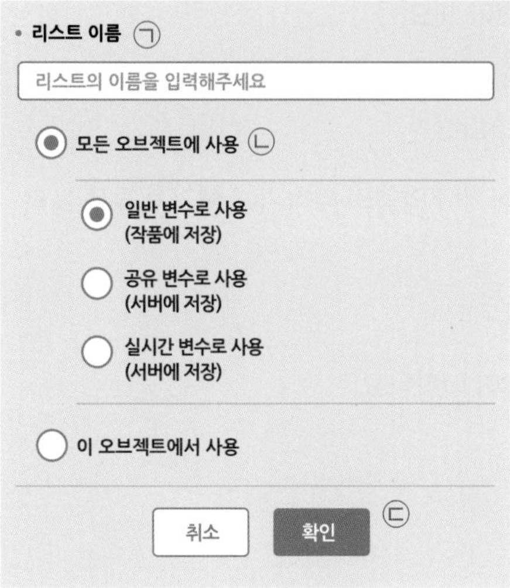

[그림 6-43] 리스트 추가하기

㉠ 리스트의 이름과 그 리스트를 어떤 오브젝트에서 어떻게 사용할 것인지 정해요.

㉡ 보통 '모든 오브젝트에 사용+일반 변수로 사용'을 자주 활용해요.

㉢ 확인을 누르면 리스트가 만들어져요.

* 만든 리스트는 프로그램 내 어디서든 사용할 수 있어요.

[그림 6-44] 리스트 속성 설정하기

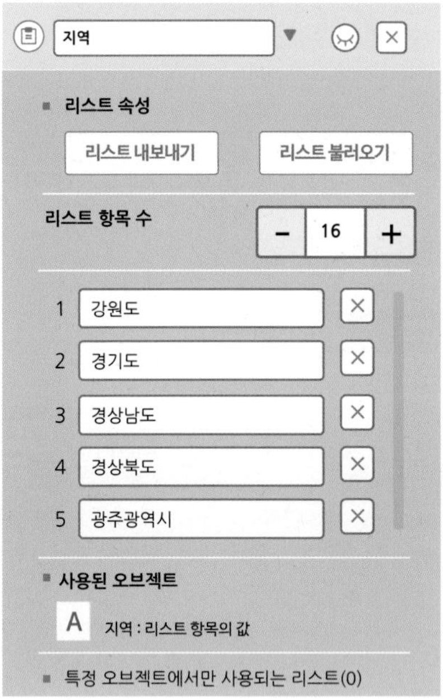

[그림 6-45] '지역' 리스트 항목 추가하기

㉠ 리스트의 속성 설정에서 눈동자 아이콘이 켜져 있으면 리스트 항목이 장면에 나타나요. 리스트 항목이 장면에 나타나지 않게 하기 위해서는 눈동자 아이콘을 꺼야 해요.

㉡ 리스트 내보내기를 누르면 입력된 리스트 항목을 복사하거나 다운로드 받을 수 있어요. 리스트 불러오기를 누르면 한번에 리스트 항목을 입력할 수 있는 창이 나타나요.

㉢ 생성된 리스트 항목 수를 보여줘요. 빈칸에 항목 수를 입력하거나 양옆의 더하기나 빼기 버튼을 눌러 리스트 항목 수를 조정할 수 있어요.

㉣ 리스트 항목을 입력하면 추가된 리스트 항목이 나타나요.

㉤ 이 리스트를 사용하여 블록코딩이 되어 있는 오브젝트 목록이 나타나요.

❾ [장면 2]의 오브젝트별 코드

[그림 6–46]
시무룩한 엔트리봇

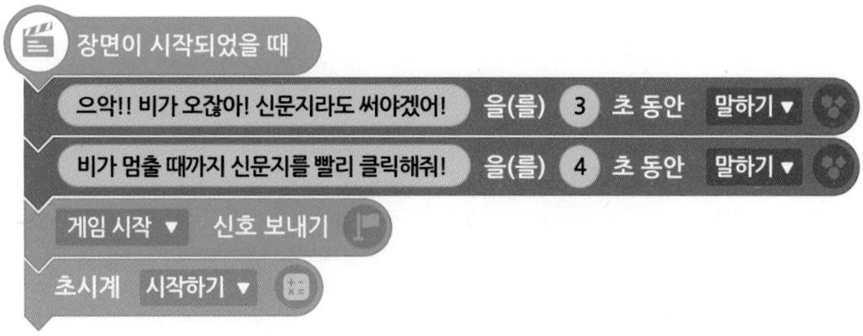

[그림 6–47] '시무룩한 엔트리봇'의 코드

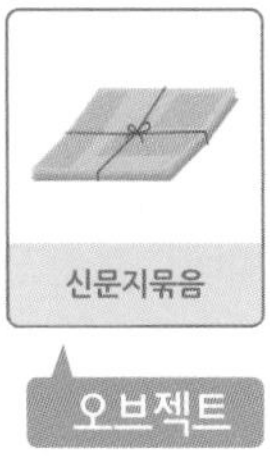

[그림 6–48]
신문지묶음

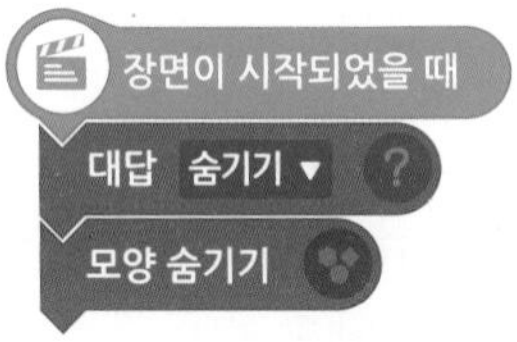

[그림 6–49]
'신문지 묶음'의 코드 1

[그림 6–50]
'신문지묶음'의 코드 2

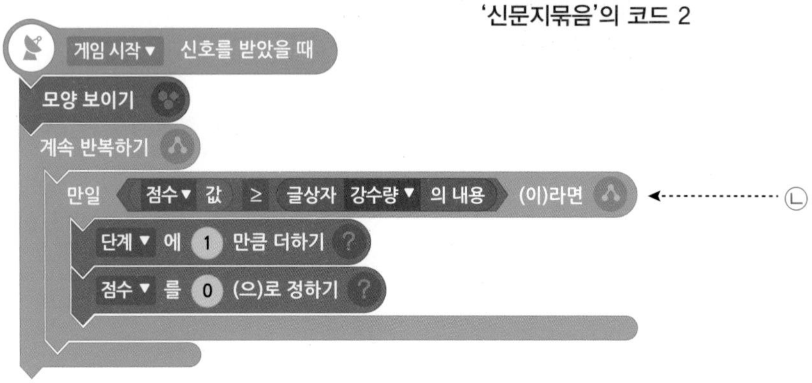

[그림 6–51] '신문지묶음'의 코드 3

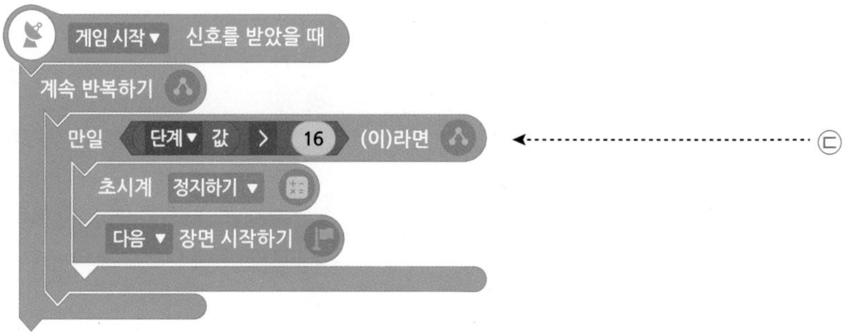

[그림 6-52] '신문지묶음'의 코드 4

㉠ 신문지를 클릭할 때마다 점수가 25점씩 올라가고 신문지 모양이 다음 모양으로 바뀌어요.

㉡ 신문지를 클릭하여 얻은 점숫값이 해당 단계 지역의 강수량과 비교하여 같거나 많다면 다음 단계로 가도록 변수 '단계'에 1을 더하고 변수 '점수'는 다시 0이 돼요.

㉢ 지역이 총 16개이기 때문에 단계도 16단계까지 있어요. 따라서 단계가 17 이상이 되면 초시계가 멈추고 다음 장면을 시작해요. 이 '만일~라면' 블록 묶음을 [그림 6-51]의 '계속 반복하기' 블록 안에 위치한 '만일~라면' 블록 묶음 바로 아래에 넣어주어도 돼요.

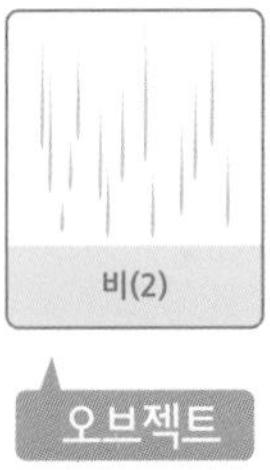

[그림 6-53] 비(2)

[그림 6-54] '비(2)'의 코드

	A	B	C	D	E	F	G	H	I	J	K	L
1	월	강원도	경기도	경상남도	경상북도	광주광역시	대구광역시	대전광역시	부산광역시	서울특별시	울산광역시	인천광역시
2	2019-01	4.68	0.56	14.48	11.26	16.4	9.5	1.7	12.7	0	15.5	0.27
3	2019-02	22.93	29.16	43.16	30.89	37	26.2	46.3	51.5	23.8	38.8	21.9
4	2019-03	41.66	34.96	54.99	35.14	33.9	20.7	33.7	75.4	26.8	40.7	24.2
5	2019-04	61.28	44.36	102.49	88.19	84.7	88	91.6	85	47.3	88.9	31.03
6	2019-05	14.86	28.36	107.46	36.23	78.8	25.7	35.6	76.1	37.8	35	35.03
7	2019-06	103.34	66.86	267.37	154.26	158	160.8	77.9	324.3	74	247.5	47.2
8	2019-07	201.71	251.06	319.14	148.46	242.2	139.4	199	358.9	194.4	206.5	219.13
9	2019-08	187.19	147.02	96.32	136.41	64.8	141.9	104.3	156.3	190.5	195.7	106.17
10	2019-09	194.14	239.64	303.21	192.83	165.8	185.5	167	279	139.8	287.5	244.27
11	2019-10	174.19	56.66	220.13	236.42	149.9	155.2	106.1	139.9	55.5	222.2	22.37
12	2019-11	78.76	77.72	24.86	52.54	22.8	15.3	94	13.8	78.8	31	84.37
13	2019-12	9.86	24.12	34.78	25.21	31.6	27.5	27	50.3	22.6	40.8	28.8

[그림 6-55] 2019년 '월전체 강수량'의 데이터 테이블의 일부

우리는 2019년 7월의 지역별 월전체 강수량에 따라 내리는 비의 양이 달라지는 비 피하기 게임을 만들고 있어요. '**2019년 월전체 강수량**' 데이터 테이블을 다시 살펴볼까요? 게임을 만드는 데 사용될 2019년 7월의 월전체 강수량은 8행에 있어요.

㉠

㉠을 반복하면, 단계별로 내리는 비의 양을 지역별 강수량에 따라 변하게 할 수 있어요. 하나씩 살펴볼까요?

경기도를 기준으로 생각해볼게요. 2019년 경기도의 7월 강수량 데이터는 어디에 있나요? 맞아요. 2019년 경기도의 7월 강수량은 8행 3번째 열에 있어요.

경기도는 게임의 2단계이기 때문에, 단계값은 2에요. (단계값 + 1)을 계산하면, 3이 되어요. 따라서, 테이블 8번째 행의 3번째 값인 2019년 경기도의 7월 강수량 값을 불러올 수 있어요.

[그림 6-56]
'지역' 글상자

[그림 6-57] '지역' 글상자의 코드 1

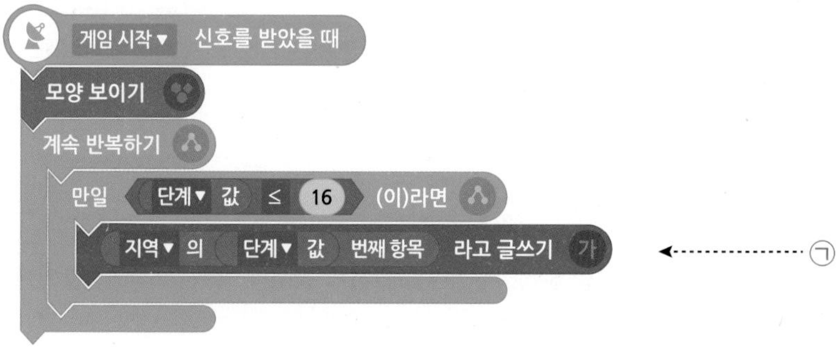

[그림 6-58] '지역' 글상자의 코드 2

㉠을 반복하면, 단계별로 화면에 지역을 표시할 수 있어요. 이번에도 경기도를 기준으로 생각해볼게요. 경기도의 단계값은 2에요. 따라서, ㉠ 

을 실행하면 리스트 '지역'의 2번째 항목인 '경기도'가 화면에 나타날 거예요.

[그림 6-59]
'강수량' 글상자

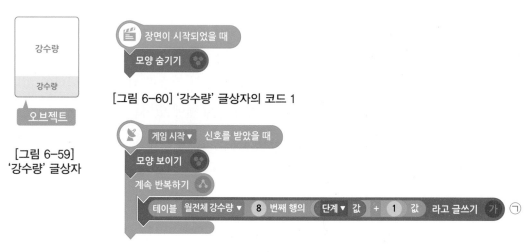

[그림 6-60] '강수량' 글상자의 코드 1

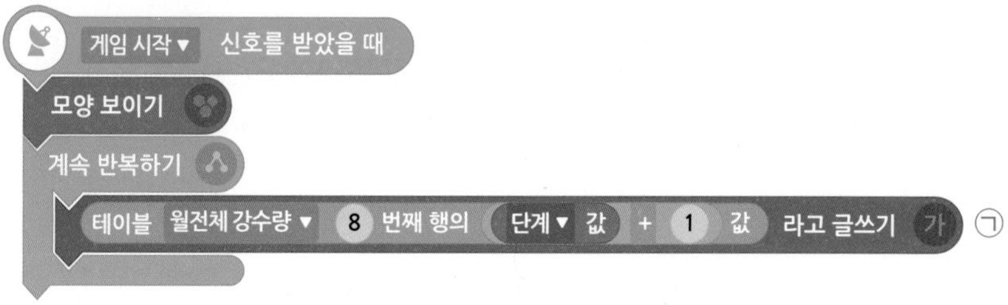

[그림 6-61] '강수량' 글상자의 코드 2

㉠ '비(2)'의 코드를 만든 것과 같은 방법이에요. 2019년 7월의 월전체 강수량은 데이터 테이블의 8행에 있어요. 테이블 8번째 행의 (단계값 + 1) 번째 열에 있는 강수량 값을 화면에 나타내주는 코드예요.

⑩ [장면 3] 완성 장면 확인하고 오브젝트 추가하기

[그림 6-62] 장면 3 완성 모습

⑪ [장면 3] 오브젝트에 추가 작업하기

'결과' 글상자에 소리 '제비 여럿이 지저귀는 소리'를 추가해요.

[그림 6-63] '결과' 글상자

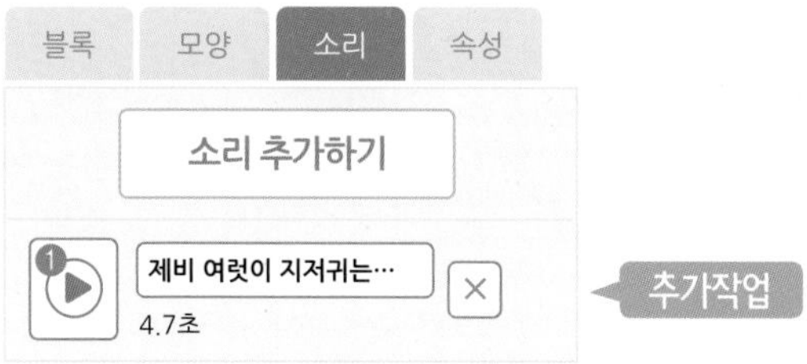

[그림 6-64] '결과' 글상자의 소리

⑫ [장면 3]의 오브젝트별 코드

[그림 6-65] '결과' 글상자 오브젝트

[그림 6-66] '결과' 글상자의 코드

㉠ 몇 초만에 게임을 끝냈는지 글로 써주는 블록이에요.

7 추가 미션

구구 박사의 추가 미션

데이터 테이블의 정보 버튼을 눌러 '월전체 강수량' 데이터를 새롭게 분석해보세요.

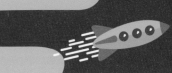

7장 소풍은 몇 월에 가는 것이 좋을까요?

소풍 가는 것은 언제나 기분 좋은 일이죠? 소풍 가는 날에 공기도 좋고 날씨까지 화창하다면 더할 나위 없이 행복한 소풍이 될 거예요! 몇 월에 소풍 가면 조금 더 맑은 공기를 느낄 수 있을까요? 5월? 10월? 맑은 공기를 마시며 소풍 갈 수 있도록 '월평균 미세먼지 농도' 데이터를 이용하여 소풍은 몇 월에 가는 것이 좋을지 데이터를 분석해보도록 해요!

이번 장에서는 무엇을 배울까요?

- '이 빠진 데이터'가 무엇인지 알 수 있어요.
- 월평균 미세먼지 농도를 목적에 맞게 시각화하고 분석할 수 있어요.
- 미세먼지 농도가 낮은 지역을 퀴즈로 내는 프로그램을 만들 수 있어요.

1 문제 인식

빨리 소풍가고 싶다!
언제쯤 가려나?

장소랑 날짜 둘 다 아직 정해지지 않았어.
미세먼지가 적은 날에 가야 할 텐데...

맞아.
미세먼지가 많으면 소풍이 취소될 확률이 높아지잖아.

흐음...
미세먼지는 몇 월에 심해질까?

보통 봄, 가을에 심해진다고는 하는데 확실히 모르겠어.

그럼 미세먼지 농도 데이터를 보고 몇 월에 소풍 가는 것이 좋을지 선생님께 말씀 드려보자!

● 문제 해결 계획하기

(1) 우리가 해결해야 하는 문제는 무엇인가요?

해결할 문제	

(2) 문제 해결을 위해 어떤 데이터가 필요할까요?

필요한 데이터	

2 데이터 수집하기

(1) 데이터, 어디서 구할까?

정은이와 하은이가 소풍가기 좋은 달을 찾고 있네요! 문제를 해결하기 위해 엔트리의 **데이터 테이블 선택 공간**에서 어떤 데이터를 불러오면 좋을까요? 제공하는 다양한 데이터들을 살펴보고, 문제 해결을 위해 적합한 데이터를 찾아보세요.

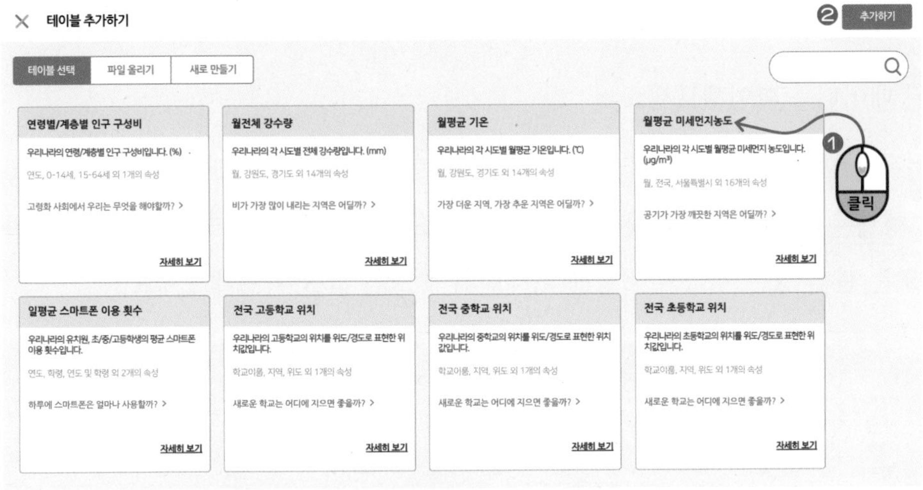

[그림 7-1] 테이블 선택하기

엔트리에는 **'월평균 미세먼지 농도'** 데이터가 제공되고 있어요. 자세히 보기를 누르면 데이터를 제공하는 곳과 데이터의 속성 및 정보에 대해 알려주고 있죠? 이 데이터 테이블에는 2010년 1월부터 2021년 4월까지의 값이 있어요. 데이터를 살펴보기 위해 데이터를 선택하고 추가하기 버튼을 눌러보세요.

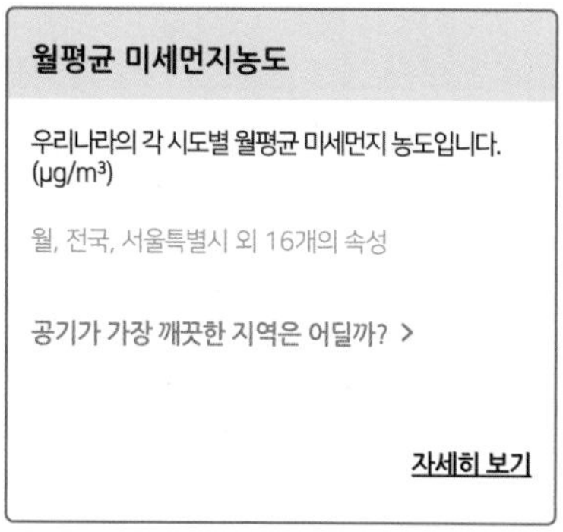

월평균 미세먼지농도
우리나라의 각 시도별 월평균 미세먼지 농도입니다. (μg/m³)
월, 전국, 서울특별시 외 16개의 속성
공기가 가장 깨끗한 지역은 어딜까? >
자세히 보기

[그림 7-2] 가져올 데이터 테이블

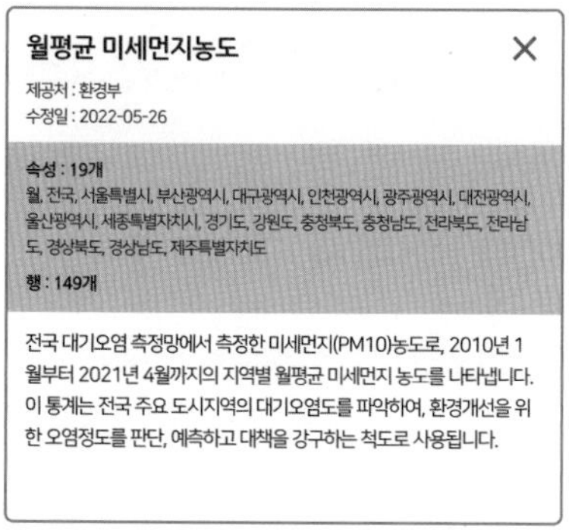

월평균 미세먼지농도
제공처 : 환경부
수정일 : 2022-05-26
속성 : 19개
월, 전국, 서울특별시, 부산광역시, 대구광역시, 인천광역시, 광주광역시, 대전광역시, 울산광역시, 세종특별자치시, 경기도, 강원도, 충청북도, 충청남도, 전라북도, 전라남도, 경상북도, 경상남도, 제주특별자치도
행 : 149개
전국 대기오염 측정망에서 측정한 미세먼지(PM10)농도로, 2010년 1월부터 2021년 4월까지의 지역별 월평균 미세먼지 농도를 나타냅니다. 이 통계는 전국 주요 도시지역의 대기오염도를 파악하여, 환경개선을 위한 오염정도를 판단, 예측하고 대책을 강구하는 척도로 사용됩니다.

[그림 7-3] 데이터 테이블에 대한 설명

수집된 데이터를 확인해보세요.

테이블을 살펴보니 열에는 '월', '전국', '서울특별시', '부산광역시', '대구광역시' 등이 있어요. 행에는 연도-월별 월평균 미세먼지 농도 값이 입력되어 있어요. 여러분이 사는 지역 또는 관심 있는 지역의 월평균 미세먼지 농도의 값을 확인해보세요!

	A	B	C	D	E	F	G	H	I	J	K	L	M	N
1	월	전국	서울특별시	부산광역시	대구광역시	인천광역시	광주광역시	대전광역시	울산광역시	세종특별자치시	경기도	강원도	충청북도	충청남도
2	2010-01	57	59	47	56	64	46	48	46		68	62	77	45
3	2010-02	49	50	44	49	54	39	39	44		56	55	62	40
4	2010 03	64	61	64	69	67	65	52	60		67	70	73	57
5	2010-04	51	49	50	47	55	42	41	47		57	58	63	47
6	2010-05	59	56	56	55	62	62	52	54		66	60	67	52
7	2010-06	52	51	46	47	57	39	40	50		62	48	60	46
8	2010-07	36	33	41	36	37	27	26	39		41	33	37	29
9	2010-08	36	32	42	38	37	28	27	40		39	32	37	30
10	2010-09	32	25	38	36	34	29	28	36		34	24	33	31
11	2010-10	45	41	41	43	51	42	40	39		51	38	55	48
12	2010-11	73	71	60	70	78	70	71	62		83	68	91	71
13	2010-12	63	62	55	67	67	54	57	55		71	63	79	54
14	2011-01	45	44	38	41	48	34	39	39		54	51	60	34
15	2011-02	72	75	57	65	79	60	63	59		86	75	93	61
16	2011-03	65	65	58	58	71	55	59	63		76	70	80	62
17	2011-04	59	56	56	51	63	54	52	59		68	63	67	53
18	2011-05	75	72	76	66	84	67	67	75		80	70	72	72

[그림 7-4] 월평균 미세먼지 농도 데이터 테이블의 일부

3 데이터 다듬기

(1) 어떤 데이터가 필요할까?

소풍은 몇 월에 가는 것이 좋을지 건의하기 위해 우리가 엔트리에서 수집한 데이터는 무엇인가요?

수집한 데이터	

우리가 수집한 데이터는 **'월평균 미세먼지 농도'**이고 테이블에는 전국 및 우리나라 시도별 월평균 미세먼지 농도 값이 있어요. 이 데이터들은 모두 우리에게 필요한 데이터인가요?

맞아요! 전국의 월평균 미세먼지 농도 데이터가 필요하고 소풍 갈 지역의 월평균 미세먼지 농도 데이터들도 함께 분석해보면 좋을 것 같아요!

그런데 데이터 테이블을 살펴보니 값이 입력되어 있지 않고 비어 있는 곳들이 꽤 있어요. 이 부분을 어떻게 처리할까요?

(2) 이 빠진 데이터를 다듬어보자!

'월평균 미세먼지 농도' 데이터 테이블을 살펴보니 J열의 세종특별자치시는 73행까지 비어 있어요. 그리고 N열의 충청남도 88행에는 빈 데이터가 있어요. 이 빠진 데이터가 있는 지역인 J열의 세종특별자치시 데이터와 N열의 충청남도 데이터는 데이터 분석에 영향을 줄 수 있어 전체 데이터를 삭제할게요. **'구구 박사의 데이터 과학 지식 더하기'**를 참고하여 세종특별자치시인 J열 위에 마우스 커서를 올려놓고 마우스 오른쪽을 클릭하여 열 삭제를 눌러주세요. 마찬가지로 충청남도인 M열(J열을 삭제하면 충청남도가 M열이 돼요) 위에 커서를 올려놓고 마우스 오른쪽을 클릭하여 열 삭제를 눌러주세요.

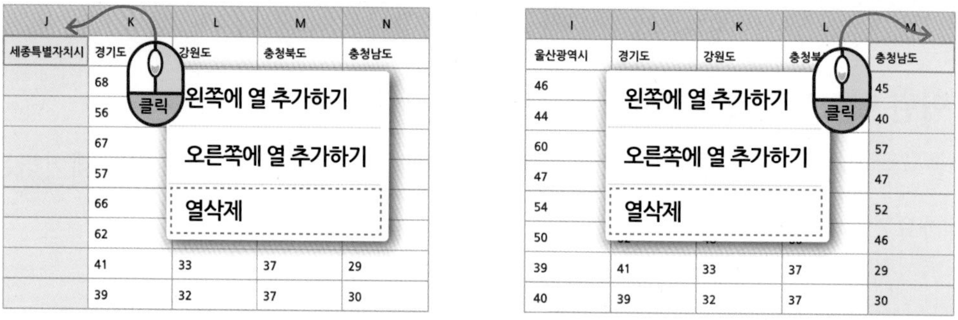

[그림 7-5] 열 삭제

구구박사의 데이터 과학 지식 더하기

이 빠진 데이터?

이가 빠졌던 기억을 떠올려보세요. 빠진 이 사이로 공간이 생겼었죠? 이것과 비슷하게 데이터 테이블도 이가 빠질 수 있어요. 우리는 채워진 데이터들 사이에 비워진 데이터를 이 빠진 데이터라고 부를 거예요. 이 빠진 데이터는 데이터 분석에 영향을 미칠까요?

이 빠진 데이터는 데이터 분석에 오류를 가져올 수 있어요. 우리가 구하려는 데이터에 영향을 주기 때문에 채워 넣거나 미리 확인하여 삭제하는 것이 좋아요.

G	H	I	J	K	L	M	N
광주광역시	대전광역시	울산광역시	세종특별자치시	경기도	강원도	충청북도	충청남도
46	48	46		68	62	77	45
39	39	44		56	55	62	40
65	52	60		67	70	73	57
42	41	47		57	58	63	47

[그림 7-6] 이 빠진 데이터의 예시

1. 채우고자 하는 데이터의 값을 검색해서 채우기
   검색해서 나오는 경우 채워 넣기

G	H	I	J	K	L	M	N
광주광역시	대전광역시	울산광역시	세종특별자치시	경기도	강원도	충청북도	충청남도
46	48	46	**	68	62	77	45
39	39	44	**	56	55	62	40
65	52	60	**	67	70	73	57
42	41	47	**	57	58	63	47
62	52	54	**	66	60	67	52

[그림 7-7] 데이터 값 직접 입력하기

2. 이 빠진 데이터에 해당하는 행 또는 열 전체 삭제하기
   삭제하여 분석할 데이터에서 제외하기

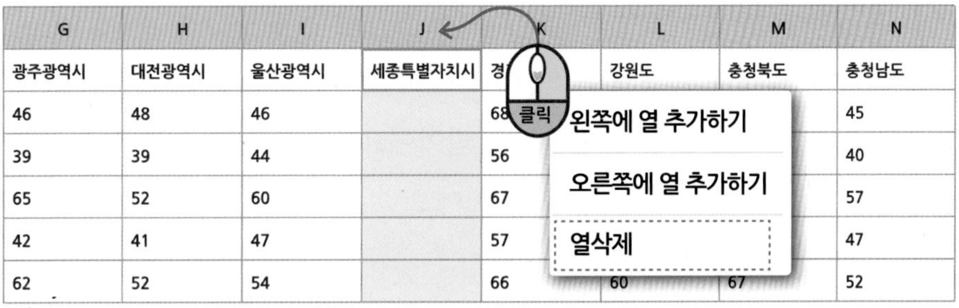

G
H
I
J
K
L
M
N
광주광역시
대전광역시
울산광역시
세종특별자치시
강원도
충청북도
충청남도
46
48
46
68
45
39
39
44
56
40
65
52
60
67
57
42
41
47
57
47
62
52
54
66
60
67
52
클릭
왼쪽에 열 추가하기
오른쪽에 열 추가하기
열삭제

[그림 7-8] 해당 행 또는 열 전체 삭제하기

4 데이터 시각화하기

(1) 데이터, 어떤 그래프로 표현할까?

미세먼지 농도가 낮아 소풍 가기 좋은 월을 건의하기 위해 월별 미세먼지 농도의 변화량을 확인해야 해요. 그렇다면 **'월평균 미세먼지 농도'** 데이터는 어떤 그래프로 시각화하는 것이 적합할까요?

변화량을 확인할 수 있는 그래프! 월별 미세먼지 농도의 변화량을 분석하기 위해서는 선 그래프가 효과적이에요. 그렇다면 선 그래프의 가로축과 계열을 어떻게 설정하면 좋을까요?

(2) 데이터, 그래프로 표현하자!

이번 데이터 시각화의 방법은 2가지가 있어요. 첫째, 전국의 데이터를 시각화하여 대체로 미세먼지가 낮은 월을 분석하는 방법이에요. 둘째, 원하는 지역을 정한 뒤 그 지역의 데이터만 시각화하여 분석하는 방법이에요. 두 개의 데이터 시각화 그래프를 만들어보고 비교해 볼게요.

다음 표를 보고 값을 설정해 차트를 만들어봐요!

	전국 그래프	원하는 지역 그래프
그래프 종류	선	선
차트 이름	월평균 미세먼지 농도(전국)	월평균 미세먼지 농도(지역)
가로축	월	월
계열	전국	원하는 지역(예: 경기도)

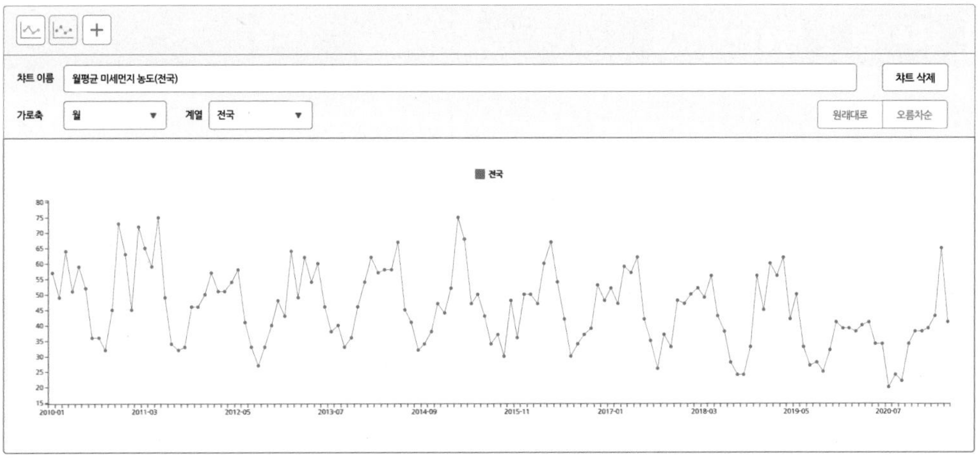

[그림 7-9] 월평균 미세먼지 농도(전국) 선 그래프

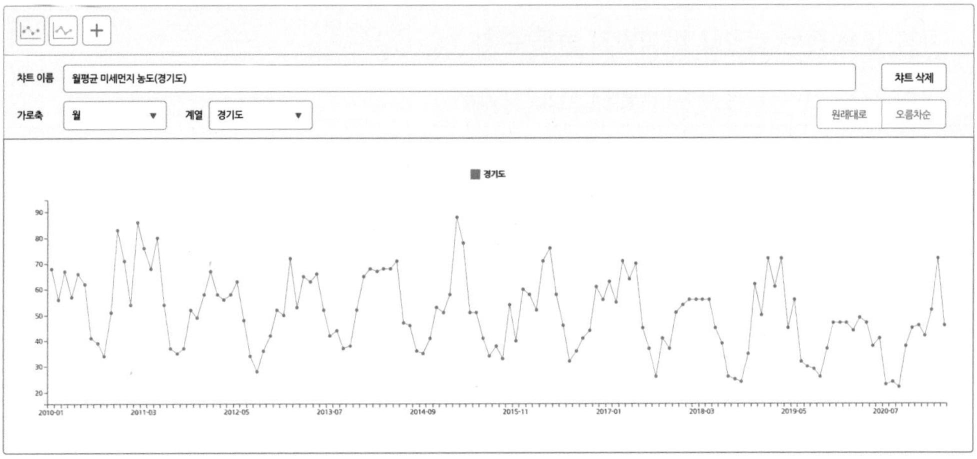

[그림 7-10] 월평균 미세먼지 농도(경기도) 선 그래프

5 데이터 분석하기

(1) 데이터로 무엇을 알 수 있을까?

소풍 가기 좋은 월을 찾아보기 위해 전국의 **'월평균 미세먼지 농도'** 데이터를 불러오고 다듬었어요. 소풍 지역이 정해지지 않았다면 전국의 월평균 미세먼지 농도 데이터를 시각화한 그래프를 확인하면 돼요. 만약 지역이 정해졌다면 그 지역의 데이터만 선택해 시각화 그래프를 확인해요! 정은이와 하은이는 장소와 날짜 둘 다 정해지지 않았다고 했기 때문에 전국의 **'월평균 미세먼지 농도'** 그래프를 볼게요. 이 그래프를 통해 우리가 읽어낼 수 있는 정보는 무엇인가요?

가장 높은 전국 월평균 미세먼지 농도 수치	
가장 낮은 전국 월평균 미세먼지 농도 수치	

데이터 시각화 그래프와 데이터 테이블을 보고 연도별로 미세먼지 농도가 가장 낮은 월과 가장 높은 월을 찾아보세요.

데이터 테이블에 2021년도 4월까지의 데이터 값이 있으므로 1월부터 12월까지의 데이터가 모두 있는 2010년도부터 2020년도까지의 데이터를 분석해보세요.

년도	가장 낮은 월	가장 높은 월
2010	9월	11월
2011	8월	5월
2012	8월	5월
2013	9월	1월
2014	8월	5월
2015	9월	2월
2016	7월	4월

2017	8월	5월
2018	8,9월	4,11월
2019	9월	3월
2020	7월	4월

분석을 바탕으로 아래의 표를 채워보세요.

미세먼지 농도가 제일 낮았던 횟수가 가장 많은 월	
미세먼지 농도가 제일 높았던 횟수가 가장 많은 월	

(2) 분석한 데이터로 문제를 해결하자!

시도별 월평균 미세먼지 데이터를 시각화한 그래프를 보니까 미세먼지 농도의 변화도 보이고, 어느 월에 미세먼지가 가장 높고, 가장 낮은지 데이터가 보이네.

2010년부터 2020년의 데이터 변화를 확인해보니 미세먼지 농도가 제일 낮았던 횟수가 가장 많았던 월은 (　　　)월이야.

그리고 미세먼지 농도가 제일 높았던 횟수가 가장 많았던 월은 (　　　)월이야.

맞아. 소풍은 미세먼지 농도가 제일 낮았던 횟수가 가장 많았던 (　　　)월에 가는 게 좋을 것 같아.

나도 그렇게 생각해! 선생님께 말씀드려 보자.

6 문제 해결

(1) 데이터를 어떻게 활용할까?

우리가 수집한 데이터로 시각화한 그래프를 살펴본 뒤 상대적으로 월평균 미세먼지 농도가 낮은 달을 추천해주는 프로그램을 만들어보는 건 어떨까요?

(2) 어떤 데이터가 필요할까?

데이터 분석하였던 **'월평균 미세먼지 농도'**의 데이터 테이블에서 다듬기를 추가로 해요. 여러 해의 데이터들 중에서 2019년의 데이터를 활용할게요. 2019년의 데이터만 남도록 '행 삭제'를 해주세요. 데이터 테이블을 살펴보니 2019년에는 9월에 월평균 미세먼지 농도가 가장 낮았네요!

	A	B	C	D	E	F	G	H	I
1	월	전국	서울특별시	부산광역시	대구광역시	인천광역시	광주광역시	대전광역시	울산광역시
2	2019-01	60	66	48	57	62	53	66	45
3	2019-02	56	57	48	54	55	57	62	46
4	2019-03	62	69	51	54	67	63	68	49
5	2019-04	42	41	40	40	43	43	40	40
6	2019-05	50	52	47	46	51	50	46	49
7	2019-06	33	29	32	32	29	40	30	34
8	2019-07	27	26	26	26	31	29	23	29
9	2019-08	28	25	30	26	30	31	25	30
10	2019-09	25	21	24	23	28	27	22	25
11	2019-10	32	31	27	27	35	35	29	27
12	2019-11	41	40	35	41	41	43	43	34
13	2019-12	39	42	35	42	40	33	40	33

[그림 7-11] 월평균 미세먼지 농도(전국)의 일부

(3) 데이터를 활용한 프로그램을 만들어보자!

완성된 작품 미리보기

❶ [장면 1] 완성 장면 확인하고 오브젝트 추가하기

완성된 장면

추가할 오브젝트

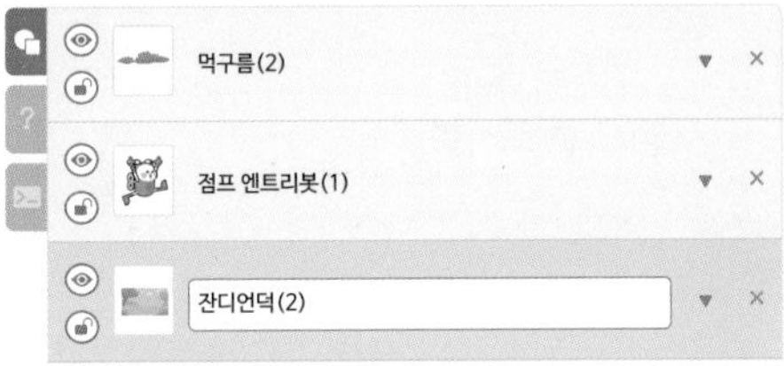

[그림 7-12] 장면 1 완성 모습

❷ [장면 1] 오브젝트에 추가 작업하기

'잔디 언덕(2)'에 '회색 도시' 모양을 추가해요.

[그림 7-13]
잔디 언덕(2)

[그림 7-14] '잔디언덕(2)'의 모양

'점프 엔트리봇(1)'에 '속상 이모티콘', '브이 윙크 앞모습' 모양을 추가해요.

[그림 7-15]
점프 엔트리봇(1)

[그림 7-16] '점프 엔트리봇(1)'의 모양

'먹구름(2)' 오브젝트 위에 '월평균 미세먼지 농도 그래프' 문구를 추가해요.

[그림 7-17]
먹구름(2)

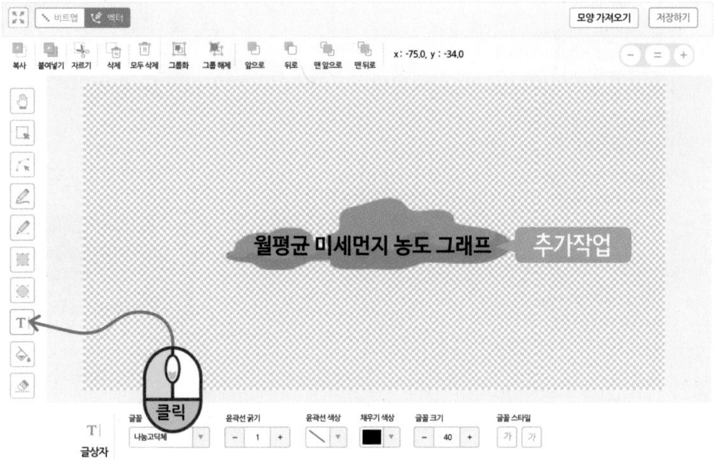

[그림 7-18] 문구 추가하기

❸ [장면 1]에 신호 추가하기

신호 '그래프 보이기', '소풍 못가요ㅠㅠ', '소풍 가자!!!', '걱정'을 추가해요.

[그림 7-19] 신호 추가하기

❹ [장면 1]의 오브젝트별 코드

잔디 언덕(2)
오브젝트

[그림 7-20] 잔디 언덕(2)

걱정 ▼ 신호를 받았을 때
회색도시 ▼ 모양으로 바꾸기

[그림 7-21] '잔디 언덕(2)'의 코드 1

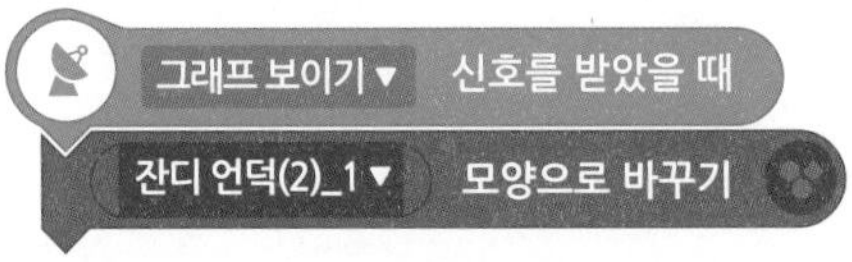

그래프 보이기 ▼ 신호를 받았을 때
잔디 언덕(2)_1 ▼ 모양으로 바꾸기

[그림 7-22] '잔디 언덕(2)'의 코드 2

점프 엔트리봇(1)
오브젝트

[그림 7-23] 점프 엔트리봇(1)

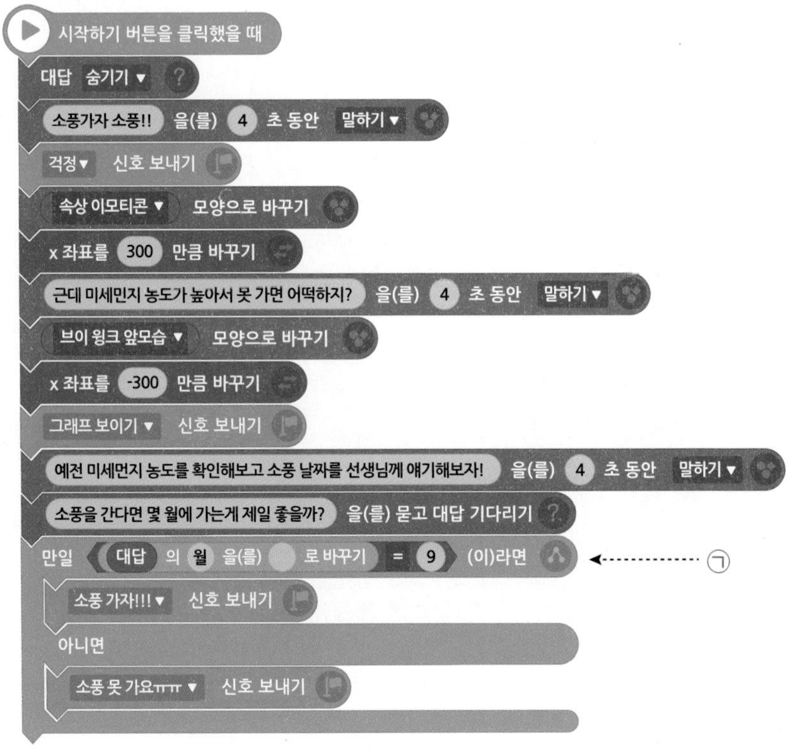

시작하기 버튼을 클릭했을 때
대답 숨기기 ▼
소풍가자 소풍!! 을(를) 4 초 동안 말하기 ▼
걱정 ▼ 신호 보내기
속상 이모티콘 ▼ 모양으로 바꾸기
x 좌표를 300 만큼 바꾸기
근데 미세먼지 농도가 높아서 못 가면 어떡하지? 을(를) 4 초 동안 말하기 ▼
브이 윙크 앞모습 ▼ 모양으로 바꾸기
x 좌표를 -300 만큼 바꾸기
그래프 보이기 ▼ 신호 보내기
예전 미세먼지 농도를 확인해보고 소풍 날짜를 선생님께 얘기해보자! 을(를) 4 초 동안 말하기 ▼
소풍을 간다면 몇 월에 가는게 제일 좋을까? 을(를) 묻고 대답 기다리기
만일 대답 의 월 을(를) 로 바꾸기 = 9 (이)라면
㉠
소풍 가자!!! ▼ 신호 보내기
아니면
소풍 못 가요ㅠㅠㅠ ▼ 신호 보내기

[그림 7-24] '점프 엔트리봇(1)'의 코드 1

[그림 7-25] '점프 엔트리봇(1)'의 코드 2

[그림 7-26] '점프 엔트리봇(1)'의 코드 3

㉠ 숫자 9와 비교하기 위해 9월이라고 대답하였을 때 숫자 9만 남을 수 있도록 '월' 글자를 빈 공간으로 만들어주는 블록이에요. 그리고 답이 맞았을 때와 틀렸을 때의 신호를 다르게 보내요.

[그림 7-27] 먹구름(2)

[그림 7-28] '먹구름(2)'의 코드 1

[그림 7-29] '먹구름(2)'의 코드 2

[그림 7-30] '먹구름(2)'의 코드 3

㉠ 오브젝트를 클릭했을 때 데이터 시각화에서 만들어 보았던 그래프를 보여주는 블록이에요.

❺ [장면 2] 완성 장면 확인하고 오브젝트 추가하기

[그림 7-31] 장면 2 완성 모습

❻ [장면 2] 오브젝트에 추가 작업하기

좋아 엔트리봇에 '축하해 이모티콘' 모양을 추가해요.

[그림 7-32] 좋아 엔트리봇

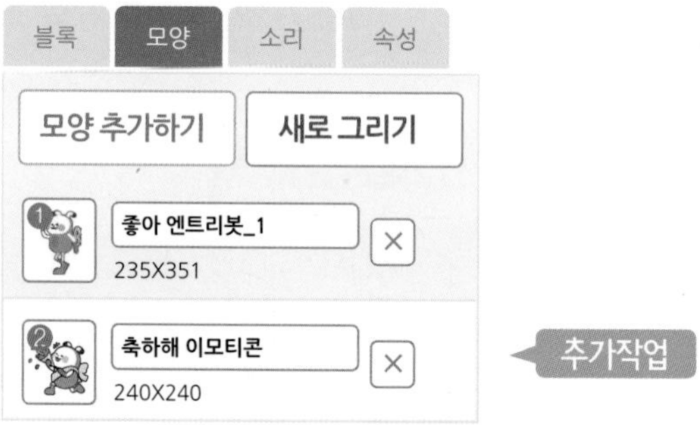

[그림 7-33] '좋아 엔트리봇'의 모양

❼ [장면 2]의 오브젝트별 코드

[그림 7-34]
좋아 엔트리봇

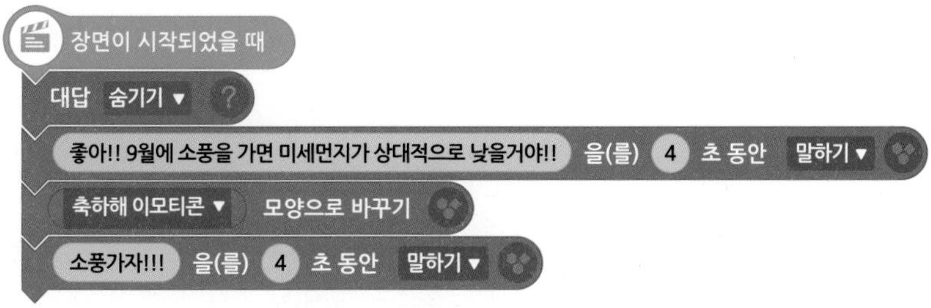

[그림 7-35] '좋아 엔트리봇'의 코드

❽ [장면 3] 완성 장면 확인하고 오브젝트 추가하기

[그림 7-36] 장면 3 완성 모습

➒ [장면 3] 오브젝트에 추가 작업하기

'NO 이모티콘'을 추가해요

[그림 7-37]
헤롱 앞모습

[그림 7-38] '헤롱 앞모습'의 모양

➓ [장면 3]의 오브젝트별 코드

[그림 7-39] 헤롱 앞모습

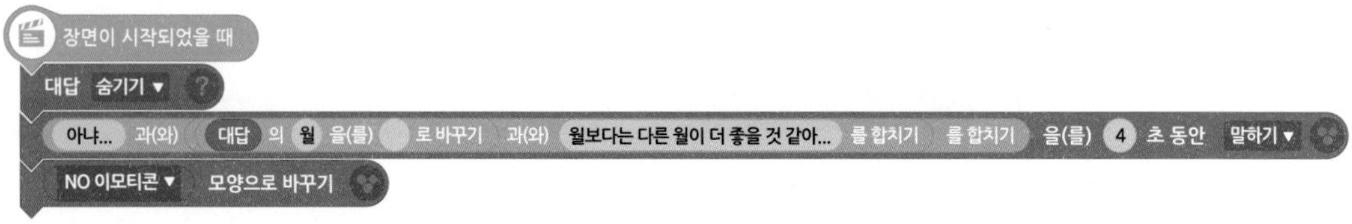

[그림 7-40] '헤롱 앞모습'의 코드

7 추가미션

구구 박사의 추가 미션

학습한 내용을 바탕으로 특정 지역의 미세먼지 농도 변화 그래프를 만들어보세요.

8장 어느 지역으로 배추 수확을 도와드리러 갈까요?

우리나라를 대표하는 음식 중 하나인 김치! 배추김치, 깍두기, 동치미 등 김치의 종류는 다양해요. 그중 여러분은 어떤 김치를 자주 먹나요? 대부분은 배추김치를 자주 먹을 거예요. 우리가 자주 먹는 배추김치의 재료가 되는 배추는 어느 지역에서 가장 많이 생산할까요? 이번 장에서는 엔트리 데이터를 통해 배추를 가장 많이 생산하는 지역은 어디인지 알아보도록 해요!

이번 장에서는 무엇을 배울까요?

- 1개의 데이터 테이블을 여러 개의 그래프로 시각화할 수 있어요.
- 점그래프로 데이터 간의 관계를 알아볼 수 있어요.
- 지역별 배추 생산량에 따라 배추가 나타나는 프로그램을 만들 수 있어요.

1 문제 인식

하은아!
배추 수확을 도와드리는 봉사를 해볼래?

좋아!
배추 수확 시기가 다가왔으니 도와드리러 가면 좋겠다!

배추밭이 넓고, 배추를 많이 생산하는 지역은 어때?
생산량이 많으면 일손이 더 필요할 수 있잖아.

그래! 배추 생산량이 많으면 일손이 더 필요하지!

그럼 여러 해의 데이터를 통해 배추밭이 넓고, 배추 생산량이 많은 지역은 어디인지 찾아보자!

좋아!

문제 해결 계획하기

(1) 우리가 해결해야 하는 문제는 무엇인가요?

해결할 문제	

(2) 문제 해결을 위해 어떤 데이터가 필요할까요?

필요한 데이터	

2 데이터 수집하기

(1) 데이터, 어디서 구할까?

배추밭이 넓고 배추를 가장 많이 생산하는 지역을 찾기 위해 어떤 데이터를 가져오면 좋을까요? 엔트리의 데이터 분석 블록을 살펴보고 문제를 해결할 수 있는 데이터를 선택해보세요.

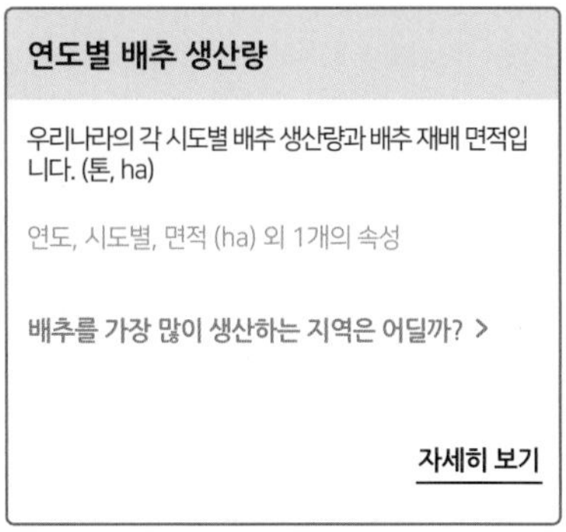

[그림 8-1] 가져올 데이터 테이블

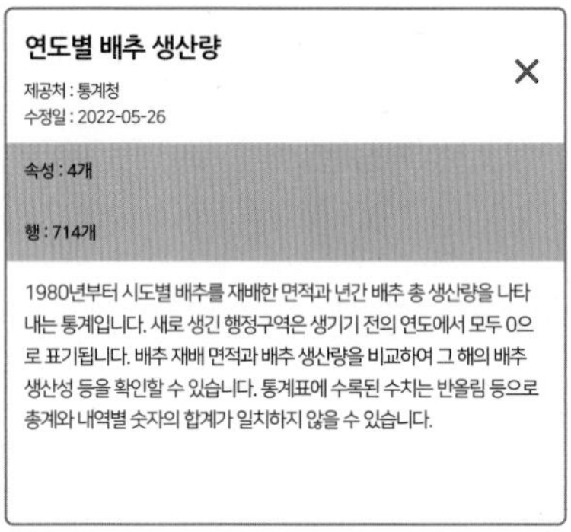

[그림 8-2] 데이터 테이블에 대한 설명

'연도별 배추 생산량' 데이터를 불러오면 정은이와 하은이의 문제를 해결할 수 있을 것 같아요. 통계청에서 제공한 데이터이며 1980년부터 시도별 배추를 재배한 면적과 배추 총 생산량을 나타내는 데이터 테이블이에요.

새롭게 생겨난 행정구역은 생기기 전의 연도까지는 데이터 값이 0으로 표기된다고 해요.

자세한 데이터를 살펴보기 위해 데이터를 선택하고 추가하기 버튼을 눌러보세요.

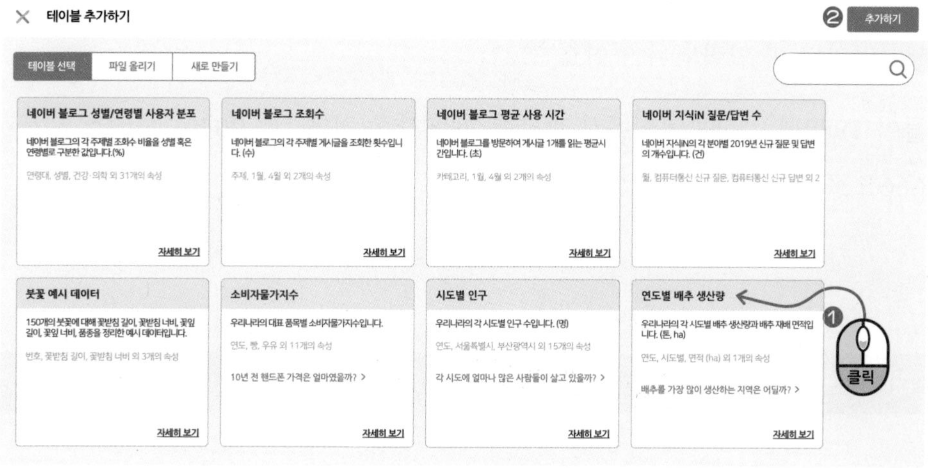

[그림 8-3] 테이블 추가하기

수집된 데이터를 확인해보세요!

	A	B	C	D
1	연도	시도별	면적 (ha)	생산량 (톤)
2	1980	서울특별시	466	17334
3	1980	부산광역시	903	47666
4	1980	대구광역시	0	0
5	1980	인천광역시	0	0
6	1980	광주광역시	0	0
7	1980	대전광역시	0	0

[그림 8-4] 연도별 배추 생산량 데이터 테이블의 일부

테이블을 살펴보니 열에는 '연도', '시도별', '면적(ha)[1)]', '생산량(톤)[2)]'이라는 속성이 차례로 입력되어 있어요. 행에는 1980년부터 2021년까지의 시도별 배추를 재배한 면적과 배추 생산량의 값이 입력되어 있어요.

예를 들어 1980년 부산광역시에서 배추를 재배한 면적(ha)은 903이고 배추 생산량(톤)은 47666으로 값을 읽을 수 있어요!

3 데이터 다듬기

(1) 어떤 데이터가 필요할까?

배추밭이 넓고 배추를 가장 많이 생산하는 지역을 알아보기 위해 우리가 수집한 데이터는 무엇인가요?

수집한 데이터	

우리가 수집한 데이터는 **'연도별 배추 생산량'**이죠! 그럼 데이터 테이블에 있는 배추 재배 면적과 배추 생산량 값은 모두 우리에게 필요한 데이터인가요?

정은이와 하은이는 여러 해의 지역별 배추밭의 크기와 배추 생산량을 알고 싶어 하므로 우리가 수집한 데이터는 모두 문제 해결을 위해 필요한 데이터예요. 따라서 데이터를 다듬지 않고 다음 단계로 넘어가도록 해요!

1) 면적을 나타내는 단위의 한 종류예요. 헥타르라고 읽으며 1ha=10,000㎡를 의미해요.

2) 질량을 나타내는 단위의 한 종류예요. 1톤은 1,000kg을 의미해요.

4 데이터 시각화하기

(1) 데이터, 어떤 그래프로 표현할까?

우리가 수집한 **'연도별 배추 생산량'** 데이터를 알맞게 표현할 수 있는 그래프는 데이터 분석 블록에서 제공하는 그래프 중 어떤 것일까요? 시도별 배추 생산량을 파악하는 데는 원그래프가 좋아요. 원그래프로 시각화하면 지역별로 여러 해의 배추 생산량이 더해진 값을 계산해서 전체에서 차지하는 비율을 알아보기 쉬워요!

(2) 데이터, 그래프로 표현하자!

다음 표를 보고 값을 설정해 차트를 만들어 보아요!

그래프 종류	원	계열	시도별
차트 이름	시도별 배추 생산량	값	생산량(톤)

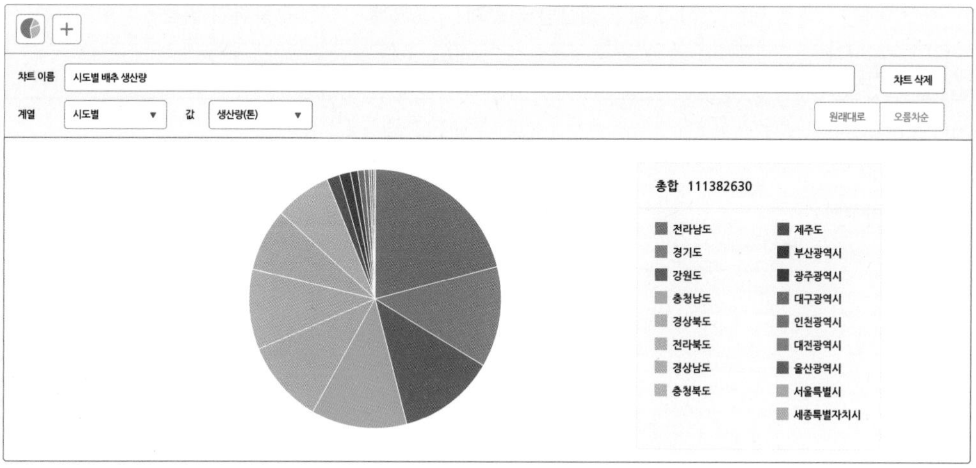

[그림 8-5] 시도별 배추 생산량 원그래프

배추 생산량을 나타내는 원그래프를 잘 불러왔나요? 우리는 **'연도별 배추 생산량'**이라는 1개의 데이터 테이블을 불러왔어요. 1개의 데이터 테이블이지만 여러 속성의 데이터 값을 담고 있어서 여러 종류의 그래프로 시각화할 수 있어요. 추가로 어떤 데이터 시각화 그래프를 그려보는 것이 좋을지 정은이의 말을 떠올려볼까요?

배추밭이 넓고, 배추를 많이 생산하는 지역은 어때?
생산량이 많으면 일손이 더 필요할 수 있잖아.

배추밭이 넓고, 배추를 많이 생산하는 지역이라는 정은이의 말은 배추밭이 넓으면 배추를 많이 생산한다는 것을 의미하겠죠? 데이터 테이블에는 지역별 배추를 재배한 면적 데이터도 있으니 배추 재배 면적과 배추 생산량과의 관계를 알아볼 수 있겠네요!

배추를 재배한 면적과 배추 생산량과의 관계를 알아보기 좋은 그래프는 점그래프예요. 다음 표를 보고 값을 설정해 차트를 만들어 보아요.

그래프 종류	점	세로축	생산량(톤)
차트 이름	배추 재배 면적과 배추 생산량의 관계	계열	구분하지 않음
가로축	면적(ha)		

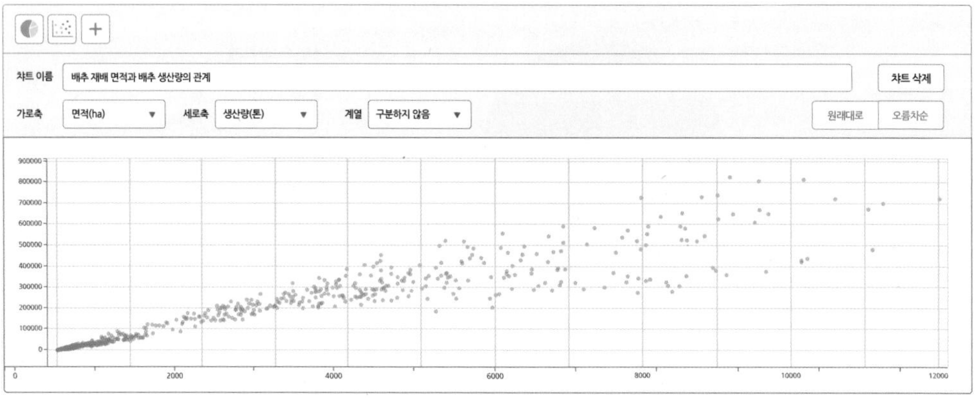

[그림 8-6] 배추 재배 면적과 배추 생산량의 관계 점그래프

데이터 테이블에 나타난 배추 재배 면적의 값이 가로축에 있고 그 면적에서 생산한 배추 생산량의 값이 세로축에 있어요. 배추 재배 면적과 이에 해당하는 배추 생산량 값이 만나는 곳을 점으로 찍어 나타낸 그래프예요.

점그래프를 살펴보면 점들이 모여 있는 모양이 오른쪽 위로 올라가는 모양이죠? 점그래프에서 이런 모양이 나타나면 '가로축의 값이 증가할수록 세로축의 값도 증가한다.'와 같이 두 데이터 간의 관계를 분석할 수 있어요.

따라서 우리는 '가로축인 배추 재배 면적이 증가할수록 세로축인 배추 생산량도 증가한다.' 는 데이터 간의 관계를 알 수 있어요!

5 데이터 분석하기

(1) 데이터로 무엇을 알 수 있을까?

'연도별 배추 생산량' 데이터로 시도별 배추 생산량을 시각화하고 배추 재배 면적과 배추 생산량의 관계를 시각화해보았어요.

첫 번째로 시각화한 '시도별 배추 생산량'의 그래프와 정보를 분석하여 아래 표에 답을 채워보세요.

배추 생산량의 최댓값	
배추 생산을 가장 많이 하는 지역	

두 번째로 시각화한 '배추 재배 면적과 배추 생산량의 관계'의 그래프와 정보를 분석해보세요.

가장 넓은 면적의 값	
가장 면적이 넓은 지역의 배추 생산량 값	
배추 재배 면적과 배추 생산량의 관계	

(2) 분석한 데이터로 문제를 해결하자!

연도별 배추 생산량 데이터를 통해 (전라남도 / 경기도) 지역이 배추를 가장 많이 생산한다는 걸 알 수 있었어.

그곳의 1980년부터 2021년까지의 배추 생산량은 총(　　　)톤이야.

엄청 많이 생산했네. 그리고 배추밭의 크기와 배추 생산량의 관계도 알 수 있었어.

맞아.
배추 재배 면적이 (클수록 / 좁을수록) 배추 생산량이 많아져.

그럼 우리 배추 수확 봉사는(　　　　)지역으로 신청하면 되겠다!

6 문제 해결

(1) 데이터를 어떻게 활용할까?

우리가 수집한 **'연도별 배추 생산량'** 데이터로 지역별 배추 생산량에 따라 배추가 나타나는 프로그램을 만들어보는 건 어떨까요? 배추 생산량이 많을수록 많은 수의 배추가 나타나고 배추 생산량이 적을수록 적은 수의 배추가 나타나는 프로그램이에요.

(2) 어떤 데이터가 필요할까?

데이터를 분석하였던 **'연도별 배추 생산량'**의 데이터 테이블과 시각화한 그래프를 저장한 후 이어서 프로그램을 만들어볼게요.

(3) 데이터를 활용한 프로그램을 만들어보자!

완성된 작품 미리보기

❶ [장면 1] 완성 장면 확인하고 오브젝트 추가하기

[그림 8-7] 장면 1 완성 모습

❷ [장면 1]의 오브젝트별 코드

[그림 8-8]
가방을 멘 엔트리봇

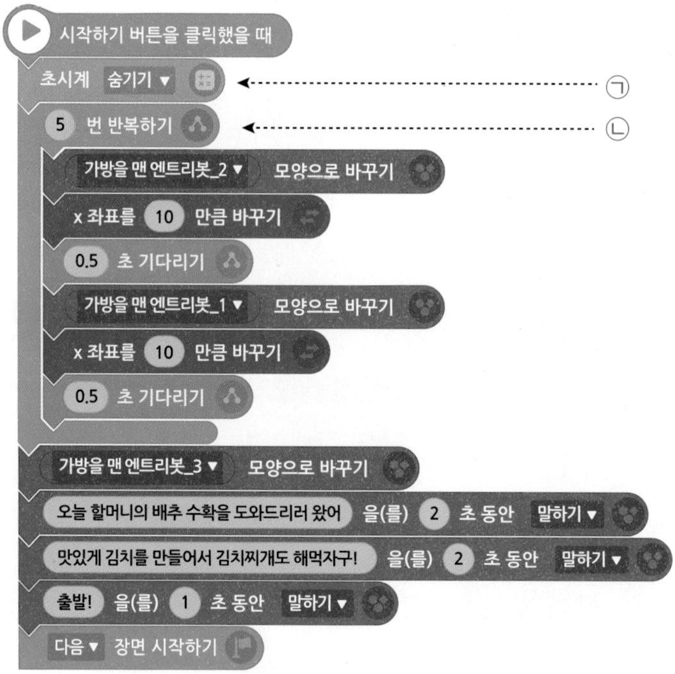

[그림 8-9] '가방을 멘 엔트리봇'의 코드

㉠ 장면 1에서는 초시계를 숨겨주세요. 장면 2에서 게임을 시작할 때 초시계를 보여줄 거예요.

㉡ 엔트리봇이 앞으로 걸어 나가는 것처럼 보이도록 모양 바꾸기와, x 좌표 바꾸기, 기다리기 블록을 5번 반복해요.

❸ [장면 2] 완성 장면 확인하고 오브젝트 추가하기

[그림 8-10] 장면 2 완성 모습

❹ [장면 2] 오브젝트에 추가 작업하기

다양한 표정의 엔트리봇을 추가하면 9가지 다른 표정의 엔트리봇이 함께 추가돼요. 이 중에서 '인사', '기쁨' , '당황' 표정의 엔트리봇만 남기고 나머지는 ×를 눌러 삭제해주세요.

[그림 8-11]
다양한 표정 엔트리봇

[그림 8-12] '다양한 표정 엔트리봇'의 모양

배추를 클릭하고 모양 〉 모양 추가하기를 눌러 '김치찌개_1'과 소리 〉 소리 추가하기를 눌러 '베어무는 소리2'를 추가해요.

[그림 8-13] 배추

[그림 8-14] '배추'의 모양

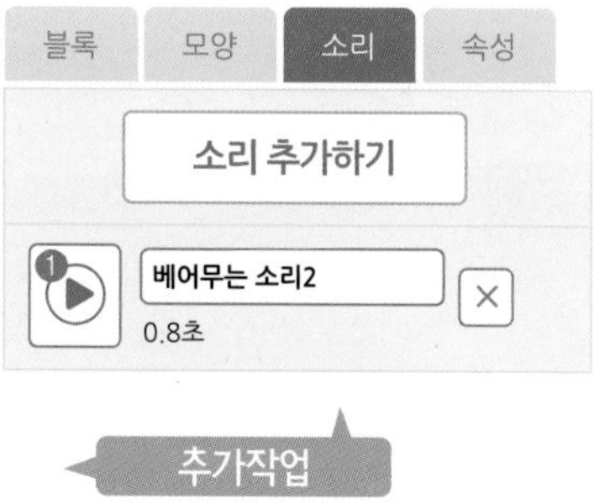

[그림 8-15] '배추'의 소리

❺ [장면 2]에 변수와 신호 추가하기

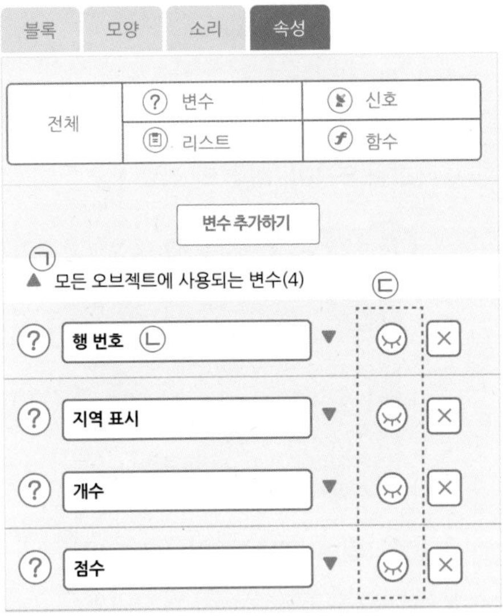

[그림 8-16] 4개의 변수 추가하기

[그림 8-17] 장면 2의 신호

㉠ 4가지 변수 모두 각 변수의 이름을 입력하고 '모든 오브젝트에 사용', '일반 변수로 사용(작품에 저장)'으로 설정해주세요.

㉡ 4개의 변수 '행 번호' 변수의 기본값을 698로 설정해주세요. 나머지 3개의 변수의 기본값은 모두 0으로 해요.

가장 최근의 데이터인 2021년의 데이터로 게임을 만들기 위해 698로 기본값을 설정해주세요. 그럼 게임을 시작했을 때 기본값인 698에 1이 더해져 699행의 데이터 값을 읽어옵니다. 699행의 데이터 값은 2021년의 배추 생산량 데이터 중 가장 먼저 등장하는 지역인 서울특별시 행의 값이에요.

㉢ 눈동자 아이콘을 꺼요.

㉣ 신호 '그래프 보이기', '게임 시작', '지역 표시'를 추가해요.

❻ [장면 2]의 오브젝트별 코드

[그림 8-18] 배추

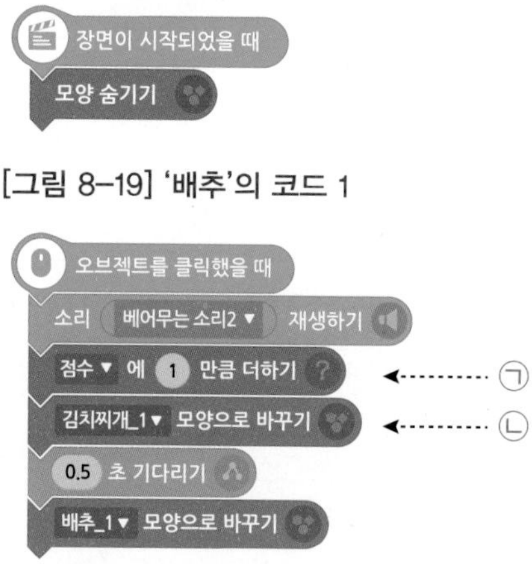

[그림 8-19] '배추'의 코드 1

[그림 8-20] '배추'의 코드 2

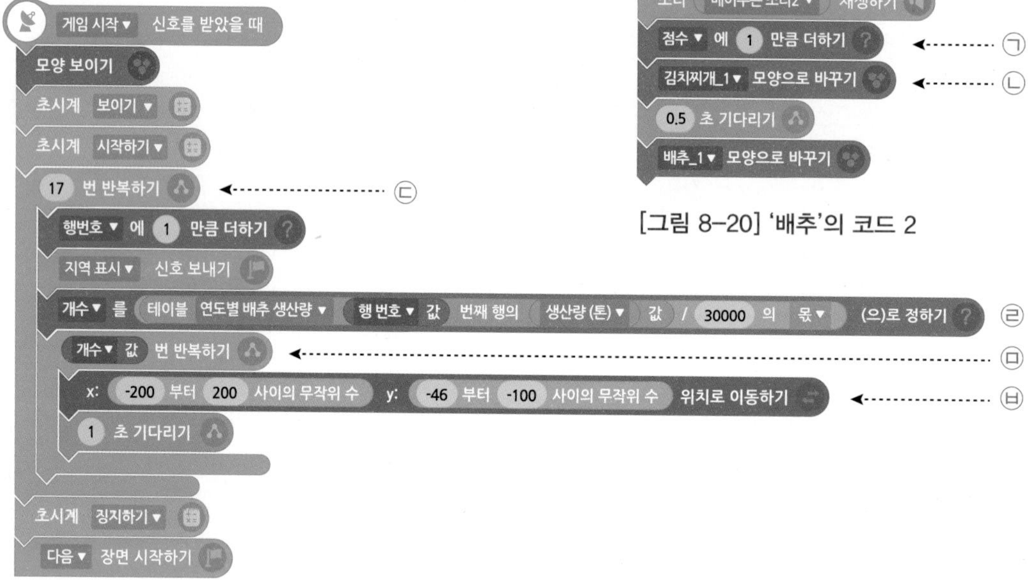

[그림 8-21] '배추'의 코드 3

㉠ 배추를 클릭했을 때 점수에 1을 더해요.

㉡ 배추를 클릭했을 때 김치찌개 모양으로 바꾸고 다시 배추 모양으로 바꿔요.

㉢ 서울특별시부터 제주도까지의 행이 17개이므로 17번 반복해요.

㉣ 배추 생산량만큼 배추를 클릭하며 배추를 수확하는 게임이에요. 실제 배추 생산량 데이터를 그대로 사용하게 되면 쉴 새 없이 배추를 클릭해야 해요. 따라서 실제 배추 생산량 데이터를 30000으로 나눈 몫을 수확해야 하는 배추 수로 정해요.

㉤ 위의 단계인 ㉣에서 설정한 개수만큼 배추가 무작위의 위치에서 나타나요.

ⓗ 배추밭 영역의 x 좌표와 y 좌표를 확인하여 이 영역 안에서 무작위의 위치에 배추가 나타나게 설정해요.

[그림 8-22]
다양한 표정 엔트리봇

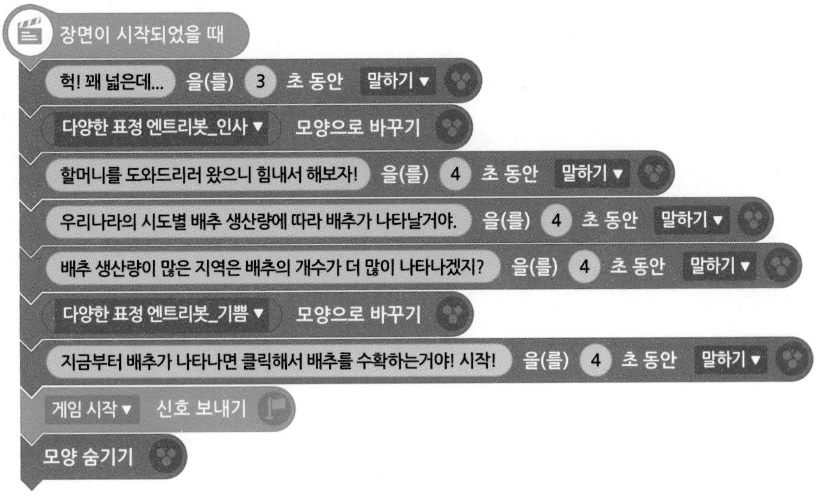

[그림 8-23] '다양한 표정 엔트리봇'의 코드

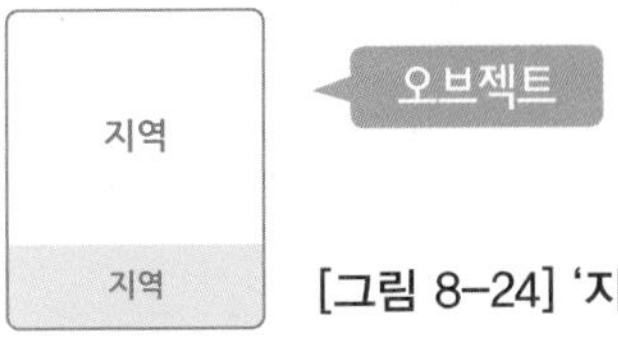

[그림 8-24] '지역' 글상자

[그림 8-25] '지역' 글상자의 코드

❼ [장면 3] 완성 장면 확인하고 오브젝트 추가하기

[그림 8-26] 장면 3 완성 모습

❽ [장면 3] 오브젝트에 추가 작업하기

'다양한 표정 엔트리봇_신남'만 남기고 삭제한 뒤, 소리 '박수갈채'를 추가해요.

[그림 8-27] 다양한 표정 엔트리봇

[그림 8-28] '다양한 표정 엔트리봇'의 모양

[그림 8-29] '다양한 표정 엔트리봇'의 소리

배추 오브젝트 위에 '배추 생산량'이라고 적어요.

[그림 8-30]
배추

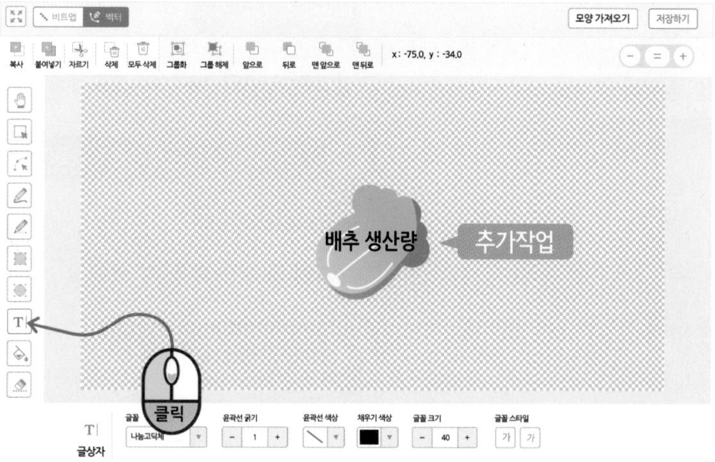

[그림 8-31] '배추' 오브젝트에 문구 추가

❾ [장면 3]의 오브젝트별 코드

[그림 8-32]
다양한 표정 엔트리봇

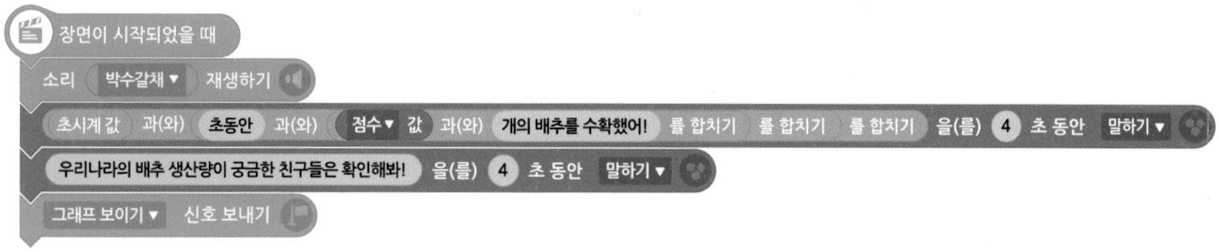

[그림 8-33] '다양한 표정 엔트리봇'의 코드

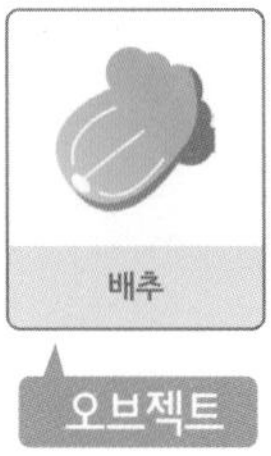

[그림 8-34]
배추

[그림 8-35] '배추'의 코드 1

[그림 8-36] '배추'의 코드 2

[그림 8-37] '배추'의 코드 3

구구박사의 데이터 과학 지식 더하기

데이터 시각화의 다양한 방법-워드클라우드

우리는 데이터 시각화를 주로 그래프를 이용해서 하고 있어요. 한 걸음에서 배웠듯이 그래프 말고도 다른 데이터 시각화 방법들도 있어요. 그중 워드클라우드에 대해 알아 볼게요!

[그림 8-38]
상어가족 노래 가사의 워드클라우드

워드클라우드는 수집한 글자 데이터 등을 활용하기 좋은 시각화 방법이에요. 데이터의 양이 많을수록 글씨의 크기가 크게 표현되어요. 직접 그려볼 수도 있고 무료 웹사이트를 활용할 수도 있어요. 위의 그림은 상어가족 노래 가사를 표현한 것이에요. 관심 있는 친구는 http://wordcloud.kr/ 로 들어가 체험해보세요!

7 추가미션

구구 박사의 추가 미션

일상 속에서 점그래프로 시각화하면 좋을 주제를 생각해보세요.

10대를 위한 데이터 과학
with 엔트리

세 걸음

공공데이터 기반 데이터 과학

9 장. 세 걸음 준비운동!

10 장. 또래 친구들의 평균 키는 얼마일까요?

11 장. 어느 구에 사람이 가장 많이 살까요?

12 장. 모기는 몇 월에 가장 많이 보일까요?

13 장. 어느 지역 해수욕장으로 여행을 추천해줄까요?

14 장. 놀이공원은 언제 가야 사람이 가장 적을까요?

15 장. 우리 집에서 가까운 학교는 어디일까요?

9장 세 걸음 준비운동!

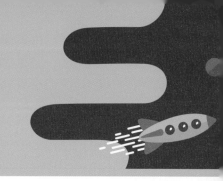

세 걸음에서 여러분은 직접 데이터셋에서 데이터를 수집하고 분석하는 과정을 경험하게 돼요. 데이터 과학자가 되어 데이터 과학에 도전하는 것이죠! 정말 설레지 않나요?

구구박사의 데이터 과학 지식 더하기

데이터셋이란?

데이터셋은 간단하게 '데이터들의 모임'이라 할 수 있어요. 특정한 목적에 따라 수집한 데이터들을 모아 놓은 것을 의미해요. 데이터셋은 우리와 같은 개인이 수집하기에는 엄청난 시간과 노력을 필요로 해요. 하지만 최근 데이터의 중요성이 강조되면서 여러 플랫폼에서는 데이터셋을 무료로 공개하고 있어요. 이를 활용하면 누구나 쉽게 데이터 과학도 할 수 있고 데이터를 활용한 인공지능 프로그램을 개발할 수도 있어요.

우리가 수집할 데이터는 어디에 있을까요? 데이터셋을 무료로 제공하는 여러 플랫폼1) 들을 간단하게 소개할게요. 데이터셋에는 다양한 데이터들이 있으니 데이터셋을 살펴보며 여러분의 관심을 끄는 데이터를 찾아보도록 해요.

웹사이트	주소 및 특징
공공데이터포털	https://www.data.go.kr/ 국가에서 보유하고 있는 교육, 국토관리, 문화관광, 재난안전 등의 다양한 데이터를 개방하여 분야별로 제공
국가교통 데이터 오픈마켓	https://www.bigdata-transportation.kr/ 한국도로공사, 한국철도공사 등의 교통 관련 기관이 제공하는 차량 이동, 공간 정보 등의 분야별 데이터를 모아 제공하며 회원 가입 필요

1) 온라인에서 생산부터 소비까지 이루어지는 장을 의미해요.

국가통계포털	https://kosis.kr/ 통계청이 제공하는 사이트로 30개 분야의 국내통계, 주요 지표 관련 국제 및 북한의 통계 등 다양한 데이터를 제공하며 흥미로운 통계 시각화 콘텐츠 체험 가능
기상자료개방포털	https://data.kma.go.kr/ 기상청에서 제공하는 기온, 강수량, 장마, 황사, 폭염일수 등의 날씨데이터를 조건에 맞게 검색하여 데이터 파일을 다운로드하여 활용 가능
문화공공데이터 광장	https://www.culture.go.kr/data 문화체육관광부 및 다른 기관에서 가지고 있는 문화예술, 문화유산, 관광, 체육 등의 문화 분야의 데이터를 제공하며 데이터 이용시 신청서 작성 필요
문화 빅데이터 플랫폼	https://www.bigdata-culture.kr/ 한국문화정보원에서 한국청소년활동진흥원, 한국문화예술위원회등 여러 기관에서 수집한 문화 관련 데이터들을 모아 제공하며 회원가입 필요
식품영양성분 데이터베이스	https://various.foodsafetykorea.go.kr/nutrient/ 식품의약품안전처, 국립농업과학원 등 식품 관련 기관에서 데이터를 제공하여 식품의 영양 성분, 에너지 적정 비율 등을 활용 가능
학교알리미	https://www.schoolinfo.go.kr/ 한국교육학술정보원에서 전국의 각 학교에서 제공하는 학생, 교육 활동, 급식 상황, 학업 성취 등 교육과 관련된 데이터들을 모아 제공

그럼 우리가 관심 있는 데이터는 어디에 있을지 생각하며 본격적으로 공공데이터를 활용한 데이터 분석을 시작해볼까요?

구구박사의 데이터 과학 지식 더하기

데이터 파일을 다듬으려면?

데이터셋에서 얻은 데이터를 활용하려면 편집 프로그램을 이용해야 해요. 세 걸음에서 우리가 수집할 공공데이터는 일반적으로 csv 또는 xlsx 형식을 지원해요(두 형식에 대해서는 10장에서 자세히 알아볼 거예요). 데이터 파일을 열기 위해서는 엑셀이나 한셀이 필요해요.(사용하는 버전에 따라 아이콘은 다를 수 있어요.)

[그림 9-1] 엑셀 프로그램

[그림 9-2] 한셀 프로그램

만약 두 프로그램이 없다면 구글 스프레드시트를 이용해도 돼요. 단, 구글 스프레드시트는 구글 아이디가 있는 경우에만 사용할 수 있어요. 구글 아이디가 없다면 무료 오피스 프로그램인 '리브레 오피스'[1]를 검색해 내려받아 사용해도 좋아요.

리브레오피스?

리브레오피스는 다큐먼트 재단에서 만든 무료 소프트웨어예요. 비영리 소프트웨어로 비용을 내지 않고도 사용할 수 있어요. 또한 자유 소프트웨어로서 사용자가 자유롭게 프로그램 소스 코드를 수정하여 배포·재배포할 수 있어요.

리브레오피스 홈페이지에 들어가면 [그림 9-3]과 같이 다운로드 버튼을 찾을 수 있어요. 현재는 7.4.0버전까지 나와 있어요(만약 다른 버전이 추가되었다면 가장 최신의 것을 내려받으면 돼요).

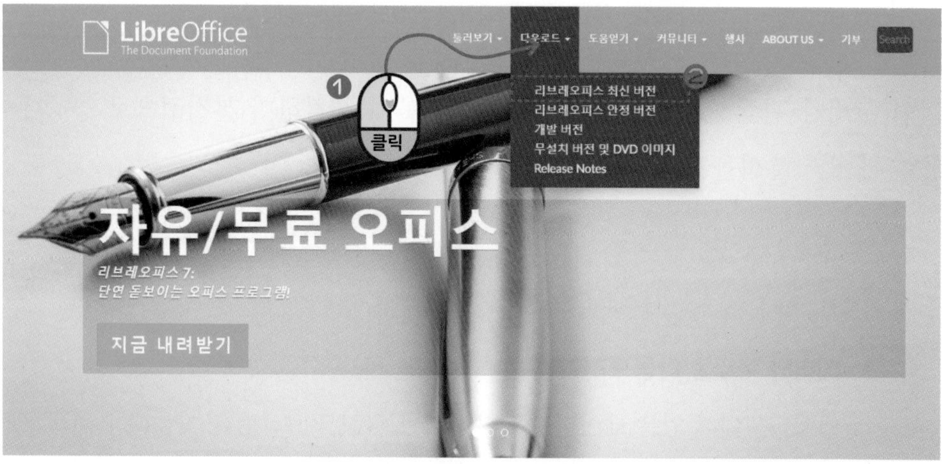

[그림 9-3] 리브레오피스 최신 버전

1) 리브레 오피스: https://ko.libreoffice.org/

[그림 9-4] 리브레오피스 내려받기

리브레오피스는 우리가 사용하는 윈도우, 맥에서 모두 이용 가능해요. 리브레오피스의 여러 프로그램 중 Calc 프로그램은 우리가 앞으로 활용할 Microsoft Excel과 비슷한 기능이 있으니 다른 프로그램이 없는 친구들은 Calc 프로그램을 내려받아 사용하도록 해요.

10장 또래 친구들의 평균 키는 얼마일까요?

우리 지역에 사는 나와 나이가 비슷한 친구들의 평균 키는 얼마인지 궁금한 적이 있을 거예요. 성장 속도는 사람마다 다르지만 대체로 언제 키가 쑥쑥 자라는 편일까요? 공공데이터를 이용하여 우리 지역 친구들의 평균 키와 연령별 평균 키의 변화를 알아보도록 해요!

이번 장에서는 무엇을 배울까요?

- 데이터 파일의 형식 중 하나인 csv 파일에 대해 알 수 있어요.
- 국가통계포털에서 필요한 데이터를 수집할 수 있어요.
- 연령별 평균 키의 변화를 그래프로 그려주는 프로그램을 만들 수 있어요.

1 문제 인식

오늘 학교에서 신체검사를 한대! 벌써 떨린다! 키가 많이 컸으려나?

그러게! 나도 궁금하다!
얼마 전부터 농구랑 줄넘기 하고 있는데 신체검사에서 키가 크게 나왔으면 좋겠어!

나도 운동은 하고 있는데 키가 많이 안 큰 것 같아.
우리 지역의 또래 친구들은 키가 얼마일까?

키를 재보고 우리 지역의 또래 친구들 키와 비교해 볼래?

그래 좋아!
우리와 나이가 비슷한 친구들의 평균 키 데이터를 찾아보자.

데이터를 보고 우리 지역 또래의 평균 키와 비교해서 운동 횟수를 더 늘릴지 생각해보자!

문제 해결 계획하기

(1) 우리가 해결해야 하는 문제는 무엇인가요?

해결할 문제	

(2) 문제 해결을 위해 어떤 데이터가 필요할까요?

필요한 데이터	

2 데이터 수집하기

(1) 데이터, 어디서 구할까?

두 친구가 궁금해하는 또래의 평균 키를 알아보기 위해 지역별, 연령별로 평균 키의 값이 입력된 데이터 파일이 필요해요. 공공데이터가 제공되는 여러 웹사이트 중 '국가통계포털'에서 관련 데이터를 제공하고 있어요! 함께 들어가 보도록 해요.

국가통계포털: https://kosis.kr/

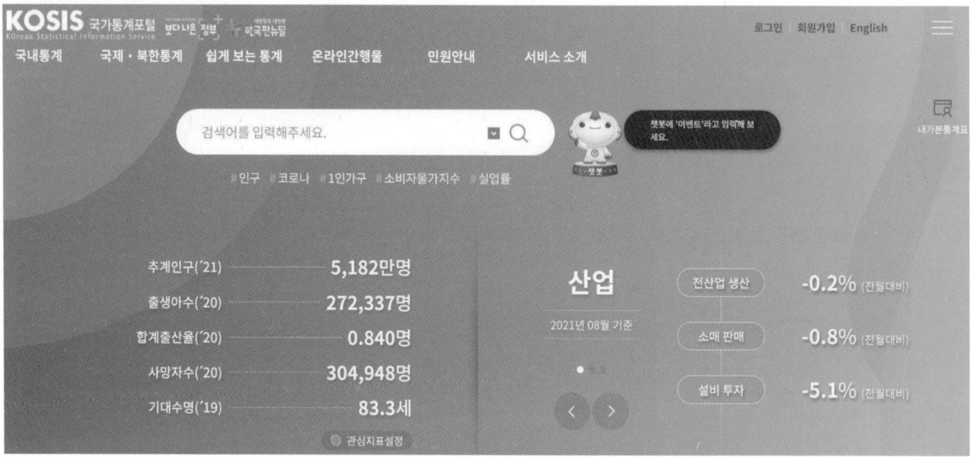

[그림 10-1] 국가통계포털 메인 화면

국가통계포털 화면 위쪽의 메뉴들을 누르면 원하는 데이터를 수집할 수 있어요. 또래의 평균 키 데이터를 수집하기 위해 [국내통계] 메뉴에서 [주제별 통계]를 선택해주세요.

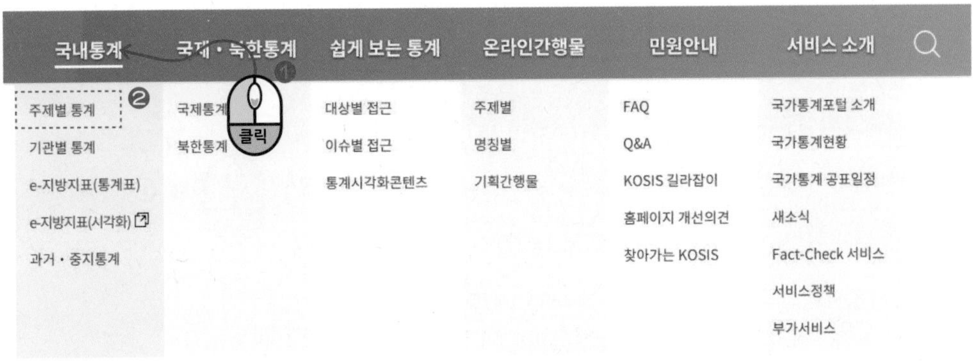

[그림 10-2] 국가통계포털〉국내통계〉주제별 통계 선택

다양한 주제들이 보이죠? 키에 관한 데이터는 어느 주제에 속해 있을까요? 주제들을 눌러보며 키에 관련된 데이터를 찾아보세요.

[그림 10-3] 주제별 통계〉보건 선택

[보건]을 누르니 보건과 관련된 데이터들이 나타나요. 스크롤을 내려 [학생건강검사통계]를 선택해주세요. 여러 데이터 중에 우리의 문제 해결을 위해 어떤 데이터를 선택하면 될까요?

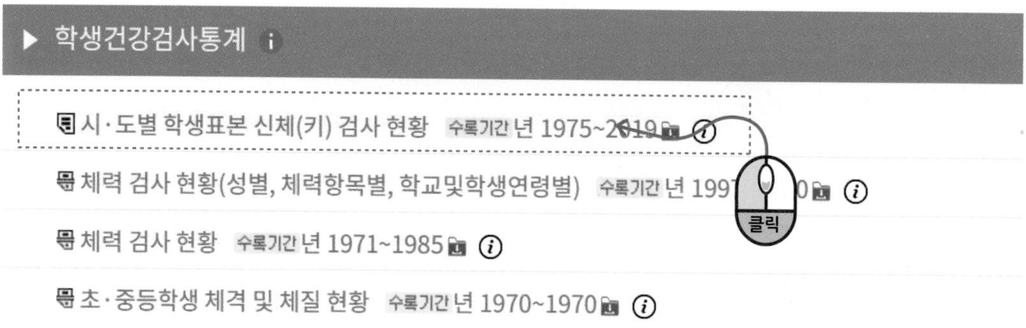

[그림 10-4] 학생건강검사통계〉시도별 학생표본 신체(키) 검사 현황 선택

또래의 평균 키를 알아보기 위해 '**시도별 학생표본 신체(키) 검사 현황**' 데이터 속으로 들어가 보도록 할게요. 데이터를 조회하면 바로 데이터 테이블이 나타나요.

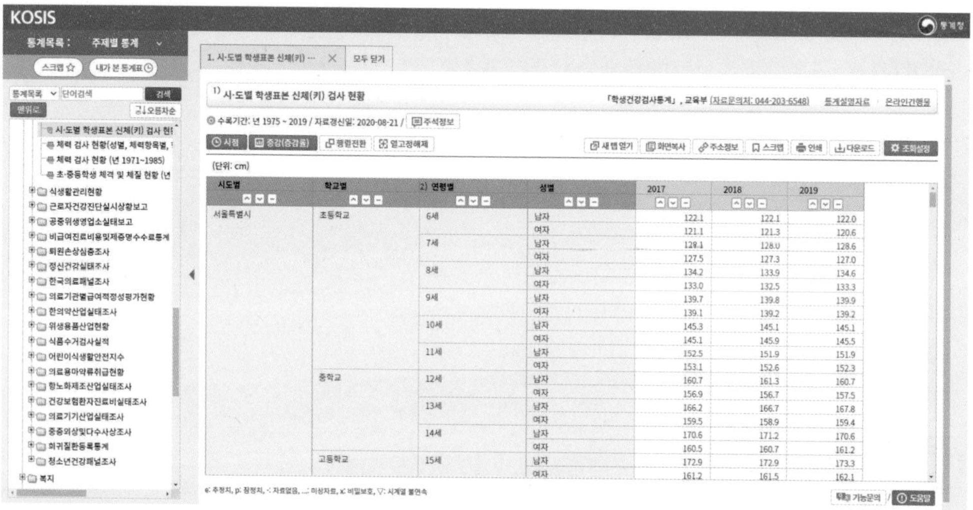

[그림 10-5] 데이터 확인하기

우리는 남학생, 여학생 데이터 파일을 나누어 내려받을 거예요. 조회되는 데이터의 내용을 다르게 하기 위해서는 통계표 위의 조회설정 버튼을 누르고 **[항목]**, **[시도별]**, **[학교별]**, **[연령별]**, **[성별]**, **[시점]** 등과 같은 메뉴에서 필요한 데이터 종류만 체크해요.

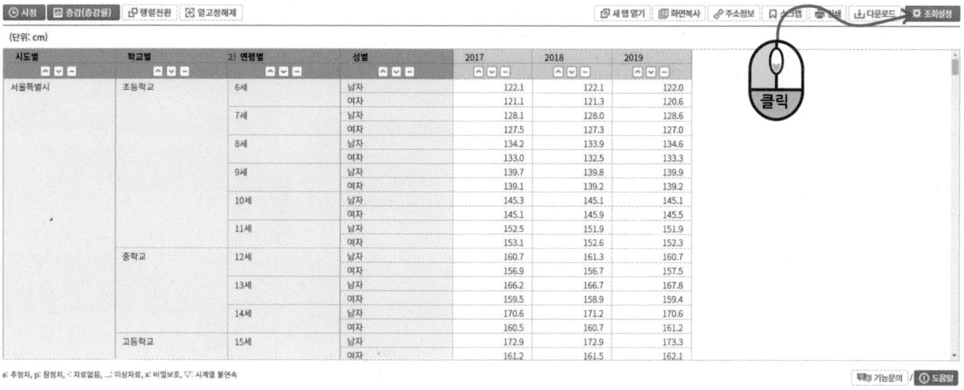

[그림 10-6] 데이터 조회설정 버튼

먼저 남학생의 데이터만 조회하기 위하여 **[성별]** 메뉴에서 **[남자]**만 체크할게요. 그리고 **[시점]** 메뉴에서 2019년의 데이터만 조회하도록 범위를 수정해주세요. 그리고 조회 버튼을 눌러보세요.

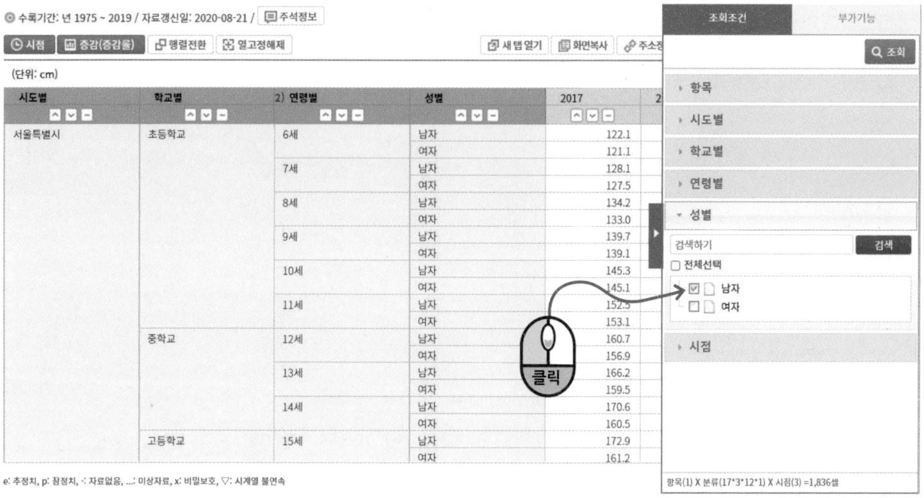

[그림 10-7] 남학생의 데이터 조회하기

[그림 10-8] 2019년의 시점 데이터 조회하기

원하는 데이터들이 조회되는지 확인해볼까요?

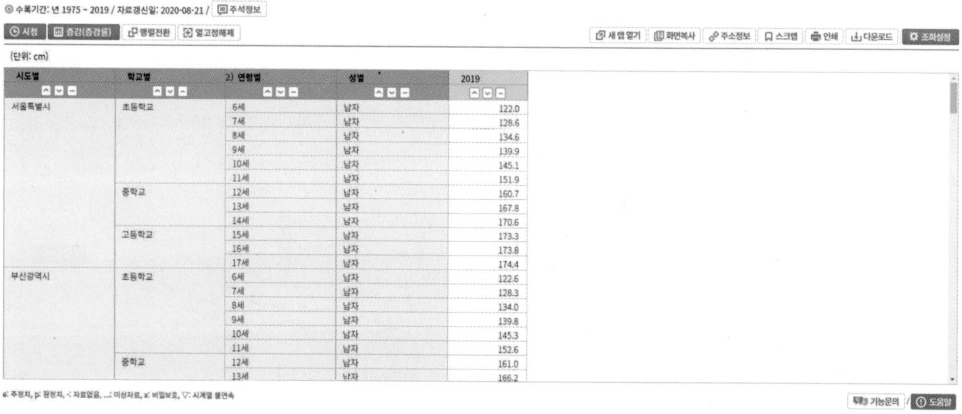

[그림 10-9] 조회설정 변경 후 데이터 테이블

조회된 데이터 테이블의 행, 열 항목도 변경할 수 있어요. 사용하기 편리하도록 통계표 바로 위의 행렬전환 버튼을 눌러 변경해보세요. 연령 데이터가 첫 번째 열(속성)에, 각 시도의연령별 키 데이터가 그 다음열(속성)에 위치할 수 있도록 옮겨주세요. 나머지는 우리의 데이터 분석에 필요하지 않기 때문에 데이터 다듬기에서 삭제해줄 거예요.

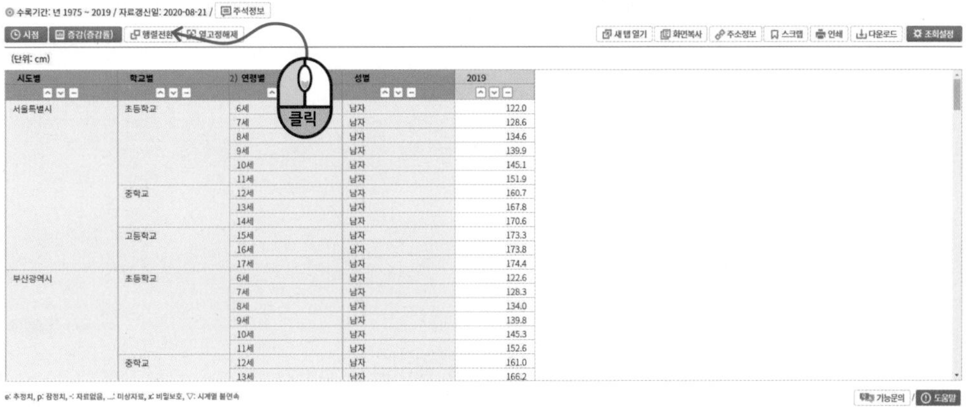

시도별	학교별	2) 연령별	성별	2019
서울특별시	초등학교	6세	남자	122.0
		7세	남자	128.6
		8세	남자	134.6
		9세	남자	139.9
		10세	남자	145.1
		11세	남자	151.9
	중학교	12세	남자	160.7
		13세	남자	167.8
		14세	남자	170.6
	고등학교	15세	남자	173.3
		16세	남자	173.8
		17세	남자	174.4
부산광역시	초등학교	6세	남자	122.6
		7세	남자	128.3
		8세	남자	134.0
		9세	남자	139.8
		10세	남자	145.3
		11세	남자	152.6
	중학교	12세	남자	161.0
		13세	남자	166.2

[그림 10-10] 행렬전환 버튼

행렬전환 창이 나타나면 이동하려는 행렬의 상자를 드래그하여 [그림 10-11]과 같이 위치를 변경해주세요. 다 옮긴 뒤 적용 버튼을 눌러주세요.

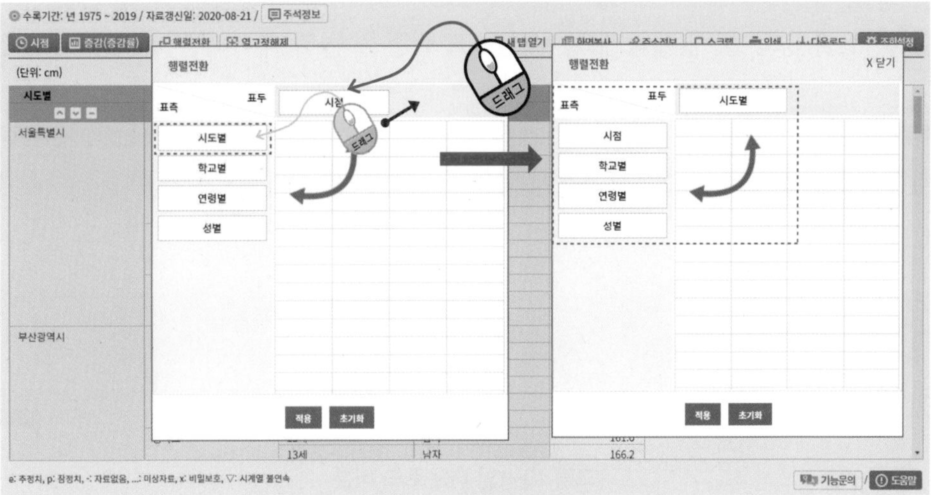

[그림 10-11] 행렬전환 창

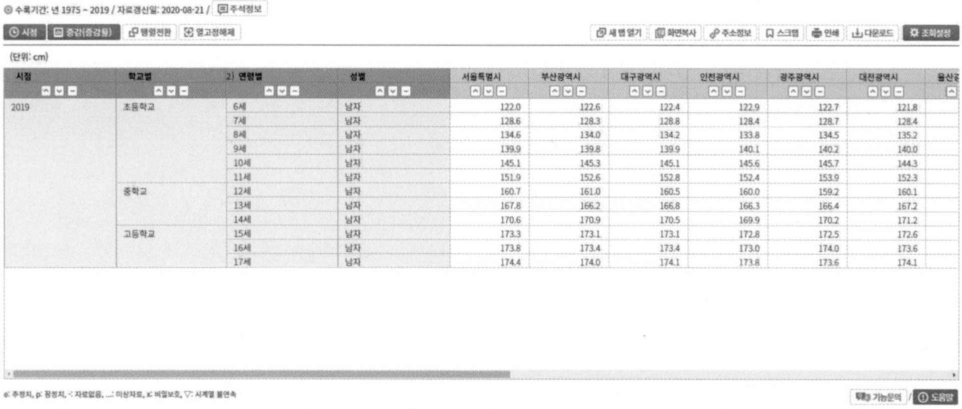
◎ 수록기간: 년 1975 ~ 2019 / 자료갱신일: 2020-08-21 / 주석정보

시점 | 증감(증감률) | 행렬전환 | 열고정해제 — 새 탭 열기 | 화면복사 | 주소정보 | 스크랩 | 인쇄 | 다운로드 | 조회설정

(단위: cm)

시점	학교별	2) 연령별	성별	서울특별시	부산광역시	대구광역시	인천광역시	광주광역시	대전광역시	울산광
2019	초등학교	6세	남자	122.0	122.6	122.4	122.9	122.7	121.8	
		7세	남자	128.6	128.3	128.8	128.4	128.7	128.4	
		8세	남자	134.6	134.0	134.2	133.8	134.5	135.2	
		9세	남자	139.9	139.8	139.9	140.1	140.2	140.0	
		10세	남자	145.1	145.3	145.1	145.6	145.7	144.3	
		11세	남자	151.9	152.6	152.8	152.4	153.9	152.3	
	중학교	12세	남자	160.7	161.0	160.5	160.0	159.2	160.1	
		13세	남자	167.8	166.2	166.8	166.3	166.4	167.2	
		14세	남자	170.6	170.9	170.5	169.9	170.2	171.2	
	고등학교	15세	남자	173.3	173.1	173.1	172.8	172.5	172.6	
		16세	남자	173.8	173.4	173.4	173.0	174.0	173.6	
		17세	남자	174.4	174.0	174.1	173.8	173.6	174.1	

e: 추정치, p: 잠정치, -: 자료없음, ...: 미상자료, x: 비밀보호, ▽: 시계열 불연속

기능문의 / 도움말

[그림 10-12] 행렬전환 후 데이터 조회하기

나머지는 파일을 내려받은 후 데이터를 다듬어주도록 할게요. 통계표 바로 위의 다운로드 버튼을 눌러 알맞게 설정해주고 내려받아요. 파이썬, R과 같은 프로그래밍 언어로 데이터 과학을 할 때는 *.csv 파일을 많이 활용해요. 우리는 엔트리를 활용하기 때문에 엔트리가 더 잘 읽을 수 있는 *.xlsx 파일을 선택해요. 그리고 내려받을 데이터를 쉽게 다듬기 위해서 셀 병합[1]도 없애줄게요. 다운로드 버튼을 눌러 데이터를 내려받아 보세요.

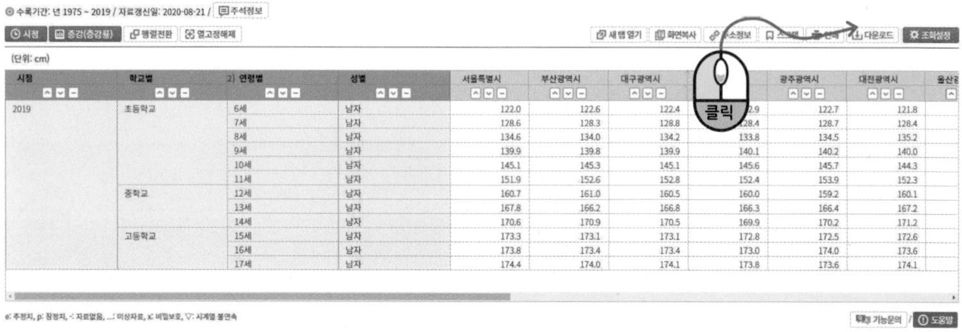
◎ 수록기간: 년 1975 ~ 2019 / 자료갱신일: 2020-08-21 / 주석정보

시점 | 증감(증감률) | 행렬전환 | 열고정해제 — 새 탭 열기 | 화면복사 | 주소정보 | 다운로드 | 조회설정

(단위: cm)

시점	학교별	2) 연령별	성별	서울특별시	부산광역시	대구광역시		광주광역시	대전광역시	울산광
2019	초등학교	6세	남자	122.0	122.6	122.4	2.9	122.7	121.8	
		7세	남자	128.6	128.3	128.8	28.4	128.7	128.4	
		8세	남자	134.6	134.0	134.2	133.8	134.5	135.2	
		9세	남자	139.9	139.8	139.9	140.1	140.2	140.0	
		10세	남자	145.1	145.3	145.1	145.6	145.7	144.3	
		11세	남자	151.9	152.6	152.8	152.4	153.9	152.3	
	중학교	12세	남자	160.7	161.0	160.5	160.0	159.2	160.1	
		13세	남자	167.8	166.2	166.8	166.3	166.4	167.2	
		14세	남자	170.6	170.9	170.5	169.9	170.2	171.2	
	고등학교	15세	남자	173.3	173.1	173.1	172.8	172.5	172.6	
		16세	남자	173.8	173.4	173.4	173.0	174.0	173.6	
		17세	남자	174.4	174.0	174.1	173.8	173.6	174.1	

e: 추정치, p: 잠정치, -: 자료없음, ...: 미상자료, x: 비밀보호, ▽: 시계열 불연속

기능문의 / 도움말

[그림 10-13] 다운로드 버튼

1) 셀 병합: 여러 셀을 합쳐 하나의 셀로 나타낸 것을 말해요.

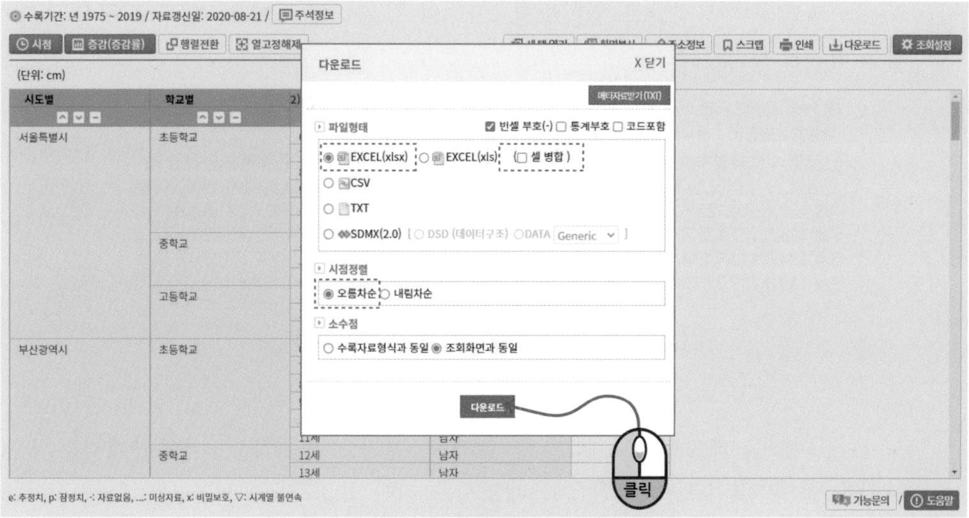

[그림 10-14] 다운로드 설정 화면

남학생 데이터를 내려받았던 것과 마찬가지로 여학생 데이터를 내려받아요. **[성별]** 메뉴에서 여자를 체크하고 앞의 과정과 똑같이 내려받아 주세요.

구구박사의 데이터 과학 지식 더하기

*.csv 파일과 *.xlsx 파일이란?

*.csv 파일은 쉼표(,)로 구분한 데이터 형식이에요. *.xlsx 파일은 엑셀(Microsoft Excel) 프로그램에서 사용하는 데이터 형식이에요. *.csv 파일과 *.xlsx 파일은 모두 스프레드시트 프로그램에서 열 수 있어요.

국가통계포털에서 제공하는 파일을 *.csv, *.xlsx 파일 형태로 설정하여 각각 내려받으면 두 가지 종류의 데이터를 모두 확인할 수 있어요. [그림 10-15]에서 왼쪽이 *.csv 파일이고, 오른쪽이 *.xlsx 파일이예요.

[그림 10-15] 다운받은 파일

＊.csv 파일을 메모장으로 열어보면, 아래와 같은 모습이에요. 쉼표로 구분된 데이터임을 확인할 수 있어요.

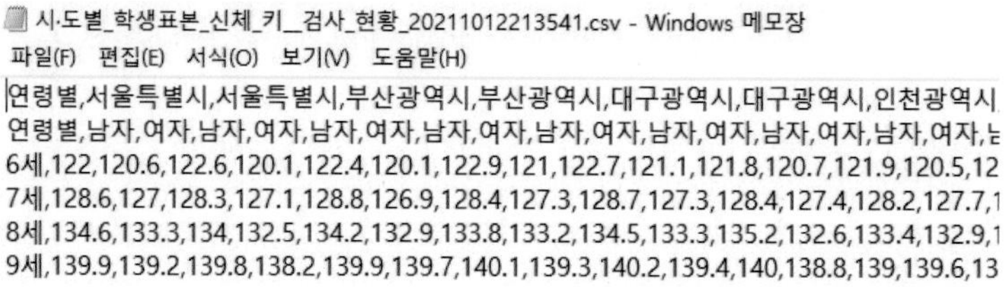

시·도별_학생표본_신체_키_검사_현황_20211012213541.csv - Windows 메모장
파일(F) 편집(E) 서식(O) 보기(V) 도움말(H)
연령별,서울특별시,서울특별시,부산광역시,부산광역시,대구광역시,대구광역시,인천광역시,
연령별,남자,여자,남자,여자,남자,여자,남자,여자,남자,여자,남자,여자,남자,여자,남자,여자,
6세,122,120.6,122.6,120.1,122.4,120.1,122.9,121,122.7,121.1,121.8,120.7,121.9,120.5,12
7세,128.6,127,128.3,127.1,128.8,126.9,128.4,127.3,128.7,127.3,128.4,127.4,128.2,127.7,1
8세,134.6,133.3,134,132.5,134.2,132.9,133.8,133.2,134.5,133.3,135.2,132.6,133.4,132.9,1
9세,139.9,139.2,139.8,138.2,139.9,139.7,140.1,139.3,140.2,139.4,140,138.8,139,139.6,13

[그림 10-16] 메모장으로 연 ＊.csv 파일

＊.xlsx 파일을 메모장으로 열면 알 수 없는 문자로 가득해요. 메모장에서는 ＊.xlsx 파일을 열 수 없어요. 하지만 스프레드시트 기반 프로그램에서는 데이터를 잘 확인할 수 있어요!

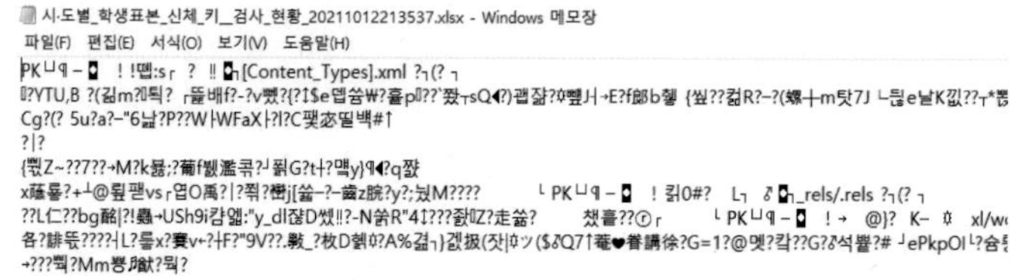

[그림 10-17] 메모장으로 연 ＊.xlsx 파일

데이터 과학을 하는 데는 다양한 파일 형식이 있다는 것을 알아두세요!

내려받은 남학생의 데이터와 여학생의 데이터 파일을 열어보세요. 이 책에서는 참고자료로 데이터 파일을 제공하고 있어요. 필요하면 파일명을 참고하여 알맞은 파일을 내려받으세요.

[파일명]: (10장) 시도별, 연령별 남학생 키 (원본).xlsx

	A	B	C	D	E	F	G	H	I	J	K
1	시점	학교별	연령별	성별	서울특별시	부산광역시	대구광역시	인천광역시	광주광역시	대전광역시	울산광역시
2	2019	초등학교	6세	남자	122.0	122.6	122.4	122.9	122.7	121.8	121.9
3	2019	초등학교	7세	남자	128.6	128.3	128.8	128.4	128.7	128.4	128.2
4	2019	초등학교	8세	남자	134.6	134.0	134.2	133.8	134.5	135.2	133.4
5	2019	초등학교	9세	남자	139.9	139.8	139.9	140.1	140.2	140.0	139.0
6	2019	초등학교	10세	남자	145.1	145.3	145.1	145.6	145.7	144.3	144.7
7	2019	초등학교	11세	남자	151.9	152.6	152.8	152.4	153.9	152.3	151.7
8	2019	중학교	12세	남자	160.7	161.0	160.5	160.0	159.2	160.1	160.6
9	2019	중학교	13세	남자	167.8	166.2	166.8	166.3	166.4	167.2	166.5
10	2019	중학교	14세	남자	170.6	170.9	170.5	169.9	170.2	171.2	170.3
11	2019	고등학교	15세	남자	173.3	173.1	173.1	172.8	172.5	172.6	172.9
12	2019	고등학교	16세	남자	173.8	173.4	173.4	173.0	174.0	173.6	174.5
13	2019	고등학교	17세	남자	174.4	174.0	174.1	173.8	173.6	174.1	174.4

[그림 10–18] (10장) 시도별, 연령별 남학생 키 (원본) 데이터 테이블

[파일명]: (10장) 시도별, 연령별 여학생 키 (원본).xlsx

	A	B	C	D	E	F	G	H	I	J	K
1	시점	학교별	연령별	성별	서울특별시	부산광역시	대구광역시	인천광역시	광주광역시	대전광역시	울산광역시
2	2019	초등학교	6세	여자	120.6	120.1	120.1	121.0	121.1	120.7	120.5
3	2019	초등학교	7세	여자	127.0	127.1	126.9	127.3	127.3	127.4	127.7
4	2019	초등학교	8세	여자	133.3	132.5	132.9	133.2	133.3	132.6	132.9
5	2019	초등학교	9세	여자	139.2	138.2	139.7	139.3	139.4	138.8	139.6
6	2019	초등학교	10세	여자	145.5	145.0	145.7	146.8	146.1	145.6	146.4
7	2019	초등학교	11세	여자	152.3	151.6	152.3	153.3	152.5	152.7	150.5
8	2019	중학교	12세	여자	157.5	157.1	157.5	157.4	157.1	157.0	156.7
9	2019	중학교	13세	여자	159.4	159.6	159.1	159.4	159.1	158.4	158.5
10	2019	중학교	14세	여자	161.2	160.7	160.4	160.6	160.4	160.6	160.1
11	2019	고등학교	15세	여자	162.1	161.1	160.6	160.9	161.7	160.7	160.8
12	2019	고등학교	16세	여자	162.2	161.3	161.0	160.9	161.5	161.0	161.5
13	2019	고등학교	17세	여자	161.2	161.3	161.0	160.8	161.8	161.4	161.4

[그림 10–19] (10장) 시도별, 연령별 여학생 키 (원본) 데이터 테이블

3 데이터 다듬기

(1) 어떤 데이터가 필요할까?

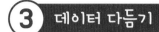

지역별 또래의 평균 키를 알아보기 위해 우리가 수집한 데이터는 무엇인가요?

수집한 데이터	

우리가 수집한 데이터는 **'시도별, 연령별 학생들의 평균 키'**예요. 테이블에는 6세~17세 남자, 여자의 시도별 평균 키가 들어 있어요. 데이터 테이블을 살펴보니 우리에게 필요한 데이터도 있지만 필요하지 않은 데이터도 있어요. 우리에게 필요한 데이터와 필요하지 않은 데이터를 구분해보세요.

필요한 데이터	필요하지 않은 데이터

(2) 필요하지 않은 데이터를 삭제하자!

우리는 수집한 데이터에서 시도별, 연령별 데이터값만 필요해요. 시점은 모두 2019년이기 때문에 삭제해도 좋아요. 연령별 키를 알아볼 것이므로 학교별 데이터도 필요하지 않아요. 또한 남학생과 여학생의 데이터를 따로 내려받았기 때문에 성별 값도 지워주어야 해요. 목적에 맞게 데이터를 다듬어볼게요.

내려받은 데이터 파일을 열어보세요. 필요하지 않은 데이터를 엔트리에서 했던 것과 같이 삭제 기능으로 지워줄 거예요. 전체 행 또는 열이 필요하지 않은 경우 영역을 지정해주고 마우스 오른쪽 버튼을 클릭하여 삭제를 누르면 한꺼번에 삭제할 수 있어요. 데이터 파일에서 A열(시점)을 선택하고 ctrl을 누른 상태로 B열(학교별), D열(성별)을 선택하여 마우스 오른쪽 버튼을 클릭하고 전체 삭제해주세요.

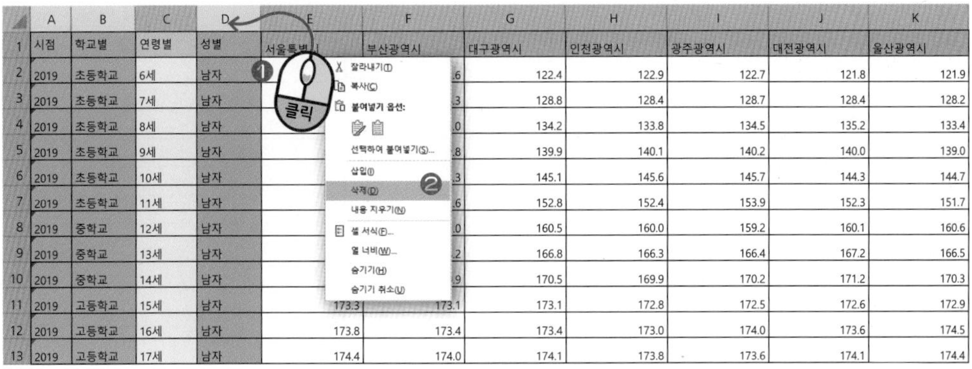

[그림 10-20] 필요하지 않은 데이터 삭제하기

[파일명]: (10장) 시도별, 연령별 남학생 키 (1) 열 삭제하기.xlsx

연령별	서울특별시	부산광역시	대구광역시	인천광역시	광주광역시	대전광역시	울산광역시	세종특별자치시
6세	122.0	122.6	122.4	122.9	122.7	121.8	121.9	121.6
7세	128.6	128.3	128.8	128.4	128.7	128.4	128.2	127.7
8세	134.6	134.0	134.2	133.8	134.5	135.2	133.4	134.2
9세	139.9	139.8	139.9	140.1	140.2	140.0	139.0	139.3
10세	145.1	145.3	145.1	145.6	145.7	144.3	144.7	146.4
11세	151.9	152.6	152.8	152.4	153.9	152.3	151.7	152
12세	160.7	161.0	160.5	160.0	159.2	160.1	160.6	161.2
13세	167.8	166.2	166.8	166.3	166.4	167.2	166.5	167.1
14세	170.6	170.9	170.5	169.9	170.2	171.2	170.3	170.2
15세	173.3	173.1	173.1	172.8	172.5	172.6	172.9	172.8
16세	173.8	173.4	173.4	173.0	174.0	173.6	174.5	172.7
17세	174.4	174.0	174.1	173.8	173.6	174.1	174.4	174.1

[그림 10-21] 남학생의 데이터 다듬기 완료

[파일명]: (10장) 시도별, 연령별 여학생 키 (1) 열 삭제하기.xlsx

연령별	서울특별시	부산광역시	대구광역시	인천광역시	광주광역시	대전광역시	울산광역시	세종특별자치시
6세	120.6	120.1	120.1	121.0	121.1	120.7	120.5	121
7세	127.0	127.1	126.9	127.3	127.3	127.4	127.7	126.9
8세	133.3	132.5	132.9	133.2	133.3	132.6	132.9	132.4
9세	139.2	138.2	139.7	139.3	139.4	138.8	139.6	138.8
10세	145.5	145.0	145.7	146.8	146.1	145.6	146.4	146.4
11세	152.3	151.6	152.3	153.3	152.5	152.7	150.5	152.6
12세	157.5	157.1	157.5	157.4	157.1	157.0	156.7	157.3
13세	159.4	159.6	159.1	159.4	159.1	158.4	158.5	159.6
14세	161.2	160.7	160.4	160.6	160.4	160.6	160.1	159.6
15세	162.1	161.1	160.6	160.9	161.7	160.7	160.8	161.5
16세	162.2	161.3	161.0	160.9	161.5	161.0	161.5	161.1
17세	161.2	161.3	161.0	160.8	161.8	161.4	161.4	161.4

[그림 10-22] 여학생의 데이터 다듬기 완료

4 데이터 시각화하기

(1) 데이터, 어떤 그래프로 표현할까?

우리가 알고 싶은 데이터를 그래프로 표현하기 위해 엔트리에 우리가 다듬은 데이터 파일을 올려볼게요.

두 걸음에서는 테이블 불러오기 〉 테이블 추가하기 〉 테이블 선택으로 데이터를 불러왔어요.

세 걸음부터는 테이블 불러오기 〉 테이블 추가하기 〉 파일 올리기를 이용하여 데이터를 불러올 거예요. 수집한 데이터 파일을 저장한 폴더에서 가져와 추가해요.

[파일명]: (10장) 시도별, 연령별 남학생 키 (2) 완료.xlsx > (10장) 시도별, 연령별 여학생 키 (2) 완료.xlsx

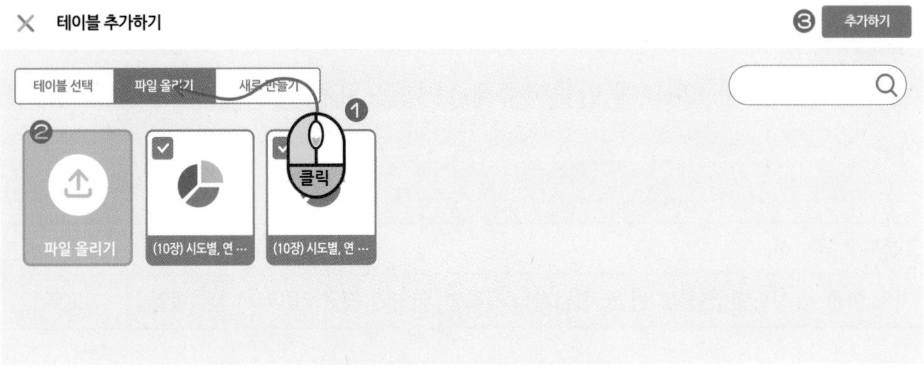

[그림 10-23] 데이터 불러오기

	A	B	C	D	E	F	G	H	I
1	연령별	서울특별시	부산광역시	대구광역시	인천광역시	광주광역시	대전광역시	울산광역시	세종특별자치시
2	6세	122	122.6	122.4	122.9	122.7	121.8	121.9	121.6
3	7세	128.6	128.3	128.8	128.4	128.7	128.4	128.2	127.7
4	8세	134.6	134	134.2	133.8	134.5	135.2	133.4	134.2
5	9세	139.9	139.8	139.9	140.1	140.2	140	139	139.3
6	10세	145.1	145.3	145.1	145.6	145.7	144.3	144.7	146.4
7	11세	151.9	152.6	152.8	152.4	153.9	152.3	151.7	152
8	12세	160.7	161	160.5	160	159.2	160.1	160.6	161.2

[그림 10-24] '(10장) 시도별, 연령별 남학생 키 (2) 완료' 파일의 일부

	A	B	C	D	E	F	G	H	I
1	연령별	서울특별시	부산광역시	대구광역시	인천광역시	광주광역시	대전광역시	울산광역시	세종특별자치시
2	6세	120.6	120.1	120.1	121	121.1	120.7	120.5	121
3	7세	127	127.1	126.9	127.3	127.3	127.4	127.7	126.9
4	8세	133.3	132.5	132.9	133.2	133.3	132.6	132.9	132.4
5	9세	139.2	138.2	139.7	139.3	139.4	138.8	139.6	138.8
6	10세	145.5	145	145.7	146.8	146.1	145.6	146.4	146.4
7	11세	152.3	151.6	152.3	153.3	152.5	152.7	150.5	152.6
8	12세	157.5	157.1	157.5	157.4	157.1	157	156.7	157.3

[그림 10-25] '(10장) 시도별, 연령별 여학생 키 (2) 완료' 파일의 일부

차트 버튼을 눌러 그래프를 만들어볼게요. 키의 성장 정도를 파악하기 위해서는 선 그래프가 효과적이에요. 남자 데이터와 여자 데이터 총 2가지의 데이터 테이블을 수집했으니 데이터 시각화 그래프도 2개 만들어주세요! 다음 표를 보고 값을 설정해 차트를 만들어 보아요.

그래프 종류	선	가로축	연령별
차트 이름	시도별, 연령별 평균 키(남자) / 시도별, 연령별 평균 키(여자)	계열	모두

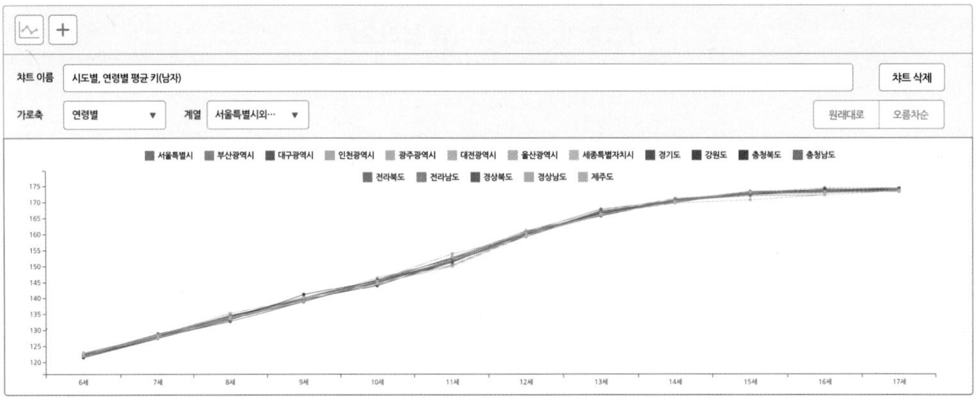

[그림 10-26] 남학생의 시도별, 연령별 평균 키 선 그래프

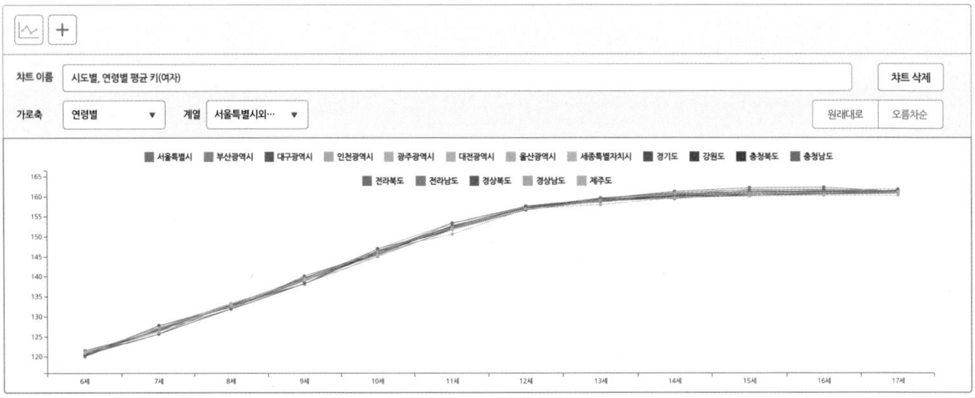

[그림 10-27] 여학생의 시도별, 연령별 평균 키 선 그래프

5 데이터 분석하기

(1) 데이터로 무엇을 알 수 있을까?

또래 친구들의 평균 키를 알아보기 위해 **'시도별, 연령별 학생들의 평균 키'** 데이터를 수집하고 다듬었어요.

시각화한 데이터를 통해 우리가 읽어낼 수 있는 정보는 무엇인가요? 가로축의 값을 확인해서 연령별 평균 키를 읽어보세요.

서울특별시의 12세 남자, 여자의 평균 키	
경기도의 12세 남자, 여자의 평균 키	

시도별 그래프를 살펴보면 거의 겹쳐 있어요. 시도별로 평균 키는 비슷한 것으로 보여요. 이번에는 그래프의 기울기 정도를 살펴볼게요!

그래프의 기울기를 살펴보면서 키 성장 속도가 언제 느려지는지 데이터 시각화를 확인해보고 아래의 표를 채워보세요.

내가 사는 지역의 내 나이의 평균 키	
남자와 여자의 키 성장의 정도가 줄어드는 시기	

(2) 분석한 데이터로 문재를 해결하자!

그래프를 확인해보니 남자는 13세 이후로, 여자는 12세 이후로 성장 속도가 (느려지고 / 빨라지고) 있어.

지역별 그래프의 모양도 비슷한 걸 보니 대체로 그런 성장 속도를 거치나 봐!

서울특별시의 12세 여자의 평균 키는(   )㎝ 네.
내 키는 150㎝이니까 서울특별시 12세 여자의 평균 키보다 (작구나 / 크구나).

우리 둘 다 키의 성장이 점차 (느려지겠다 / 빨라지겠다).

함께 운동 횟수를 (늘려 / 줄여)볼까?

좋아! 당장 시작하자고!!

6 문제 해결

(1) 데이터를 어떻게 활용할까?

키 성장 속도를 파악할 수 있도록 특정 지역의 6세~17세 남학생과 여학생의 평균 키 그래프를 그려주는 프로그램을 만들어보는 건 어떨까요? 경기도 지역을 예시로 만들어 볼게요.

(2) 어떤 데이터가 필요할까?

데이터 분석하였던 '시도별, 연령별 남학생 키'와 '시도별, 연령별 여학생 키'의 데이터 테이블과 시각화한 그래프를 저장한 후 이어서 프로그램을 만들어볼게요.

(3) 데이터를 활용한 프로그램을 만들어보자!

완성된 작품 미리보기

❶ [장면 1] 완성 장면 확인하고 오브젝트 추가하기

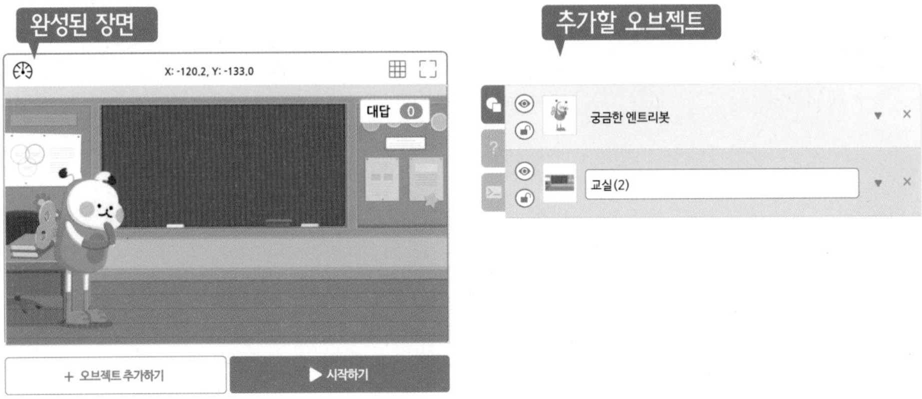

[그림 10-28] 장면 1 완성 모습

❷ [장면 1]의 오브젝트별 코드

[그림 10-29] 궁금한 엔트리봇

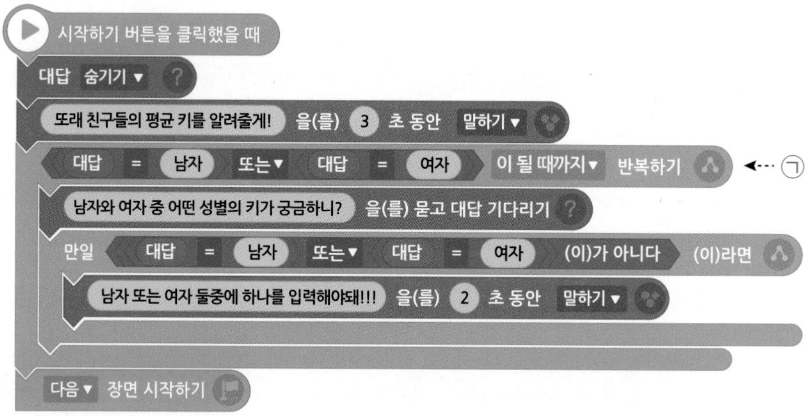

[그림 10-30] '궁금한 엔트리봇'의 코드

㉠ 대답이 남자 또는 여자로 입력될 때까지 물음을 반복하는 코드예요.

❸ [장면 2] 완성 장면 확인하고 오브젝트 추가하기

[그림 10-31] 장면 2 완성 모습

[그림 10-31]을 보고 오브젝트를 추가하고 배치해요. 여기서 점 오브젝트는 직접 그려서 추가할 거예요.

새로 그리기는 내가 직접 그림판처럼 오브젝트를 그릴 수 있는 기능이에요. 이동하기를 눌러주세요.

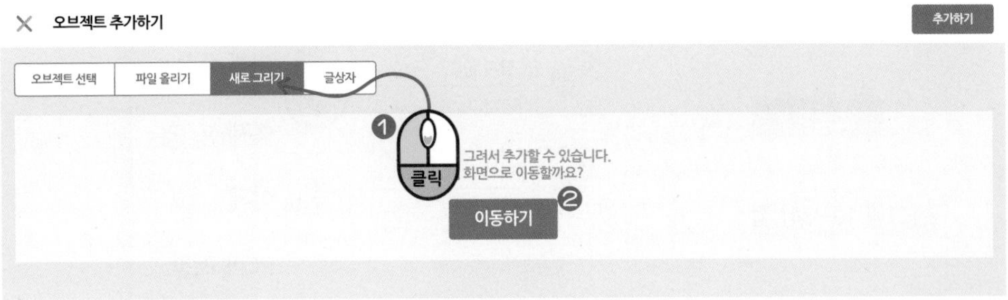

[그림 10-32] 새로 그리기

왼쪽에는 그림을 그리기 위한 도구들이 있어요. 원하는 도구를 선택해서 그림을 그려볼게요. 그림을 그리고 저장하기를 누르면 오브젝트가 추가돼요.

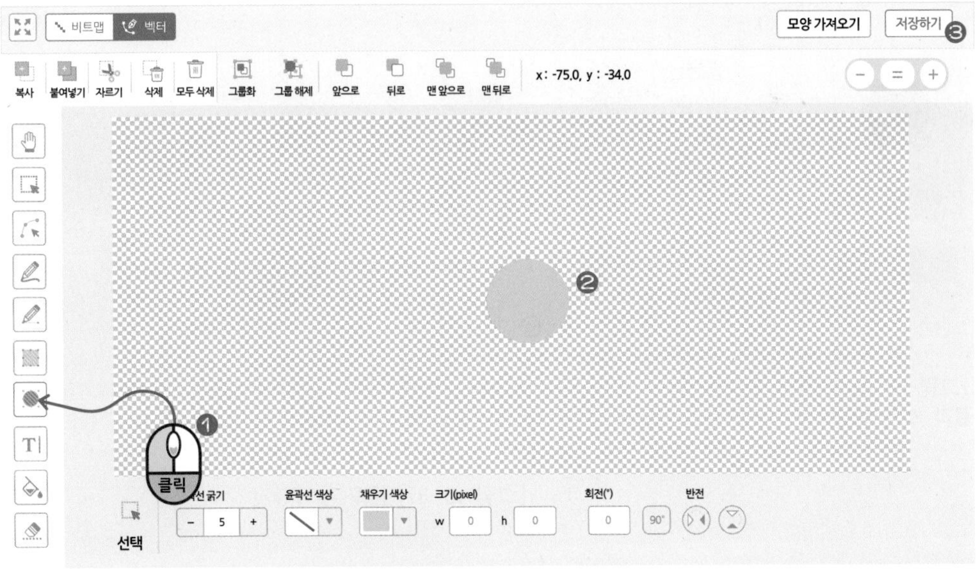

[그림 10-33] 새로 그리기

파란색 점을 오브젝트 추가하기 〉 새로그리기 〉 이동하기 〉 원 선택 하여 새로 그려요. 그리고 복제해서 모양을 추가한 뒤, 분홍색 점으로 바꿔주어요.

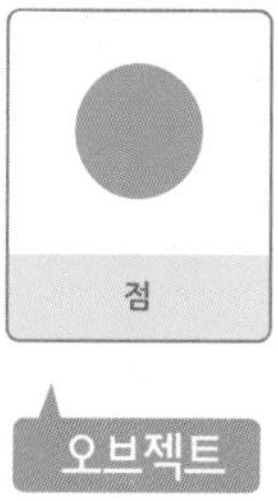

[그림 10-34] 점

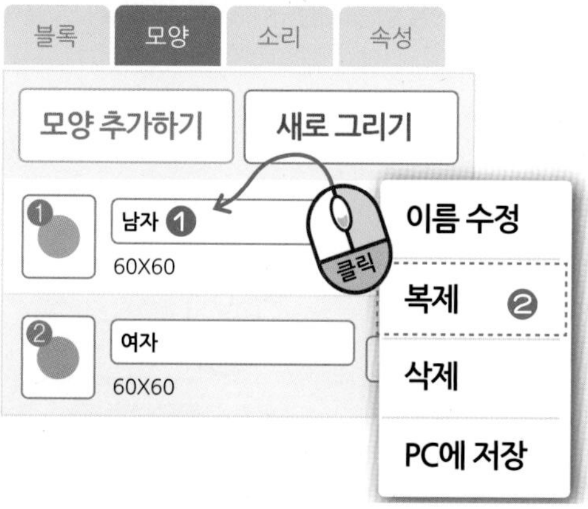

[그림 10-35] 복제하여 색만 바꾸기

❹ [장면 2] 오브젝트에 추가 작업하기

'결과 확인 버튼' 위에 '전체 데이터 확인하기'라고 적어요.

[그림 10-36]
결과 확인 버튼

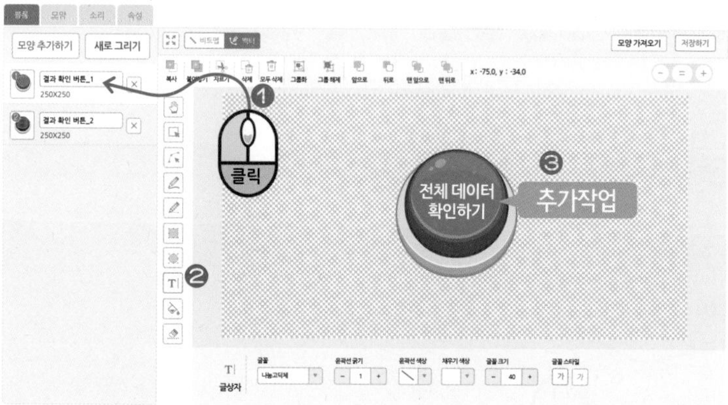

[그림 10-37] 문구 추가하기

❺ [장면 2]에 변수와 신호 추가하기

총 5개의 변수 와 신호 '다시하기'를 추가해요.

[그림 10-38] 변수 추가하기

[그림 10-39] 신호 추가하기

변수 이름은 각각 '연령별_키', '연령별_키_텍스트', '그래프 Y좌표', '그래프 X좌표', '연령'으로 입력해요.

변수들 모두 '모든 오브젝트에 사용', '일반 변수로 사용(작품에 저장)'으로 설정해주세요.

변수 중 '연령별_키', '연령별_키_텍스트', '그래프 Y좌표', '그래프 X좌표'는 기본값을 0으로, '연령'은 기본값을 1로 입력해요. 눈동자 아이콘은 모두 꺼주세요.

❻ [장면 2]의 오브젝트별 코드

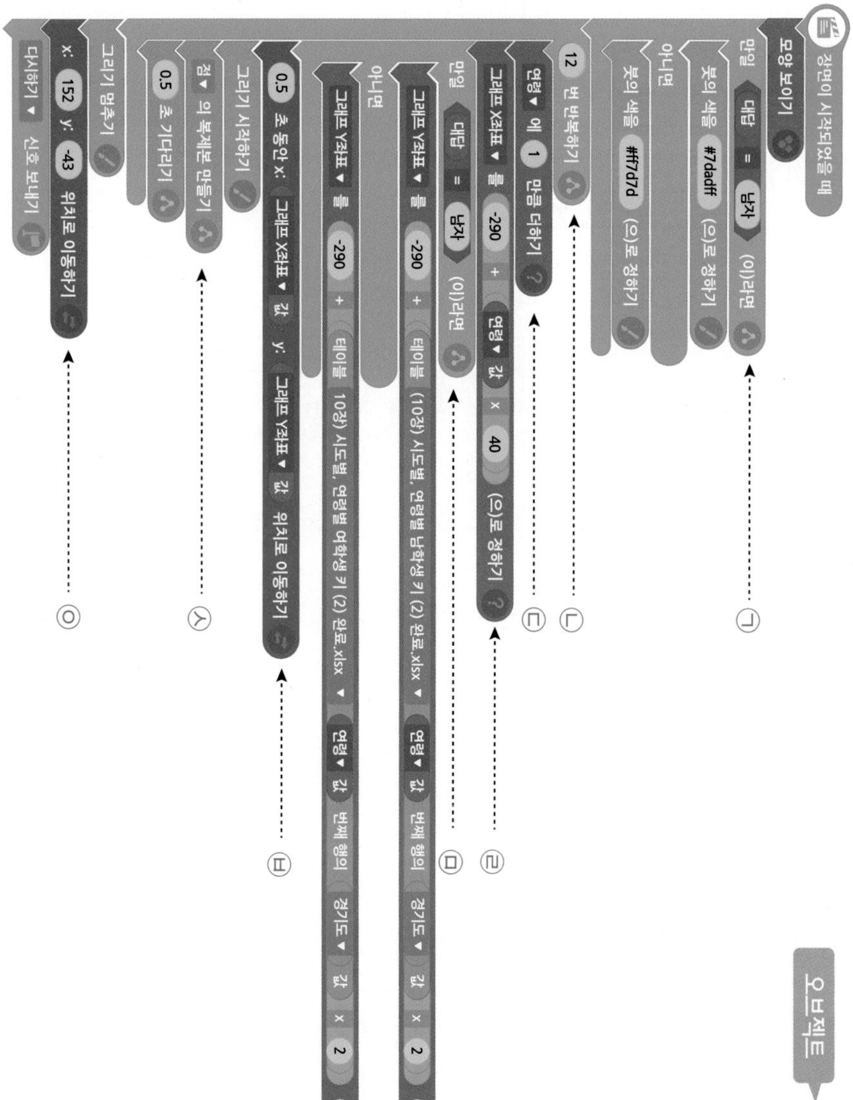

[그림 10-41] '연필(1)'의 코드

[그림 10-40] 연필(1)

㉠ 대답이 남자라면 붓의 색을 파란색 점의 색으로 바꾸고, 아니라면(대답이 여자라면) 붓의 색을 분홍색 점의 색으로 바꿔요. 붓의 색을 '#7dadff(파란색 점의 색)', '#ff7d7d(분홍색 점의 색)'로 입력해도 되고, 직접 색을 선택해도 돼요.

㉡ 6세부터 17세까지 총 12개의 연령이 있으므로 12번 반복해요.

㉢ 변수 '연령'이 기본값이 1이므로 1을 더해주어 2행의 데이터부터 13행의 데이터까지 읽을 수 있어요.

㉣ 변수 '그래프 X좌표'의 값이 변수 '연령' 값에 따라 바뀔 수 있도록 설정해요.

㉤ 대답이 남자라면 남학생 키 데이터 테이블을 불러와 변수 '그래프 Y좌표'의 값이 변수 '연령' 값에 따라 바뀔 수 있도록 설정해요. 아니라면(대답이 여자라면) 여학생 키 데이터 테이블을 불러와 변수 '그래프 Y좌표'의 값이 변수 '연령' 값에 따라 바뀔 수 있도록 설정해요.

㉥ 정해진 변수 '그래프 X좌표' 값과 '그래프 Y좌표' 값으로 이동하며 선을 그려요.

㉦ X좌표와 Y좌표에 점을 찍을 수 있는 '점 오브젝트'를 복제해요.

㉧ 12번을 반복하면 그리기를 멈추고 '연필(1)'은 원래 위치로 돌아와요.

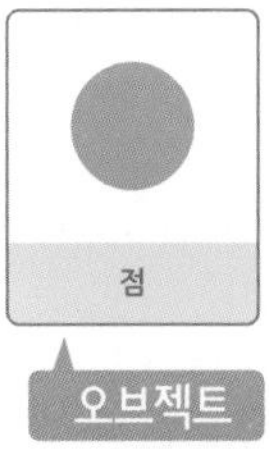

[그림 10-42] 점

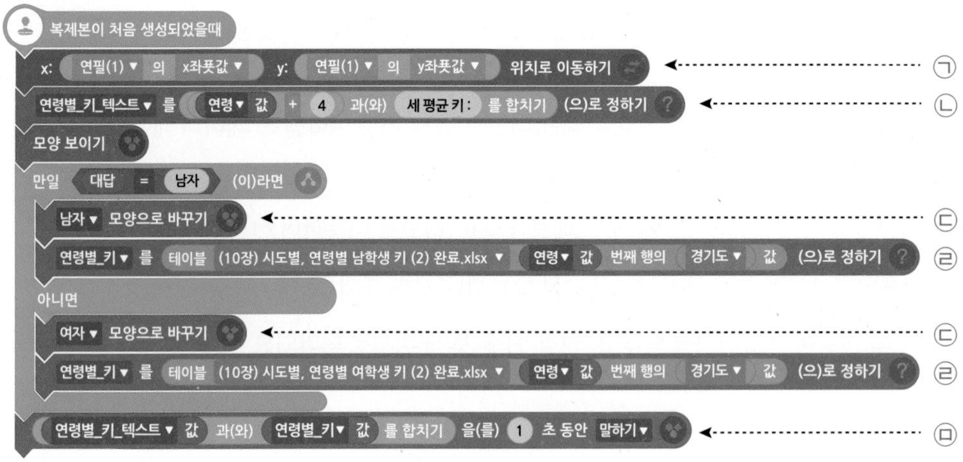

[그림 10-43] '점'의 코드

㉠ '연필(1)'의 좌표에 점이 찍히는 코드예요.

㉡ 변수 '연령별_키_텍스트' 값이 변수 '연령' 값에 따라 바뀔 수 있도록 설정해요. 변수 '연령'의 첫 번째 값은 2예요. '연필(1)' 코드에 따라 기본값 1에 1을 더해주었기 때문이에요. 가장 처음 읽어주어야 하는 데이터는 6세의 평균 키이므로 변수 '연령'의 첫 번째 값인 2에 4를 더해야 해요.

㉢ 대답이 남자라면 파란색 점인 남자 모양으로 바뀌요. 아니라면(대답이 여자라면) 분홍색 점인 여자 모양으로 바뀌요.

㉣ 변수 '연령별_키' 값이 변수 '연령' 값에 따라 바뀔 수 있도록 설정해요. 변수 '연령' 값에 해당하는 행의 경기도 값으로 변수 '연령별_키' 값이 변해요.

㉤ 설정된 변수들의 값에 따라 해당하는 값을 말해주는 코드예요.

[그림 10-44]
'제목' 글상자

[그림 10-45] '제목' 글상자의 코드

[그림 10-46]
다시하기 버튼

[그림 10-47] '다시하기 버튼'의 코드 1

[그림 10-48] '다시하기 버튼'의 코드 2

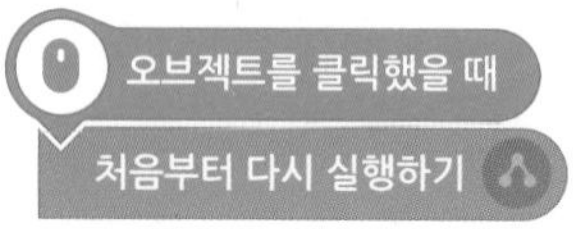

[그림 10-49] '다시하기 버튼'의 코드 3

[그림 10-50]
결과 확인 버튼

[그림 10-51] '결과 확인 버튼'의 코드 1

[그림 10-52] '결과 확인 버튼' 의 코드 2

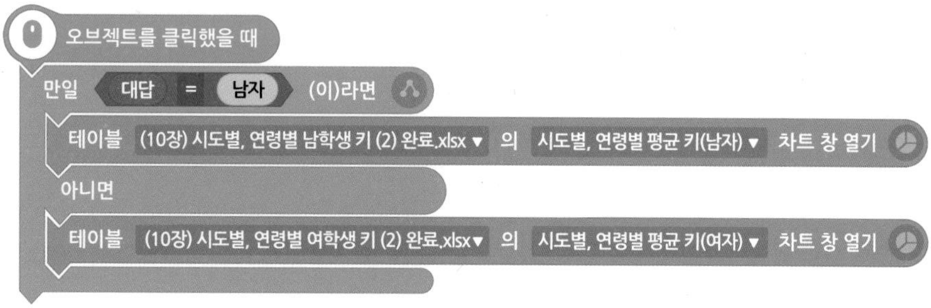

[그림 10-53] '결과 확인 버튼'의 코드 3

7 추가미션

구구 박사의 추가 미션

'5장. 사람들은 봄에 어떤 종류의 노래를 즐겨 들을까요?'에서 만들었던 데이터를 읽어 주는 엔트리봇 프로그램을 떠올려보세요.
이를 바탕으로 이번 장의 '시도별, 연령별 평균 키' 데이터를 활용하여 데이터를 읽어 주는 엔트리봇 프로그램을 만들어보세요.

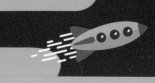

11장 어느 구에 사람이 가장 많이 살까요?

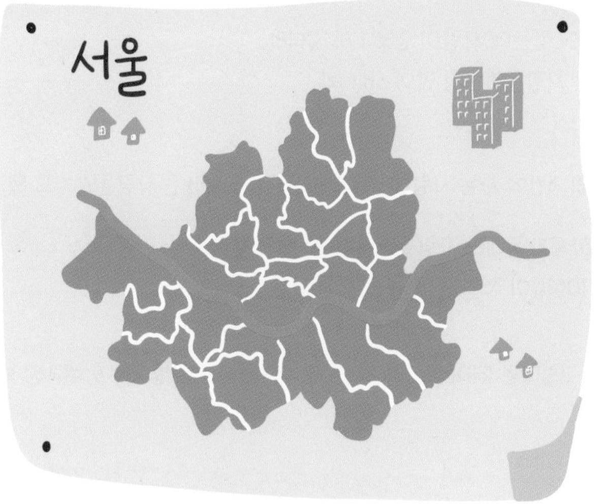

여러분은 어느 지역에 살고 있나요? 사람들이 가장 많이 사는 지역은 어디일까요? 우리 또래의 학생들은 어느 지역에 많이 살고 있을까요? 이번 장에서는 공공데이터를 활용하여 사람들이 가장 많이 사는 구를 찾아보도록 해요.

이번 장에서는 무엇을 배울까요?

- 필요에 따라 스프레드시트 프로그램을 활용하여 데이터를 다듬을 수 있어요.
- 원그래프로 자치구별 인구수를 시각화할 수 있어요.
- 자치구 이름을 입력하면 인구수를 출력하는 프로그램을 만들 수 있어요.

1 문제 인식

어제 큰 마트에 갔는데 사람이 엄청나게 많더라.
우리 주변에는 사람들이 엄청 많이 사나 봐.

흠,
우리 주변에 사는 사람이 아니라 그냥 장을 보러 온 사람들일 수도 있지 않을까?

그런가? 특히 우리 동네에 사람들이 많이 사는 것 같아.
그중에서도 10대들이 정말 많이 사는 것 같아.

그렇다면 데이터로 알아보는 건 어때? 자치구별 인구를 비교해 보면 되겠다!

● 문제 해결 계획하기

(1) 우리가 해결해야 하는 문제는 무엇인가요?

해결할 문제	

(2) 문제 해결을 위해 어떤 데이터가 필요할까요?

필요한 데이터	

2 데이터 수집하기

(1) 데이터, 어디서 구할까?

우리나라의 지역별 인구 데이터는 어디서 구할 수 있을까요? 지역별 인구 데이터는 '**행정안전부**' 포털에서 제공하는 주민등록 인구통계 자료에서 찾을 수 있어요. 행정구역을 선택하면 해당 지역의 주민등록 인구를 확인할 수 있어요.

행정안전부: https://jumin.mois.go.kr/

[그림 11-1] 행정안전부 주민등록인구 및 세대 현황

조회 기간을 2021년 7월로 설정하여 행정기관별 주민등록 인구를 확인해보세요. 총 인구수 외에도 세대수, 세대당 인구, 남자 인구수, 여자 인구수, 남여 비율 등을 알 수 있어요.

주민등록 인구 및 세대현황

행정기관	2021년 07월					
	총 인구수	세대수	세대당 인구	남자 인구수	여자 인구수	남여 비율
전국	51,671,569	23,294,707	2.22	25,768,310	25,903,259	0.99
서울특별시	9,558,153	4,409,964	2.17	4,645,177	4,912,976	0.95
부산광역시	3,361,781	1,535,294	2.19	1,645,794	1,715,987	0.96
대구광역시	2,395,749	1,060,394	2.26	1,181,351	1,214,398	0.97
인천광역시	2,937,440	1,283,524	2.29	1,470,985	1,466,455	1.00
광주광역시	1,442,482	639,333	2.26	713,626	728,856	0.98
대전광역시	1,455,300	658,831	2.21	726,281	729,019	1.00

[그림 11-2] 주민등록 인구 및 세대현황

행정안전부 포털에서는 **'주민등록 인구 및 세대현황'** 데이터를 csv 파일과 xlsx 파일로 제공하고 있어요. 우리는 xlsx 파일로 데이터를 불러올 거예요.

[그림 11-3] 파일 다운로드

파일을 내려받아 열어보면 [그림 11-4]와 같은 데이터를 확인할 수 있어요. 테이블을 살펴보니 열에는 '행정기관 코드', '행정기관', '총인구수', '세대수' 등의 데이터가 입력되어 있어요. 행에는 행정기관별 속성값이 입력되어 있어요.

시 · 도단위의 인구 데이터는 우리 주변의 인구수를 비교하기에는 범위가 너무 넓어요. 이번에는 범위를 좁혀서 **'자치구별 인구수'** 데이터를 수집해 보도록 해요.

[파일명]: (11장) 주민등록인구 및 세대현황 (원본).xlsx

	A	B	C	D	E	F
1	※ 매월 말일자 통계 현황					
2					2021년07월	
3	행정기관코드	행정기관	총인구수	세대수	세대당 인구	남자 인구수
4	1000000000	전국	51,671,569	23,294,707	2.22	25,768,310
5	1100000000	서울특별시	9,558,153	4,409,964	2.17	4,645,177
6	2600000000	부산광역시	3,361,781	1,535,294	2.19	1,645,794
7	2700000000	대구광역시	2,395,749	1,060,394	2.26	1,181,351
8	2800000000	인천광역시	2,937,440	1,283,524	2.29	1,470,985
9	2900000000	광주광역시	1,442,482	639,333	2.26	713,626
10	3000000000	대전광역시	1,455,300	658,831	2.21	726,281
11	3100000000	울산광역시	1,125,727	480,623	2.34	578,511
12	3600000000	세종특별자치시	364,364	149,580	2.44	181,996
13	4100000000	경기도	13,512,867	5,776,653	2.34	6,801,008
14	4200000000	강원도	1,536,140	739,290	2.08	773,232
15	4300000000	충청북도	1,597,501	753,893	2.12	810,258
16	4400000000	충청남도	2,118,205	993,794	2.13	1,082,654

[그림 11-4] (11장) 주민등록인구 및 세대현황 (원본)

정은이와 하은이는 서울특별시에 살고 있어요. 그렇다면 서울특별시의 자치구별 인구수는 어디서 찾을 수 있을까요? 서울특별시는 '서울열린데이터광장'에서 서울시와 관련된 공공데이터를 모아 제공하고 있어요.

서울열린데이터광장: https://data.seoul.go.kr/

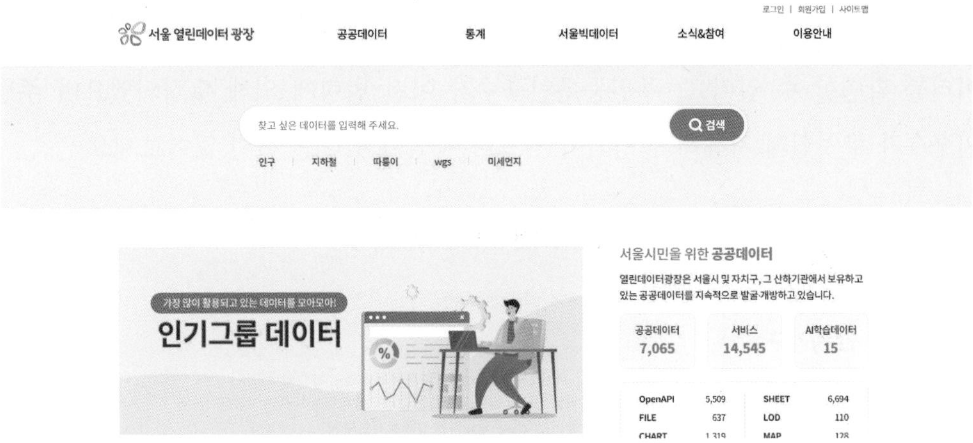

[그림 11-5] 서울열린데이터광장

찾고 싶은 데이터에 '주민등록인구수'를 검색해보세요.

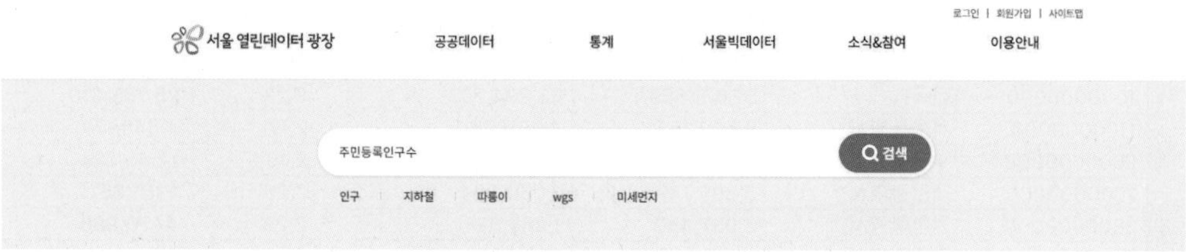

[그림 11-6] 찾고 싶은 데이터 입력하기

'서울열린데이터광장'에서는 구별 통계, 동별 통계 등 인구수에 관한 여러 데이터를 제공해요. 우리는 그중에서 **'서울시 주민등록인구(연령별/동별) 통계'** 자료를 활용할 거예요.

[그림 11-7] 서울시 주민등록인구 통계

'서울시 주민등록인구 (연령별/동별) 통계' 자료를 클릭하면, 통계 자료에 대한 설명과 데이터를 확인할 수 있어요. 주민등록인구수가 어떤 법령에 의해 수집되었으며 주민등록인구수가 무엇인지 자세히 설명되어 있으니 관심이 있다면 한번 읽어보세요.

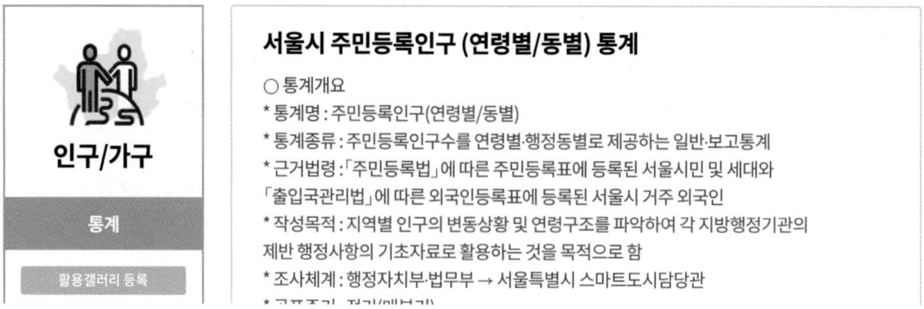

[그림 11-8] 서울시 주민등록인구 통계 개요

구구박사의 데이터 과학 지식 더하기

공공데이터포털

서울시에서는 서울열린데이터광장을 통해 서울시와 관련된 데이터를 제공하고 있어요. 그렇다면 다른 행정구역의 공공데이터는 어디서 확인할 수 있을까요? 지역별 공공데이터 포털을 소개할게요.

강원도	data.gwd.go.kr
경기도	data.gg.go.kr
경상남도	bigdata.gyeongnam.go.kr
경상북도	data.gb.go.kr
광주광역시	bigdata.gwangju.go.kr
대구광역시	data.daegu.go.kr
대전광역시	daejeon.go.kr/pubc
부산광역시	data.busan.go.kr
세종특별자치시	www.sejong.go.kr
울산광역시	data.ulsan.go.kr
인천광역시	incheon.go.kr/data/index
전라남도	data.jeonnam.go.kr
전라북도	www.bigdatahub.go.kr
제주특별자치도	www.jejudatahub.net
충청북도	www.chungbuk.go.kr
충청남도	www.chungnam.go.kr

서울열린데이터광장 홈페이지는 2022년 8월을 기준으로 개편 되었어요. 이 책은 개편 되기 이전의 데이터를 사용하고 있어요.

시점을 '2021 1/4 ~ 2021 1/4'로 선택하고 통계표조회를 클릭해요. 우리는 텍스트 파일을 내려받아 스프레드시트 프로그램에서 열어볼 거예요. 파일형태를 'TXT'로 선택하여 자료를 내려받아 보세요.

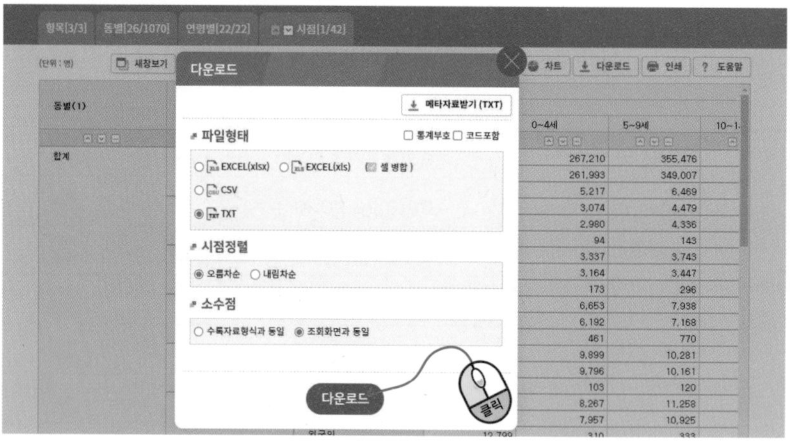

[그림 11-9] 서울시 주민등록인구 통계 자료 내려받기

내려받은 데이터는 스프레드시트 프로그램에서 열 수 있어요. 컴퓨터의 시작 메뉴에서 스프레드시트 프로그램을 열고, 데이터를 불러오세요. 이 책에서는 엑셀(Microsoft 365 버전)을 사용하여 데이터를 불러올 거예요.(사용하는 프로그램의 버전에 따라 메뉴 화면 구성에는 차이가 있을 수 있어요.)

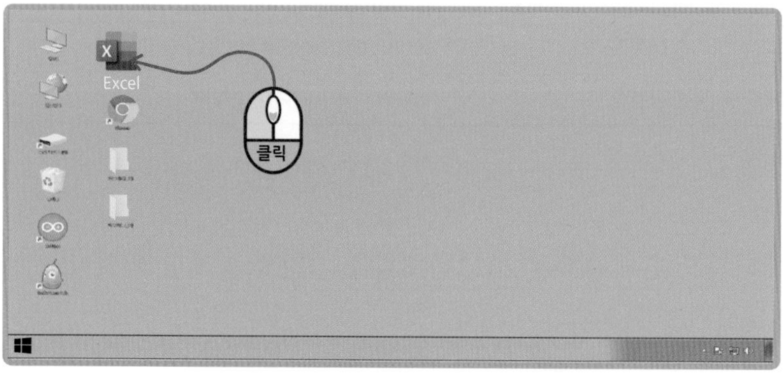

[그림 11-10] 스프레드시트 프로그램 열기

스프레드시트 프로그램의 열기 메뉴를 누르고 찾아보기를 클릭하면 파일을 선택할 수 있어요. 다운로드 폴더에서 내려받은 데이터를 찾아 선택해주세요.

예제파일을 다운받아 사용하면 책과 동일한 데이터를 이용할 수 있어요.

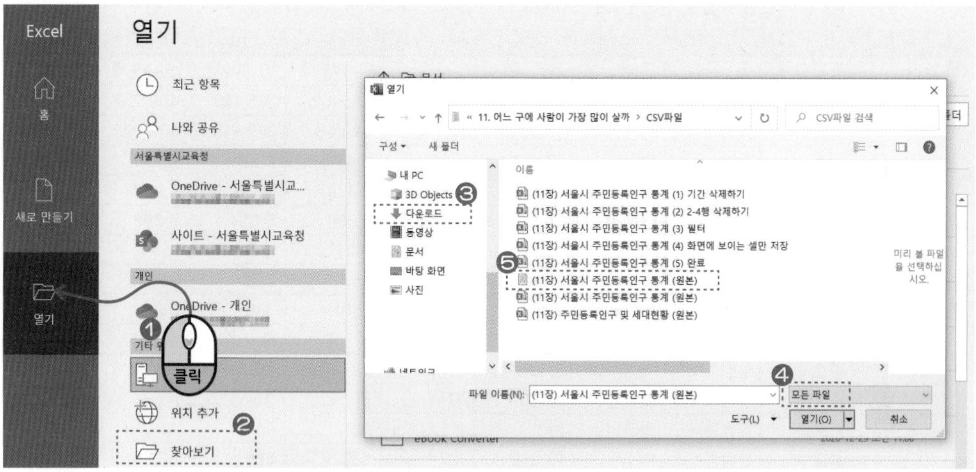

[그림 11-11] 스프레드시트 프로그램에서 텍스트 파일 열기

내려받은 텍스트 파일을 선택하면 텍스트 마법사 창이 열려요. 이 창에서는 스프레드시트 프로그램에서 파일을 어떤 형식으로 나타낼지 설정할 수 있어요. 마침을 눌러 기본 설정으로 파일을 열어보도록 해요.

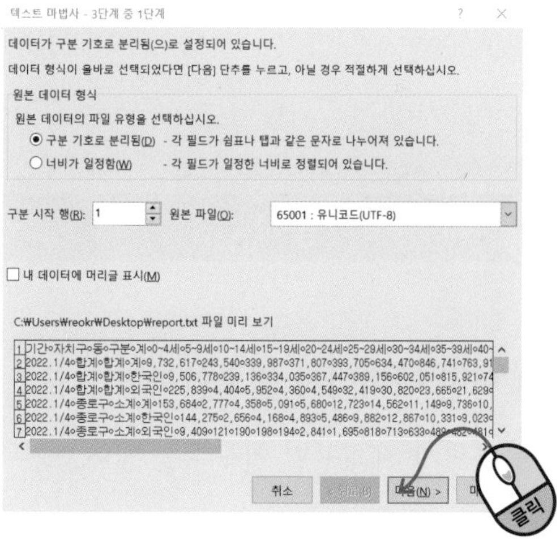

[그림 11-12] 텍스트 마법사 설정하기

테이블을 살펴보니 열(속성)에는 '기간', '자치구', '동', '구분' 등의 속성이 입력되어 있어요. 행에는 자치구별로 인구와 관련된 데이터가 입력되어 있어요. [그림 11-13]의 데이터 테이블을 살펴보며 자치구별 인구수를 살펴보세요.

[파일명]: (11장) 서울시 주민등록인구 통계 (원본).xlsx

	A	B	C	D	E	F	G	H	I	J
1	기간	자치구	동	구분	계	0~4세	5~9세	10~14세	15~19세	20~24세
2	2021.1/4	합계	합계	계	9,828,094	267,210	355,476	375,140	406,739	655,516
3	2021.1/4	합계	합계	한국인	9,598,484	261,993	349,007	370,916	402,828	623,888
4	2021.1/4	합계	합계	외국인	229,610	5,217	6,469	4,224	3,911	31,628
5	2021.1/4	종로구	소계	계	156,567	3,074	4,479	5,180	6,077	13,477
6	2021.1/4	종로구	소계	한국인	147,296	2,980	4,336	5,054	5,892	10,379
7	2021.1/4	종로구	소계	외국인	9,271	94	143	126	185	3,098
8	2021.1/4	종로구	사직동	계	9,813	221	357	352	350	506
9	2021.1/4	종로구	사직동	한국인	9,543	217	350	346	346	497
10	2021.1/4	종로구	사직동	외국인	270	4	7	6	4	9
11	2021.1/4	종로구	삼청동	계	2,803	46	93	112	107	142
12	2021.1/4	종로구	삼청동	한국인	2,530	37	71	92	93	135
13	2021.1/4	종로구	삼청동	외국인	273	9	22	20	14	7
14	2021.1/4	종로구	부암동	계	10,069	197	333	426	482	652
15	2021.1/4	종로구	부암동	한국인	9,819	197	333	425	482	613

[그림 11-13] 서울시 주민등록인구 통계 데이터 일부

3 데이터 다듬기

(1) 어떤 데이터가 필요할까?

서울특별시 자치구별 인구수를 알아보기 위해 우리가 수집한 데이터는 무엇인가요?

수집한 데이터	

우리가 수집한 데이터는 **'서울시 주민등록인구 통계'**예요. 테이블에는 서울시의 자치구별/연령별 인구수가 들어있어요. 데이터 테이블에는 우리에게 필요한 데이터도 있지만 필요하지 않은 데이터도 있어요. 우리에게 필요한 데이터와 필요하지 않은 데이터를 구분해보세요.

필요한 데이터	필요하지 않은 데이터

(2) 필요하지 않은 데이터를 삭제하자!

우리에게 필요하지 않은 데이터는 삭제해주어야 해요. 열(속성)들을 살펴볼까요? '기간'은 우리에게 필요하지 않은 데이터예요. A열을 마우스 오른쪽 버튼으로 클릭한 후 삭제를 눌러 A열을 삭제해주세요.

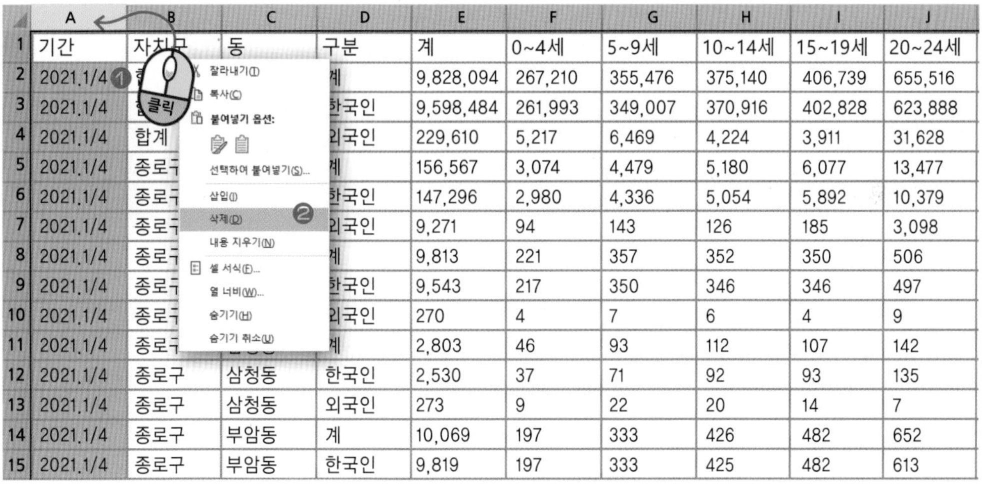

	A	B	C	D	E	F	G	H	I	J
1	기간	자치구	동	구분	계	0~4세	5~9세	10~14세	15~19세	20~24세
2	2021.1.4			계	9,828,094	267,210	355,476	375,140	406,739	655,516
3	2021.1.4			한국인	9,598,484	261,993	349,007	370,916	402,828	623,888
4	2021.1.4	합계		외국인	229,610	5,217	6,469	4,224	3,911	31,628
5	2021.1.4	종로구		계	156,567	3,074	4,479	5,180	6,077	13,477
6	2021.1.4	종로구		한국인	147,296	2,980	4,336	5,054	5,892	10,379
7	2021.1.4	종로구		외국인	9,271	94	143	126	185	3,098
8	2021.1.4	종로구		계	9,813	221	357	352	350	506
9	2021.1.4	종로구		한국인	9,543	217	350	346	346	497
10	2021.1.4	종로구		외국인	270	4	7	6	4	9
11	2021.1.4	종로구		계	2,803	46	93	112	107	142
12	2021.1.4	종로구	삼청동	한국인	2,530	37	71	92	93	135
13	2021.1.4	종로구	삼청동	외국인	273	9	22	20	14	7
14	2021.1.4	종로구	부암동	계	10,069	197	333	426	482	652
15	2021.1.4	종로구	부암동	한국인	9,819	197	333	425	482	613

[그림 11-14] 기간 삭제하기

[파일명]: (11장) 서울시 주민등록인구 통계 (1) 기간 삭제하기.xlsx

	A	B	C	D	E	F	G	H	I	J
1	자치구	동	구분	계	0~4세	5~9세	10~14세	15~19세	20~24세	25~29세
2	합계	합계	계	9,828,094	267,210	355,476	375,140	406,739	655,516	856,229
3	합계	합계	한국인	9,598,484	261,993	349,007	370,916	402,828	623,888	826,537
4	합계	합계	외국인	229,610	5,217	6,469	4,224	3,911	31,628	29,692
5	종로구	소계	계	156,567	3,074	4,479	5,180	6,077	13,477	14,463
6	종로구	소계	한국인	147,296	2,980	4,336	5,054	5,892	10,379	12,896
7	종로구	소계	외국인	9,271	94	143	126	185	3,098	1,567
8	종로구	사직동	계	9,813	221	357	352	350	506	759
9	종로구	사직동	한국인	9,543	217	350	346	346	497	744
10	종로구	사직동	외국인	270	4	7	6	4	9	15
11	종로구	삼청동	계	2,803	46	93	112	107	142	178
12	종로구	삼청동	한국인	2,530	37	71	92	93	135	177

[그림 11-15] 기간 삭제 완료

이번에는 행들을 확인해보세요. 2행에서 4행은 자치구 전체의 인구수 데이터를 담고 있어요. 우리는 **자치구별 인구수**가 필요하므로 합계 정보는 필요하지 않아요.

2행부터 4행을 삭제할게요. 2행을 선택한 상태로 키보드의 shift 버튼을 누르고 4행을 선택하면 2행부터 4행을 한 번에 선택할 수 있어요. 마우스 오른쪽 버튼을 클릭한 후 삭제 버튼을 눌러 2행부터 4행을 삭제해주세요.

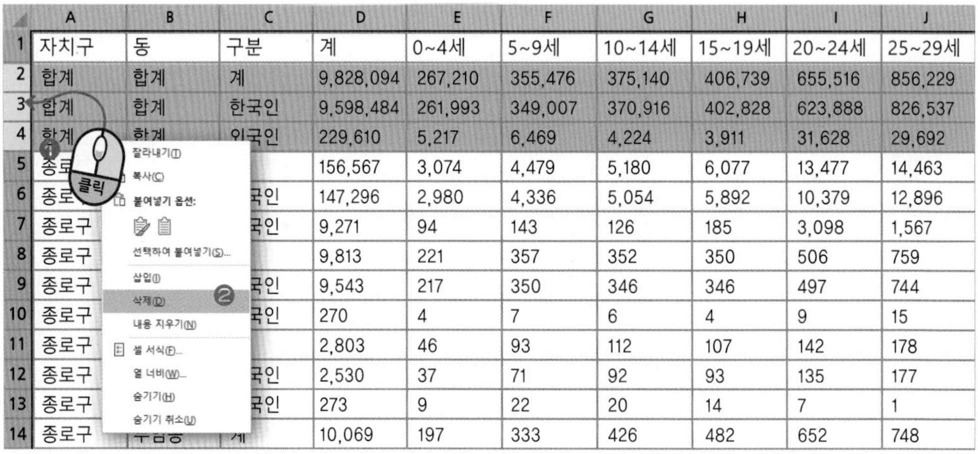

	A	B	C	D	E	F	G	H	I	J
1	자치구	동	구분	계	0~4세	5~9세	10~14세	15~19세	20~24세	25~29세
2	합계	합계	계	9,828,094	267,210	355,476	375,140	406,739	655,516	856,229
3	합계	합계	한국인	9,598,484	261,993	349,007	370,916	402,828	623,888	826,537
4	합계	합계	외국인	229,610	5,217	6,469	4,224	3,911	31,628	29,692
5	종로			156,567	3,074	4,479	5,180	6,077	13,477	14,463
6	종로		국인	147,296	2,980	4,336	5,054	5,892	10,379	12,896
7	종로구		국인	9,271	94	143	126	185	3,098	1,567
8	종로구			9,813	221	357	352	350	506	759
9	종로구		국인	9,543	217	350	346	346	497	744
10	종로구		국인	270	4	7	6	4	9	15
11	종로구			2,803	46	93	112	107	142	178
12	종로구		국인	2,530	37	71	92	93	135	177
13	종로구		국인	273	9	22	20	14	7	1
14	종로구		계	10,069	197	333	426	482	652	748

[그림 11-16] 2행~4행 삭제하기

[파일명]: (11장) 서울시 주민등록인구 통계 (2) 2~4행 삭제하기.xlsx

	A	B	C	D	E	F	G	H	I	J
1	자치구	동	구분	계	0~4세	5~9세	10~14세	15~19세	20~24세	25~29세
2	종로구	소계	계	156,567	3,074	4,479	5,180	6,077	13,477	14,463
3	종로구	소계	한국인	147,296	2,980	4,336	5,054	5,892	10,379	12,896
4	종로구	소계	외국인	9,271	94	143	126	185	3,098	1,567
5	종로구	사직동	계	9,813	221	357	352	350	506	759
6	종로구	사직동	한국인	9,543	217	350	346	346	497	744
7	종로구	사직동	외국인	270	4	7	6	4	9	15
8	종로구	삼청동	계	2,803	46	93	112	107	142	178
9	종로구	삼청동	한국인	2,530	37	71	92	93	135	177
10	종로구	삼청동	외국인	273	9	22	20	14	7	1
11	종로구	부암동	계	10,069	197	333	426	482	652	748
12	종로구	부암동	한국인	9,819	197	333	425	482	613	707
13	종로구	부암동	외국인	250	-	-	1	-	39	41
14	종로구	평창동	계	18,491	473	672	765	862	1,151	1,289

[그림11-17] 2행~4행 삭제 완료

이제 우리에게 필요한 데이터만 남았나요? 아직 아니에요. 지금까지는 열이나 행 전체를 삭제하면 되었는데 B열(동)과 C열(구분)은 조금 달라요.

B열에서는 '소계'만 필요해요. C열에서는 한국인과 외국인을 구분할 필요가 없어 '계'만 필요해요.

종로구를 예로 들어볼까요? ■는 우리에게 필요한 데이터, □는 우리에게 필요하지 않은 데이터예요. 어떻게 하면 필요한 데이터만 저장할 수 있을까요?

자치구	동	구분
종로구	■ 소계 □ 사직동 □ 삼청동 □ 부암동 □	■ 계 □ 한국인 □ 외국인

'필터 기능'을 사용하면 돼요. 필터 기능을 사용하면 보고 싶은 데이터만 볼 수 있어요. 먼저 키보드의 shift 버튼을 눌러 B와 C열을 선택하고 필터 버튼을 눌러보세요.

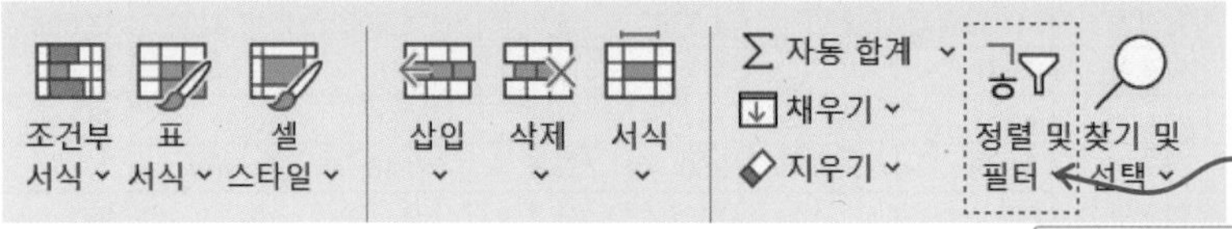

[그림 11-18] 정렬 및 필터

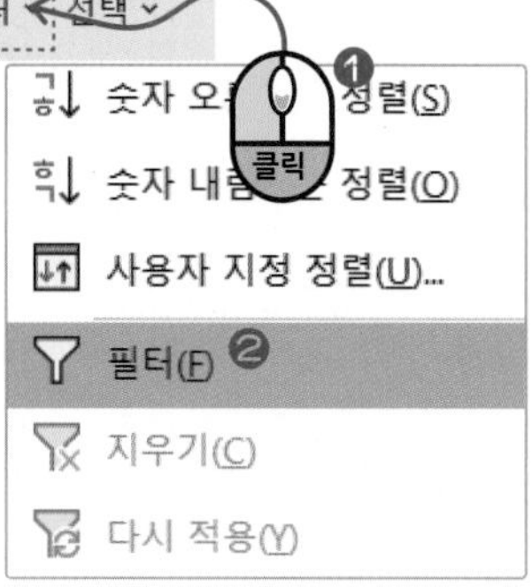

[그림 11-19] 필터

B열과 C열 아래에 이상한 버튼이 생겼어요. ▼ 버튼을 누르면 우리에게 필요한 데이터와 필요 없는 데이터를 구분할 수 있어요.

B열에서 소계를 제외한 다른 데이터의 선택을 취소할 거예요. '모두 선택' 왼쪽에 표시된 ☑ 칸을 눌러 모든 칸의 선택을 해제해요.

그다음 '소계'만 선택하여 ☑ 표시해주세요.

C열의 경우 '외국인'과 '한국인' 왼쪽에 표시된 ☑ 칸을 눌러 선택을 해제해요. '계'만 ☑ 표시되었다면 확인 버튼을 눌러 필터를 적용해주세요.

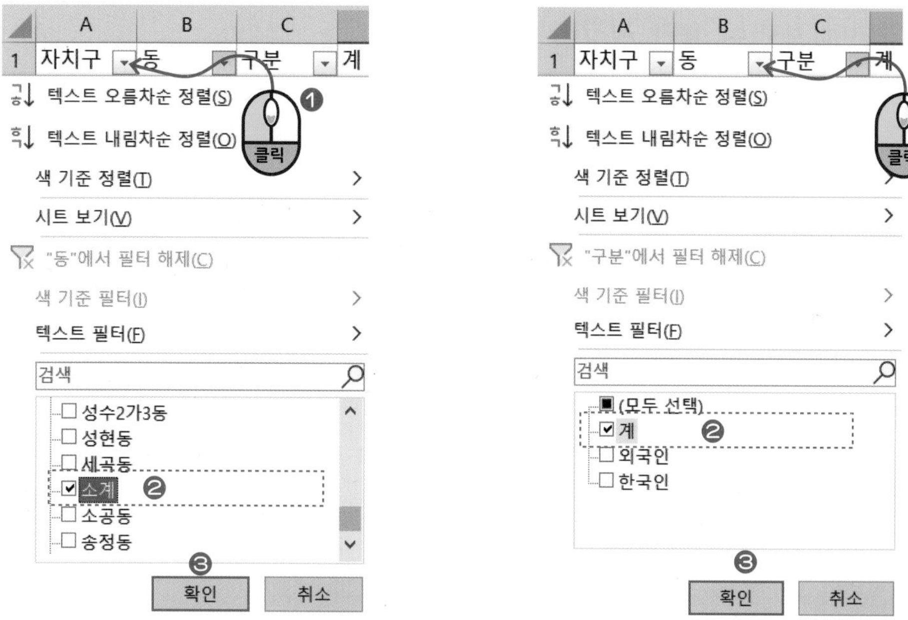

[그림 11-20] 엑셀의 필터 기능 사용하기

[파일명]: (11장) 서울시 주민등록인구 통계(3) 필터.xlsx

	A	B	C	D	E	F	G	H
1	자치구	동	구분	계	0~4세	5~9세	10~14세	15~19세
2	종로구	소계	계	153,684	2,777	4,358	5,091	5,680
56	중구	소계	계	131,450	3,020	3,546	3,283	3,712
104	용산구	소계	계	236,518	6,113	7,554	7,587	8,228
155	성동구	소계	계	291,609	9,126	9,981	9,049	10,202
209	광진구	소계	계	353,110	7,443	10,623	12,025	13,188
257	동대문구	소계	계	352,592	8,632	10,924	10,993	12,548
302	중랑구	소계	계	393,600	9,649	11,962	12,107	13,382

[그림 11-21] 필터 기능 사용 완료

필터를 사용하고 나니 우리에게 필요한 자료만 남았어요! 하지만 주의할 점이 있어요. 필터 기능은 파일 자체를 수정하지 못해요. 다시 말해 필터를 씌워도 원본 파일은 변하지 않아요. 그렇다면 우리에게 보이는 데이터만 파일로 저장하는 방법은 없을까요?

화면에 보이는 셀만 저장하는 방법

1. 전체 데이터를 선택하기(단축키: ctrl+a)
2. 찾기 및 선택 〉 이동 옵션 누르기

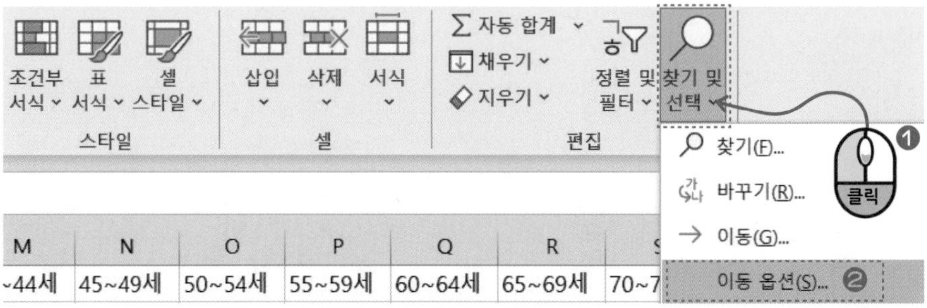

[그림 11-22] 찾기 및 선택

3. 화면에 보이는 셀만 선택하기 〉 확인

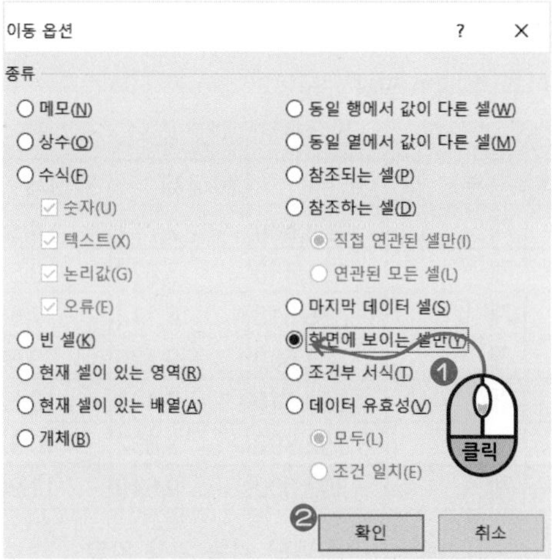

[그림 11-23] 화면에 보이는 셀만 선택하기

4. 선택한 영역을 복사하기(단축키: ctrl+c)

5. 파일 〉 새로 만들기를 눌러 새 통합 문서 파일 만들기

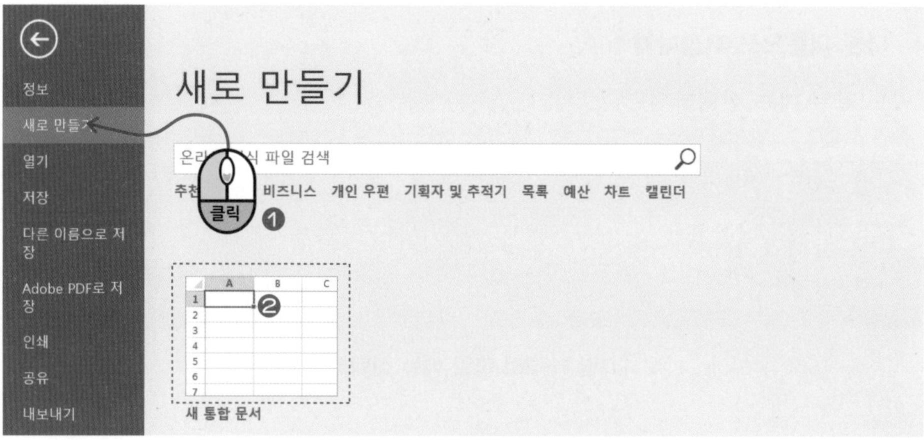

[그림 11-24] 새 통합 문서 파일 만들기

6. A1번 셀에 붙여넣기(단축키: ctrl+v)
 * A1번 셀에 붙여넣어야 빈 행/열이 생기지 않아요.

화면에 보이는 셀만 저장하면 새로운 파일을 만들 수 있어요. 하지만 아직도 우리에게 필요하지 않은 데이터가 보이네요. 이 데이터는 엔트리로 파일을 불러온 후에 삭제하도록 해요.

[파일명]: (11장) 서울시 주민등록인구 통계 (4) 화면에 보이는 셀만 저장.xlsx

	A	B	C	D	E	F	G	H
1	자치구	동	구분	계	0~4세	5~9세	10~14세	15~19세
2	종로구	소계	계	153,684	2,777	4,358	5,091	5,680
3	중구	소계	계	131,450	3,020	3,546	3,283	3,712
4	용산구	소계	계	236,518	6,113	7,554	7,587	8,228
5	성동구	소계	계	291,609	9,126	9,981	9,049	10,202
6	광진구	소계	계	353,110	7,443	10,623	12,025	13,188
7	동대문구	소계	계	352,592	8,632	10,924	10,993	12,548
8	중랑구	소계	계	393,600	9,649	11,962	12,107	13,382

[그림 11-25] 필터를 적용하여 새로운 문서 만들기

구구박사의 데이터 과학 지식 더하기

다른 이름으로 저장하기

1. 파일 메뉴 선택하기

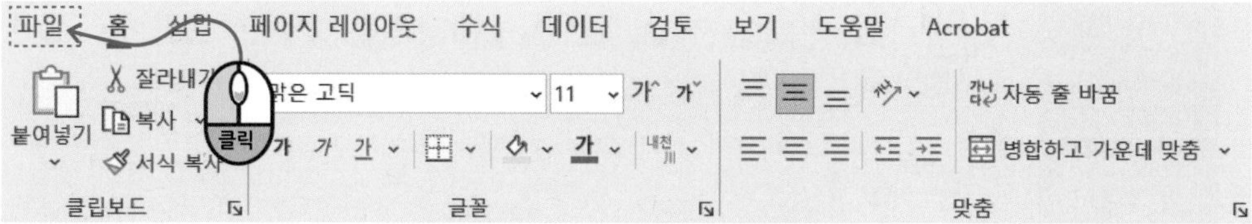

[그림 11-26] 파일 메뉴 선택하기

2. 다른 이름으로 저장 버튼을 누르고, 원하는 형식을 선택하기

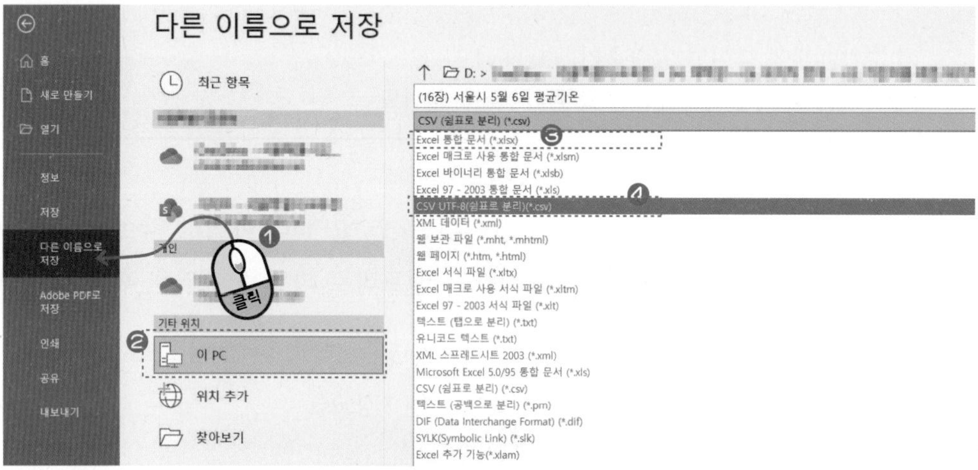

[그림 11-27] 다른 이름으로 저장하기

4 데이터 시각화하기

(1) 데이터, 엔트리로 불러오자!

우리는 자치구별 인구를 비교하기 위해 '서울시 자치구별 인구수' 데이터를 수집했어요. '서울시 자치구별 인구수'를 그래프로 확인하기 위해 파일을 엔트리로 불러올게요.

공공데이터를 엔트리에서 활용하기 위해 저장된 파일을 엔트리로 불러오는 것! '10장. 우리 지역 친구들의 평균 키는 얼마일까요?'에서 배웠죠? 데이터를 엔트리로 불러오기 위한 단계를 다시 한번 차근차근 따라 해보세요.

1. 엔트리를 열고 데이터 분석 블록 버튼 누르기
2. 테이블 불러오기 〉 테이블 추가하기 버튼 누르기
3. 파일 올리기 버튼 누르기
4. 파일 선택 버튼을 눌러 불러올 파일 선택하기
5. 추가하기 버튼 누르기

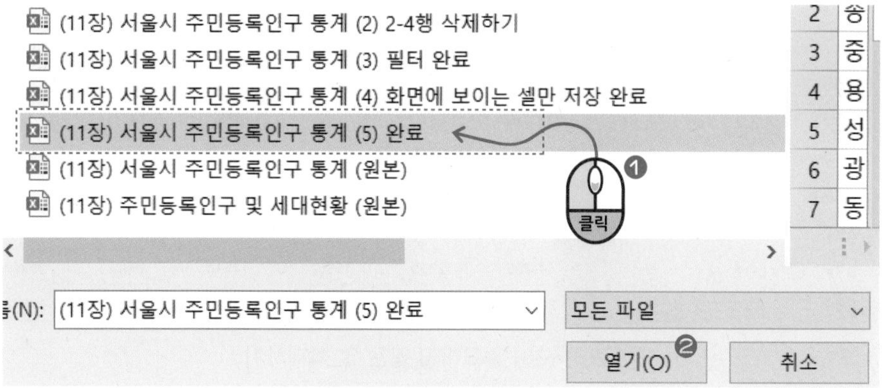

[그림 11-28] 파일 선택하기

다음은 파일을 올리고 추가하기 버튼을 누르면 데이터를 엔트리로 불러올 수 있어요.

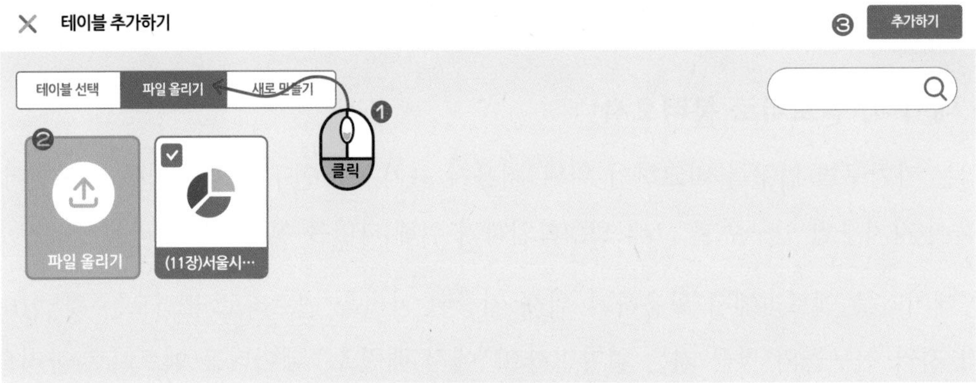

[그림 11-29] 데이터 불러오기

마지막으로 데이터를 확인해보세요. 아직 필요하지 않은 데이터가 있어요. 바로 B열(동)과 C열(구분)이에요. 열 삭제 버튼을 눌러 필요하지 않은 열을 삭제해주세요.

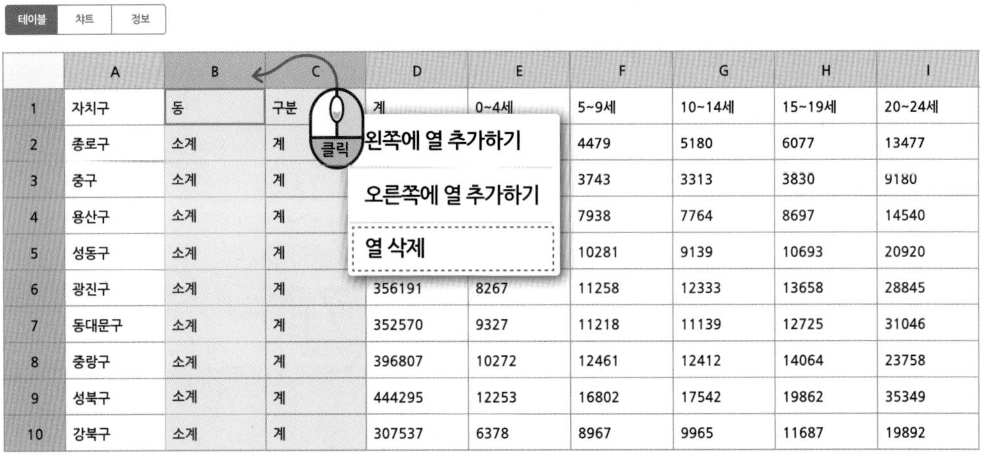

	A	B	C	D	E	F	G	H	I
1	자치구	동	구분	계	0~4세	5~9세	10~14세	15~19세	20~24세
2	종로구	소계	계			4479	5180	6077	13477
3	중구	소계	계			3743	3313	3830	9180
4	용산구	소계	계			7938	7764	8697	14540
5	성동구	소계	계			10281	9139	10693	20920
6	광진구	소계	계	356191	8267	11258	12333	13658	28845
7	동대문구	소계	계	352570	9327	11218	11139	12725	31046
8	중랑구	소계	계	396807	10272	12461	12412	14064	23758
9	성북구	소계	계	444295	12253	16802	17542	19862	35349
10	강북구	소계	계	307537	6378	8967	9965	11687	19892

[그림 11-30] 필요하지 않은 열 삭제하기

[파일명]: (11장) 서울시 주민등록인구 통계 (5) 완료.xlsx

	A	C	D	E	F	G	H	I	J
1	자치구	계	0~4세	5~9세	10~14세	15~19세	20~24세	25~29세	30~34세
2	종로구	156567	3074	4479	5180	6077	13477	14463	10896
3	중구	133708	3337	3743	3313	3830	9180	12306	11015
4	용산구	243336	6653	7938	7764	8697	14540	21419	21283
5	성동구	298421	9899	10281	9139	10693	20920	26457	24162
6	광진구	356191	8267	11258	12333	13658	28845	38576	30383
7	동대문구	352570	9327	11218	11139	12725	31046	33605	25754
8	중랑구	396807	10272	12461	12412	14064	23758	33290	29458
9	성북구	444295	12253	16802	17542	19862	35349	36365	29196
10	강북구	307537	6378	8967	9965	11687	19892	23589	18836

[그림 11-31] 서울시 주민등록인구 통계 데이터 테이블 일부

(2) 데이터, 어떤 그래프로 표현할까?

'서울시 주민등록인구 통계' 데이터를 한눈에 보기 쉽게 표현할 수 있는 그래프는 어떤 것일까요?

자치구별 인구수 크기를 한눈에 비교하기 위해서는 원그래프가 효과적이에요. 원그래프는 어떤 데이터의 비율을 보기 쉽게 표현할 수 있어요. 여기서는 전체(서울특별시 인구) 중 자치구별 인구가 차지하는 비율을 비교할 수 있어요.

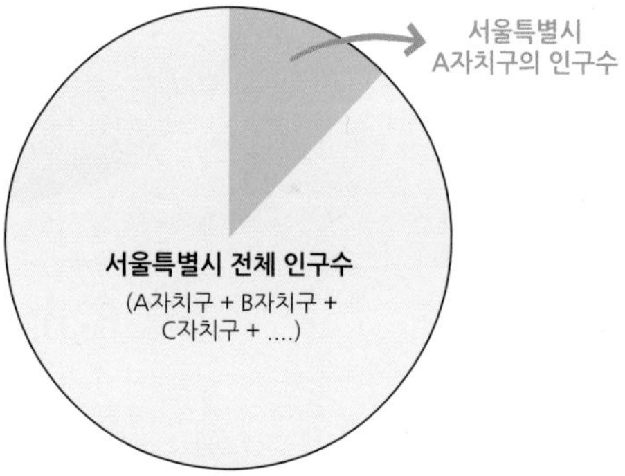

[그림 11-32] 서울특별시 A자치구의 인구 비율

3) 데이터, 그래프로 표현하자!

다음 표를 보고 값을 설정해 차트를 만들어보세요!

그래프 종류	원	계열	자치구
차트 이름	서울시 주민등록인구 통계	값	계

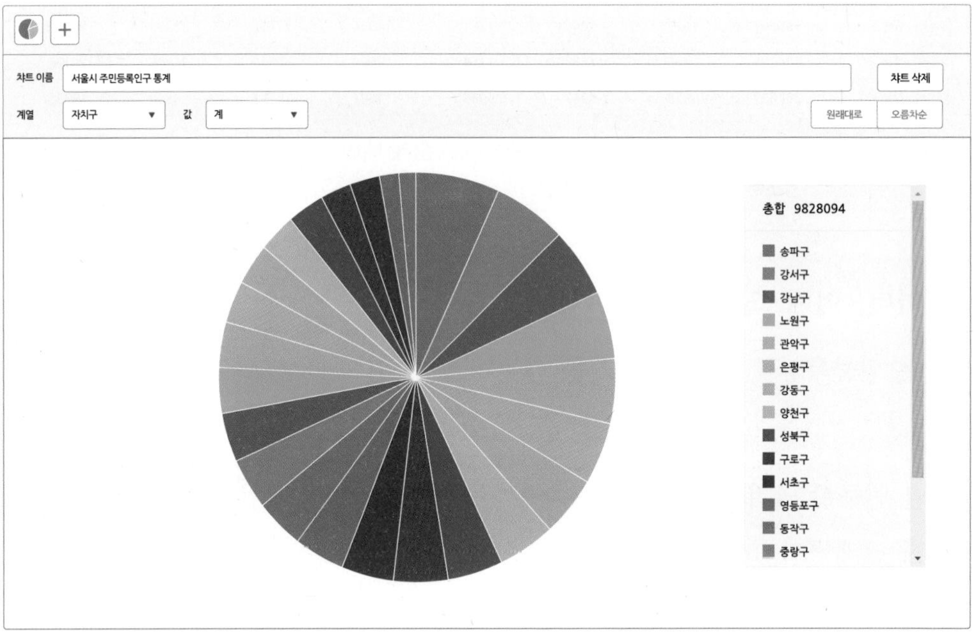

[그림 11-33] 서울시 자치구별 인구 원그래프

5 데이터 분석하기

(1) 데이터로 무엇을 알 수 있을까?

우리는 서울특별시의 자치구별 인구수를 비교하기 위해 **'서울시 주민등록인구 통계'** 데이터를 수집했어요. 그리고 수집한 데이터를 효과적으로 표현할 수 있는 원그래프로 데이터 시각화를 했어요!

원그래프로 시각화한 데이터를 통해 우리가 읽어낼 수 있는 정보는 무엇인가요? 새롭게 알게 된 정보를 정리해보세요.

전체 인구가 가장 많은 자치구	
전체 인구가 두 번째로 많은 자치구	

서울특별시에서 전체 인구수가 가장 많은 자치구는 송파구임을 알 수 있어요. 범례[1]를 통해 전체 인구수가 가장 많은 자치구부터 가장 적은 자치구까지를 확인할 수 있어요.

그중에서도 10대들이 정말 많이 사는 것 같아.

그렇다면 정은이의 말은 어떻게 확인할 수 있을까요? 우리 자치구와 다른 자치구의 10대 인구수를 비교하는 방법이 있을까요?

맞아요. 나이대별 주민등록인구수를 비교하면 돼요. 데이터를 시각화할 때 값을 '계'가 아니라 알고 싶은 나이로 선택하면 돼요.

1) 그래프의 빈 공간에 표시되는 각 계열의 이름을 의미해요.

10~14세 학생들이 가장 많이 살고 있는 자치구를 알고 싶다면 값을 어떻게 바꿀까요? 맞아요, '10~14세'를 선택하면 되어요.

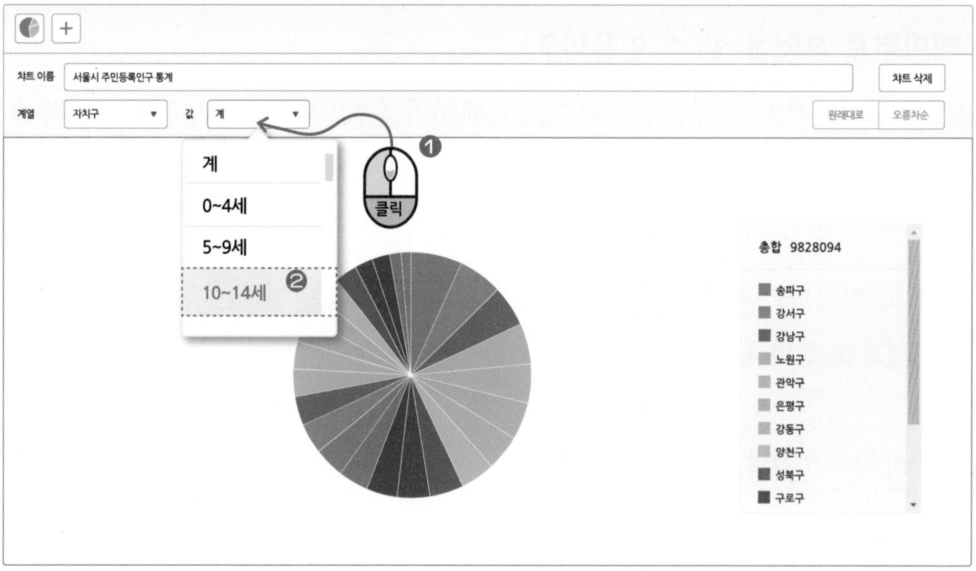

[그림 11-34] 값 바꾸기

값을 '10~14세'와 '20~24세'로 바꾼 자치구별 인구수 원그래프는 [그림 11-35], [그림 11-36]에 있어요. 그래프를 살펴보면 연령별로 인구수가 많은 자치구가 다르다는 사실을 알 수 있어요. 그래프를 자세히 살펴보고 데이터를 분석해보세요.

10~14세가 가장 많은 자치구	
20~24세가 가장 많은 자치구	

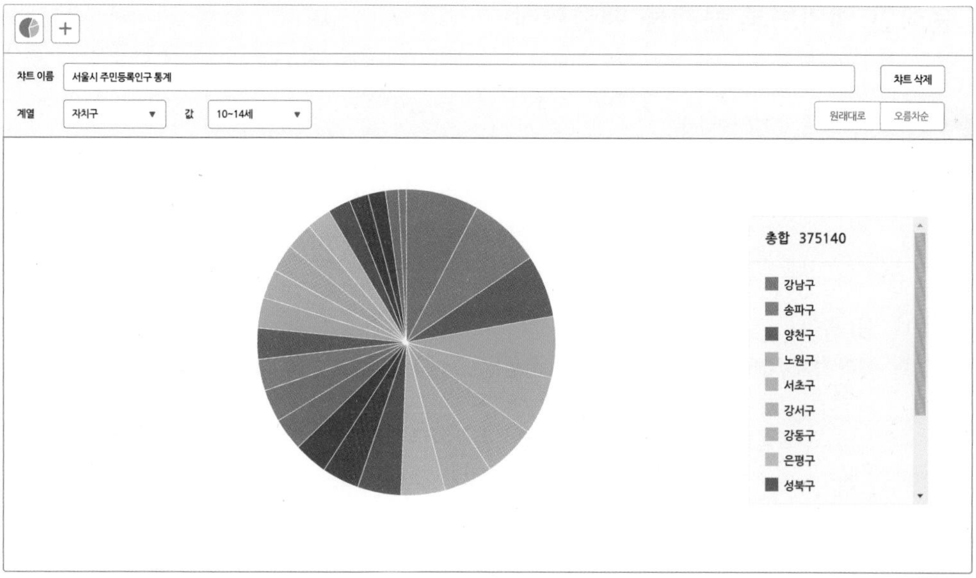

[그림 11-35] 값을 10~14세로 바꾼 그래프

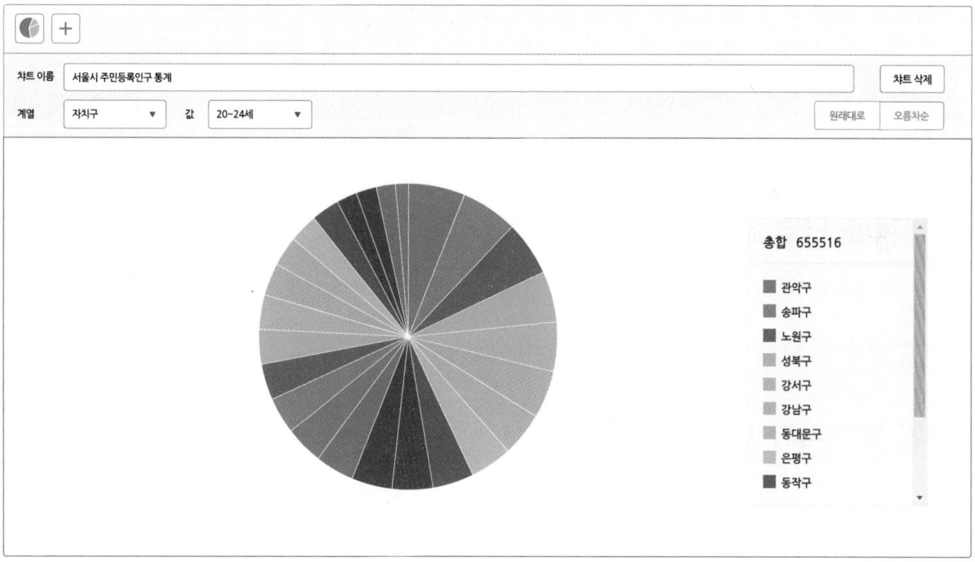

[그림 11-36] 값을 20~24세로 바꾼 그래프

(2) 분석한 데이터로 문제를 해결하자

데이터를 분석해보니까
내가 사는 자치구는 서울특별시에서 8번째로 사람이 많이 살아.

그렇다면 지금 정은이 네가 살고 있는 자치구는(　　　　)구 맞지?

응! 맞아.
우리 자치구에 사는 10~14세 사이의 학생들은 서울특별시에서 (1 / 2 / 3)번째로 많아.

정말 네 말대로 우리 자치구에는 우리와 나이가 비슷한 친구들이 많이 살고 있어!
이렇게 자치구별 인구수를 쉽게 알 수 있다니!

이 데이터를 활용해서 자치구를 입력하면 인구수를 알려주는 프로그램을 만들어볼래?

6 문제 해결

(1) 데이터를 어떻게 활용할까?

우리가 분석한 데이터를 활용하여 자치구를 입력하면 입력한 자치구의 인구수를 알려주는 엔트리 프로그램을 만들어보는 건 어떨까요?

(2) 어떤 데이터가 필요할까?

앞서 분석하였던 '서울시 주민등록인구 통계'의 데이터 테이블과 시각화한 그래프를 저장한 후 이어서 프로그램을 만들어볼게요.

(3) 데이터를 활용한 프로그램을 만들어보자!

❶ [장면 1] 완성 장면 확인하고 오브젝트 추가하기

[그림 11-37] 장면1 완성 모습

❷ [장면 1] 오브젝트에 추가 작업하기

'네모 스티커'를 추가하면 다른 모양들이 함께 추가돼요. 이 중에서 '옆을 보는 네모 스티커', '수줍 네모 스티커'만 남기고 나머지는 ×를 눌러 삭제해주세요. 그리고 채우기 색상을 눌러 네모 스티커 오브젝트의 배경을 투명한 색으로 바꿔요.

[그림 11-38] 네모 스티커

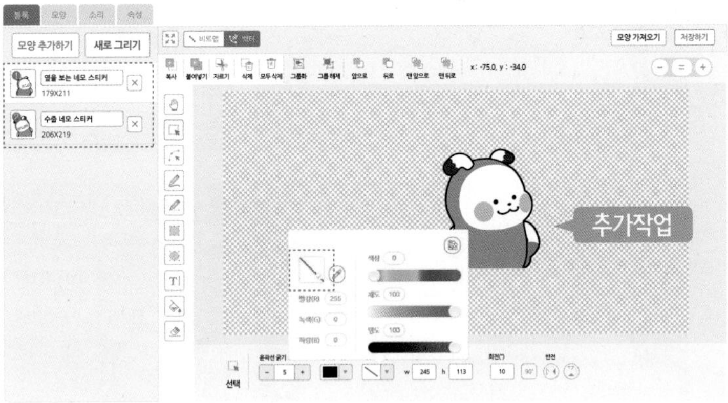

[그림 11-39] '네모 스티커'의 모양 바꾸기

파일 올리기를 눌러 '서울 지도.png' 오브젝트를 추가해요.

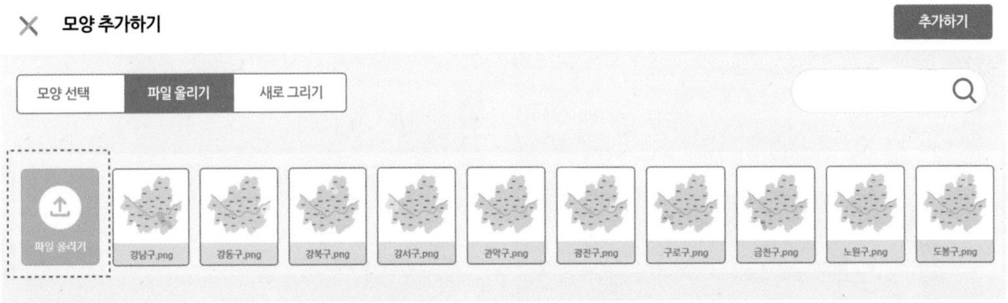

[그림 11-40] 모양 추가하기

모양 추가하기를 눌러 25개의 자치구 모양을 추가하고 저장해요.(한 번에 10개씩 추가할 수 있어요.)

[그림 11-41] '서울 지도.png'

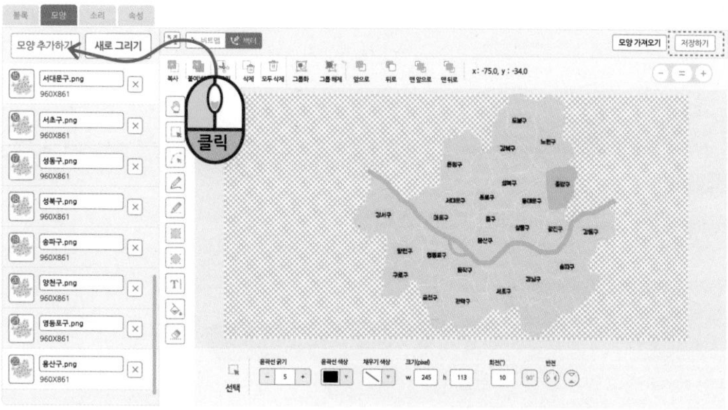

[그림 11-42] '서울 지도.png'에 모양 추가하기

❸ [장면 1]에 변수와 신호 추가하기

[그림 11-43] 변수 추가하기

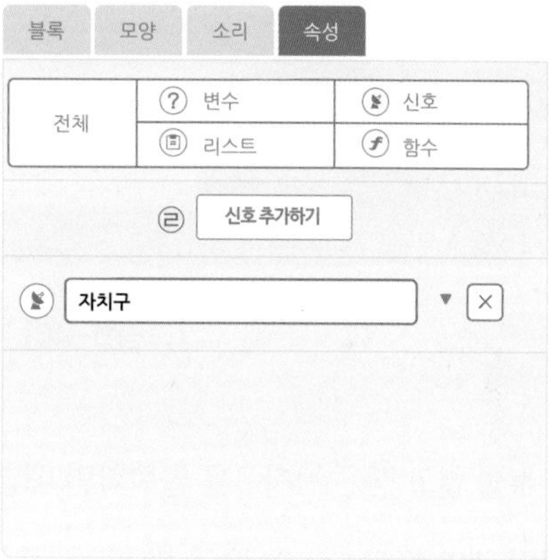

[그림 11-44] 신호 추가하기

㉠ 변수 '인구수', '행 개수', '자치구'를 추가하고 '모든 오브젝트에 사용', '일반 변수로 사용'으로 설정해주세요.

㉡ 3가지 변수의 기본값을 0으로 설정해주세요.

㉢ 변수 '행 개수'의 눈동자 아이콘을 꺼주세요.

㉣ 신호 '자치구'를 추가해주세요.

❹ [장면 1]의 오브젝트별 코드

[그림 11-45] 네모 스티커

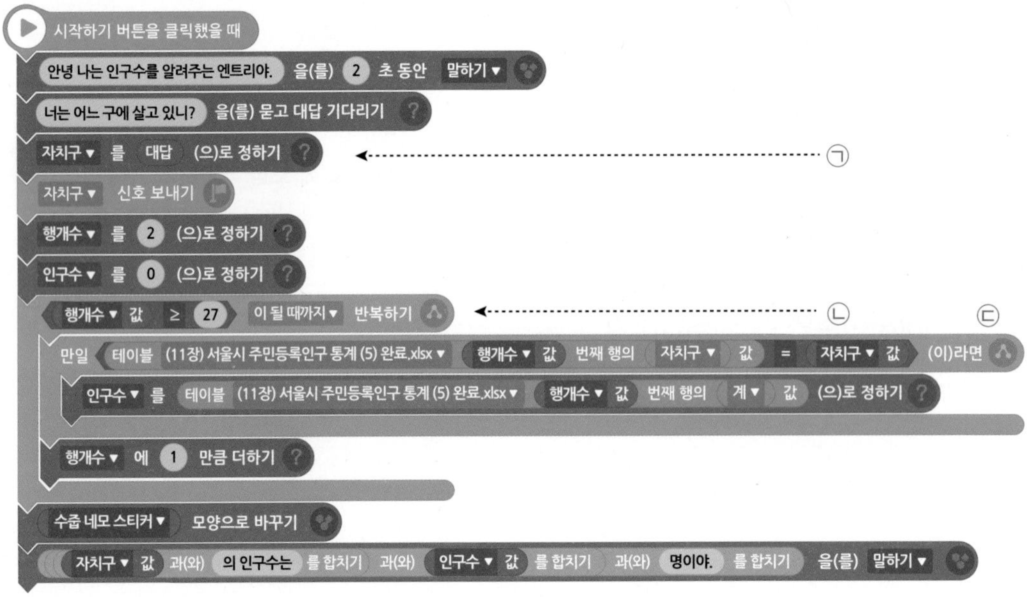

[그림11-46] '네모 스티커'의 코드

㉠ 인구수를 알고 싶은 자치구를 입력하면 대답을 변수 '자치구'에 저장해요.

㉡ 데이터 테이블에는 총 26개의 행이 있으므로, 행 개수의 값이 27이 될 때까지 아래의 코드를 반복해요.

㉢ 데이터의 *번째 행의 자치구 값이 입력한 변수 '자치구'와 같으면 '계' 속성값을 변수 '인구수'에 저장하여 출력해요.

[그림 11-47] '서울 지도.png'

[그림 11-48] '서울 지도.png'의 코드

*서울특별시의 지도 모양 사진은 참고파일에서 확인해주세요.(사진 출처: 어반브러시)
https://www.urbanbrush.net/downloads/%EC%84%9C%EC%9A%B8%EC%A7%80%EB%8F%84%84-%EC%BB%AC%EB%9F%AC-%EC%9D%BC%EB%9F%AC%EC%8A%A4%ED%8A%B8-ai-%EB%8B%A4%EC%9A%B4%EB%A1%9C%EB%93%9C-download-seoul-color-map-vector

구구박사의 데이터 과학 지식 더하기

글씨가 이상해요!

데이터셋에서 내려받은 파일을 엔트리로 옮기는 경우 종종 한글이 이상한 문자로 보이는 경우가 있어요. 이는 인코딩이 잘못되었기 때문이에요.

테이블 | 차트 | 정보

	A	B	C	D	E	F	G	H	I
1	�(	��¢	����	�(��	��	�(��¢�	��£	�(��¢�	�¢��£

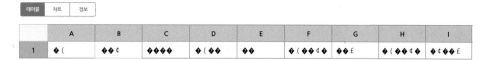

[그림 11-49] 잘못된 인코딩

인코딩이란 사람이 만든 데이터를 약속된 규칙에 따라 컴퓨터가 사용하는 언어로 바꾸는 과정을 말해요. 엑셀 프로그램에서 파일을 저장할 때 파일 형식을 선택할 수 있던 것 기억하나요? csv 파일은 두 가지 파일 형식으로 저장할 수 있어요. 'csv UTF-8'과 '일반 csv'예요. 엔트리가 한글을 인식하기 위해서는 csv UTF-8 파일(* .csv)이나 Excel 통합문서(* .xlsx)로 저장해야 해요.

7 추가미션

구구 박사의 추가 미션

다른 행정구역의 공공데이터포털에서 인구 데이터를 수집하고 그래프로 표현해보세요.

12장 모기는 몇 월에 가장 많이 보일까요?

왱– 소리와 함께 자다가 깬 경험이 있나요? 한여름 밤 우리를 힘들게 하는 것 중 하나인 모기! 도대체 모기는 몇 월부터 많이 보이기 시작할까요?

데이터를 통해 월별 모기지수를 비교하고 모기가 몇 월에 가장 많이 보이는지 알아보도록 해요.

이번 장에서는 무엇을 배울까요?

- 스프레드시트 프로그램을 활용하여 데이터를 시간, 날짜에 따라 정렬할 수 있어요.
- 선 그래프로 모기지수의 변화를 표현할 수 있어요.
- 월별 모기지수에 따라 모기의 개체 수가 증가하는 게임을 제작할 수 있어요.

1 문제 인식

하은아,
나 어제도 자다가 세 번이나 깼어. 드디어 모기와의 전쟁이 시작되었어.

어머! 세상에! 다크서클 좀 봐! 근데 벌써 모기가 나오기 시작했단 말이야?
작년보다 더 빨라진 것 같은데?

더워지기 시작하니까 모기가 많아지는 것 같아.
이상하게 여름에 모기가 더 많은 것 같지 않아?

그러게. 가끔 겨울에도 보이기는 하는데 8월에는 모기가 1월보다 열 배는 많은 것 같아.
모기는 도대체 언제 활동하기 시작하는 걸까?

데이터로 확인할 방법은 없을까?

● 문제 해결 계획하기

(1) 우리가 해결해야 하는 문제는 무엇인가요?

해결할 문제	

(2) 문제 해결을 위해 어떤 데이터가 필요할까요?

필요한 데이터	

2 데이터 수집하기

(1) 데이터, 어디서 구할까?

모기가 활동하는 시기와 관련된 데이터는 어디서 찾을 수 있을까요? **'서울열린데이터광장'**에서 모기와 관련된 데이터를 제공하고 있어요. 이번 장에서는 데이터를 활용하여 월별 모기지수의 변화를 확인해볼 거예요.

서울열린데이터광장: https://data.seoul.go.kr/

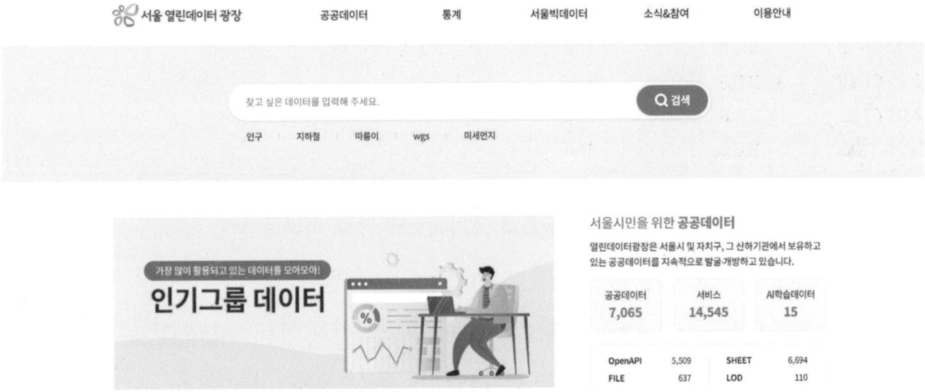

[그림 12-1] 서울열린데이터광장

찾고 싶은 데이터에 '모기예보제'를 검색해보세요. 우리는 '서울시 모기예보제 정보' 데이터를 활용할 거예요. 자료를 클릭하면 모기지수에 대한 설명과 함께 데이터를 미리 확인할 수 있어요.

[그림 12-2] 서울시 모기예보제 정보

내려받기(CSV) 버튼을 눌러 데이터를 내려받고 스프레드시트 프로그램으로 열어보세요.

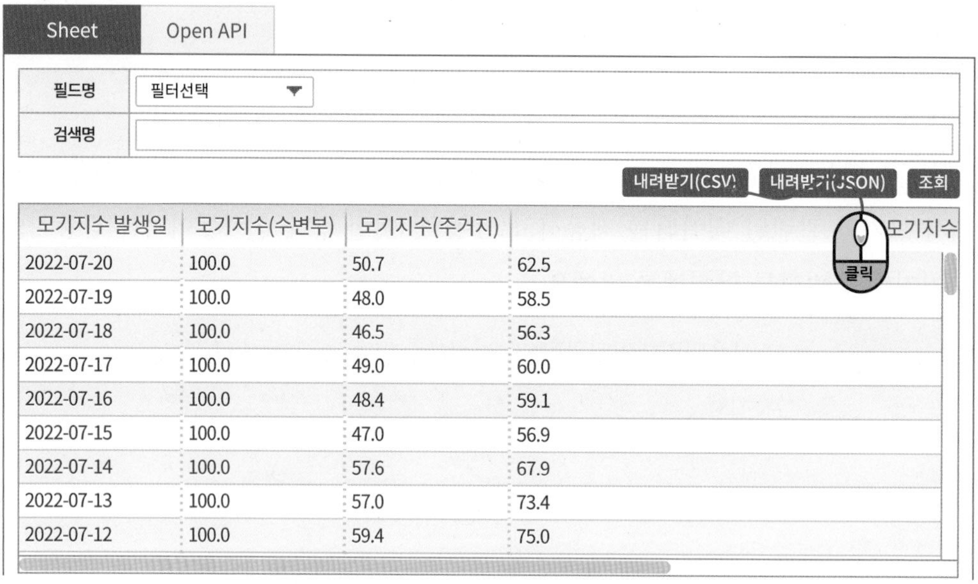

Sheet | Open API

필드명: 필터선택

검색명:

내려받기(CSV) 내려받기(JSON) 조회

클릭

모기지수 발생일	모기지수(수변부)	모기지수(주거지)	모기지수
2022-07-20	100.0	50.7	62.5
2022-07-19	100.0	48.0	58.5
2022-07-18	100.0	46.5	56.3
2022-07-17	100.0	49.0	60.0
2022-07-16	100.0	48.4	59.1
2022-07-15	100.0	47.0	56.9
2022-07-14	100.0	57.6	67.9
2022-07-13	100.0	57.0	73.4
2022-07-12	100.0	59.4	75.0

[그림 12-3] 서울시 모기예보제 정보 미리보기

내려받은 파일을 열면 [그림 12-4]와 같이 모기지수 발생일이 ####로 표시되어 있어요. 이는 A열의 너비가 데이터를 표시하기에 너무 좁다는 것을 의미해요. 이런 경우, A열의 오른쪽 선(빨간색 표시)을 선택한 상태로 오른쪽(→)으로 드래그하면 A열의 길이가 늘어나 데이터를 볼 수 있어요.

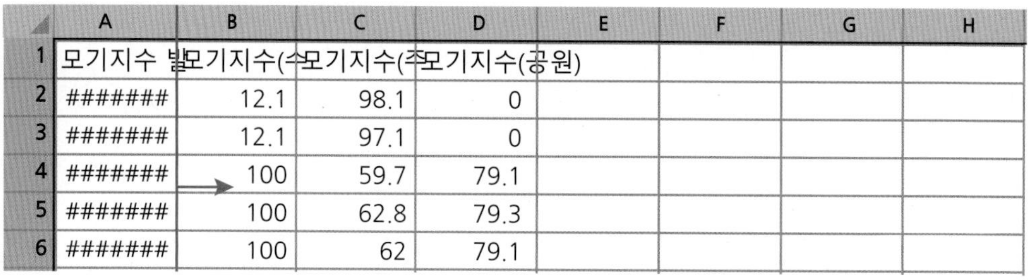

	A	B	C	D	E	F	G	H
1	모기지수 발	모기지수(수	모기지수(주	모기지수(공원)				
2	#######	12.1	98.1	0				
3	#######	12.1	97.1	0				
4	#######	100	59.7	79.1				
5	#######	100	62.8	79.3				
6	#######	100	62	79.1				

[그림 12-4] 내려받은 파일

[파일명]: (12장) 서울시 모기예보제 정보 (원본).csv

	A	B	C	D
1	모기지수 발생일	모기지수(수변부)	모기지수(주거지)	모기지수(공원)
2	2021-07-19	12.1	98.1	0
3	2021-07-18	12.1	97.1	0
4	2021-07-17	100	59.7	79.1
5	2021-07-16	100	62.8	79.3
6	2021-07-15	100	62	79.1
7	2021-07-14	100	58.5	71.3

[그림 12-5] (12장) 서울시 모기예보제 정보 (원본)

테이블을 살펴보니 열(속성)에는 '모기지수 발생일', '모기지수(수변부)[1]', '모기지수(주거지)', '모기지수(공원)' 데이터가 입력되어 있어요. 행에는 날짜별 모기지수가 차례로 입력되어 있어요.

구구박사의 데이터 과학 지식 더하기

모기지수란?

모기지수란 모기 발생 상황을 숫자로 나타낸 것을 의미해요. 서울시에서는 이를 수치화하여 모기 발생 단계별 시민행동요령을 제시하고 있어요. 용인시[2]에서는 '우리 동네 모기예보제'로 주민들에게 동네의 모기지수를 안내하고 있어요.

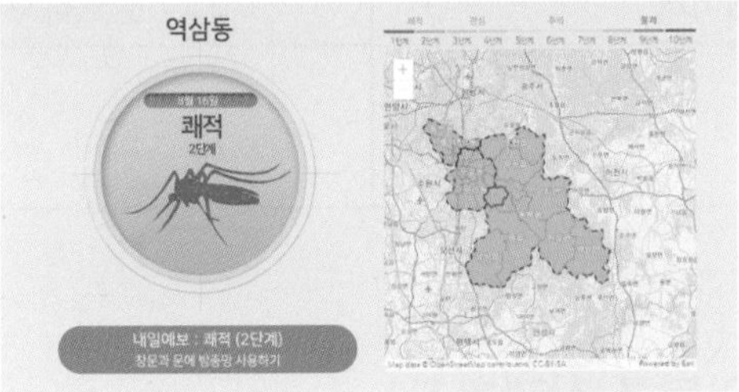

[그림 12-6] 우리 동네 모기예보제

1) 바다나 강처럼 물이 있는 곳 주변을 의미해요.

2) http://u.yongin.go.kr/sub/srv/mos_forcast_1.do

3 데이터 다듬기

(1) 어떤 데이터가 필요할까?

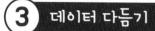

모기가 몇 월부터 활발하게 활동을 시작하는지 알아보기 위해 우리가 수집한 데이터는 무엇인가요?

수집한 데이터	

우리가 수집한 데이터는 **'서울시 모기예보제 정보'**예요. 수집한 데이터에는 모기지수 발생일과 세 종류의 모기지수 데이터가 들어있어요.

세 종류의 모기지수 중에서 우리와 가장 관련이 높은 데이터는 무엇일까요? 맞아요. '모기지수(주거지)'에 대한 데이터가 가장 관련이 높아요. 데이터를 살펴보며 우리에게 필요한 데이터와 필요하지 않은 데이터를 구분해보세요.

필요한 데이터	필요하지 않은 데이터

(2) 필요하지 않은 데이터를 삭제하자!

필요하지 않은 자료들을 삭제해볼까요? 우리에게 필요하지 않은 B열(수변부)과 D열(공원)을 삭제해보세요.

	A	B	C	D
1	모기지수 발생일 ❶	모기지수(수변부)	모기지수(주거지)	모기지수(공원)
2	2021...9	12.1	98.1	0
3	...18	12.1	97.1	0
4	...-07-17	100	59.7	79.1
5	...-07-16	100	62.8	79.3
6	...-07-15	100	62	79.1
7	...-07-14	100	58.5	71.3
8	...-07-13	100	56	70.6
9	...-07-12	100	54.8	67.5
10	...-07-11	100	53.5	69.2
11	2021-07-10	100	54.5	70.2

[그림 12-7] B열과 D열 삭제하기

[파일명]: (12장) 서울시 모기예보제 정보 (1) B열과 D열 삭제하기.csv

	A	B	C	D
1	모기지수 발생일	모기지수(주거지)		
2	2021-07-19	98.1		
3	2021-07-18	97.1		
4	2021-07-17	59.7		
5	2021-07-16	62.8		
6	2021-07-15	62		
7	2021-07-14	58.5		
8	2021-07-13	56		
9	2021-07-12	54.8		
10	2021-07-11	53.5		
11	2021-07-10	54.5		

[그림12-8] B열과 D열 삭제 완료

이번에는 A열의 '모기지수 발생일' 데이터를 정리해볼게요. 모기지수의 변화를 알기 위해서는 1월 1일부터 12월 31일까지의 모기지수를 비교하는 것이 좋아요. 우리는 2020년을 기준으로 모기지수 변화를 살펴보도록 할 거예요.

2020년의 모기지수를 제외한 데이터를 끄고 싶으면 어떻게 하면 될까요? 맞아요. 필터 기능을 사용하면 돼요. A열을 클릭하고 필터를 눌러 2020년의 모기지수만 남겨보세요. 확인 버튼을 눌러야 필터가 적용된다는 것 잊지 마세요!

[그림 12-9] 필터 사용하기

	A	B
1	모기지수 발생일	모기지수(주거지)
217	2020-12-31	15
218	2020-12-30	15
219	2020-12-29	15
220	2020-12-28	15
221	2020-12-27	15
222	2020-12-26	15
223	2020-12-25	15
224	2020-12-24	15
225	2020-12-23	15
226	2020-12-22	15

[그림 12-10] 필터 사용 완료

2020년의 모기지수 데이터만 남았으면 화면에 보이는 셀만 저장하여 새로운 파일을 만들어주세요.

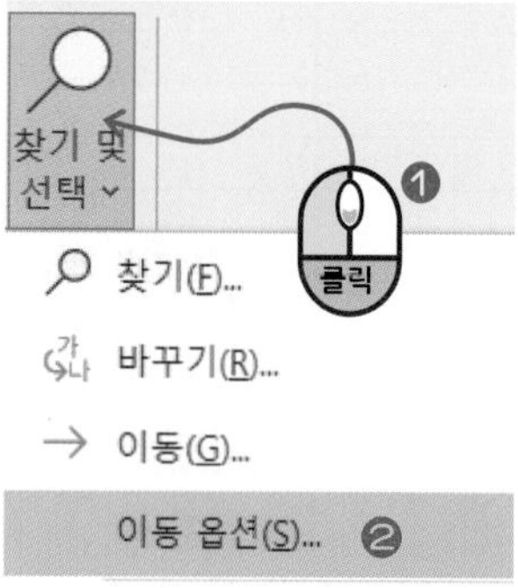

[그림 12-11] 이동 옵션 선택하기

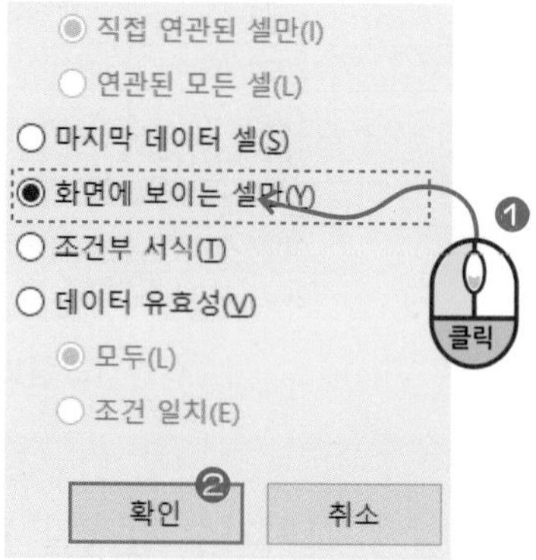

[그림 12-12] 화면에 보이는 셀만 선택하기

2020년의 모기지수만 입력된 새로운 파일이 만들어졌어요. 하지만 한 가지 불편한 점이 보여요. 혹시 여러분도 찾을 수 있나요?

[파일명]: (12장) 서울시 모기예보제 정보 (2) 2020년 필터.csv

	A	B	C	D
1	모기지수 발생일	모기지수(주거지)		
2	2020-12-31	15		
3	2020-12-30	15		
4	2020-12-29	15		
5	2020-12-28	15		
6	2020-12-27	15		
7	2020-12-26	15		
8	2020-12-25	15		
9	2020-12-24	15		
10	2020-12-23	15		
11	2020-12-22	15		

[그림 12-13] 2020년 필터 완료

날짜는 일반적으로 1월 1일부터 시작해요. 하지만 이 데이터의 A열은 12월 31일부터 시작해서 날짜 순서가 반대로 되어있어요.

날짜가 1월 1일부터 시작하도록 정리하는 방법이 없을까요? 정렬 기능을 사용하면 날짜를 1월 1일부터 차례대로 나타낼 수 있어요.

우리가 정렬하고 싶은 데이터는 A열에 모여 있어요. 하지만 A열만 선택하여 정렬하면 B열의 모기지수 데이터는 정렬되지 않고 그대로 남아있게 되어요. 그러면 데이터가 짝이 맞지 않고 섞이고 말아요. 따라서 반드시 전체 행과 열을 선택한 후에 정렬을 시작해주세요.

데이터가 1월 1일부터 시작하기 위해서는 오름차순으로 정렬해야 해요. 데이터를 오름차순으로 정렬하는 방법은 다음 쪽에서 확인할 수 있어요.

	A	B
1	모기지수 발생일	모기지수(주거지)
2	2020-12-31	15
3	2020-12-30	15

[그림 12-14] 정렬 전

	A	B
1	모기지수 발생일	모기지수(주거지)
2	2020-01-01	5.5
3	2020-01-02	5.5

[그림 12-15] 정렬 후

날짜를 정렬하는 방법

1. 정렬하려는 데이터 영역 선택하기(2행을 클릭하고 키보드의 ctrl + shift + ↓ 를 눌러 2행부터 446행까지를 선택해요.)
2. 정렬 및 필터 누르기
3. 원하는 정렬 방법 선택하기

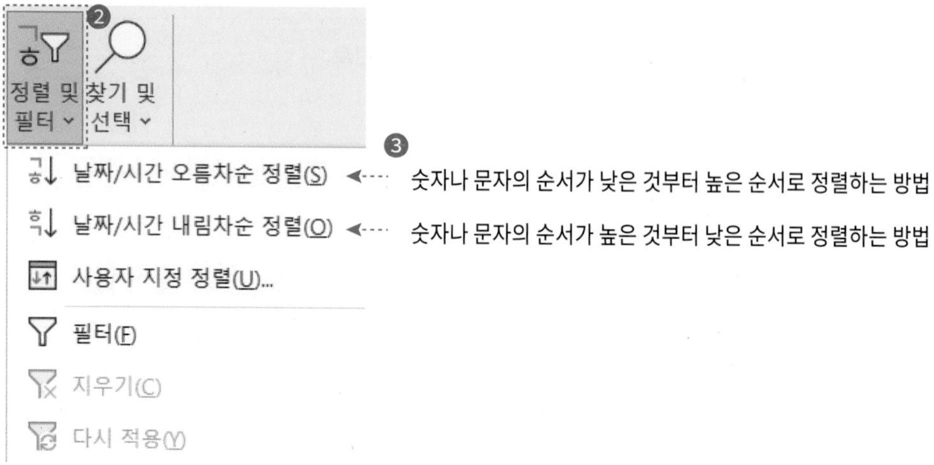

[그림 12-16] 정렬 및 필터

4 데이터 시각화하기

(1) 데이터, 엔트리로 불러오자!

우리는 모기가 활발히 활동을 시작하는 시기를 찾기 위해 **'서울시 모기예보제 정보'** 데이터를 수집했어요. **'서울시 모기예보제 정보'** 데이터를 그래프로 확인해볼까요? 먼저 데이터 분석 블록을 사용하여 파일을 엔트리로 불러오세요.

[파일명]: (12장) 서울시 모기예보제 정보 (3) 오름차순으로 정렬.csv

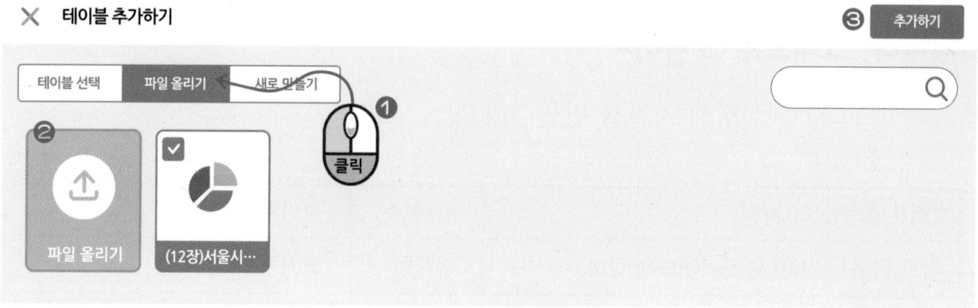

[그림 12-17] 파일 올리기

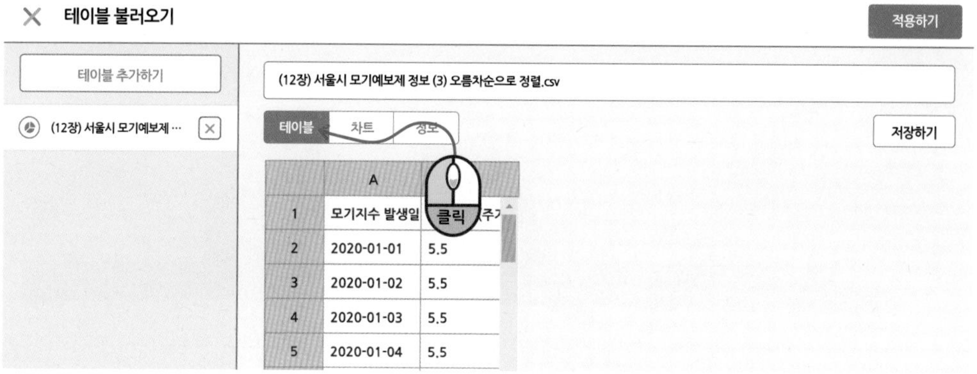

[그림 12-18] 테이블 추가하기

(2) 데이터, 어떤 그래프로 표현할까?

'서울시 모기예보제 정보'의 변화를 한눈에 보기 쉽게 표현할 수 있는 그래프는 어떤 것일까요?

수치의 변화를 확인하기 위해서는 막대그래프나 선 그래프를 사용하면 좋겠죠? 막대그래프가 눈에 잘 들어온다면 막대그래프를 사용하여 표현하고 선 그래프가 데이터를 파악하기 더 좋다면 선 그래프를 사용하면 돼요. 이 책에서는 막대그래프와 선 그래프를 모두 살펴보도록 해요.

(3) 데이터, 그래프로 표현하자!

다음 표를 보고 값을 설정해 차트를 만들어봐요!

그래프 종류	막대/선	가로축	모기지수 발생일
차트 이름	서울시 모기예보제 정보	계열	모기지수(주거지)

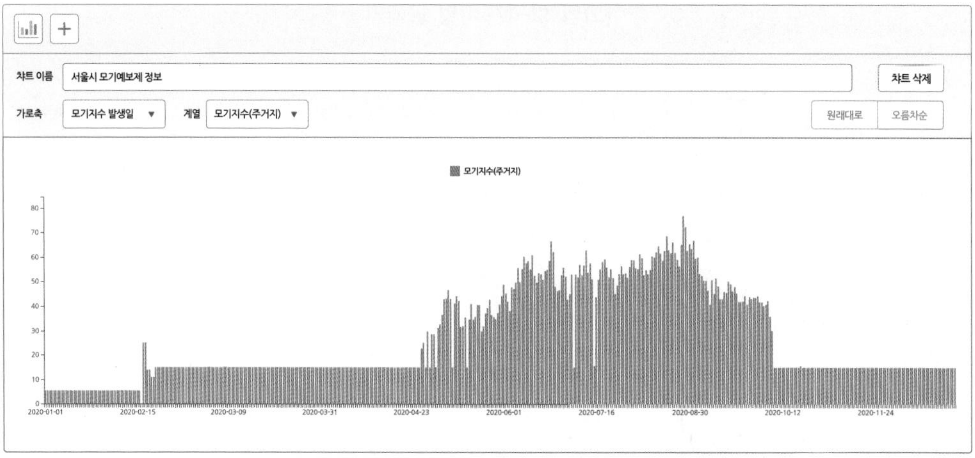

[그림 12-19] 서울시 모기예보제 정보 막대그래프

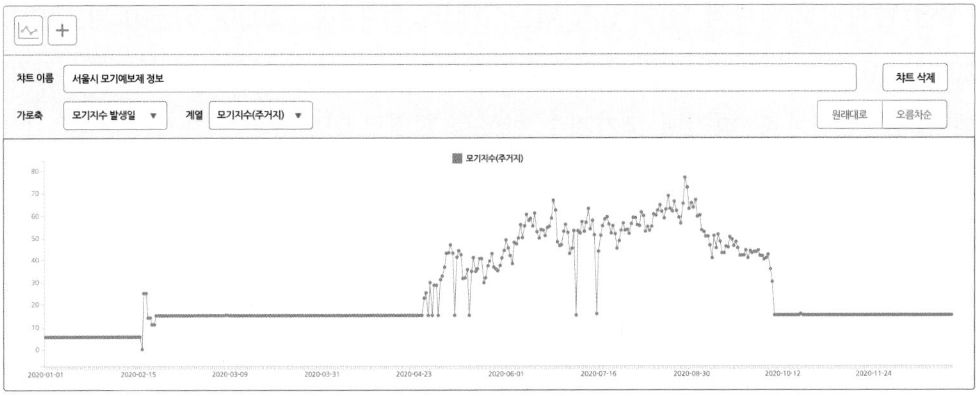

[그림 12-20] 서울시 모기예보제 정보 선 그래프

5 데이터 분석하기

(1) 데이터로 무엇을 알 수 있을까?

우리는 모기지수의 변화를 살펴보기 위해 '서울시 모기예보제 정보' 데이터를 수집했어요. 그리고 수집한 데이터를 효과적으로 표현할 수 있는 그래프로 데이터를 시각화했어요. 확실히 데이터를 그래프로 나타내니 모기지수의 변화를 한눈에 확인할 수 있네요.

모기는 도대체 언제 활동하기 시작하는 걸까?

그렇다면 하은이의 궁금증은 어떻게 해결할 수 있을까요? 4월 23일부터 6월 1일 사이에 모기지수가 급격하게 변하지만, 언제부터인지 정확히 알기 어려워요.

이는 우리가 입력한 데이터가 '2020-01-01'과 같이 1월 1일부터 12월 31일까지의 모기지수를 날짜별로 하나씩 담고 있기 때문이에요. 컴퓨터는 '2020-01-01'의 데이터와 '2020-01-02'의 데이터가 똑같이 1월에 포함된다는 사실을 이해하지 못해요. 각각 다른 데이터로 인식하죠. 따라서 모기지수 변화를 월별로 확인하기 위해서는 1월은 1월끼리, 2월은 2월끼리 데이터를 묶어주어야 해요.

이 책에서는 날짜를 월과 일로 구분한 데이터를 제공하고 있어요. 이 데이터를 사용하여 그래프를 그려볼까요?

[파일명]: (12장) 서울시 모기예보제 정보 (4) 완료.csv

	A	B	C	D	E
1	월	일	모기지수(주거지)		
2	1	1	5.5		
3	1	2	5.5		
4	1	3	5.5		
5	1	4	5.5		
6	1	5	5.5		

[그림 12-21] (12장) 서울시 모기예보제 정보 데이터 일부

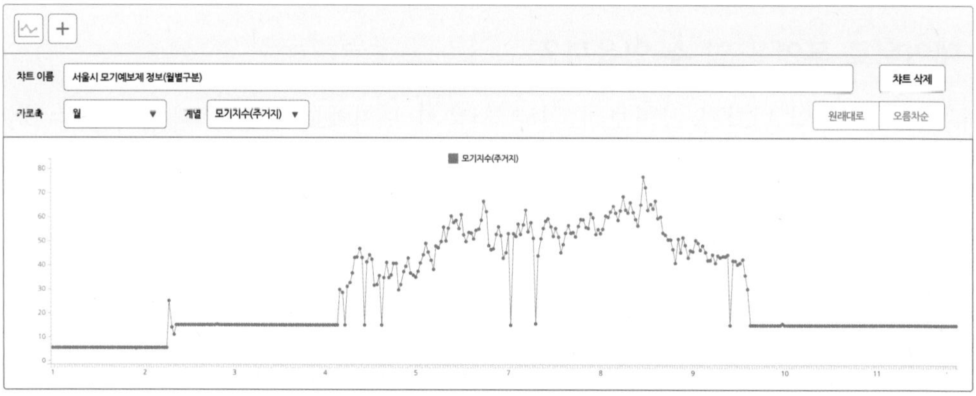

[그림 12-22] 서울시 모기예보제 정보 선 그래프

월별 모기지수 변화를 [그림 12-22]와 같이 선 그래프로 표현했어요. 그래프를 보면 몇 월부터 모기지수가 높아지고 다시 낮아지는지 알 수 있어요. 선 그래프로 시각화한 데이

터를 통해 우리가 읽어낼 수 있는 정보는 무엇인가요? 새롭게 알게 된 정보를 정리하고 주어진 질문 외에도 여러분이 질문을 만들고 답해보세요.

모기지수가 급격하게 증가하기 시작하는 시기	
모기지수가 가장 높은 시기	

그러게.
가끔 겨울에도 보이기는 하는데 8월에는 모기가 1월 보다 열 배는 많은 것 같아.

하은이는 8월에 활동하는 모기가 1월보다 10배 정도 많은 것 같다고 예상해요. 이것을 어떻게 데이터로 확인할 수 있을까요? 8월 모기지수의 평균과 1월 모기지수의 평균을 구하고 두 값을 비교하면 어떨까요?

[그림 12-23]은 8월 모기지수의 평균을 구하는 방법을 보여주고 있어요. 1월 모기지수의 평균 역시 8월 모기지수의 평균을 구하는 방법과 같은 방법으로 계산해요.

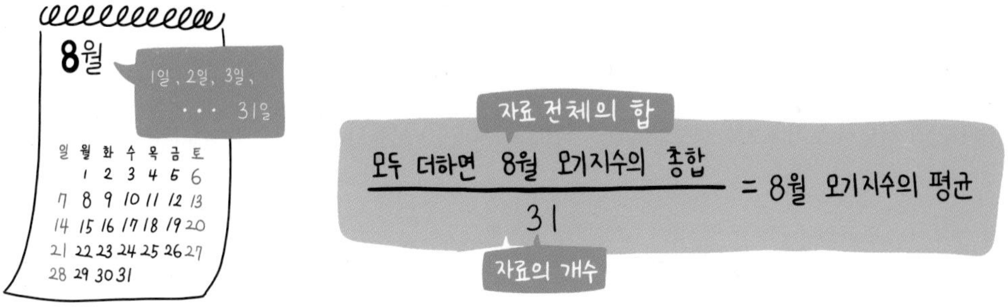

[그림 12-23] 모기지수의 평균 구하기

우리가 12장에서 사용하는 '서울시 모기예보제 정보' 데이터는 모기지수가 높은 5.1~10.31 기간에만 측정되어요. 따라서, 다른 기간에 해당하는 데이터는 정확한 값이 아니에요. 하지만, 이 책에서는 전체적인 데이터 과학의 과정을 경험하기 위해 데이터를 분석에 그대로 사용하도록 해요.

구구박사의 데이터 과학 지식 더하기

평균이란?

평균은 자료 전체의 합을 자료의 개수로 나누어 계산해요. 자료가 많아 전체적인 파악이 어려운 경우 평균은 자료를 대표하는 값으로 사용되어요.

$$\text{평균} = \frac{\text{자료 전체의 합}}{\text{자료의 개수}} = \frac{5+3}{2} = 4$$

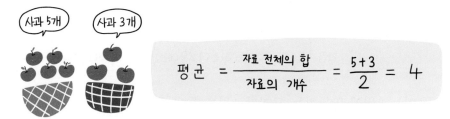

[그림 12-24] 평균을 구하는 방법

엔트리에서 쉽게 평균을 구하는 방법이 없을까요? 월별 모기지수 데이터를 엔트리로 불러오면 쉽게 평균을 구할 수 있어요. 먼저 1월과 8월의 모기지수를 엔트리로 불러오도록 해요.

[파일명]: (12장) 서울시 모기예보제 정보(2020년_1월).csv, (12장) 서울시 모기예보제 정보(2020년_8월).csv

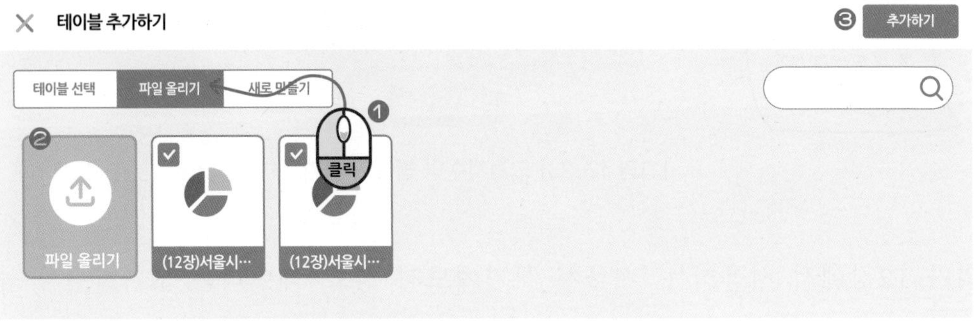

[그림 12-25] 1월, 8월 데이터 불러오기

왼쪽 하늘색 창에 우리가 불러온 두 가지 데이터가 추가되었어요. 지금 우리는 테이블 메뉴에 있어요. 정보 메뉴를 눌러 정보를 확인해볼게요.

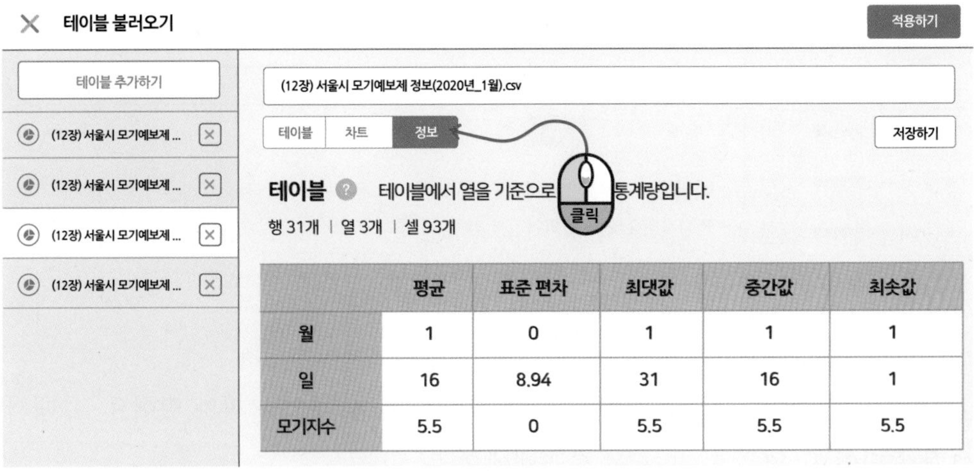

	평균	표준 편차	최댓값	중간값	최솟값
월	1	0	1	1	1
일	16	8.94	31	16	1
모기지수	5.5	0	5.5	5.5	5.5

[그림 12-26] 정보 메뉴 누르기

테이블 테이블에서 열을 기준으로 한 기초 통계량입니다.

행 31개 | 열 3개 | 셀 93개

	평균	표준 편차	최댓값	중간값	최솟값
월	1	0	1	1	1
일	16	8.94	31	16	1
모기지수	5.5	0	5.5	5.5	5.5

[그림 12-27] 1월의 정보 확인하기

테이블 테이블에서 열을 기준으로 한 기초 통계량입니다.

행 31개 | 열 3개 | 셀 93개

	평균	표준 편차	최댓값	중간값	최솟값
월	8	0	8	8	8
일	16	8.94	31	16	1
모기지수	61.07	5.29	76.8	61.3	52.7

[그림 12-28] 8월의 정보 확인하기

정보에서는 데이터에 관한 정보를 확인할 수 있어요. 2020년 1월 데이터의 정보를 자세히 살펴볼까요? 2020년 1월 csv 파일에는 행이 31개, 열이 3개 있어요.

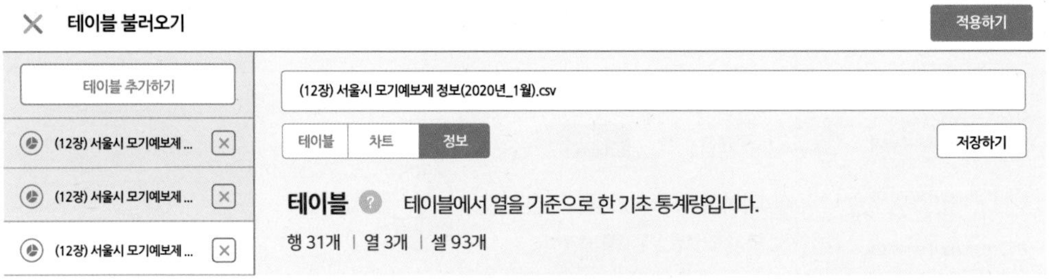

[그림 12-29] 1월 테이블 모양

테이블을 확인해볼까요? 1월은 1일부터 31일까지, 총 31개의 날짜가 있어요. 그래서 행이 31개가 되어요. 열은 A, B, C로 총 3개예요.

각각 '월', '일', '모기지수' 데이터를 포함하고 있어요. 셀은 31×3 = 93, 총 93개네요!

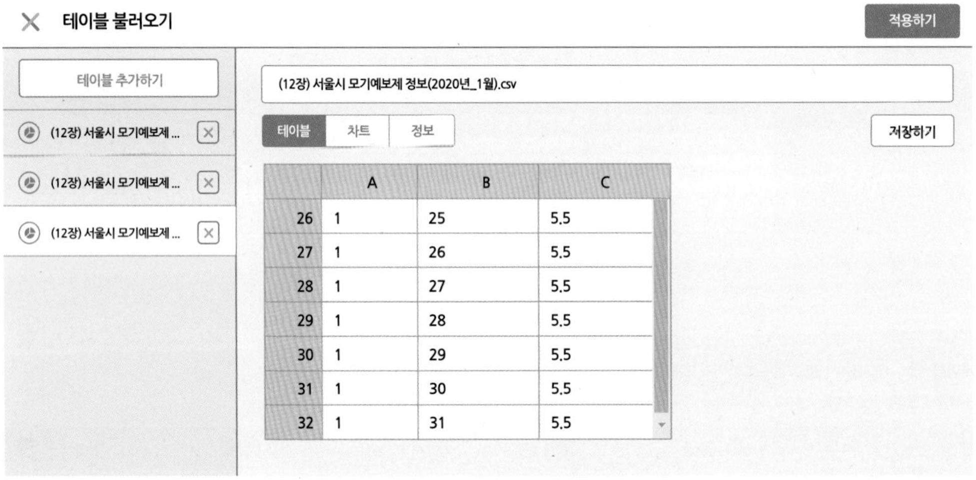

[그림 12-30] 테이블 확인하기

정보에서는 테이블의 모양 외에도 다른 정보들을 담고 있어요. 특히, 속성값들의 평균, 표준편차[1], 최댓값, 중간값[2], 최솟값을 계산해서 알려줘요. 1월 모기지수의 평균이 5.5인 것을 확인할 수 있어요.

	평균	표준 편차	최댓값	중간값	최솟값
월	1	0	1	1	1
일	16	8.94	31	16	1
모기지수	5.5	0	5.5	5.5	5.5

[그림 12-31] 2020년 1월.csv 파일의 정보

그렇다면 8월 모기지수의 평균은 얼마일까요?

	평균	표준 편차	최댓값	중간값	최솟값
월	8	0	8	8	8
일	16	8.94	31	16	1
모기지수	61.07	5.29	76.8	61.3	52.7

[그림 12-32] 2020년 8월.csv 파일의 정보

8월의 모기지수 평균은 61.07이네요. 1월과 8월 모기지수의 평균값이 약 12배 정도 차이가 나요.

아무래도 더워지기 시작해서 모기가 많아지는 것 같아.
이상하게 여름에 모기가 더 많은 것 같지 않아?

우리는 앞서 데이터를 분석하여 겨울보다는 여름에 모기지수가 훨씬 높다는 사실을 확인할 수 있었어요. 그렇다면 정말 정은이의 말처럼 '더워지기 시작해서' 모기지수가 높아

1) 값들이 평균에서 떨어져 있는 정도를 의미해요.

2) 값들을 크기의 순서대로 정리했을 때 가장 중간에 위치하는 값을 의미해요.

지는 것일까요? 이를 확인하기 위해서는 어떤 데이터가 필요할까요?

이 책에서는 여러분을 위해 두 개의 데이터를 더 준비했어요. 2020년의 평균기온과 일교차 데이터예요. 데이터를 시각화한 그래프를 살펴보고 이를 모기지수 그래프와 비교해보세요. 두 데이터 중 무엇이 모기지수에 영향을 줄 수 있을지 예상해보세요.

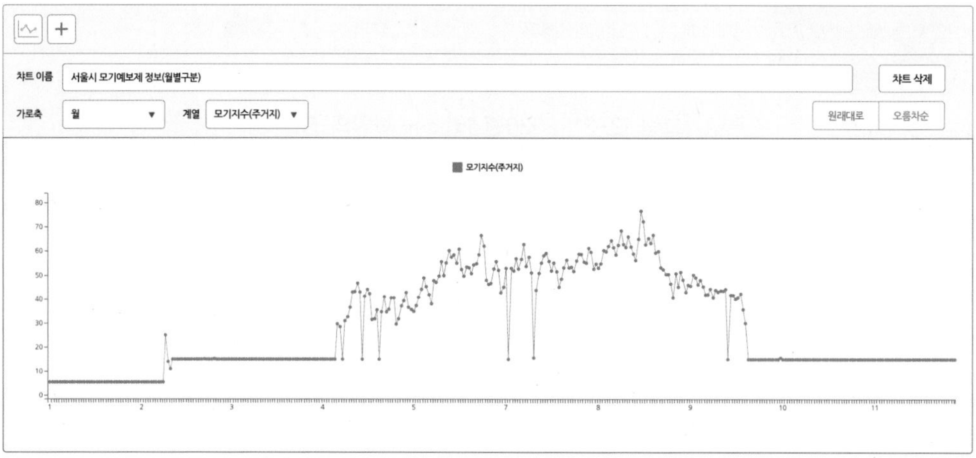

[그림 12-33] 서울시 모기예보제 정보(월별 구분) 선 그래프

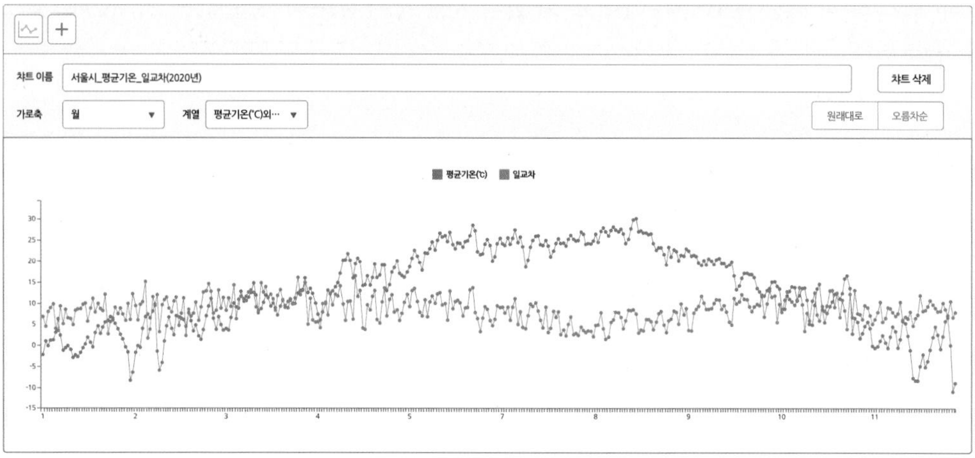

[그림 12-34] 2020년의 평균기온/일교차 그래프

(2) 분석한 데이터로 문제를 해결하자

데이터를 분석해보니까 2020년의 모기지수는(　　)월부터 갑자기 변하기 시작해.

맞아, 2020년 가장 높은 모기지수는(　　)월에 있어.

그러게, (　　)월의 모기지수 평균값은 모기지수가 가장 낮은 1월에 비해 약 12배나 높아!
내 생각에 모기지수는 (평균기온 / 일교차)의 영향을 받는 것 같아.

엇,
정말 네 말대로 2020년의 (평균기온 / 일교차) 과 모기지수의 그래프 모양이 비슷하다!

방금 수집한 월별 모기지수의 평균값을 활용해서 모기잡기 게임을 만들어볼래?

6 문제 해결

(1) 데이터를 어떻게 활용할까?

월별 평균 모기지수에 비례하여 모기 개체 수가 증가하고, 월별로 나타나는 모기를 잡는 모기잡기 게임을 만들어볼까요?

(2) 어떤 데이터가 필요할까?

월별 평균 모기지수에 따라 모기의 개체 수가 늘어나기 위해서는 월별 모기지수의 평균 데이터가 필요해요. (12장) 서울시 모기예보제 정보(2020년_1월) 파일부터 (12장) 서울시 모기예보제 정보(2020년_12월) 파일까지 엔트리로 불러오면 월별 모기지수의 평균을 구할 수 있어요.

데이터의 정보를 활용하여 월별 모기지수의 평균을 구하고, 테이블을 직접 완성하도록 해요. 새로 만들기 〉 테이블 새로 만들기 버튼을 누른 후 평균 데이터를 입력해보세요.

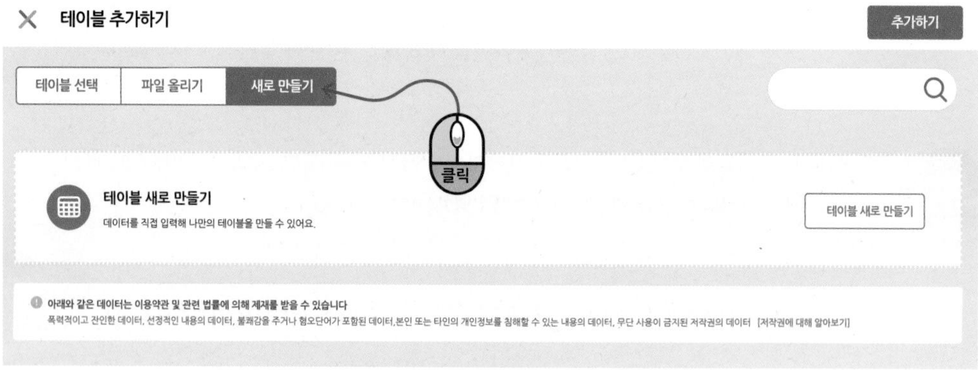

[그림 12-35] 테이블 새로 만들기

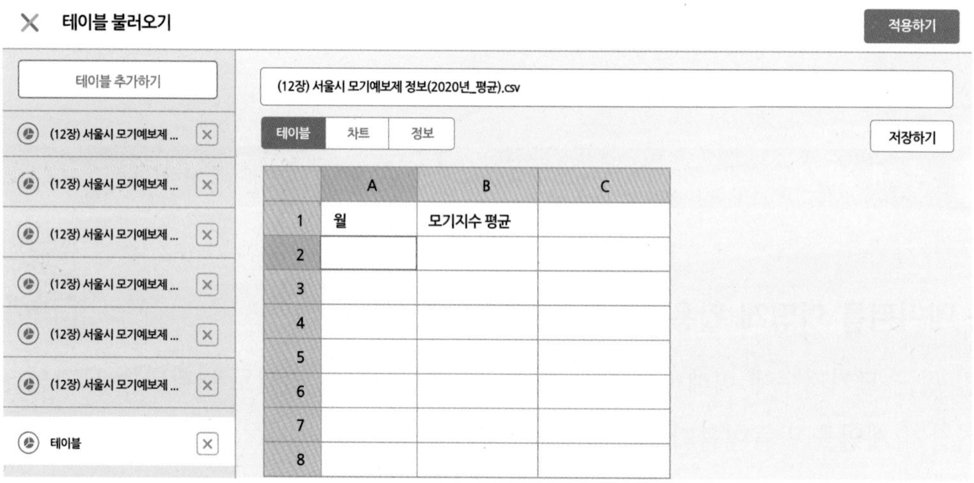

[그림 12-36] 테이블 완성하기

직접 테이블을 만드는 것이 어렵다면 책의 참고자료를 활용하면 되어요.

[파일명]: (12장) 서울시 모기예보제 정보 (2020년_평균).csv

(3) 데이터를 활용한 프로그램을 만들어보자!

완성된 작품 미리보기

❶ [장면 1] 완성 장면 확인하고 오브젝트 추가하기

[그림 12-37] 장면1 완성 모습

❷ [장면 1]에 변수, 신호와 소리 추가하기

[그림 12-38] 변수 추가하기

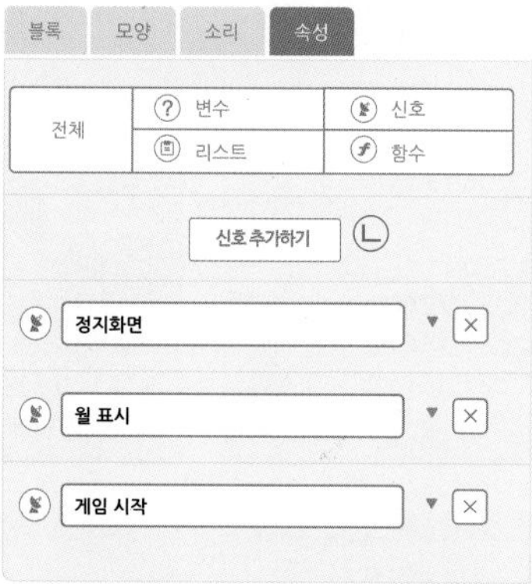

[그림 12-39] 신호 추가하기

[그림 12-40] 소리 추가하기

㉠ 변수 '모기수', '월 번호', '크기'를 추가해요.(모든 변수의 기본값을 0으로 정해요.)

㉡ 신호 '정지화면', '월 표시', '게임 시작'을 추가해요.

㉢ 소리 '마림바_13높은미', '마림바_11높은도', '모기 소리'를 추가해요.

❸ [장면 1]의 오브젝트별 코드

[그림 12-41] 헤롱 앞모습

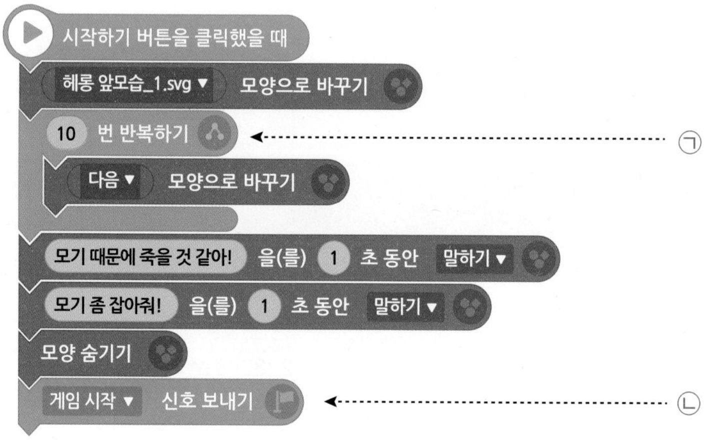

[그림 12-42] '헤롱 앞모습'의 코드

㉠ 엔트리봇이 해롱거리도록 다음 모양으로 바꾸기 코드를 10번 반복해요.

㉡ 말이 끝나면 '게임 시작' 신호를 보내 장면을 전환해요.

[그림 12-43]
시작 버튼

[그림 12-44] '시작 버튼'의 코드 1

[그림12-45] '시작 버튼'의 코드 2

[그림12-46] '시작 버튼'의 코드 3

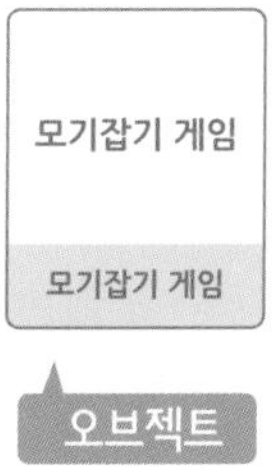

[그림 12-47]
'모기잡기 게임' 글상자

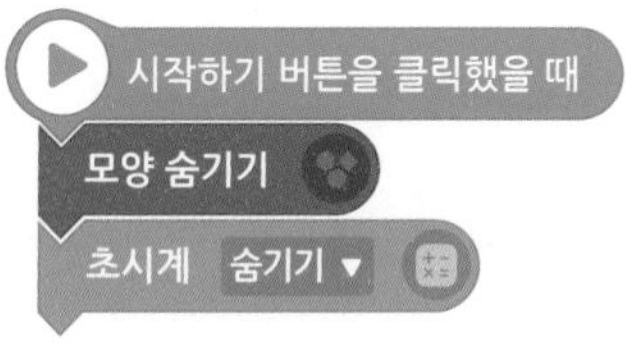

[그림 12-48]
'모기잡기 게임' 글상자의 코드1

[그림 12-49]
'모기잡기 게임' 글상자의 코드2

❹ [장면 2] 완성 장면 확인하고 오브젝트 추가하기

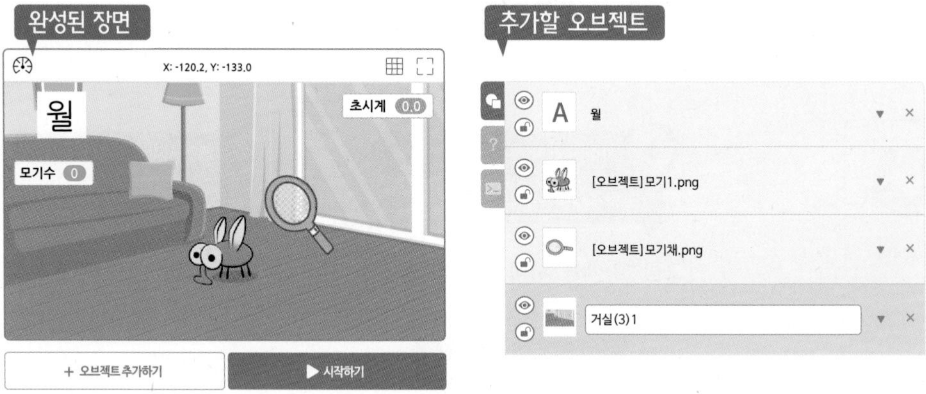

[그림 12-50] 장면2 완성 모습

❺ [장면 2] 오브젝트에 추가 작업하기

오브젝트 추가하기 〉 파일 올리기 〉 '[오브젝트] 모기1.png','[오브젝트] 모기채.png' 선택 〉 추가하기로 오브젝트를 추가해요.

이때 모기를 모기채로 잡기 위해서는 모기채가 모기 아래에 있어야 해요.

[그림 12-51]
[오브젝트] 모기채

[그림 12-52]
[오브젝트] 모기1

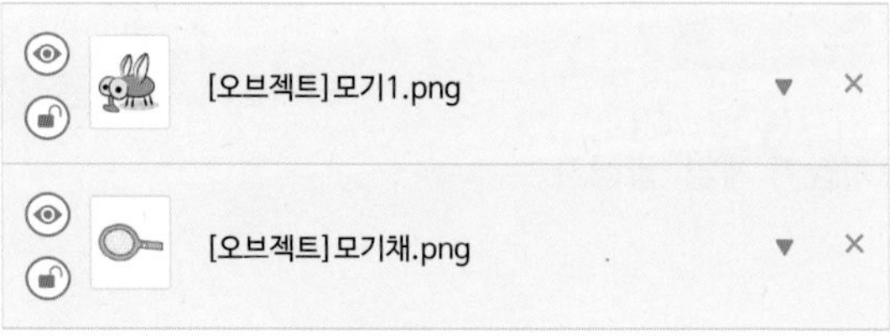

[그림 12-53]
'[오브젝트] 모기1'과 '[오브젝트] 모기채'의 순서

- 모기채와 모기 이미지는 무료 외부 이미지를 사용하였어요. 여러분도 적절한 이미지를 찾아 나만의 게임을 만들어보세요.

모양 추가하기 버튼을 눌러 모기1 오브젝트에 '[오브젝트] 모기2.png' 모양을 추가해요.

[그림 12-54]
[오브젝트] 모기2

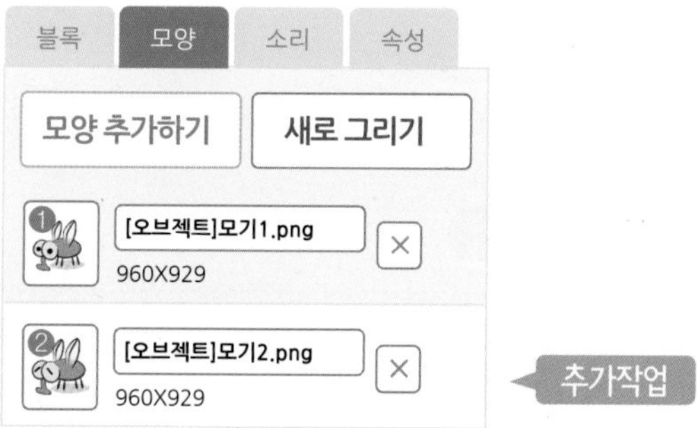

[그림 12-55] '[오브젝트] 모기1'의 모양 추가하기

❻ [장면 2]의 오브젝트별 코드

[그림 12-56]
'월' 글상자

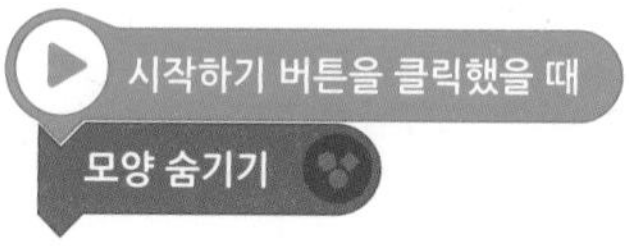

[그림 12-57] '월' 글상자의 코드 1

[그림 12-58] '월' 글상자의 코드 2

[그림 12-59]
[오브젝트] 모기채

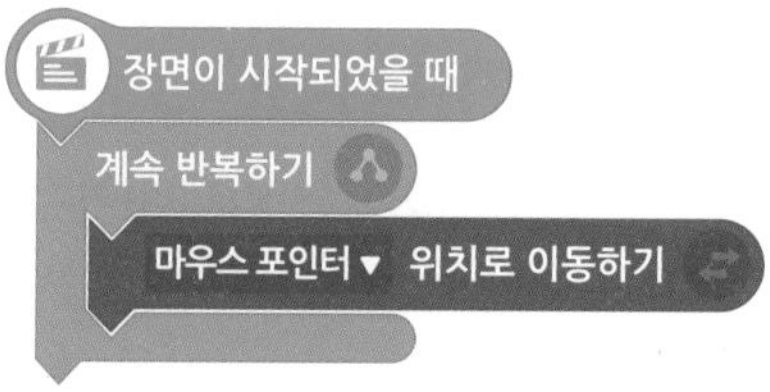

[그림 12-60] '[오브젝트] 모기채'의 코드 1

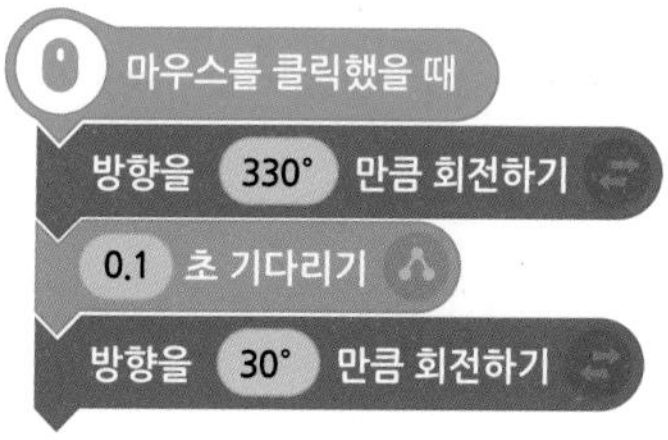

[그림 12-61] '[오브젝트] 모기채'의 코드 2

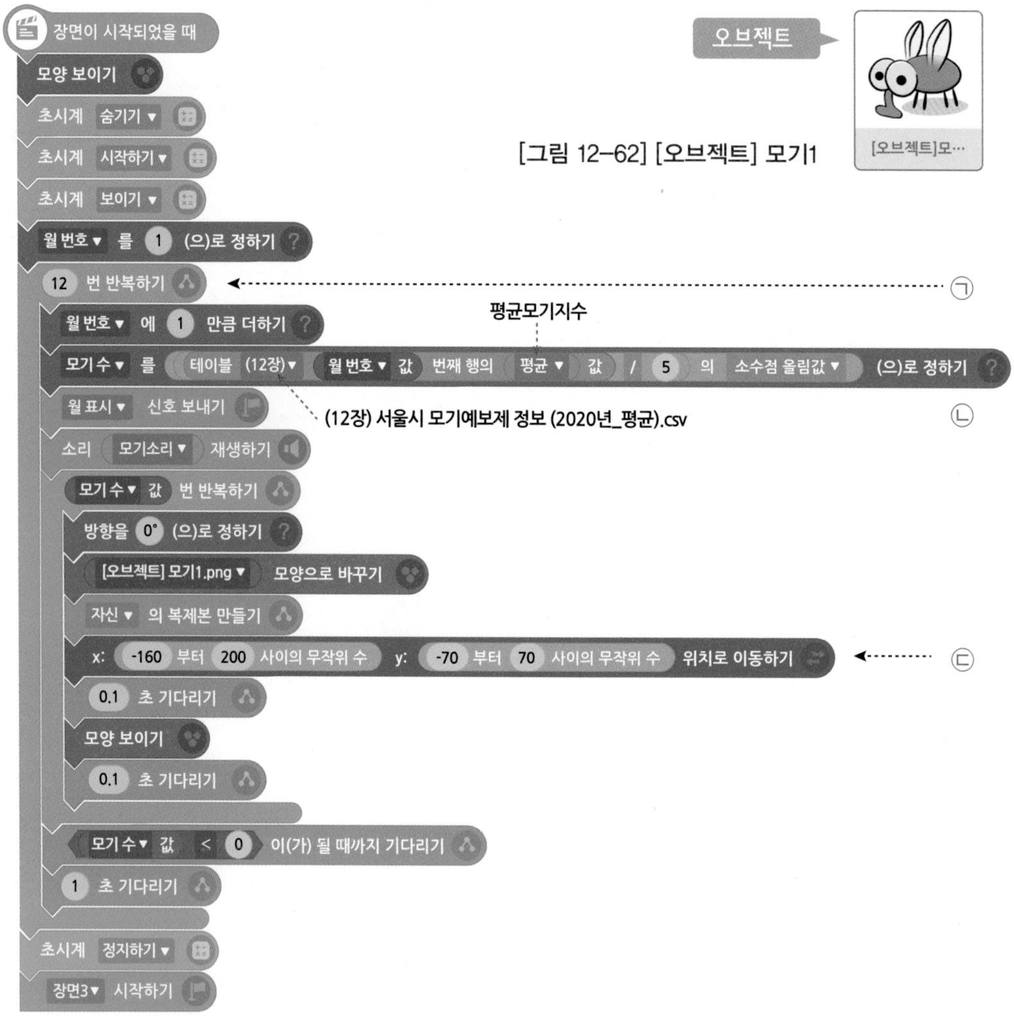

오브젝트
[오브젝트]모…
장면이 시작되었을 때
모양 보이기
초시계 숨기기 ▾
초시계 시작하기 ▾
초시계 보이기 ▾
월 번호 ▾ 를 1 (으)로 정하기
12 번 반복하기
㉠
월 번호 ▾ 에 1 만큼 더하기
평균모기지수
모기 수 ▾ 를 테이블 (12장) ▾ 월 번호 ▾ 값 번째 행의 평균 ▾ 값 / 5 의 소수점 올림값 ▾ (으)로 정하기
월 표시 ▾ 신호 보내기
(12장) 서울시 모기예보제 정보 (2020년_평균).csv
㉡
소리 모기소리 ▾ 재생하기
모기 수 ▾ 값 번 반복하기
방향을 0° (으)로 정하기
[오브젝트] 모기1.png ▾ 모양으로 바꾸기
자신 ▾ 의 복제본 만들기
x: -160 부터 200 사이의 무작위 수 y: -70 부터 70 사이의 무작위 수 위치로 이동하기
㉢
0.1 초 기다리기
모양 보이기
0.1 초 기다리기
모기 수 ▾ 값 < 0 이(가) 될 때까지 기다리기
1 초 기다리기
초시계 정지하기 ▾
장면3 ▾ 시작하기

[그림 12-62] [오브젝트] 모기1

[그림 12-63] '[오브젝트] 모기1'의 코드 1

㉠ 1년은 12달이므로 12번 반복하여 코드를 실행하는 블록이에요.

㉡ 월별 모기지수에 따라 모기의 개체 수가 늘어나는 게임이에요. 실제 모기지수 데이터를 그대로 사용하게 되면 모기가 너무 많이 등장해요. 따라서 월별 평균 모기지수를 5로 나눈 몫을 잡아야 하는 모기 수로 정해요.

㉢ 특정 영역 안의 무작위 위치에서 모기가 나타나게 설정해요.

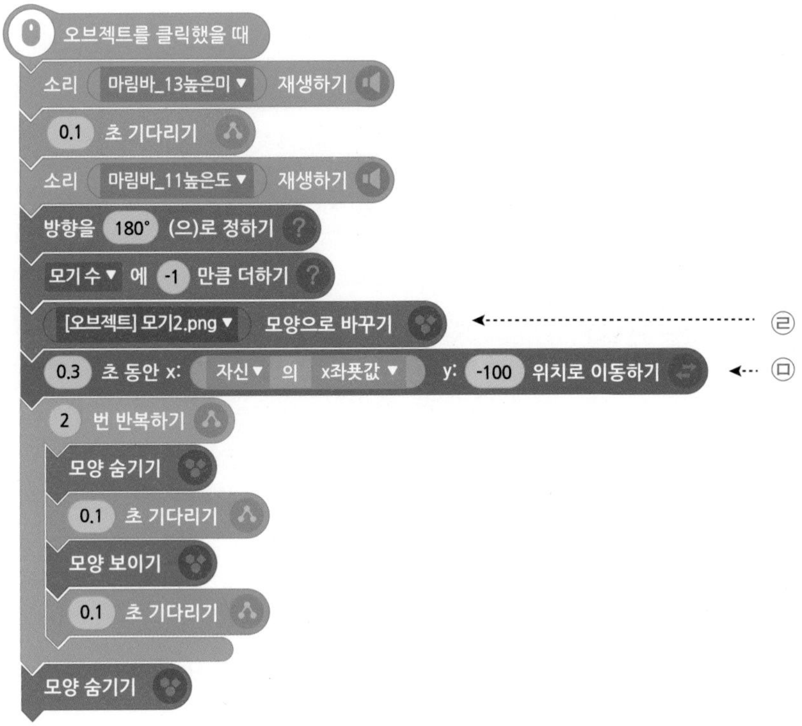

[그림12-64] '[오브젝트] 모기1'의 코드2

㉣ 모기 오브젝트를 마우스로 클릭하면 오브젝트의 모양이 모기1에서 모기2로 바뀌는 블록이에요.

㉤ 모기가 정해진 시간 동안 y 좌표 -100 위치까지 아래로 이동해요.

❼ [장면 3] 완성 장면 확인하고 오브젝트 추가하기

[그림 12-65] 장면3 완성 모습

❽ [장면 3] 오브젝트에 추가 작업하기

'응원 이모티콘'만 남기고 나머지는 ×를 눌러 삭제해주세요.

[그림 12-66] 엔트리봇 이모티콘

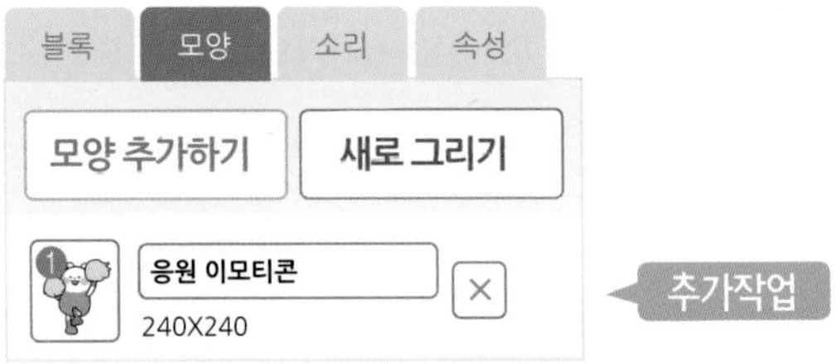

[그림 12-67] '엔트리봇 이모티콘'의 모양

⑨ [장면 3]의 오브젝트별 코드

[묶음]엔트리...
오브젝트

[그림 12-68]
엔트리봇 이모티콘

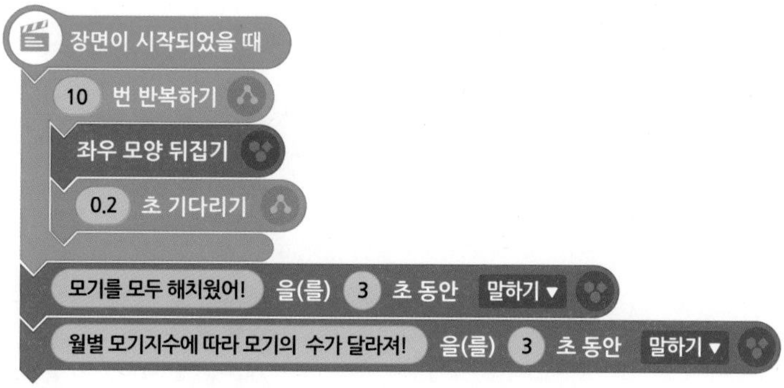
장면이 시작되었을 때
10 번 반복하기
좌우 모양 뒤집기
0.2 초 기다리기
모기를 모두 해치웠어! 을(를) 3 초 동안 말하기▾
월별 모기지수에 따라 모기의 수가 달라져! 을(를) 3 초 동안 말하기▾

[그림 12-69] '엔트리봇 이모티콘'의 코드

7 추가미션

구구 박사의 추가 미션

이번 장에서 사용하지 않았던 2020년의 모기지수(수변부), 모기지수(공원) 데이터를 그래프로 표현하고 모기지수(주거지)와 비교하여 분석해보세요.

13장 어느 지역 해수욕장으로 여행을 추천해줄까요?

여름에 해수욕장에 놀러 가는 것을 좋아하나요? 해수욕장으로 여행 갈 계획을 세우다 보면 어느 해수욕장을 갈지 고민되기도 해요. 해수욕장이 많은 지역으로 가서 여러 해수욕장을 들러보고 싶기도 하고 해수욕장 이용객이 많거나 적은 해수욕장을 가보고 싶기도 해요. 이번 장에서는 공공데이터를 활용하여 우리나라의 지역별 해수욕장의 분포와 이용객 수를 알아보도록 해요!

이번 장에서는 무엇을 배울까요?

- 공공데이터 포털에서 필요한 데이터를 수집할 수 있어요.
- 필요한 데이터를 선택하여 알맞은 그래프로 시각화하여 분석할 수 있어요.
- 데이터와 그래프를 보고 퀴즈를 풀어보는 프로그램을 만들 수 있어요.

1 문제 인식

캐나다에 사는 외국인 친구 가족이 한국으로 여행을 올 거래!

어디로 여행 올 예정이래?

해수욕장을 좋아해서 해수욕장을 알아보고 계획을 세울 예정이래.
어느 지역에 해수욕장이 많은지 알려 주려고.

어느 지역에 해수욕장이 많지?
강원도? 경상남도?

그걸 알아봐야 할 것 같아.
그리고 해수욕장별 이용객도 찾아 추천해주면 좋을 것 같아!

어떤 데이터를 찾으면 두 가지 모두 한 번에 알아볼 수 있을까?

● 문제 해결 계획하기

(1) 우리가 해결해야 하는 문제는 무엇인가요?

해결할 문제	

(2) 문제 해결을 위해 어떤 데이터가 필요할까요?

필요한 데이터	

2 데이터 수집하기

(1) 데이터, 어디서 구할까?

친구에게 해수욕장을 추천해주기 위해 지역별로 분포한 해수욕장의 수를 수집해야 해요. 그리고 해수욕장별 이용객 수도 알 수 있는 데이터가 필요해요. 지역별로 몇 개의 해수욕장이 있을까요? 해양수산부 통계시스템에서는 시도별로 몇 개의 해수욕장이 있는지 알려주고 있어요. 해양수산부 통계시스템 검색창에 '해수욕장'을 검색해보세요.

해양수산부 통계시스템: https://www.mof.go.kr/statPortal/

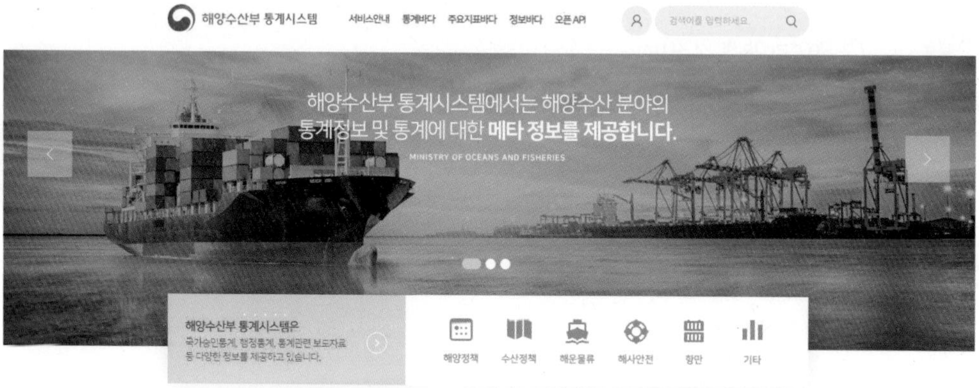

[그림 13-1] 해양수산부 통계시스템 메인 화면

검색해보니 '시도별 해수욕장 현황'이라는 행정자료가 나오네요. 클릭해서 살펴보세요!

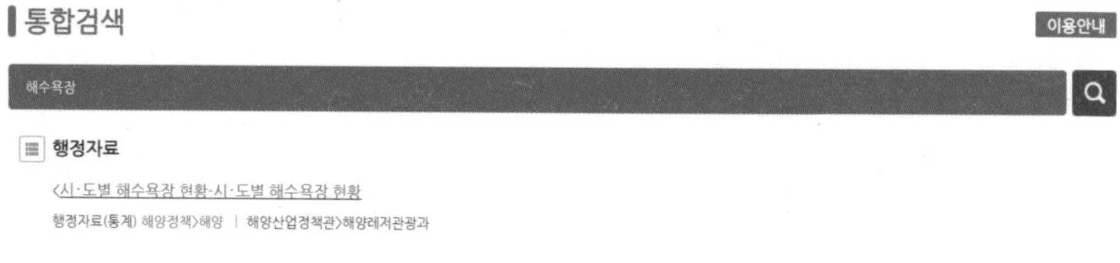

[그림 13-2] '해수욕장' 검색 결과

나타난 데이터 테이블을 살펴보니 강원도에 가장 많은 해수욕장이 있어요. 강원도에는 총 94개의 해수욕장이 있어요.

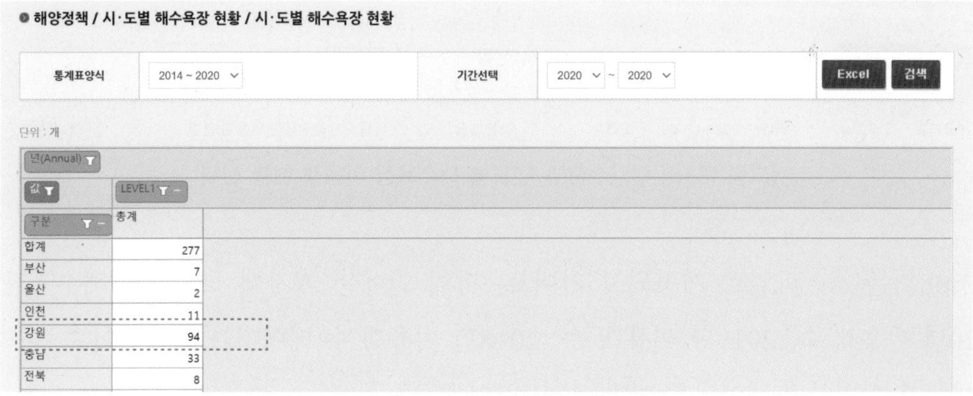

[그림 13-3] 시도별 해수욕장 현황

그런데 해수욕장별 이용객 수를 알려주는 데이터는 없네요. 지역별 해수욕장의 수와 해수욕장별 이용객 수 모두 알려주는 데이터는 없을까요? 이 2가지 데이터들을 하나의 데이터 테이블에 담고 있는 데이터 파일이 있어요. 공공데이터포털로 들어가 보세요!

공공데이터포털은 공공기관이 수집한 데이터들을 공개한 웹사이트예요. 이곳에서는 해양수산부에서 공개한 **'연도별 해수욕장 이용객 현황'** 데이터 파일을 제공하고 있어요.

공공데이터포털: https://www.data.go.kr/

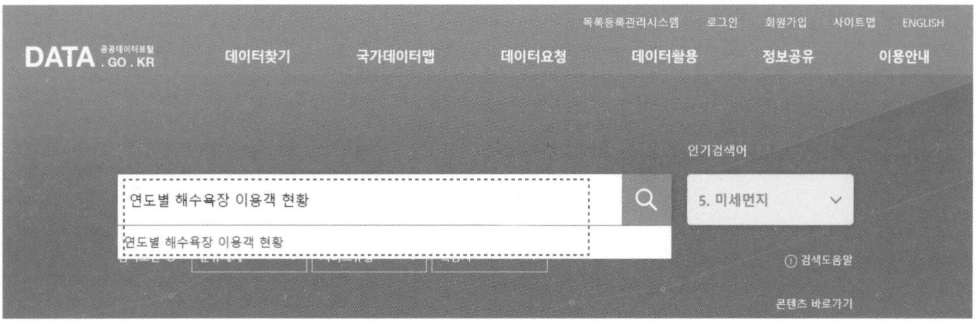

[그림 13-4] 공공데이터포털 검색창

연도별 해수욕장 이용객 현황과 관련된 데이터 중에서 **'해양수산부_연도별 해수욕장 이용객 현황'** 파일 데이터를 선택해요.

[그림 13-5] 해양수산부_연도별 해수욕장 이용객 현황 선택

이 데이터는 csv 파일로 제공되고 있어요. 파일 안에는 지자체, 관리청, 해수욕장명, 2020년 이용객 수, 2019년 이용객 수, 2018년 이용객 수 데이터가 들어있어요. 미리보기 메뉴를 확인하면 데이터를 미리 볼 수 있어요.

미리보기 ※ 파일 데이터의 일부 내용을 제공하고 있으며, 전체 내용이 필요한 경우 해당 파일을 다운로드 받으시기 바랍니다.

지자체	관리청	해수욕장명	20년이용객	19년이용객
강원도	강릉시	강문	67832	22331
강원도	강릉시	경포대	295998	5253855
강원도	강릉시	금진	12089	24422
강원도	강릉시	남항진	0	3713

[그림 13-6] 데이터 미리보기

다운로드 버튼을 눌러 데이터를 수집해요.

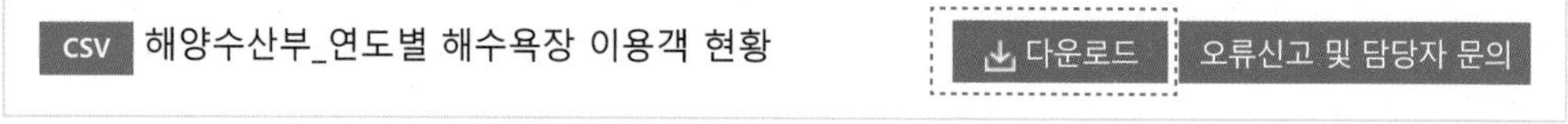

[그림 13-7] 데이터 다운받기

수집된 데이터를 확인해보세요. 미리보기로 보았던 것보다 많은 데이터를 담고 있죠? 아래로 내려보니 276개의 행으로 이루어진 데이터 파일이에요.

테이블을 살펴보니 열에는 '지자체', '관리청', '해수욕장명', '2020년 이용객 수', '2019년 이용객 수', '2018년 이용객 수'라는 속성이 입력되어 있어요. 행에는 해수욕장별로 속성에 대한 값들이 입력되어 있어요.

강원도 강릉시의 경포대 해수욕장은 2020년에 295998명의 이용객이 다녀갔음을 확인할 수 있어요.

[파일명]: (13장) 연도별 해수욕장 이용객 현황 (원본).csv

	A	B	C	D	E	F
1	지자체	관리청	해수욕장명	20년이용객	19년이용객	18년이용객
2	강원도	강릉시	강문	67832	22331	15324
3	강원도	강릉시	경포대	295998	5253855	6078228
4	강원도	강릉시	금진	12089	24422	9793
5	강원도	강릉시	남항진	0	3713	4103
6	강원도	강릉시	도직	0	7072	1826
7	강원도	강릉시	등명	0	17818	8097
8	강원도	강릉시	사근진	6637	12730	14323
9	강원도	강릉시	사천	15720	7978	4761

[그림 13-8] (13장) 연도별 해수욕장 이용객 현황 (원본)

3 데이터 다듬기

(1) 어떤 데이터가 필요할까?

지역별 해수욕장의 수와 해수욕장별 이용객 수를 알아보기 위해 우리가 수집한 데이터는 무엇인가요?

수집한 데이터	

우리가 수집한 데이터는 **'연도별 해수욕장 이용객 현황'**이에요. 테이블에는 해수욕장별 이용객 수에 대한 데이터뿐만 아니라 해수욕장이 위치한 시도명, 시군구명이 자세히 입력되어 있어요. 알고 싶은 지역의 해수욕장 데이터 개수를 세면 그 지역에 위치한 해수욕장의 총 개수를 알 수 있어요. 예를 들면, '강릉시' 값의 수를 세면 강릉시에 총 몇 개의 해수욕장이 있는지 알 수 있어요. 따라서 우리는 이 데이터로 정은이와 하은이의 2가지 문제 모두 해결해 줄 수 있어요!

데이터 테이블을 살펴보면 중간에 이 빠진 데이터들이 있어요. 따라서 이 빠진 데이터들을 삭제해주는 데이터 다듬기를 해볼게요!

(2) 이 빠진 데이터를 다듬어보자!

중간에 비어 있는 이 빠진 데이터를 삭제해주세요. 195행, 196행, 217행은 행 전체를 삭제해요. 그리고 잘 살펴보면 107행에 '비개장'이라는 데이터가 입력되어 있어요. 이 행도 전체 삭제해주세요. 해수욕장 이용객 수는 숫자 데이터인데 '비개장'은 문자 데이터이기 때문이에요.

[파일명]: (13장) 연도별 해수욕장 이용객 현황 (1) 이 빠진 데이터 삭제.csv

	A	B	C	D	E	F
194	전라남도	신안군	하트	2185	2106	2331
195	전라남도	신안군	홍도			
196	전라	신안군	황성금리			
197	전라		만성리	27761	54992	65546
198	전라		모사금	11948	42830	40703
199	전라남도		무슬목	16128	15573	13428
200	전라남도		방죽포	17000	20616	32660
201	전라남도		안도	2312	9146	11047
202	전라남도		웅천	40132	42193	33804
203	전라남도		유림(거문도)	594	3870	3266
204	전라남도		장등	7237	9259	6692
205	전라남도	영광군	가마미	22342	26547	27151
206	전라남도	영광군	송이도	1142	900	769

[그림 13-9] 이 빠진 데이터 삭제하기

	A	B	C	D	E	F
213	전라남도	완도군	청산 신흥	2415	5426	1282
214	전라남도	완도군	청산 지리	1211	439	1606
215	전라남도	장흥군	수문		4070	3180
216	전라		가계	11146	48789	8574
217	전라		관매도	1528	2671	3371
218	전라		금갑	5406	5596	3371
219	전라남도		신전	1086	1940	1550
220	전라남도		돌머리	0	43890	38450
221	전라남도		사구미	0	369	857
222	전라남도		송호해수욕장	16996	10923	6957
223	전라북도		구시포	62045	49553	21301
224	전라북도		동호	28372	28596	13448
225	전라북도	군산시	선유도	54222	64400	17467

[그림 13-10] 이 빠진 데이터 삭제하기

[파일명]: (13장) 연도별 해수욕장 이용객 현황 (2) 오류 가능 데이터 삭제.csv

	A	B	C	D	E	F
104	경상남도	거제시	여차	8660	9210	10350
105	경상남도	거제시	옥계	20754	10665	3544
106	경상남도	거제시	와현모래숲	32715	35530	46547
107	경상남도	거제시	죽림	비개장	비개장	비개장
108	경상		학동흑진주몽돌	85886	48687	56109
109	경상		함목	7344	3258	5720
110	경상		황포	8088	4636	5310
111	경상남도		흥남	14782	29579	32022
112	경상남도		두곡월포	6326	5130	6436
113	경상남도		사촌	10032	10410	4830
114	경상남도		상주은모래비치	84922	122133	115272
115	경상남도		설리	5241	8945	9068
116	경상남도		송정솔바람해변	25887	57746	69906

[그림 13-11] 오류가 생길 수 있는 데이터 삭제하기

그리고 열의 단어를 쉬운 단어로 바꿀게요. 지자체는 시도명, 관리청은 시군구명으로 바꿔주세요!

[파일명]: (13장) 연도별 해수욕장 이용객 현황 (3) 열의 단어 다듬기.csv

	A	B	C	D	E	F
1	시도명	시군구명	해수욕장명	20년이용객	19년이용객	18년이용객
2	강원도	강릉시	강문	67832	22331	15324
3	강원도	강릉시	경포대	295998	5253855	6078228
4	강원도	강릉시	금진	12089	24422	9793
5	강원도	강릉시	남항진	0	3713	4103
6	강원도	강릉시	도직	0	7072	1826
7	강원도	강릉시	등명	0	17818	8097
8	강원도	강릉시	사근진	6637	12730	14323
9	강원도	강릉시	사천	15720	7978	4761
10	강원도	강릉시	사천진	34315	11737	6172
11	강원도	강릉시	송정	24626	10458	7620
12	강원도	강릉시	순긋	4758	9142	10409

[그림 13-12] 데이터 다듬기 완료

다음은 데이터 파일을 저장해주세요. 파일 저장 단계에서 파일 형식에 유의해야 하는 것 알죠? 왜냐하면 공공데이터포털에서 내려받은 파일은 *.csv 형식이기 때문이에요. 엔트리가 '시도명', '시군구명' 등과 같은 한글 데이터를 읽을 수 있도록 .xlsx 또는 .xls 또는 .csv(UTF-8)로 파일 형식을 바꾸어 저장해주세요!

[파일명]: (13장) 연도별 해수욕장 이용객 현황 (4) 완료.csv

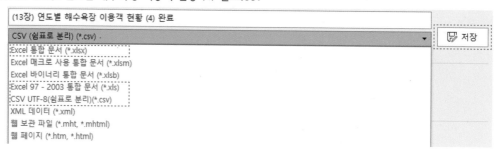

[그림 13-13] 파일 형식 바꾸어 저장하기

4 데이터 시각화하기

(1) 데이터, 엔트리로 불러오자!

우리는 **'연도별 해수욕장 이용객 현황'** 데이터를 수집했어요. 지역별 해수욕장의 수와 해수욕장별 이용객 수를 그래프로 시각화하기 위해 데이터 분석 블록을 사용하여 파일을 엔트리로 불러오세요.

[파일명]: (13장) 연도별 해수욕장 이용객 현황 (4) 완료.csv

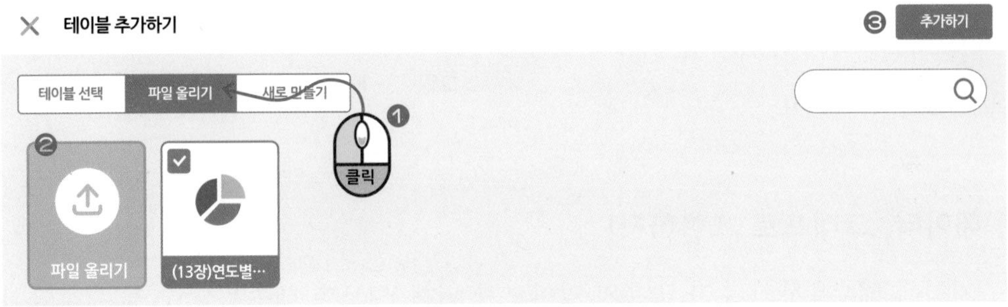

[그림 13-14] 데이터 불러오기

	A	B	C	D	E	F
1	시도명	시군구명	해수욕장명	20년이용객	19년이용객	18년이용객
2	강원도	강릉시	강문	67832	22331	15324
3	강원도	강릉시	경포대	295998	5253855	6078228
4	강원도	강릉시	금진	12089	24422	9793
5	강원도	강릉시	남항진	0	3713	4103
6	강원도	강릉시	도직	0	7072	1826
7	강원도	강릉시	등명	0	17818	8097

[그림 13-15] 추가된 데이터 테이블의 일부

(2) 데이터, 어떤 그래프로 표현할까?

어느 지역에 해수욕장의 수가 많은지 한눈에 파악하려면 어떤 그래프로 시각화하는 것이 효과적일까요? 그리고 해수욕장별 이용객 수를 비교하기 위해서는 어떤 그래프가 적절할까요?

두 가지 모두 원그래프가 효과적이에요. 원그래프는 전체에 대한 부분의 비율을 나타내주기 때문이에요. 가장 큰 데이터 값을 가진 지역이나 해수욕장이 원에서 가장 많은 비율을 차지해요.

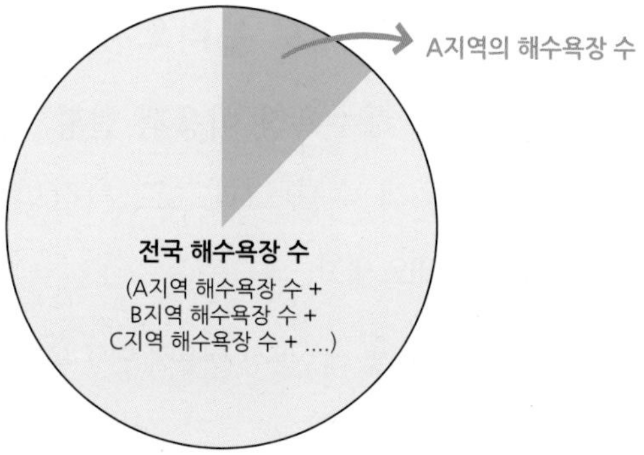

[그림 13-16] 그래프 종류 선택하기

(3) 데이터, 그래프로 표현하자!

어느 지역에 해수욕장의 수가 많은지 알아보기 위해 '시도별 해수욕장 수'를 시각화해 보세요. 다음 표를 보고 값을 설정해요.

그래프 종류	원	계열	시도명
차트 이름	시도별 해수욕장의 수	값	개수

또한, 우리는 시군구값도 알고 있으니 '시군구별 해수욕장의 수'도 시각화해 볼게요.

그래프 종류	원	계열	시군구명
차트 이름	시군구별 해수욕장의 수	값	개수

시각화된 그래프를 확인해보세요!

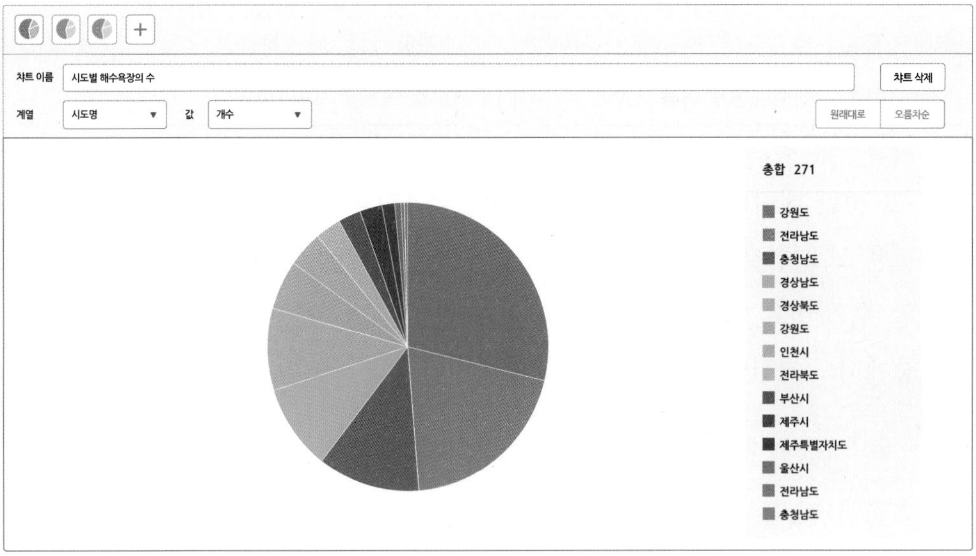

[그림 13-17] 시도별 해수욕장의 수 원그래프

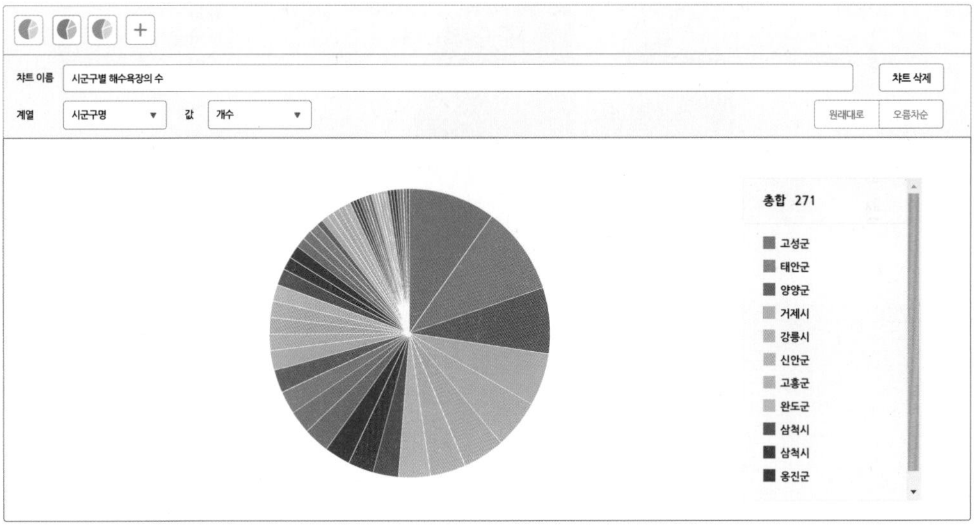

[그림 13-18] 시군구별 해수욕장의 수 원그래프

다음으로 '해수욕장별 이용객 수'를 그래프로 시각화해볼게요.

그래프 종류	원	계열	해수욕장명
차트 이름	해수욕장별 이용객 수	값	19년이용객

2018년~2020년 데이터 중에 2019년의 값을 이용할 거예요. 데이터 테이블을 살펴보면 2020년은 코로나 19로 인해 해수욕장 이용객 수가 2018, 2019년에 비해 많이 줄어든 것을 알 수 있어요. 따라서 2018년과 2019년의 데이터를 참고하는 것이 좋을 것 같아요. 그중에서도 최신인 2019년의 데이터로 시각화해 보도록 해요!

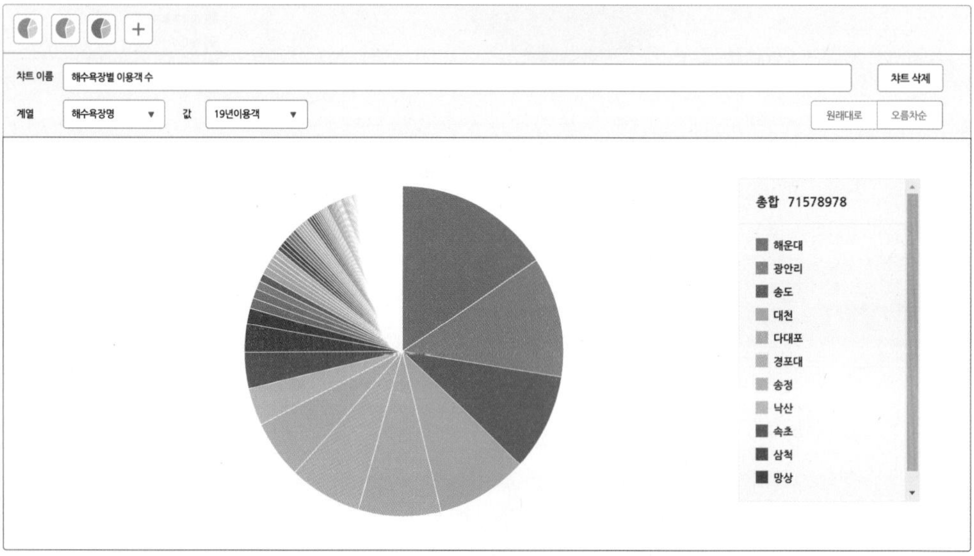

[그림 13-19] 해수욕장별 이용객 수 원그래프

5 데이터 분석하기

(1) 데이터로 무엇을 알 수 있을까?

지역별 해수욕장의 수와 해수욕장별 이용객 수를 알아보기 위해 **'연도별 해수욕장 이용객 현황'** 데이터를 불러오고 시각화했어요.

시각화한 데이터로 우리가 읽어낼 수 있는 정보는 무엇인가요? 먼저 '시도별 해수욕장의 수'와 '시군구별 해수욕장의 수' 그래프를 살펴보세요. 영역에 마우스 커서를 올리면 해당하는 데이터 값이 나오니 확인해보세요.

해수욕장 수가 가장 많은 시도명	
해수욕장 수가 가장 많은 시군구명	

이번에는 '해수욕장별 이용객 수'를 확인해볼게요. 데이터 시각화를 확인해보고 아래의 표를 채워보세요.

가장 많은 이용객이 방문한 해수욕장 이름과 이용객 수	
가장 많은 이용객이 방문한 해수욕장이 있는 시도명	

(2) 분석한 데이터로 문제를 해결하자!

그래프를 확인해보니 (강원도 / 전라남도) 에 해수욕장이 가장 많이 있어.

그리고 시군구별 해수욕장 수의 1~5위를 확인해보니 (   )개나 강원도에 속하네!

맞아! (   )가 속하지.

(해운대 / 대천) 해수욕장은 이용객 수가 정말 많다!!

우와 진짜 많다. (   )명이나 돼!

그래프를 보니 이용객 수가 가장 많은 해수욕장이 있는 지역은 (강원도 / 부산광역시)야!
이 결과를 얼른 친구에게 말해줘야겠어!

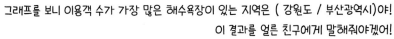

6 문제 해결

(1) 데이터를 어떻게 활용할까?

우리가 수집한 데이터와 그래프를 보고 해수욕장에 관한 퀴즈를 풀어보는 프로그램을 만들어볼게요!

(2) 어떤 데이터가 필요할까?

'연도별 해수욕장 현황' 데이터를 보고 해수욕장에 관련된 퀴즈를 만들 거예요. 사용자가 그래프를 보고 정답을 알 수 있도록 프로그램을 만들기 위해 데이터 시각화를 했던 3개의 그래프 모두 활용해요.

(3) 데이터를 활용한 프로그램을 만들어보자!

완성된 작품 미리보기

❶ [장면 1] 완성 장면 확인하고 오브젝트 추가하기

[그림 13-20] 장면 1 완성 모습

하트(1)을 먼저 추가하고, 하트(1)을 선택한 뒤 마우스 오른쪽을 클릭하여 복제하기를 클릭해요. 두 번 반복해서 총 3개의 하트를 만들어요.

[그림 13-21] 하트(1)

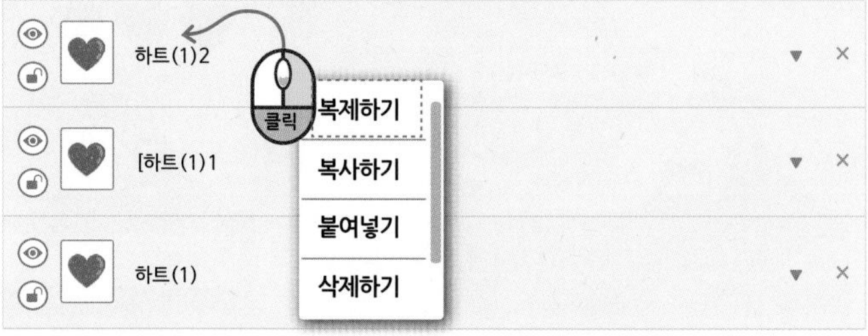

[그림 13-22] '하트(1)' 복제하기

❷ [장면 1] 오브젝트에 추가 작업하기

모양 중에서 해변에 간 엔트리봇_2를 반전을 클릭하여 좌우 모양을 바꾸고 '엔트리봇 표정_웃는', '엔트리봇 표정_아픈', '전기충격 엔트리봇_3' 모양을 추가해요. 그리고 소리 '물 첨벙', '컵 깨지는 소리', '파도소리'를 추가해요.

[그림 13-23] 해변에 간 엔트리봇

[그림 13-24] '해변에 간 엔트리봇'의 모양 [그림 13-25] '해변에 간 엔트리봇'의 소리

'아기 돌고래'에 소리 '물 첨벙'을 추가해요.

[그림 13-26] 아기 돌고래

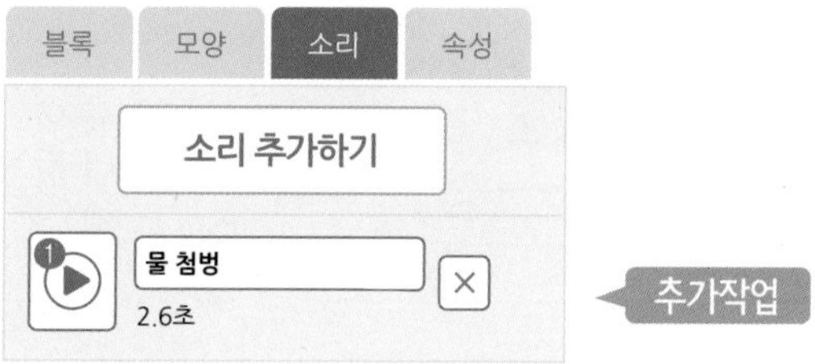

[그림 13-27] '아기 돌고래'의 소리

❸ [장면 1]에 변수, 신호, 리스트 추가하기

변수 '기회'의 기본값은 3으로 설정해요. 퀴즈의 기회는 3번이기 때문이에요.

신호 '그래프 보이기', '퀴즈 시작', '오답', '퀴즈 종료'를 추가해요.

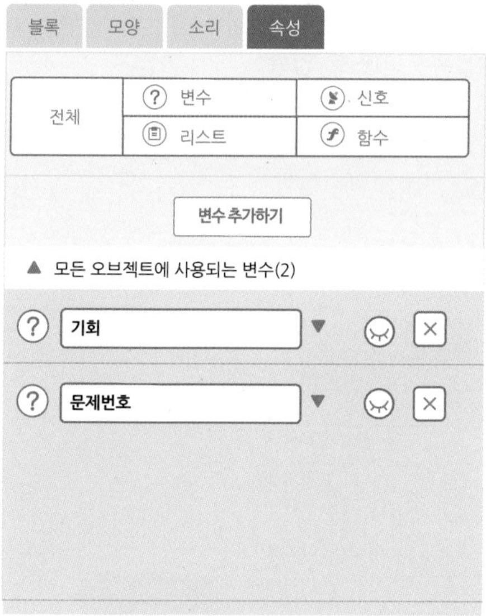

[그림 13-28] 변수 추가하기

[그림 13-29] 신호 추가하기

리스트 '정답목록'을 추가해요. 리스트에 정답목록을 입력하여 답을 입력하였을 때 리스트와 비교하여 정답인지 아닌지 알려주어요.

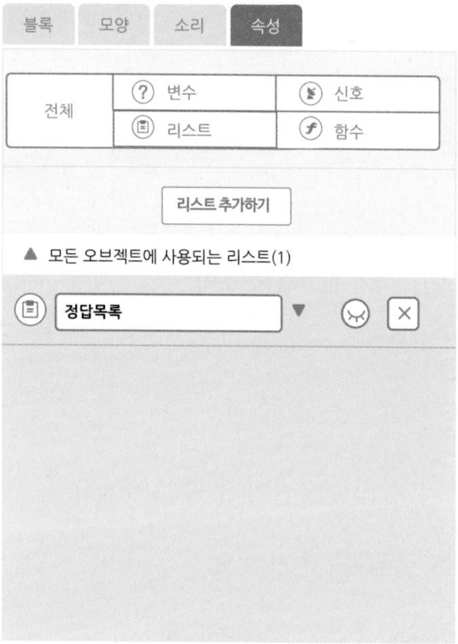

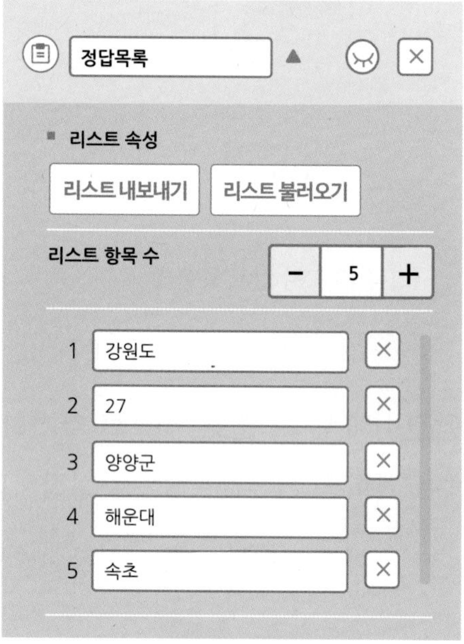

[그림 13-30], [그림 13-31] 정답목록 리스트 입력

❹ [장면 1]의 오브젝트별 코드

[그림 13-32]
해변에 간 엔트리봇

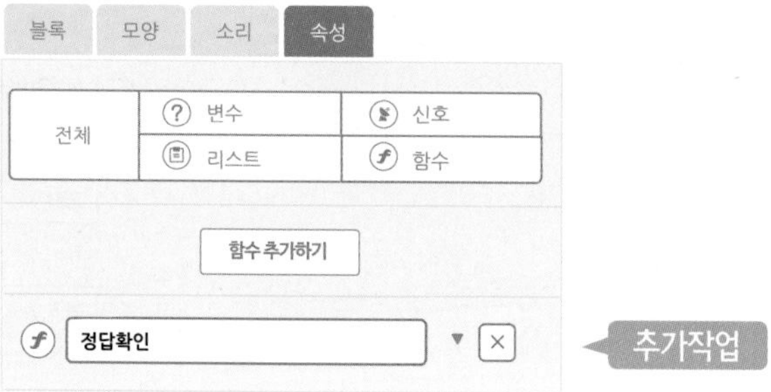

[그림 13-33] '해변에 간 엔트리봇'의 함수

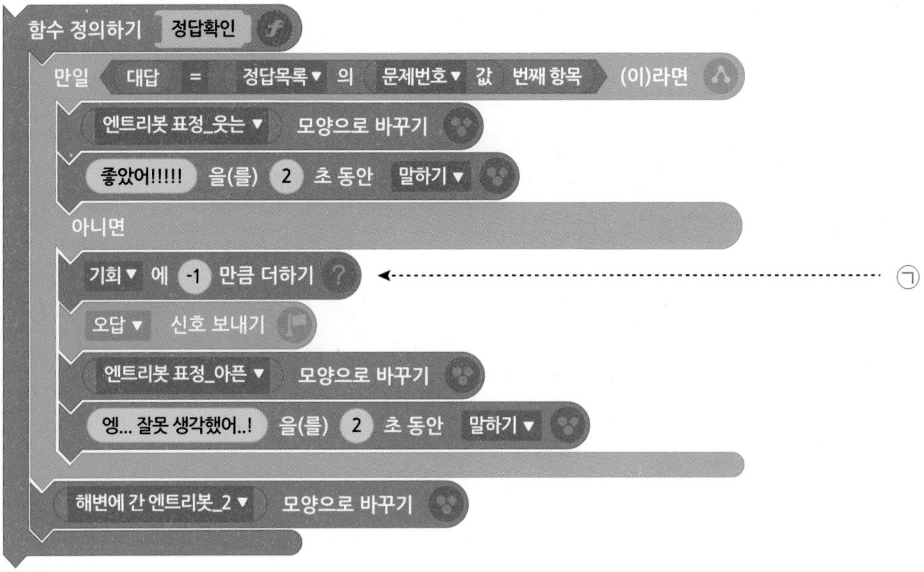

[그림 13-34] '해변에 간 엔트리봇' 함수의 코드

㉠ 문제를 틀릴 때마다 기회가 1씩 줄어드므로 기회 변수에 -1을 더해요.

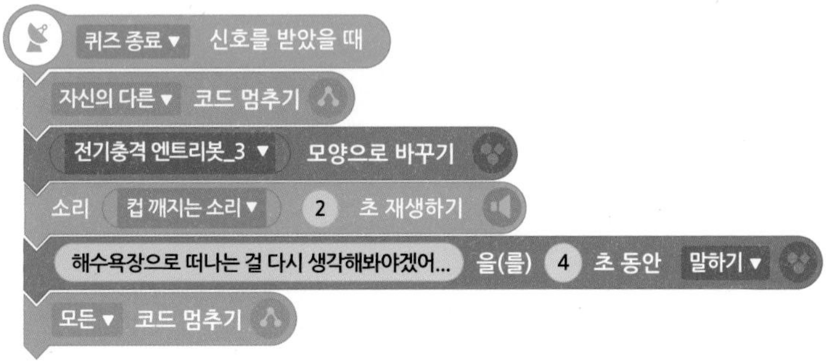

[그림 13-35] '해변에 간 엔트리봇'의 코드 1

[그림 13-36] '해변에 간 엔트리봇'의 코드 2

㉠ 문제번호 변수의 기본값이 0이므로 1씩 더하면 1번 문제의 답을 확인할 수 있어요.

㉡ 퀴즈가 끝나면 더 이상 퀴즈를 낼 필요가 없으니 다른 코드를 멈춰요.

[그림 13-37] 아기 돌고래

[그림 13-38] '아기 돌고래'의 코드 1

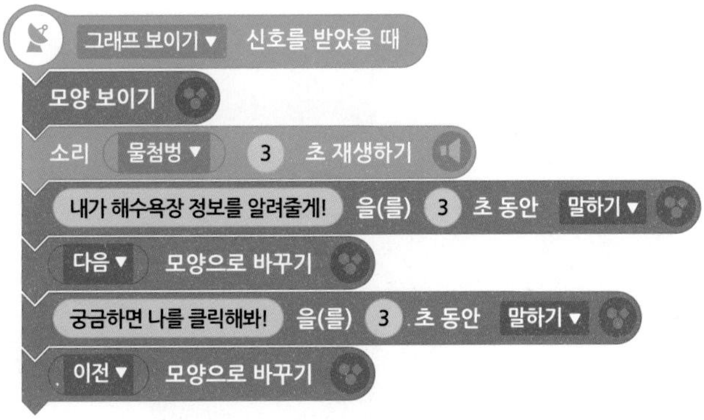

[그림 13-39] '아기 돌고래'의 코드 2

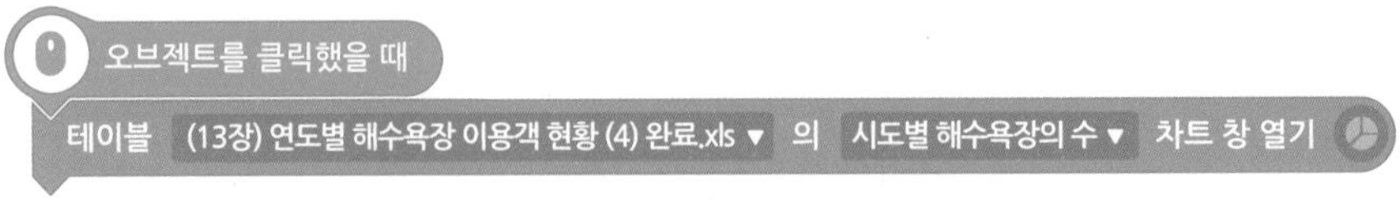

[그림 13-40] '아기 돌고래'의 코드 3

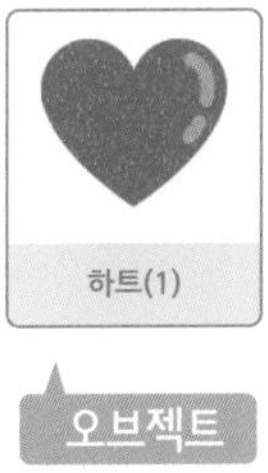

[그림 13-41] 하트(1)

[그림 13-42] '하트(1)'의 코드 1

[그림 13-43] '하트(1)'의 코드 2

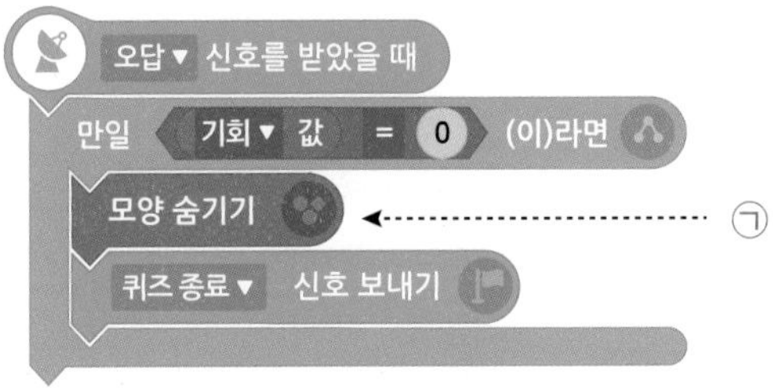

[그림 13-44] '하트(1)'의 코드 3

㉠ 문제를 틀려서 기회가 줄어들었을 때 하트 모양이 사라지는 것을 뜻해요.

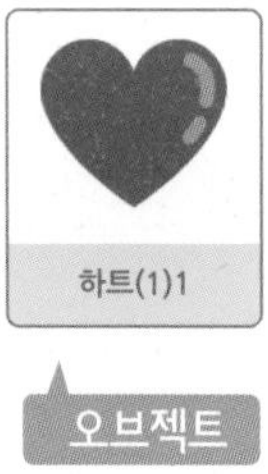

[그림 13-45]
하트(1)1

[그림 13-46] '하트(1)1'의 코드 1

[그림 13-47] '하트(1)1'의 코드 2

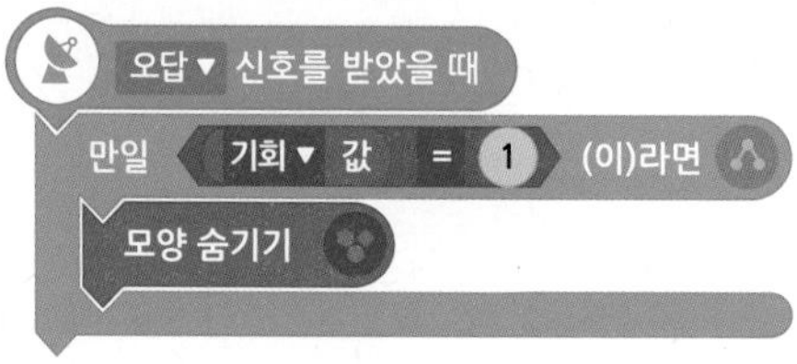

[그림 13-48] '하트(1)1'의 코드 3

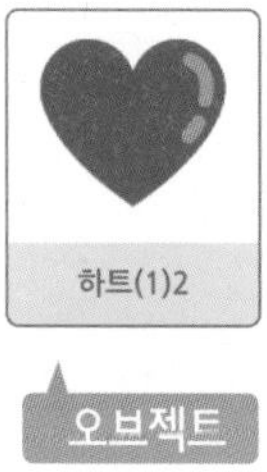

[그림 13-49]
하트(1)2

[그림 13-50] '하트(1)2'의 코드 1

[그림 13-51] '하트(1)2'의 코드 2

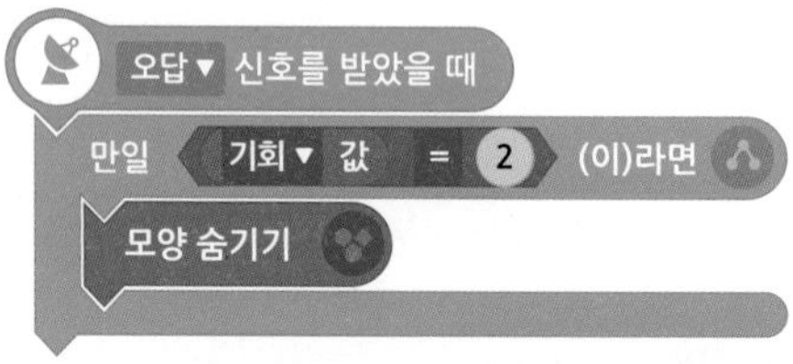

[그림 13-52] '하트(1)2'의 코드 3

7 추가미션

구구 박사의 추가 미션

이번 장의 '시도별 해수욕장의 수', '시군구별 해수욕장의 수', '해수욕장별 이용객 수'에 대한 데이터 분석 결과를 여러분의 일상 생활에 활용한다면 어떻게 활용하고 싶은지 생각해보세요.

14장 놀이공원은 언제 가야 사람이 가장 적을까요?

놀이공원에 도착했을 때 수많은 사람들과 마주한 경험이 있나요? 다음에는 꼭 사람이 없는 날에 오겠다고 다짐하곤 하죠. 놀이공원은 몇 월에 가야 가장 사람이 적을까요? 데이터를 통해 월별 놀이공원 입장객 수를 비교하여 몇 월에 사람이 가장 적은지 알아보도록 해요.

이번 장에서는 무엇을 배울까요?

- 수집한 데이터의 행과 열을 보기 쉽게 정리할 수 있어요.
- 원하는 정보를 선택하여 새로운 테이블을 만들 수 있어요.
- 연도별로 입장객 수가 가장 적은 월을 알려주는 프로그램을 만들고 다른 사람에게 설명할 수 있어요.

1 문제 인식

하은아, 이번 어린이날에 우리 놀이공원 가는 게 어때?
오랜만에 범퍼카 타고 싶어!

올해도 전국민 눈치게임이 시작되는구나!
지난번에 사람이 너무 많아서 범퍼카를 못 탔던 게 아직까지 아쉬워.

놀이공원은 갈 때마다 사람이 많은 것 같아.
도대체 몇 월에 가야 사람이 가장 적을까?

월별 입장객 수를 그래프로 표현해보면 어떨까?
몇 월에 가장 입장객 수가 적은지 알 수 있지 않을까?

오, 그거 진짜 괜찮은 생각이다!
당장 데이터부터 수집하러 가자!

문제 해결 계획하기

(1) 우리가 해결해야 하는 문제는 무엇인가요?

해결할 문제

(2) 문제 해결을 위해 어떤 데이터가 필요할까요?

필요한 데이터

2 데이터 수집하기

(1) 데이터, 어디서 구할까?

놀이공원 입장객 수가 적은 달을 알기 위해서는 어떤 자료가 필요할까요? 맞아요. 연도별 1월부터 12월까지의 입장객 수를 비교하면 입장객 수가 가장 적은 달을 알 수 있어요. '관광지식정보시스템'에서 관련된 데이터를 수집해보도록 해요.

관광지식정보시스템: https://know.tour.go.kr/

[그림 14-1] 관광지식정보시스템 메인 화면

한국문화관광연구원 관광지식정보시스템의 통계 메뉴를 누르면 관광통계지표들을 확인할 수 있어요. 우리는 특정 관광지의 입장객 수를 수집하려고 해요. 통계 〉 관광객통계〉 주요관광지점입장객통계 메뉴를 선택해주세요.

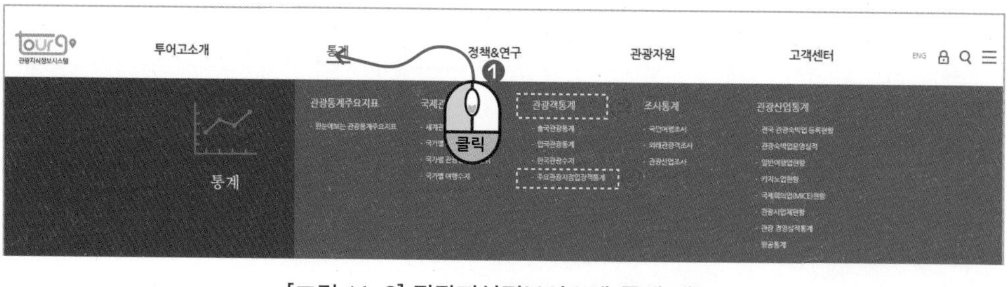

[그림 14-2] 관광지식정보시스템 통계 메뉴

여러분은 어떤 놀이동산의 데이터를 수집하고 싶나요? 이 책에서는 에버랜드의 데이터를 수집해볼 거예요. 다른 관광지 또는 놀이공원의 입장객 수가 궁금하면 같은 방법으로 데이터를 수집하면 돼요.

먼저, 주요관광지점 입장객 통계 메뉴의 '통계표'를 눌러보세요.

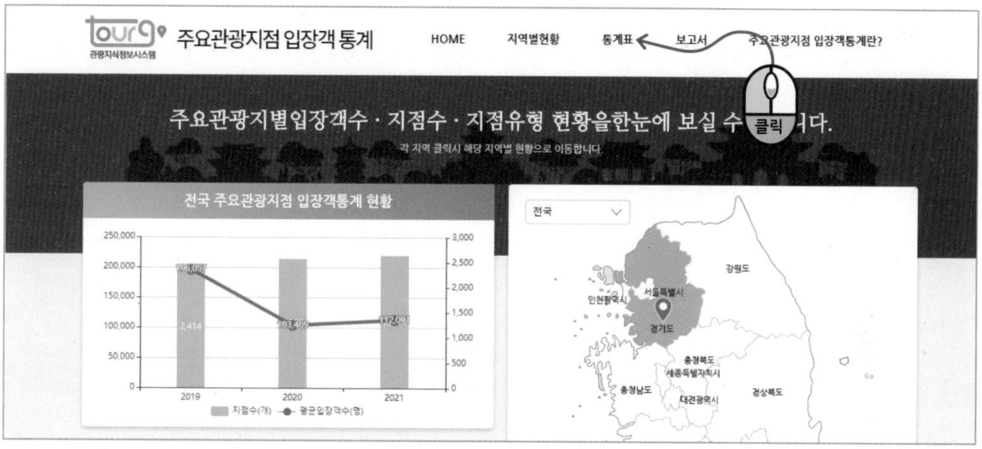

[그림 14-3] 주요관광지점 입장객 통계

주요관광지점 입장객 통계에서는 2004년 7월 이후의 자료부터 제공하고 있어요.

월별 입장객 수를 비교하기 위해서는 1월부터 12월까지의 자료가 필요해요. 자료가 1월부터 시작되는 2005년부터의 데이터를 수집해보도록 해요.

① **'기간 구분'**을 '2005년 01월부터 2020년 12월까지'로 선택해요.
② **'지역 구분'**은 에버랜드가 위치한 '경기도 용인시'로 선택해요.
③ **'관광지명'**에는 에버랜드를 입력해 주세요.
④ 조건을 모두 선택했다면 조회 버튼을 눌러 데이터를 확인해보세요.

[그림 14-4] 주요 관광지점 입장객 데이터 수집하기

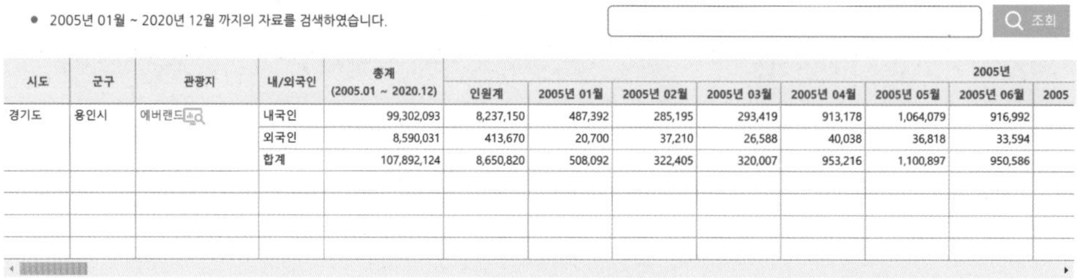

• 2005년 01월 ~ 2020년 12월 까지의 자료를 검색하였습니다.

시도	군구	관광지	내/외국인	총계 (2005.01 ~ 2020.12)	2005년							
					인원계	2005년 01월	2005년 02월	2005년 03월	2005년 04월	2005년 05월	2005년 06월	2005
경기도	용인시	에버랜드	내국인	99,302,093	8,237,150	487,392	285,195	293,419	913,178	1,064,079	916,992	
			외국인	8,590,031	413,670	20,700	37,210	26,588	40,038	36,818	33,594	
			합계	107,892,124	8,650,820	508,092	322,405	320,007	953,216	1,100,897	950,586	

[그림 14-5] 데이터 확인하기

엑셀내려받기 버튼을 눌러 데이터 파일을 다운로드 해주세요.

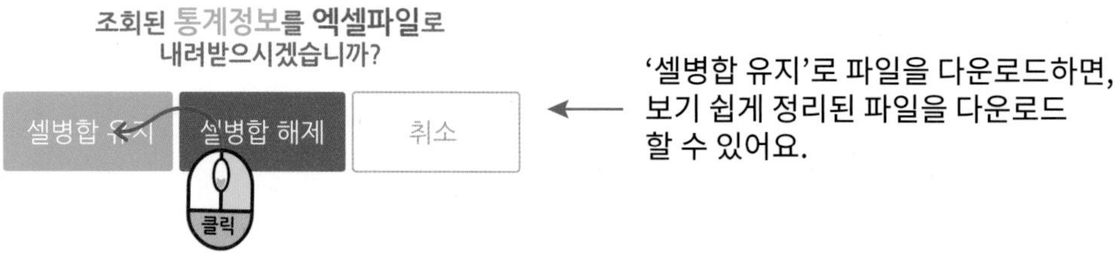

[그림 14-6] 셀병합 여부 선택하기

테이블을 살펴보니 열에는 '관광지', '내/외국인', '총계', '연도별 인원계', '월별 인원계' 등의 속성이 입력되어 있어요. 행에는 기간별 입장객 수가 내/외국인으로 구분되어 입력

되어 있어요.

[파일명]: (14장) 에버랜드 월별 입장객수 (원본).xls

	A	B	C	D	E	F	G	H
1	시도	군구	관광지	내/외국인	총계(2005.01 ~ 2020.12)			
2						인원계	2005년 01월	2005년 02월
3	경기도	용인시	에버랜드	내국인	99,302,093	8,237,150	487,392	285,195
4				외국인	8,590,031	413,670	20,700	37,210
5				합계	107,892,124	8,650,820	508,092	322,405
6								

[그림 14-7] (14장) 에버랜드 월별 입장객수(원본) 데이터

3 데이터 다듬기

(1) 어떤 데이터가 필요할까?

에버랜드 입장객 수의 변화를 알아보기 위해 우리가 수집한 데이터는 무엇인가요?

수집한 데이터	

우리가 수집한 데이터는 '에버랜드 월별 입장객 수'예요. 테이블에는 우리에게 필요한 데이터도 있지만 필요하지 않은 데이터도 있어요. 우리에게 필요한 데이터와 필요하지 않은 데이터를 구분해보세요.

필요한 데이터	필요하지 않은 데이터

이 책에서는 내/외국인을 따로 구분하지 않아요. 5행의 '합계' 데이터를 제외한 3~4행의 '내/외국인'을 구분하는 데이터는 필요하지 않은 데이터로 분류해요.

(2) 필요하지 않은 데이터를 삭제하자!

우리에게 필요하지 않은 데이터를 삭제해볼까요? [그림 14-8]과 같이 월별 인원수의 합계를 제외하고 필요하지 않은 데이터를 정리해주세요. 연도별 입장객 수의 총계가 담긴 셀도 삭제하는 것 잊지 마세요!

[그림 14-8] 필요하지 않은 데이터 삭제하기

[파일명]: (14장) 에버랜드 월별 입장객수 (1) 필요하지 않은 데이터 삭제하기.xls

	A	B	C	D	E	F	G
1	2005년 01월	2005년 02월	2005년 03월	2005년 04월	2005년 05월	2005년 06월	2005년 07월
2	508,092	322,405	320,007	953,216	1,100,897	950,586	905,485
3							
4							

[그림 14-9] 필요하지 않은 데이터 삭제 완료

[그림 14-9]와 같이 데이터를 다듬어보았나요? 2005년부터 2020년까지의 자료가 한 줄로 모여 있으니 데이터를 한눈에 보기 어렵게 느껴져요. 한눈에 알아보기 쉽게 데이터를 정리해보도록 해요.

날짜	2005년 1월	2005년 2월	2005년 3월
입장객 수(합계)	508,092	322,405	320,007

[그림 14-10] 원본 데이터 모습

열과 행을 '연도'와 '월'로 설정하고 데이터를 정리해볼게요.

	2005년	2006년	2007년
1월	508,092	553,754	486,179
2월	322,405	342,668	379,180
3월	320,007	299,503	321,526

[그림 14-11] 다듬은 데이터 모습

새롭게 저장된 [그림 14-12]의 데이터를 확인해보세요. 어떤가요? 처음에 보았던 데이터보다 한눈에 보기가 쉬워졌나요? 이렇게 데이터를 미리 다듬으면 데이터를 분석하는 데 큰 도움이 되어요. (예리한 친구들은 파일 형식도 xls에서 xlsx로 바뀌었다는 것을 눈치챘을 거예요. 2007년을 기준으로 xls는 2007년 이전의 엑셀 파일 형식이고, xlsx는 2007년 이후의 엑셀 파일 형식을 의미해요. 엔트리는 xls 형식을 불러올 수 없기 때문에 xls파일은 xlsx로 바꾸어 저장해주어야 해요.)

[파일명]: (14장) 에버랜드 월별 입장객수 (2) 완료.xlsx

	A	B	C	D	E	F	G	H	I
1	월	2005	2006	2007	2008	2009	2010	2011	2012
2	1월	508092	553754	486179	351152	317642	459655	230270	385288
3	2월	322405	342668	379180	254607	352566	480856	361380	359240
4	3월	320007	299503	321526	406897	344163	334197	359970	342585
5	4월	953216	790367	907908	815625	818152	836519	721732	787507
6	5월	1100897	1107552	1095161	1079913	1019541	1094346	897691	1017937
7	6월	950586	839118	863021	573059	561139	542434	571366	623753
8	7월	905485	811560	514102	449962	541072	484069	407803	442644
9	8월	1244341	1321973	608419	654886	639568	498533	624031	479428

[그림 14-12] (14장) 에버랜드 월별 입장객수 (2) 완료 일부

[그림 14-12]와는 반대로 열(속성)에는 월, 행에는 연도별 입장객 수를 입력할 수도 있어요. 행과 열을 반대로 재구성한 두 데이터를 시각화하면 원래 데이터와는 다른 그래프가 그려져요. 이 두 그래프를 비교해보는 것도 재미있겠죠?

[그림 14-13] 데이터 불러오기

4 데이터 시각화하기

(1) 데이터, 엔트리로 불러오자!

파일 선택을 눌러 우리가 마지막으로 정리한 데이터를 불러오세요.

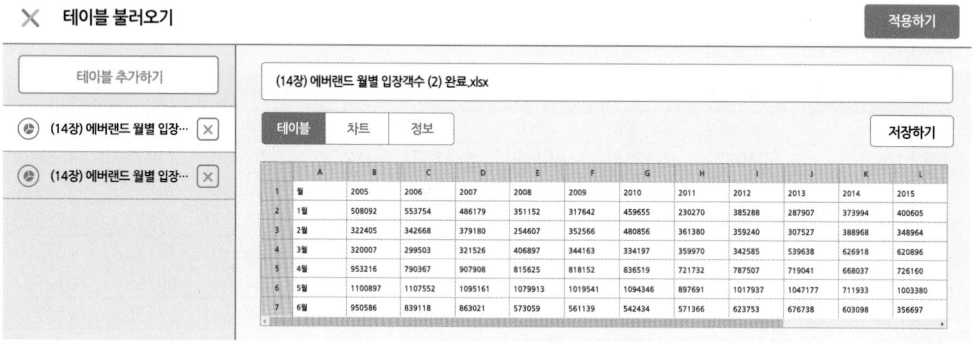

	A	B	C	D	E	F	G	H	I	J	K	L
1	월	2005	2006	2007	2008	2009	2010	2011	2012	2013	2014	2015
2	1월	508092	553754	486179	351152	317642	459655	230270	385288	287907	373994	400605
3	2월	322405	342668	379180	254607	352566	480856	361380	359240	307527	388968	348964
4	3월	320007	299503	321526	406897	344163	334197	359970	342585	539638	626918	620896
5	4월	953216	790367	907908	815625	818152	836519	721732	787507	719041	668037	726160
6	5월	1100897	1107552	1095161	1079913	1019541	1094346	897691	1017937	1047177	711933	1003380
7	6월	950586	839118	863021	573059	561139	542434	571366	623753	676738	603098	356697

[그림 14-14] 데이터 불러오기 완료

[파일명]: (14장) 에버랜드 월별 입장객수 (2) 완료.xlsx

	A	B	C	D	E	F	G	H	I
1	월	2005	2006	2007	2008	2009	2010	2011	2012
2	1월	508092	553754	486179	351152	317642	459655	230270	385288
3	2월	322405	342668	379180	254607	352566	480856	361380	359240
4	3월	320007	299503	321526	406897	344163	334197	359970	342585
5	4월	953216	790367	907908	815625	818152	836519	721732	787507
6	5월	1100897	1107552	1095161	1079913	1019541	1094346	897691	1017937
7	6월	950586	839118	863021	573059	561139	542434	571366	623753
8	7월	905485	811560	514102	449962	541072	484069	407803	442644
9	8월	1244341	1321973	608419	654886	639568	498533	624031	479428

[그림 14-15] 에버랜드 월별 입장객 수 데이터 테이블

[파일명]: (14장) 에버랜드 월별 입장객수 (2) 완료_반전.xlsx

	A	B	C	D	E	F	G	H	I	J	K
1	년	1월	2월	3월	4월	5월	6월	7월	8월	9월	10월
2	2005	508092	322405	320007	953216	1100897	950586	905485	1244341	499623	980808
3	2006	553754	342668	299503	790367	1107552	839118	811560	1321973	639112	817086
4	2007	486179	379180	321526	907908	1095161	863021	514102	608419	415343	791839
5	2008	351152	254607	406897	815625	1079913	573059	449962	654886	479640	794163
6	2009	317642	352566	344163	818152	1019541	561139	541072	639568	334144	501024
7	2010	459655	480856	334197	836519	1094346	542434	484069	498533	499090	899290
8	2011	230270	361380	359970	721732	897691	571366	407803	624031	582176	967574
9	2012	385288	359240	342585	787507	1017937	623753	442644	479428	580427	891611
10	2013	287907	307527	539638	719041	1047177	676738	487917	724799	662773	945571
11	2014	373994	388968	626918	668037	711933	603098	597977	778129	696643	974638
12	2015	400605	348964	620896	726160	1003380	356697	519082	789834	738909	954800

[그림 14-16] 에버랜드 월별 입장객 수(반전) 데이터 테이블

(2) 데이터, 어떤 그래프로 표현할까?

차트 버튼을 눌러 데이터를 시각화해보도록 해요. 월별 에버랜드 입장객 수를 한눈에 비교하기 좋은 그래프는 어떤 것일까요?

월별 입장객 수를 한눈에 비교하기에는 막대그래프가 가장 적절해요. 막대그래프를 그리면 1월부터 12월의 값을 비교할 수 있어요.

(3) 데이터, 그래프로 표현하자!

다음 표를 보고 값을 설정해 차트를 만들어봐요!

그래프 종류	막대	가로축	월
차트 이름	에버랜드 월별 입장객 수	계열	모두

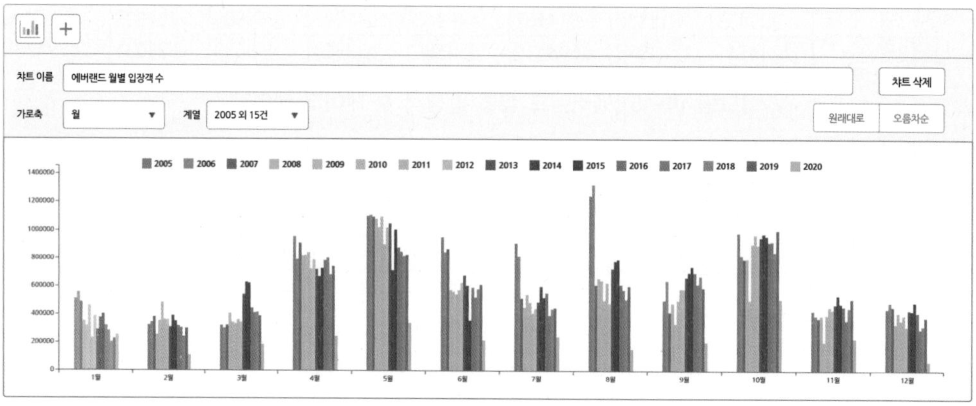

[그림 14-17] 에버랜드 월별 입장객수 그래프

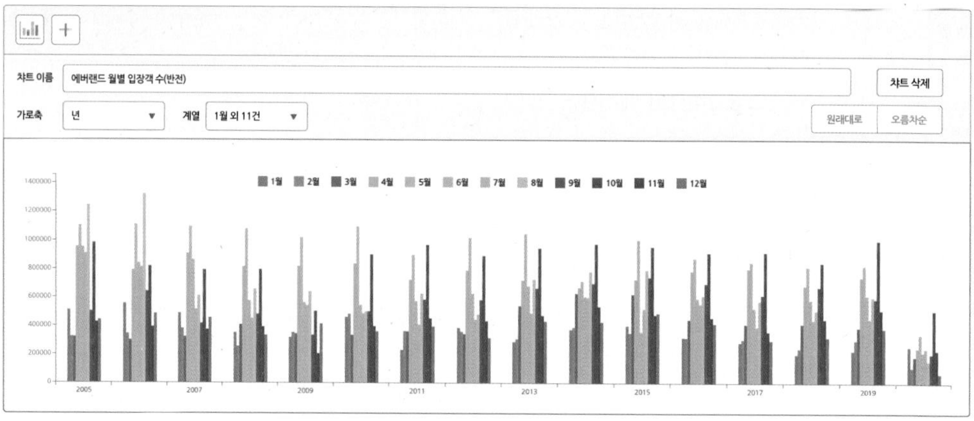

[그림 14-18] 에버랜드 월별 입장객수(반전) 그래프

5 데이터 분석하기

(1) 데이터로 무엇을 알 수 있을까?

우리는 월별 에버랜드 입장객 수를 비교하기 위해 **'에버랜드 월별 입장객 수'** 데이터를 수집했어요. 그리고 수집한 데이터를 효과적으로 표현할 수 있는 막대그래프로 데이터 시각화를 했어요.

막대그래프로 시각화한 **'에버랜드 월별 입장객 수'**로 우리가 읽어낼 수 있는 정보는 무엇인가요? 새롭게 알게 된 정보를 정리하고 주어진 질문 외에도 여러분이 질문을 만들고 답해보세요.

평균 입장객 수가 많은 월	
2005년 입장객 수가 가장 많았던 월	

(2) 분석한 데이터로 문제를 해결하자!

데이터를 분석해보니까 사람들은 주로 (　　)월에 에버랜드에 많이 가는 것을 알 수 있어.

우리가 눈치 게임에서 매번 졌던 이유가 여기에 있었네!
다들 날씨가 좋은 봄에 에버랜드를 많이 가나 봐.

그러게.
앞으로 사람이 가장 없을 때 가려면 (　　)월에 가야 해.

추위를 견딜지, 사람이 많은 것을 견딜지 이제 우리의 선택에 달려있네!

가족 여행이나 친구들과 약속을 잡을 때 이 데이터를 참고하면 참 좋을 것 같아!
그래프를 활용해서 설득력 있는 자료를 만들어볼래?

6 문제 해결

(1) 데이터를 어떻게 활용할까?

연도별로 몇 월에 에버랜드 입장객 수가 가장 적은지 데이터로 분석하고 이를 다른 사람에게 소개하는 프로그램을 만들어보아요!

(2) 어떤 데이터가 필요할까?

1월에 가장 사람이 없다는 것은 어떻게 보여주면 좋을까요? 연도별로 입장객 수가 가장 적은 달을 모아 새로운 테이블을 만들고 이를 시각화 해보도록 해요. 이를 위해서는 [그림 14-19]와 같이 두 가지 파일이 필요해요. 두 가지 파일 중 '새로운 테이블' 데이터는 비어 있어요. '새로운 테이블'에는 엔트리 코드를 사용하여 **'(14장) 에버랜드 월별 입장객 수 (2) 완료'** 파일에서 필요한 데이터만 불러올 거예요.

[파일명]: (14장) 에버랜드 월별 입장객수 (2) 완료.xlsx, (14장) 에버랜드 월별 입장객수 (3) 새로운 테이블.xlsx

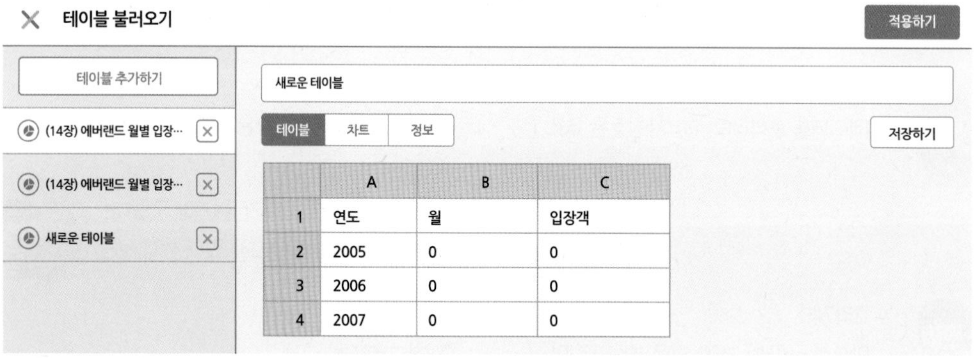

[그림 14-19] 테이블 추가하기

프로그램 마지막에 연도별로 입장객 수가 가장 적은 달을 모아 그래프로 표현하려면 '새로운 테이블'의 차트를 미리 설정해야 해요.

그래프 종류	원	계열	월
차트 이름	입장객 수 최소 월	값	개수

지금은 테이블이 비어 있어 [그림 14-20]처럼 차트가 제대로 그려지지 않지만, 코드가 실행되면 '새로운 테이블'에 값이 채워지면서 [그림 14-21]처럼 차트도 변하게 돼요.

이를 이용하면 연도별 입장객 수가 가장 적은 달의 개수를 확인할 수 있어요.

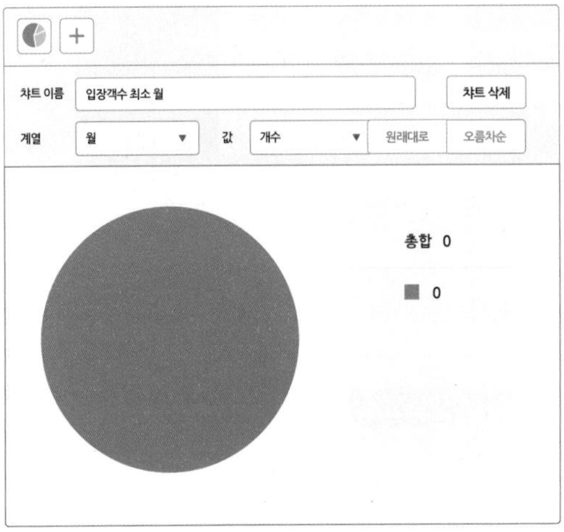

[그림 14-20] 차트 추가하기

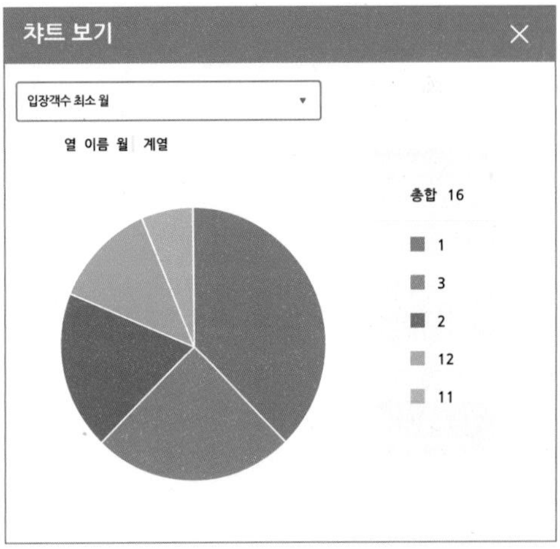

[그림 14-21] 차트 결과

(3) 데이터를 활용한 프로그램을 만들어보자!

완성된 작품 미리보기

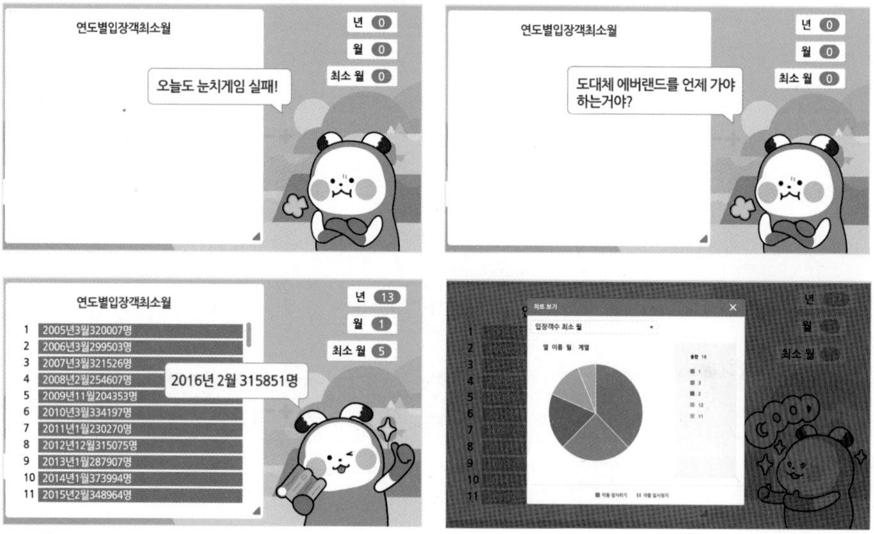

❶ [장면 1] 완성 장면 확인하고 오브젝트 추가하기

[그림 14-22] 장면 1 완성 모습

❷ [장면 1]오브젝트에 추가 작업하기

'엔트리봇 이모티콘'에서 필요 없는 '참내 이모티콘', '물음표 이모티콘', 'good 이모티콘', '리메이크해요 이모티콘'만 남겨두고 삭제해요.

[그림 14-23] 엔트리봇 이모티콘

[그림 14-24] 필요 없는 모양 삭제

'리메이크해요 이모티콘'에서 '리메이크해요' 부분을 클릭하고 삭제를 눌러 해당 부분을 지워요. 저장하기를 누르면 수정된 모양이 저장돼요.

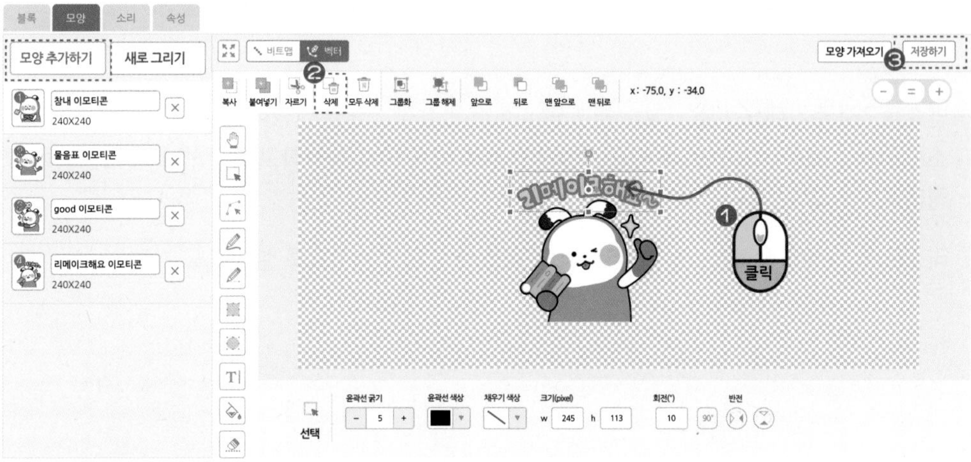

[그림 14-25] '리메이크해요 이모티콘' 수정하기

❸ [장면 1]에 변수와 리스트 추가하기

[그림 14-26] 변수 추가하기

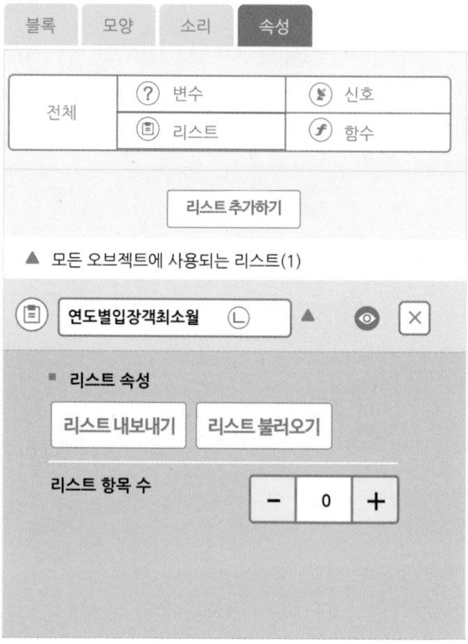

[그림 14-27] 리스트 추가하기

㉠ 변수를 7개 추가해요. ('월', '최소 월', '년', '최소 입장객', '월별 입장객', '년도_월 텍스트', '월별 최소 입장객') '모든 오브젝트에 사용', '일반 변수로 사용'으로 설정하고 모든 변수의 기본값을 0으로 정해요.

㉡ 리스트 '연도별입장객최소월'을 추가해요. 리스트 항목 수는 0으로 설정해요.

❹ [장면 1]의 오브젝트별 코드

[그림 14-28]
엔트리봇 이모티콘

* 이번 장은 코드가 길기 때문에 조금씩 나누어 살펴보도록 할게요.

[그림 14-29] 엔트리봇 코드

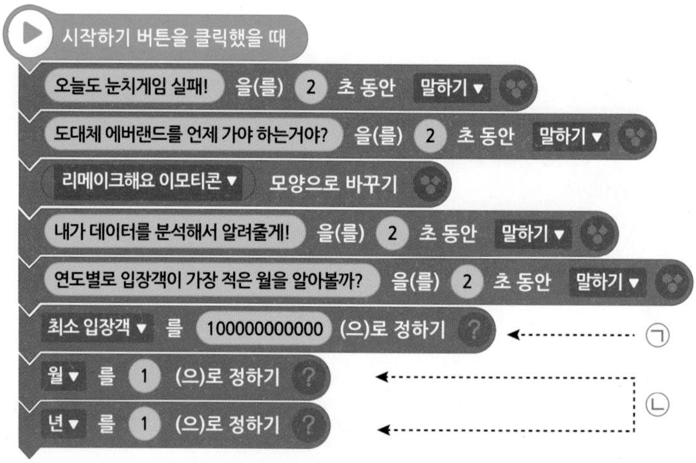

[그림 14-30] 엔트리봇 코드 1

㉠ 변수 '최소 입장객'에는 큰 수를 입력해요. 앞으로 데이터를 살펴보며, 변수('최소 입장객')의 값보다 작은 데이터('월별 입장객')를 만나면 변수의 값을 해당 월별 입장객 수로 바꿔줄 거예요.

㉡ 변수 '월'과 '년'은 데이터의 행과 열을 따라가며 값을 확인하도록 기본값을 1로 정해요.

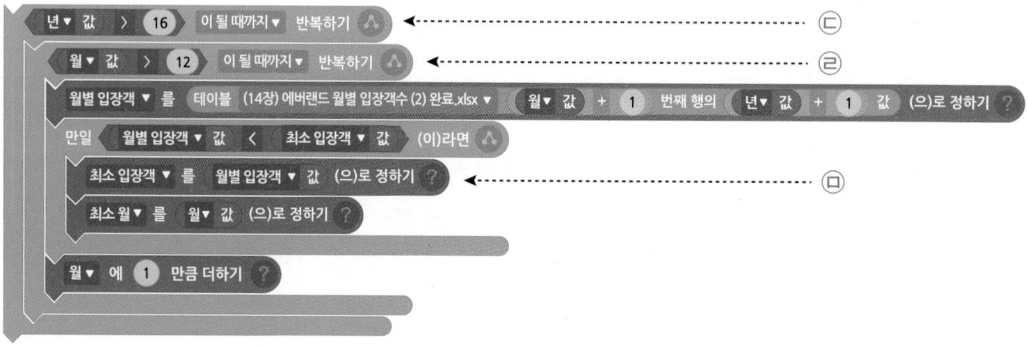

[그림 14-31] 엔트리봇 코드 2

ⓒ 변수 '년'의 값은 '열'을 나타낸다고 생각하면 쉽게 이해할 수 있어요. 테이블 '(14장) 에버랜드 월별 입장객수 (2) 완료.xlsx'에는 A열부터 Q열까지 있어요. 그 중에서 우리에게 의미가 있는 열은 B열부터 Q열까지 총 16개의 열이예요. 따라서 우리는 변수 '년'의 값이 1부터 16이 될 때까지 코드를 16번 반복할 거예요.

ⓔ 변수 '월'의 값은 '행'을 나타내요. 테이블 '(14장) 에버랜드 월별 입장객수 (2) 완료.xlsx'에는 1행부터 13행까지 있어요. 그 중에서 우리에게 의미가 있는 행은 2행부터 13행까지 총 12개의 행이예요. 따라서 우리는 변수 '월'의 값이 1부터 12가 될 때까지 코드를 12번 반복할 거예요.

ⓜ 최소 입장객과 월별 입장객을 비교하며 가장 적은 입장객 수를 변수 '최소 입장객'에, 해당 월을 변수 '최소 월'에 저장해요.

(14장) 에버랜드 월별 입장객수 (2) 완료.xlsx

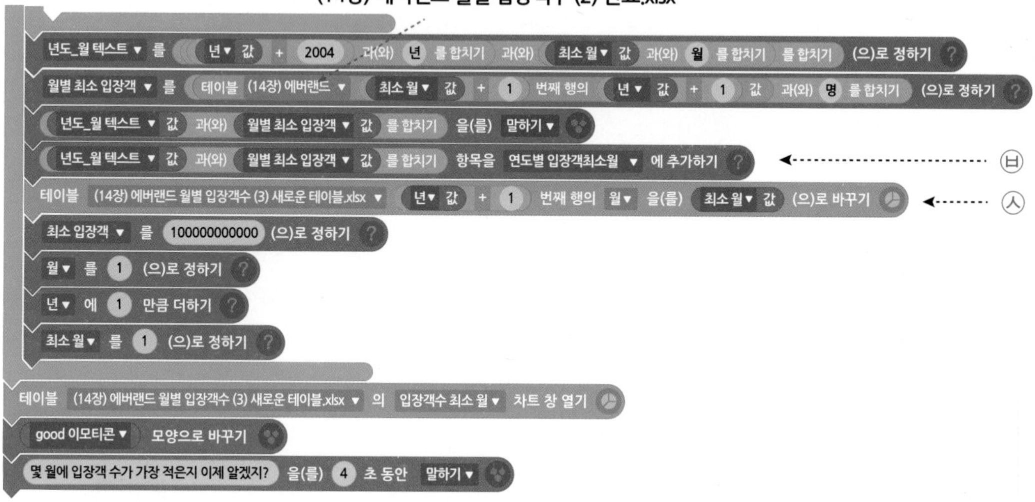

[그림 14-32] 엔트리봇 코드 3

ⓗ 연도별 최소 월과 최소 입장객 수를 '연도별입장객최소월' 리스트에 추가해요.

ⓢ 테이블 '(14장) 에버랜드 월별 입장객수 (3) 새로운 테이블.xlsx'의 행에 연도 순서대로 입장객 수가 가장 적은 달을 입력해요.

7 추가미션

구구 박사의 추가 미션

놀이공원의 어린이날 입장객 수와 5월 평균 입장객 수를 각각 그래프로 나타내고 비교해보세요.

어린이날 놀이공원에는 평소보다 입장객 수가 적을까요, 많을까요? 에버랜드는 월별 입장객 자료만을 제공하고 있어 '어린이날'만의 입장객 수를 확인하기는 어려워요. 하지만 서울열린데이터광장에서는 서울대공원의 일일 입장객 수를 제공하고 있어요. 서울열린데이터광장에서 '서울대공원'을 검색하면 데이터를 쉽게 수집할 수 있어요.

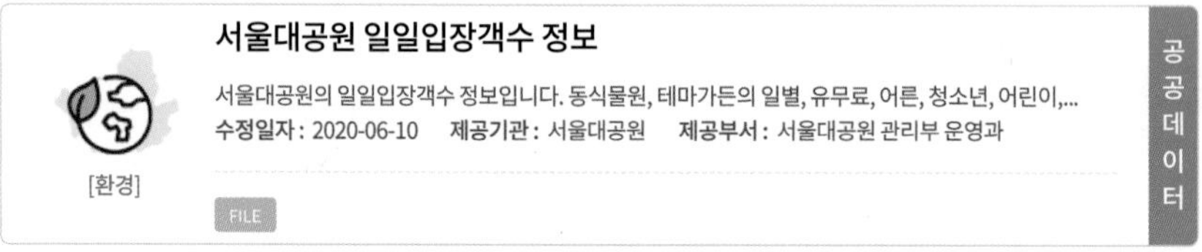

[그림 14-34] 서울대공원 일일입장객 수 데이터

서울대공원 입장객 정보는 연도별로 각각 다른 파일에 저장되어 있어요. 이 책에서는 2013년부터 2019년 5월 5일까지의 자료를 수집하고 이를 5월 평균 입장객 수와 비교해 보았어요. (여러분이 직접 2013년부터 현재까지의 데이터 파일을 내려받아 정리해 보는 것을 추천해요).

파일내려받기

* 파일에 이상이 있는 경우 '오류신고'를 통해 운영자에게 알려주세요. 오류신고

NO	항목	파일명	용량(MB)	수정일	내려받기
1	데이터	서울대공원 입장객 정보_2014년.xls	0.18	2021.07.05	
2	데이터	서울대공원 입장객 정보_2013년.xls	0.22	2021.07.05	
3	데이터	서울대공원 입장객 정보_2012년.xls	0.23	2021.07.05	
4	데이터	서울대공원 입장객 정보_2011년.xls	0.21	2021.07.05	

[그림 14-35] 서울대공원 일일입장객 수 데이터 내려받기

숫자만 확인해도 어린이날 입장객 수는 5월의 다른 날보다 많았다는 것을 알 수 있어요. 그래프로 표현하면 더 확실하게 눈으로 확인할 수 있겠죠? [그림 14-37]에서 2013년부터 2019년의 입장객 수 비교 그래프를 확인할 수 있어요.

	A	B	C	D	E
1	연도	**5월 5일 입장객 수**	**5월 평균 입장객 수**		
2	**2013**	66,905	20,960		
3	**2014**	86,100	21,417		
4	**2015**	64,523	21,530		
5	**2016**	58,688	15,552		
6	**2017**	46,264	14,653		
7	**2018**	52,310	14,982		
8	**2019**	43,255	11,817		
9					

[그림 14-36] 추가 미션 결과

[파일명]: (14장) 추가 미션.xlsx

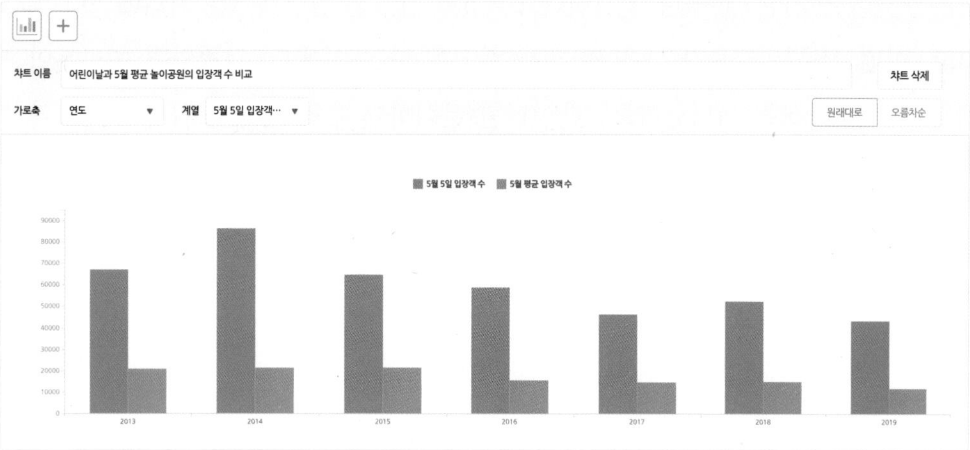

[그림 14-37] 서울대공원 5월 5일 입장객 수와 5월 평균 입장객 수 비교 막대그래프

15장 우리 집에서 가까운 학교는 어디일까요?

여러분은 학교에 가는 데 얼마나 걸리나요? 어떤 친구는 걸어서 5분 거리에 있는 학교에 다니고, 어떤 친구는 그보다 더 멀리 있는 학교에 다닐 거예요. 그렇다면 여러분이 사는 곳에서 가까운 학교는 어디일까요? 데이터를 분석하여 우리 집에서 가까운 학교가 어디인지 알아보도록 해요.

이번 장에서는 무엇을 배울까요?

- 경도와 위도의 의미를 알고 원하는 장소의 좌표를 구할 수 있어요.
- 목적에 따라 계열을 다르게 설정하여 그래프를 시각화할 수 있어요.
- 장소의 좌표를 입력하면 가장 가까운 학교의 이름과 위치를 출력하는 프로그램을 만들 수 있어요.

1 문제 인식

하은아!
나 다음 주에 이사 가게 되었어. 아마 학교를 이번 주까지만 다닐 것 같아.

헉! 얼마나 멀리 가는데?
학교도 옮겨야 하는 거야? 이사하면 어느 초등학교로 가는 거야?!

아직 그건 잘 모르겠어.
미리 알아보고 싶은데... 좋은 방법이 없을까?

네가 없다니... 너무 슬플 것 같아.
정은아, 떠나기 전에 마지막으로 데이터를 이용해서
너희 집에서 가장 가까운 학교가 어디인지 알아보는 건 어떨까?

● 문제 해결 계획하기

(1) 우리가 해결해야 하는 문제는 무엇인가요?

해결할 문제

(2) 문제 해결을 위해 어떤 데이터가 필요할까요?

필요한 데이터

2 데이터 수집하기

(1) 데이터, 어디서 구할까?

여러분의 집에서 가까운 학교가 어디에 있는지 알기 위해서는 전국에 분포한 학교들의 위치를 수집해야 해요. 전국에는 몇 개의 초중등학교가 있을까요? e나라지표에서는 전국 학교 수 현황을 제공하고 있어요. e나라지표 검색창에 '초중등교육 규모'를 검색해보세요.

e나라지표: https://www.index.go.kr

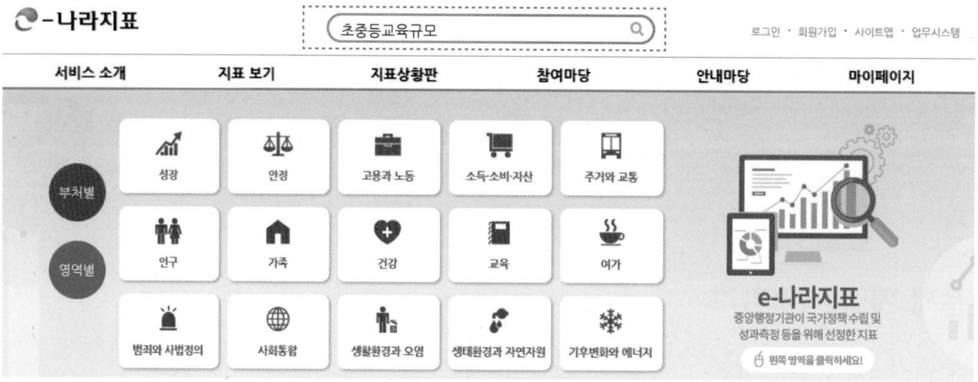

[그림 15-1] e나라지표 메인 화면

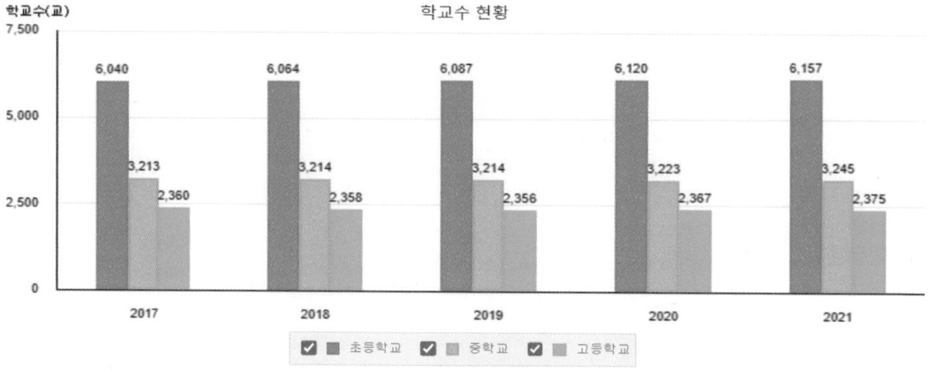

[그림 15-2] 전국 학교 수 현황

2021년 자료를 살펴보니 전국에 초등학교만 6,157개가 있네요!

전국초중등학교의 위치는 공공데이터포털에서 제공하고 있어요. 공공데이터포털[1] 검색창에 '전국 초중등학교 위치'를 검색해보세요.

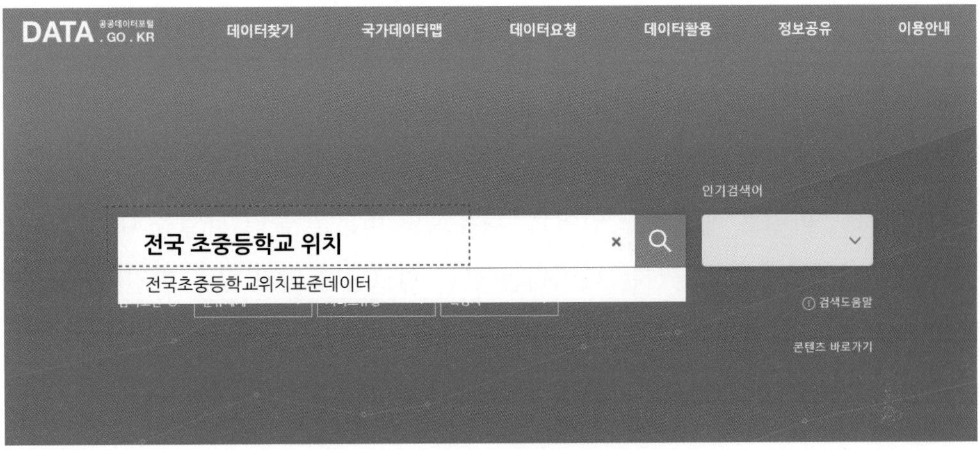

[그림 15-3] 공공데이터포털 메인 화면

전국 초중등학교 위치와 관련된 여러 데이터 중에서 '한국교원대학교_초중등학교위치_파일데이터'를 선택해요.

[그림 15-4] 한국교원대학교_초중등학교위치_파일데이터

이 데이터에는 한국교원대학교 연구원에서 관리하는 전국 초등학교, 중학교, 고등학교의 위치 정보가 들어있어요. 미리보기 메뉴를 확인하면 데이터를 미리 볼 수 있어요.

1) https://www.data.go.kr/

학교아이디	학교명	학교급구분	설립일자	설립형태	본교분교구분	운영상태	소재지지번주소	소재지도로명주소
B000008068	의귀초등학교	초등학교	1959-02-20	공립	본교	운영	제주특별자치도 서귀포시 남원읍 의귀리 1483-3	제주특별자치도 서귀포시 남원읍 한 신로 213
B000022613	거제장평중학교	중학교	2013-05-01	공립	본교	운영	경상남도 거제시 장평동 148	경상남도 거제시 장평4로 40
B000022983	연무여자중학교	중학교	1970-04-10	사립	본교	운영	충청남도 논산시 연무읍 동산리 879	충청남도 논산시 연무읍 동안로887번길 5
B000002721	기장초등학교	초등학교	1911-07-01	공립	본교	운영	부산광역시 기장군 기장읍 동부리 320	부산광역시 기장군 기장읍 읍내로 9

[그림 15-5] 데이터 미리보기

이 데이터는 csv 파일로 제공되고 있어요. 다운로드 버튼을 눌러 파일을 내려받으세요. 단, 공공데이터포털에서 제공하는 데이터는 한글 인코딩이 되지 않은 파일이에요. 반드시 파일 형식을 .xlsx 또는 .csv(UTF-8)로 바꾸어 저장하도록 해요. (11장에서 학습한 '다른 이름으로 저장하기'를 참고하세요.)

CSV 한국교원대학교_초중등학교위치_파일데이터 다운로드 오류신고 및 담당자 문의

[그림 15-6] 데이터 다운받기

수집된 데이터를 확인해보세요. 보기만 해도 엄청난 양의 데이터가 담겨있어요. 총 11,965개의 행으로 이루어진 데이터네요.

[파일명]: (15장) 초중등학교위치_파일데이터 (원본).xlsx

	A	B	C	D	E	F	G	H	I	J	K	L
1	학교ID	학교명	학교급구분	설립일자	설립형태	본교분교구	운영상태	소재지지번	소재지도로	시도교육청	시도교육청	교육지원청
2	B000011816	부일외국어고등학교	고등학교	1995-03-01	사립	본교	운영	부산광역시	부산광역시	7150000	부산광역시	7171000
3	B000011104	율하중학교	중학교	2010-03-01	공립	본교	운영	경상남도	경상남도	9010000	경상남도교	9091000
4	B000012153	삼성여자고등학교	고등학교	1975-03-03	사립	본교	운영	부산광역시	부산광역시	7150000	부산광역시	7171000
5	B000007846	좌삼초등학교	초등학교	1946-09-20	공립	본교	운영	경상남도	경상남도	9010000	경상남도교	9151000
6	B000011160	영산중학교	중학교	1951-06-25	공립	본교	운영	경상남도	경상남도	9010000	경상남도교	9141000
7	B000007805	유어초등학교	초등학교	1926-10-01	공립	본교	운영	경상남도	경상남도	9010000	경상남도교	9141000
8	B000002310	서울동작초등학교	초등학교	1983-04-06	공립	본교	운영	서울특별시	서울특별시	7010000	서울특별시	7132000
9	B000012048	서울문영여자고등학교	고등학교	1991-11-07	사립	본교	운영	서울특별시	서울특별시	7010000	서울특별시	7132000
10	B000002198	서울갈산초등학교	초등학교	1987-11-26	공립	본교	운영	서울특별시	서울특별시	7010000	서울특별시	7081300
11	B000002049	서울태랑초등학교	초등학교	2001-06-11	공립	본교	운영	서울특별시	서울특별시	7010000	서울특별시	7051000

[그림 15-7] (15장) 초중등학교위치_파일데이터 (원본) 일부

구구박사의 데이터 과학 지식 더하기

x 좌표 / y 좌표란?

x 좌표와 y 좌표는 쉽게 말해서 '위치'라고 할 수 있어요. x 좌표는 가로축의 위치를 의미하며 경도를 나타내요. y 좌표는 세로축의 위치를 의미하며 위도를 나타내요. 세계지도나 지구본을 살펴보면 가로 선과 세로 선이 그어져 있어요. 가로 선은 위선이라고 부르며 적도를 기준으로 남북으로 떨어진 정도를 '위도'로 표현해요. 세로 선은 경선이라고 부르며 영국의 그리니치 천문대를 기준으로 동서로 떨어진 정도를 '경도'로 표현해요.

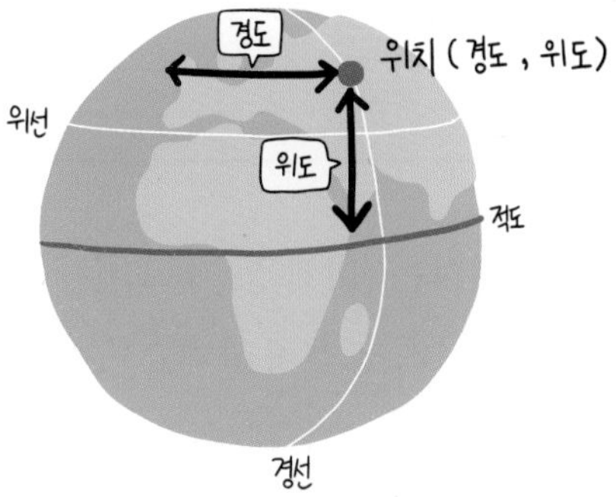

[그림 15-8] 위도와 경도

3 데이터 다듬기

(1) 어떤 데이터가 필요할까?

정은이의 새로운 집에서 가까운 학교를 찾기 위해 우리가 수집한 데이터는 무엇인가요?

수집한 데이터	

우리가 수집한 데이터는 **'전국초중등학교 위치 데이터'**예요. 이렇게 많은 정보를 담고 있는 빅데이터를 다룰 때는 우리에게 필요한 데이터만 추출하는 것이 정말 중요해요. 여러분이 정은이처럼 이사를 간다고 상상해보세요. 우리 집에서 어떤 학교가 가장 가까운지

알기 위해서는 이 중에서 어떤 정보가 필요할까요?

필요한 데이터	필요하지 않은 데이터

이 책에서는 '학교명, 학교급구분, 소재지 도로명주소, 시도교육청명, 위도, 경도'를 필요한 데이터로 분류할게요. 그 외에 '학교ID, 설립일자, 설립형태, 본교/분교' 등의 정보는 필요하지 않은 데이터로 구분할게요.

(2) 필요하지 않은 데이터를 삭제하자!

필요한 데이터로 분류한 '학교명, 학교급구분, 소재지 도로명주소, 시도교육청명(교육지원청명), 위도, 경도'를 제외한 나머지 데이터를 삭제해주세요.

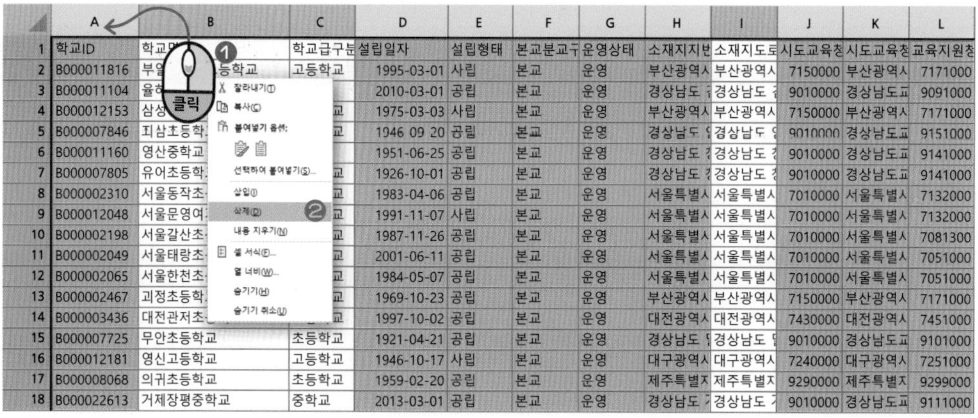

[그림 15-9] 필요하지 않은 데이터 삭제하기

[파일명]: (15장) 초중등학교위치_파일데이터 (1) 완료.xlsx

	A	B	C	D	E	F	G
1	학교명	학교급구분	소재지도로명주소	시도교육청명	교육지원청명	위도	경도
2	부일외국어고등학	고등학교	부산광역시 사하구 감천로73번	부산광역시교육청	부산광역시서부교육지원청	35.09132	129.0016
3	율하중학교	중학교	경상남도 김해시 율하1로 39	경상남도교육청	경상남도김해교육지원청	35.17473	128.8079
4	삼성여자고등학교	고등학교	부산광역시 사하구 감천로43번	부산광역시교육청	부산광역시서부교육지원청	35.09411	128.9985
5	좌삼초등학교	초등학교	경상남도 양산시 상북면 수서로	경상남도교육청	경상남도양산교육지원청	35.44049	129.0437
6	영산중학교	중학교	경상남도 창녕군 영산면 영산계	경상남도교육청	경상남도창녕교육지원청	35.45982	128.524
7	유어초등학교	초등학교	경상남도 창녕군 유어면 마수원	경상남도교육청	경상남도창녕교육지원청	35.50887	128.411
8	서울동작초등학교	초등학교	서울특별시 동작구 동작대로29	서울특별시교육청	서울특별시동작관악교육지원	37.4941	126.9768
9	서울문영여자고등	고등학교	서울특별시 관악구 관악로 85	서울특별시교육청	서울특별시동작관악교육지원	37.47345	126.9511
10	서울갈산초등학교	초등학교	서울특별시 양천구 목동로 31	서울특별시교육청	서울특별시강서양천교육지원	37.51174	126.87
11	서울태랑초등학교	초등학교	서울특별시 노원구 화랑로51나	서울특별시교육청	서울특별시북부교육지원청	37.62638	127.0907
12	서울한천초등학교	초등학교	서울특별시 노원구 마들로 45	서울특별시교육청	서울특별시북부교육지원청	37.62016	127.0689

[그림 15-10] 필요하지 않은 데이터 삭제 완료

4 데이터 시각화하기

(1) 데이터, 엔트리로 불러오자!

우리는 집에서 가까운 학교를 찾기 위해 전국초중등학교 위치 데이터를 수집했어요. 가까운 학교를 찾아보기 전, **'전국초중등학교 위치 데이터'**를 그래프로 확인해볼까요? 먼저, 데이터 분석 블록을 사용하여 파일을 엔트리로 불러오세요.

[파일명]: (15장) 초중등학교위치_파일데이터 (1) 완료.xlsx

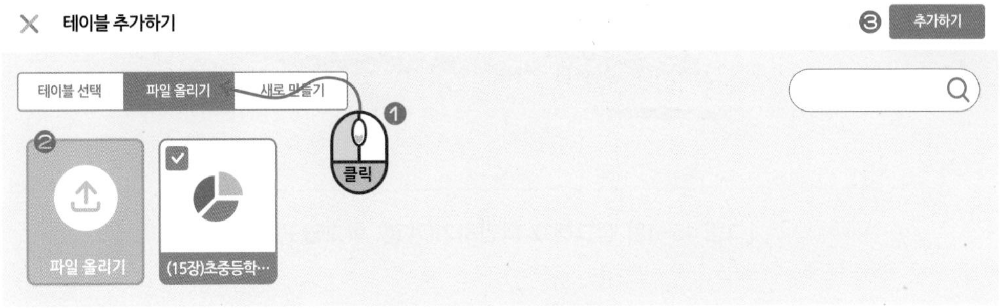

[그림 15-11] 데이터 불러오기

(2) 데이터, 어떤 그래프로 표현할까?

전국 초중등학교의 위치를 한눈에 알아보기 쉽게 표현하기 위해서는 점그래프가 효과적이에요. 하지만 전국 초중등학교를 어떤 기준에 따라 구분하고 분석하기 위해서는 원그래프가 더 적절해요. 동일한 데이터를 두 가지 그래프로 표현하고 쓰임을 비교해볼까요?

(3) 데이터, 그래프로 표현하자!

먼저, 점그래프를 그려볼게요. 다음 표를 보고 속성을 선택해 차트를 만들어보세요.

그래프 종류	점	세로축	위도
차트 이름	전국 초중등학교 위치 데이터_학교급	계열	학교급구분
가로축	경도		

[그림15-12]과 같이 학교급별 분포가 그래프로 표현돼요.
(초등학교: ◆, 중학교: ■, 고등학교: ●)

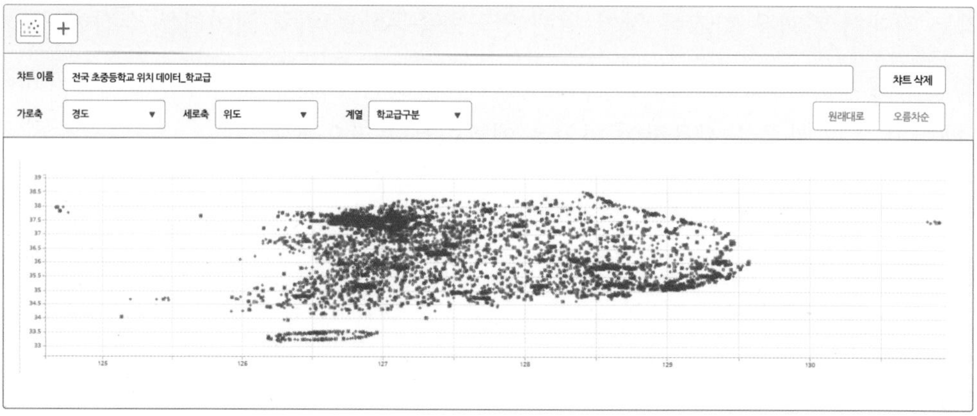

[그림 15-12] 점그래프 확인하기(계열: 학교급구분)

앗, 위치 데이터를 경도와 위도에 따라 점그래프로 표현했더니 우리나라 지도 모양의 그래프가 그려졌네요! 하지만 학교급(초등학교, 중학교, 고등학교) 중 어떤 학교가 전국에 많은지는 알기 어려워요. 이런 경우 원그래프를 같이 사용하면 좋아요. 원그래프를 사용하면 계열에 따른 비율을 확인할 수 있어요. 다음 표를 보고 값을 설정해 차트를 만들어 볼까요?

그래프 종류	원	계열	학교급구분
차트 이름	전국 초중등학교 위치 데이터_학교급	값	개수

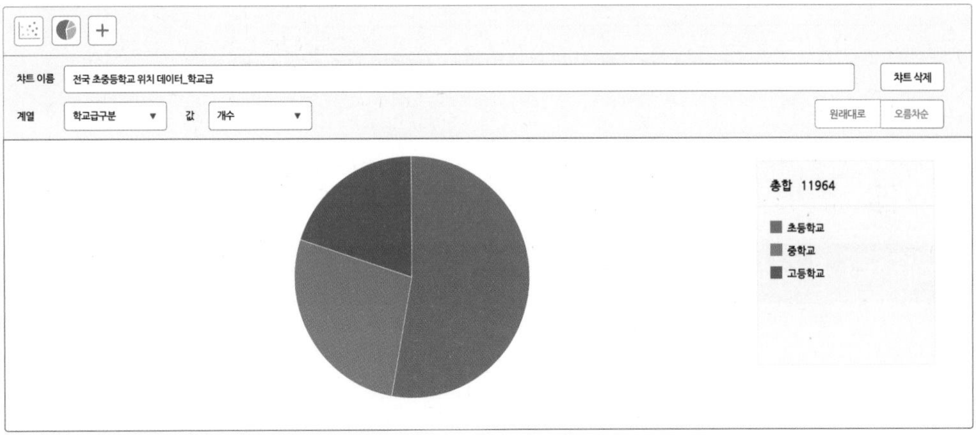

[그림 15-13] 원그래프 확인하기(계열: 학교급구분)

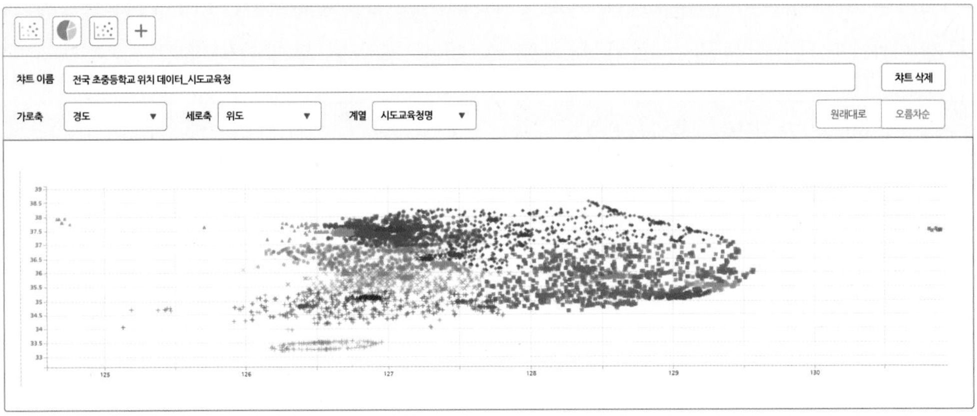

[그림 15-14] 점그래프 확인하기(계열: 시도교육청명)

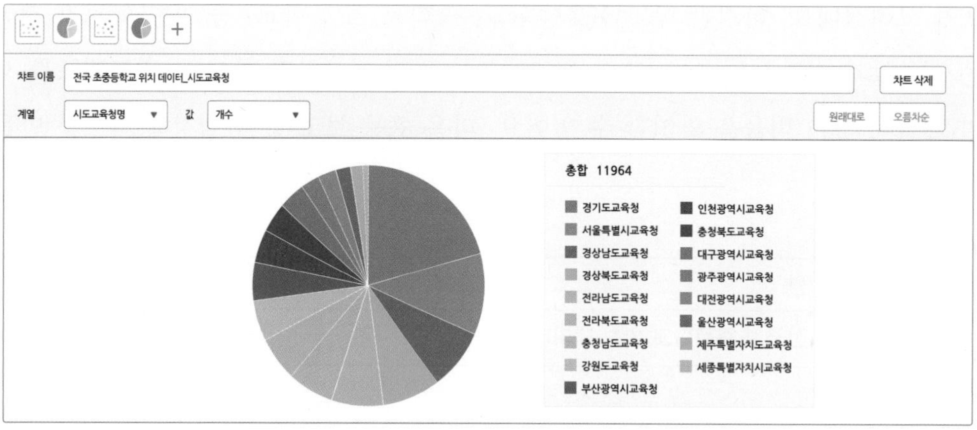

[그림15-15] 원그래프 확인하기 (계열: 시도교육청명)

5 데이터 분석하기

(1) 데이터로 무엇을 알 수 있을까?

우리는 집에서 가까운 학교를 찾기 위해 '**전국초중등학교 위치 데이터**'를 수집했어요. 그리고 전국초중등학교의 분포를 알아보기 위해 다양한 그래프로 데이터 시각화를 했어요. 시각화한 데이터를 통해 우리가 읽어낼 수 있는 정보는 무엇인가요?

전국에서 가장 많은 학교급	
전국에서 학교가 가장 많은 도시	

점그래프에서는 정확하게 알기 어려웠던 부분들이 원그래프로 나타내면 쉽게 확인할 수 있었어요. 이처럼 여러 종류의 그래프를 용도에 맞게 사용하면 더 많은 정보를 발견할 수 있어요.

(2) 분석한 데이터로 문제를 해결하자!

데이터를 분석해보니까 전국에는 (초등 / 중 / 고등) 학교가 제일 많아!

정말 그러네!
너는 그중에서 어떤 학교로 가게 될까?

그러게. 나는 제주도로 이사 가는데,
거기는 초등학교, 중학교, 고등학교를 합쳐서 약 (100 / 200 / 300)개의 학교가 있대.

그 많은 초등학교 중에서 너희 집에서 가장 가까운 학교는 어디일까?

방금 수집한 전국의 초중등학교 위치 데이터를 활용해서
우리 집의 위치를 입력하면 집에서 가까운 학교를 알려주는 프로그램을 만들어볼까?

6 문제 해결

(1) 데이터를 어떻게 활용할까?

우리가 수집한 데이터를 활용하여 위치를 입력하면 가장 가까운 학교의 이름과 위치를 알려주는 프로그램을 만들어보면 어떨까요? 위치를 좌표로 표현하여 입력하면 두 곳 사이의 거리를 쉽게 계산할 수 있어요.

구구박사의 데이터 과학 지식 더하기

경도(x 좌표)와 위도(y 좌표)를 구하는 방법

■ https://www.google.com/maps/?hl=ko

구글 지도를 이용하면 쉽게 좌표를 구할 수 있어요. 원하는 위치에서 마우스 오른쪽 버튼을 클릭하고, '주변검색'을 선택하면 검색창에 좌표가 나와요.

[그림 15-16] 구글 지도에서 좌표 찾기

(2) 어떤 데이터가 필요할까?

위치를 입력하면 가까운 학교를 알려주는 프로그램을 만들기 위해서는 두 가지 파일이 필요해요. 두 가지 파일 중 가까운 학교 데이터는 비어 있어요. 14장과 동일하게 '가까운 학교 데이터' 테이블은 코드가 작동하면서 자동으로 채워지게 되어요.

[파일명]: (15장) 초중등학교위치_파일데이터 (1) 완료.xlsx, (15장) 가까운 학교 데이터.xlsx

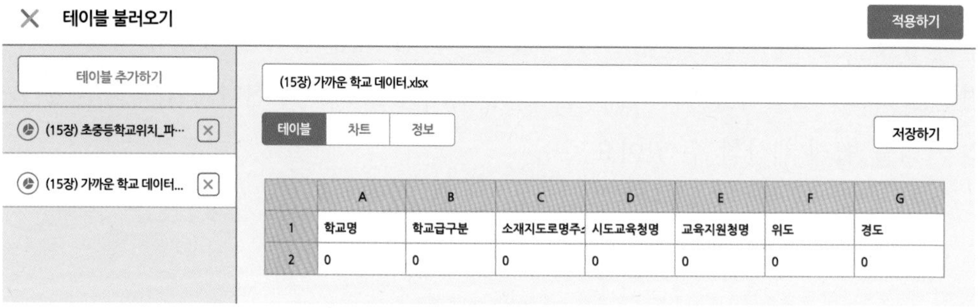

[그림 15-17] 테이블 불러오기

(3) 데이터를 활용한 프로그램을 만들어보자!

완성된 작품 미리보기

집에서 가까운 학교를 찾기 위해서는 두 장소 사이의 거리를 계산해야 해요. '최단 거리'를 이용하여 집과 학교 사이의 거리를 계산해볼까요?

우리가 만들 엔트리 프로그램은 '(15장) 초중등학교위치_파일데이터 (1) 완료.xlsx' 파일에 있는 모든 행의 학교와 입력한 위치 사이의 최단 거리를 계산해요.

파일에는 11,965개의 행이 있어서 프로그램이 완료되기까지 꽤 오랜 시간이 걸릴 수 있어요. 행 개수의 변화를 지켜보며 느긋하게 기다려주세요!

구구박사의 데이터 과학 지식 더하기

최단 거리란?

최단 거리란 두 점 사이의 거리 중 가장 짧은 값을 의미해요. 보통 두 장소 사이의 거리를 구할 때는 하버사인 공식을 사용해요. 이 책에서 다루기에는 공식이 너무 복잡해서 우리는 중학교 수학 시간에 배우는 '두 좌표 사이의 거리' 계산하는 방법을 활용할 거예요. 이를 사용하면 정확도는 부족하지만, 우리가 원하는 프로그램을 제작할 수 있어요. 잘 이해가 되지 않는다면 코드 예시를 보며 차근차근 따라 해보도록 해요!

$$\overline{AB}^2 = \overline{AC}^2 + \overline{BC}^2$$

$$\overline{AB}^2 = (x2 - x1)^2 + (y2 - y1)^2$$

$$\overline{AB} = \sqrt{(x2 - x1)^2 + (y2 - y1)^2}$$

[그림 15-18] 최단 거리를 구하는 공식

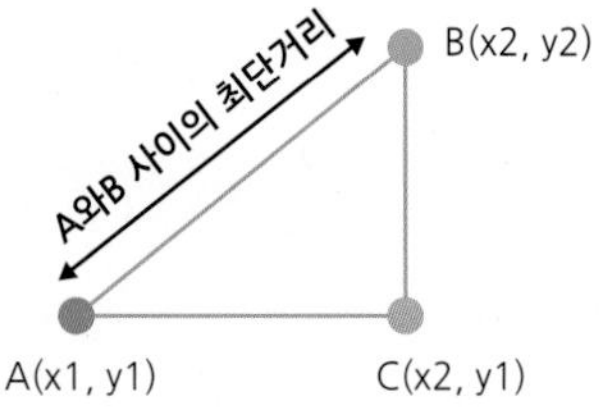

[그림 15-19] 최단 거리를 구하는 그림

❶ [장면 1] 완성 장면 확인하고 오브젝트 추가하기

완성된 장면

추가할 오브젝트

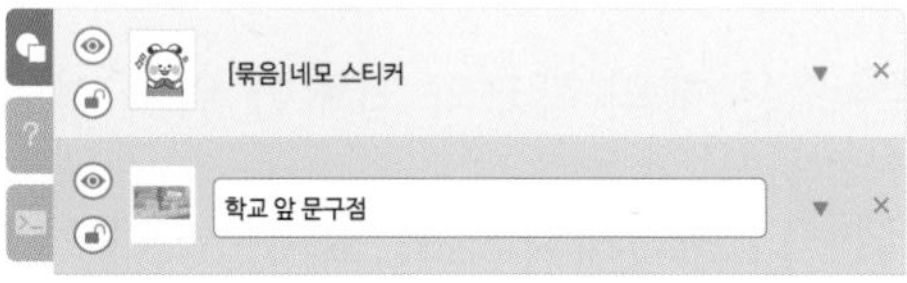

[그림 15-20] 장면 1 완성 모습

❷ [장면 1]오브젝트에 추가 작업하기

[그림 15-21]
네모 스티커

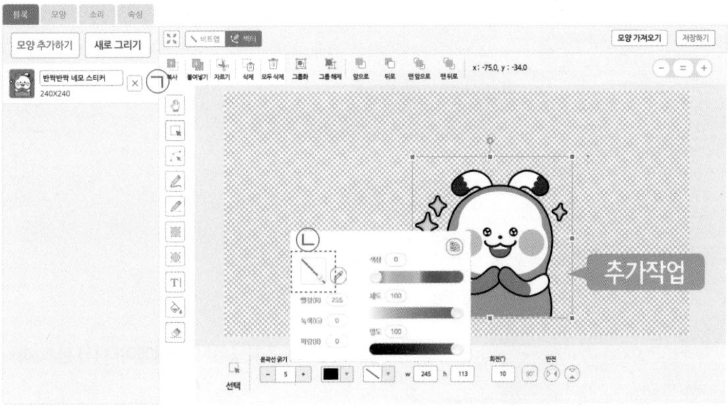

[그림 15-22] '네모 스티커'의 모양 바꾸기

㉠ 네모 스티커를 추가하면 다른 모양들이 함께 추가돼요. '반짝반짝 네모 스티커'만 남기고 나머지는 ×를 눌러 삭제해주세요.

㉡ 채우기 색상을 눌러 배경을 투명한 색으로 바꿔주세요.

❸ [장면 1]에 변수 추가하기

㉠ 변수 '거리(위도)', '거리(경도)' ,'학교급', '최단 거리', '위도', '경도', '거리', '행 개수'를 추가하고 '모든 오브젝트에 사용', '일반 변수로 사용'으로 설정해요.

모든 변수의 기본값은 0으로 설정해주세요.

㉡ '거리(위도)', '거리(경도)' 변수의 눈동자 아이콘을 꺼주세요.

[그림 15-23] 변수 추가하기

❹ [장면 1]의 오브젝트별 코드

오브젝트

[그림 15-24]
네모 스티커

[그림 15-25] 엔트리봇 코드

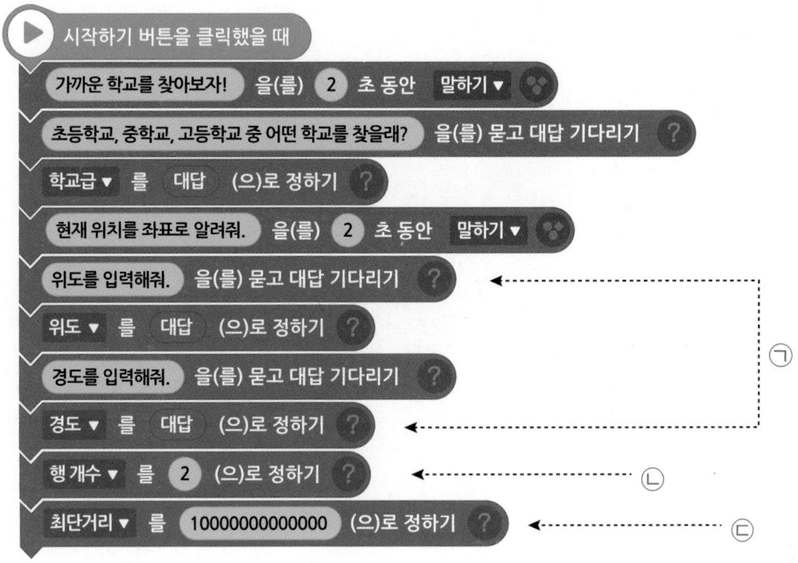

[그림 15-26] 엔트리봇 코드 1

㉠ 오브젝트가 질문을 하면 여러분이 입력한 대답을 변수에 저장할 수 있는 블록이에요. 기준이 되는 위치의 위도와 경도를 묻고, 대답을 변수 '위도'와 '경도'에 각각 저장해요.

㉡ 테이블 '(15장) 초중등학교위치_파일데이터 (1) 완료.xlsx'의 2행부터 살펴보며 입력한 위치와 가장 가까운 학교를 찾아야 해요. 따라서, 변수 '행 개수'를 2로 정하여 2행부터 살펴볼 수 있도록 설정해요.

㉢ 최단 거리를 계산한 값이 현재 변수 '최단 거리'에 저장된 값보다 작다면, 해당 값을 변수 '최단 거리'에 저장할 수 있도록 변수 '최단 거리'에는 큰 수를 입력해주어요.

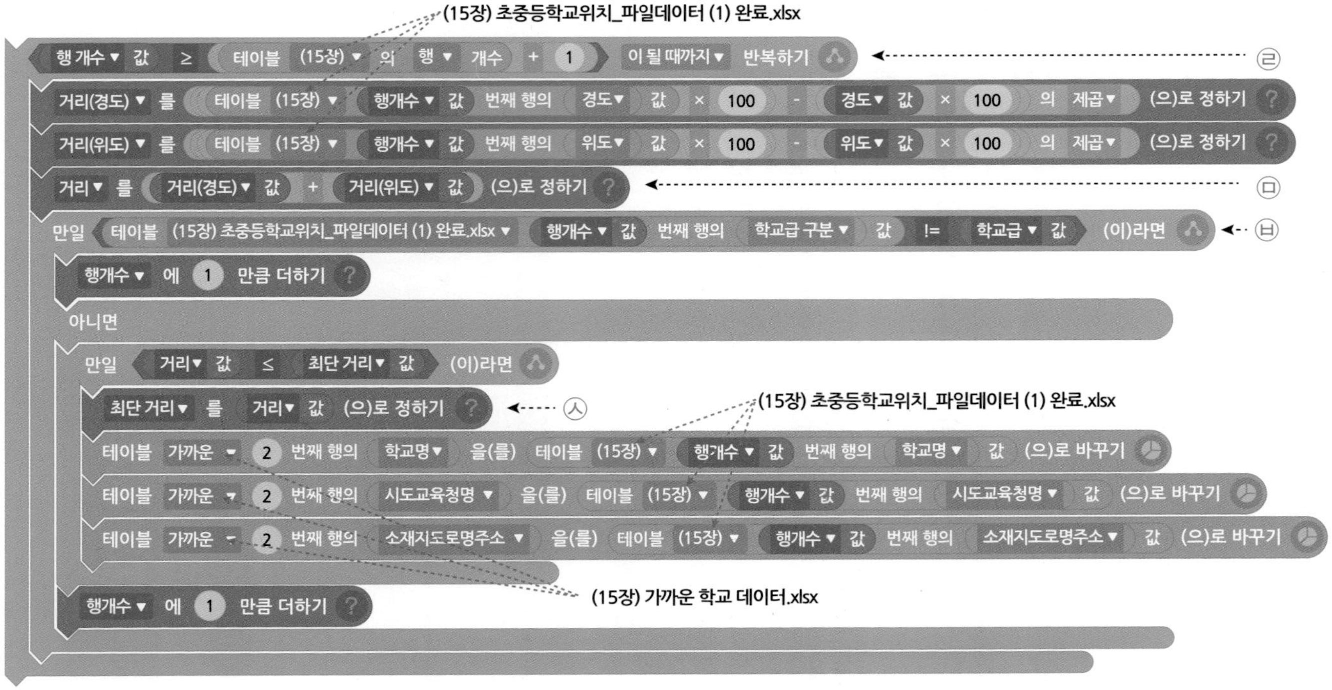

[그림 15-27] 엔트리봇 코드 2

㉣ 테이블 '(15장) 초중등학교위치_파일데이터 (1) 완료.xlsx'의 2행부터 마지막 행까지 확인하기 위해, 변수 '행 개수'의 값이 2부터 '행 개수' 테이블의 마지막 행보다 1만큼 커질 때까지 반복하는 코드를 추가해요.

㉤ 두 좌표 사이의 거리를 구하는 공식을 이용하여 우리가 입력한 위치와 테이블에 입력된 학교의 위치 사이의 거리를 계산하여 변수 '거리'에 입력해요.

㉥ 우리가 원하는 학교급만(초등학교, 중학교, 고등학교) 찾기 위해 테이블의 '행 개수'번째 행의 학교급이 변수 '학교급'의 값과 같지 않다면(!=) 변수 '행 개수'에 1을 더해 다음 행으로 넘어가도록 해요.

㉦ 계산한 변수 '거리' 값이 저장된 변수 '최단 거리'의 값보다 작다면 변수 '최단 거리'의 값을 변수 '거리' 값으로 바꾸고 테이블 '(15장) 가까운 학교 데이터.xlsx'의 2번째 행에 해당 학교에 관한 데이터를 저장해요.

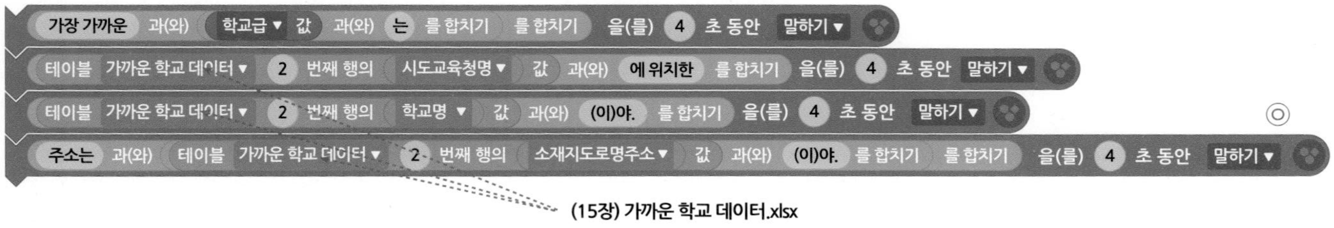

[그림15-28] 엔트리봇 코드 3

◎ 테이블 '(15장) 가까운 학교 데이터.xlsx' 2행에 추가된 데이터의 값을 출력하며 가장 가까운 학교를 알려주는 프로그램을 완성해요.

7 추가 미션

구구 박사의 추가 미션

학습한 내용을 떠올리며 공공데이터셋에서 위치 관련 데이터(위도, 경도)를 수집하고, 데이터를 활용한 프로그램을 만들어보세요.

(예) 가까운 지구대의 위치를 알려주는 프로그램 만들기

10대를 위한 데이터 과학
with 엔트리

네 걸음

인공지능 기반 데이터 과학

16장 네 걸음 준비운동!

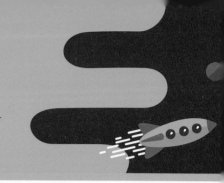

1 엔트리 https://playentry.org/

(1) 인공지능 블록 학습하기

엔트리는 우리가 지금까지 사용한 데이터분석 블록 외에도 인공지능 블록을 지원하고 있어요. 데이터분석 블록과 인공지능 블록을 결합하면 데이터를 기반으로 예측하는 프로그램을 만들 수 있어요. 인공지능 블록을 눌러 두 가지 메뉴를 확인해보세요.

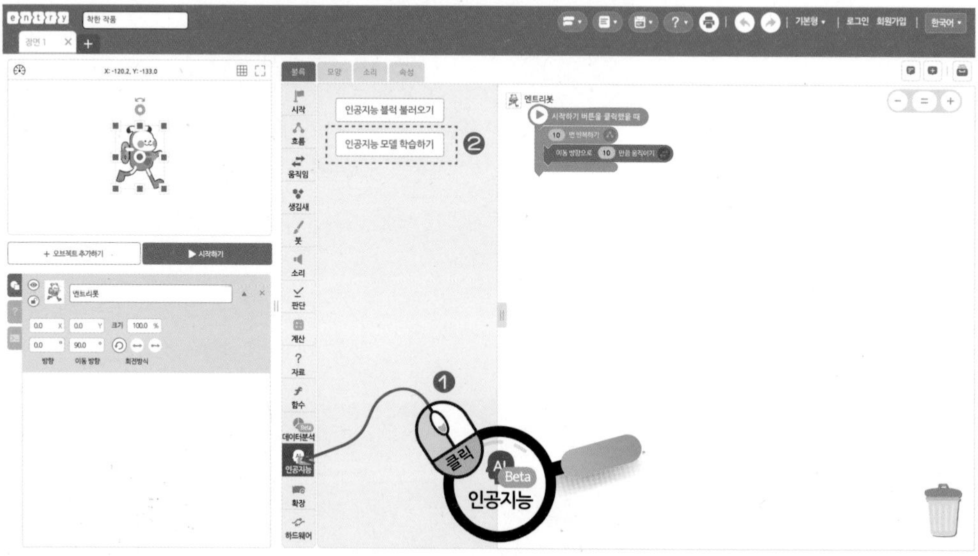

[그림 16-1] 엔트리 화면

인공지능 블록 불러오기를 누르면, 엔트리에서 기본적으로 지원하는 인공지능 블록을 불러올 수 있어요. 인공지능 블록에는 여러 가지 기능이 있지만, 이 책에서는 데이터분석 블록과 결합하여 사용할 수 있는 인공지능 모델 학습하기 기능에 대해서 알아볼게요.

엔트리는 [그림 16-2]와 [그림 16-3]과 같이 총 6가지의 인공지능 모델을 지원하고 있어요.

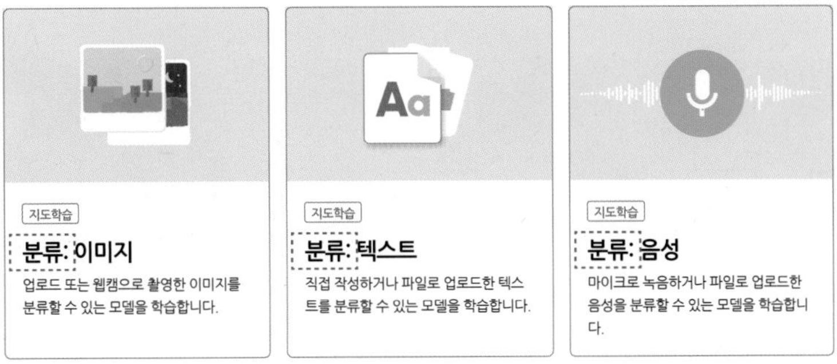

[그림 16-2] 학습할 모델 선택하기 1

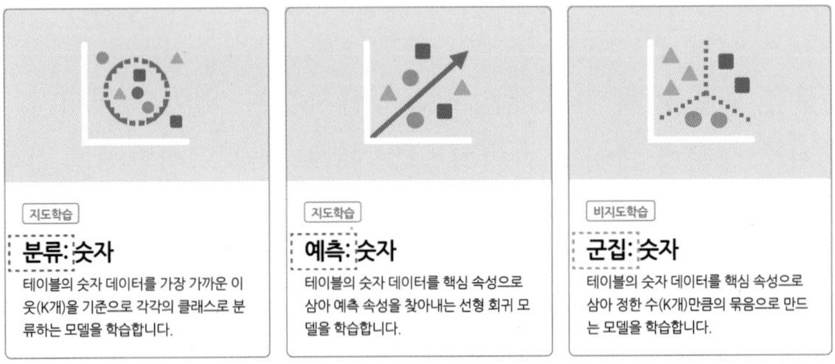

[그림 16-3] 학습할 모델 선택하기 2

이 여섯 가지 모델은 크게 세 종류로 구분할 수 있어요. 첫 번째는 '분류'예요. 분류란 기준에 따라 구분하는 것을 의미해요. 예를 들어 우리가 사과와 오렌지를 분류한다고 생각해보세요. 우리는 사과와 관련된 데이터를 '사과'라 이름 붙이고 오렌지와 관련된 데이터를 '오렌지'라 이름 붙여요(이렇게 데이터에 이름을 붙여 학습시키는 것을 지도학습이라고 해요).

사과와 오렌지로 구분된 데이터를 여러 개 학습시킨 것을 '인공지능 모델'이라고 해요.

학습이 완료된 인공지능 모델은 새로운 데이터를 만나면 이것이 이전에 학습한 데이터 중 무엇에 가까운지 스스로 분류할 수 있어요. 예를 들어, [그림 16-5]처럼 새로운 데이터가 사과와 오렌지 중 무엇에 가까운지 분류할 수 있어요.

[그림 16-4]
사과와 오렌지를 학습하는 인공지능

[그림 16-5]
새로운 데이터를 분류하는 인공지능

엔트리에서는 분류 모델을 네 가지 방법으로 학습시킬 수 있어요(이미지, 텍스트, 음성, 숫자). 이 책에서는 데이터 과학과 관련된 '숫자'로 분류하는 인공지능 모델을 만들어 볼 거예요.

두 번째는 **'예측'**이에요. **예측**이란 일어나지 않은 일을 먼저 예상하는 것을 의미해요. 아무런 근거 없이 예측하면 우리의 예측이 정확하지 못할 가능성이 커요. 따라서 인공지능 모델은 주어진 데이터의 규칙성을 발견하여 그다음을 예측해요.

우리가 수학 시간에 배우는 규칙 찾기와 비슷해요. 예를 들어 다음과 같은 숫자의 배열이 있다고 생각해보세요.

여러분은 다음 숫자를 예측할 수 있나요?

[그림 16-6] 나열된 숫자들

[그림 16-7] 다음 숫자 예측하기

맞아요, 정답은 10이죠. 다음에 올 수 있는 숫자는 수없이 많지만, 숫자의 규칙을 찾아보면 다음 숫자가 10일 가능성이 가장 크다는 것을 알 수 있어요.

마지막으로 **'군집'**이 있어요. 군집이란 비슷한 것끼리 묶는 것을 의미해요. 예를 들어 [그림 16-8]과 같은 도형들이 있다고 생각해보세요. 여러분은 아래의 도형들을 어떻게 묶고 싶은가요? 아마 삼각형과 사각형으로 나누고 싶다는 생각이 크게 들 거예요.

인공지능 모델을 학습시키면 모델은 데이터들의 특성을 분석하고 비슷한 특성을 가진 데이터끼리 '군집'을 만들어 우리에게 보여주어요.

[그림 16-8] 다양한 도형들

[그림 16-9] 도형의 군집 찾기

네 걸음에서는 데이터를 가지고 인공지능 모델을 학습시켜 새로운 정보를 찾아볼 거예요! 준비되었나요?

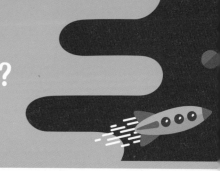

17장 어떤 사이즈를 신으면 좋을까요?

최근 인터넷의 발달로 사람들은 인터넷으로 옷과 신발을 사곤 해요. 가끔 맞지 않는 옷이나 신발을 사고 당황한 적이 있을 거예요. 이러한 문제를 해결하기 위해 신체 사이즈를 입력하면 옷 사이즈를 알려주는 프로그램들이 등장하고 있어요. 우리도 어떤 사이즈를 사야 하는지 알려주는 프로그램을 만들어보는 건 어떨까요?

이번 장에서는 무엇을 배울까요?

- 성별, 키, 몸무게에 대한 데이터를 수집할 수 있어요.
- 인공지능 블록을 활용하여 분류하는 인공지능 모델을 만들 수 있어요.
- 성별, 키, 몸무게를 입력하면 사이즈를 예상하는 프로그램을 만들 수 있어요.

'사이즈코리아의 규정상 17장은 첨부파일을 제공할 수 없습니다'

① 문제 인식

하은이는 잘 지내고 있으려나?
전화해야겠다! (전화중...)

여보세요?

하은아! 잘 지내고 있어?
나 정은이야. 보고 싶어서 전화했어!! 뭐해?

응! 잘 지내고 있어! 난 지금 우리 아빠 생신 선물을 고르고 있었어.
그런데 우리 아빠 신발 사이즈를 잘 모르겠어.

음... 아버지의 키와 몸무게는 알고 있어?
다른 사람들의 데이터로 사이즈를 예측해보는 건 어때?

● 문제 해결 계획하기

(1) 우리가 해결해야 하는 문제는 무엇인가요?

해결할 문제	

(2) 문제 해결을 위해 어떤 데이터가 필요할까요?

필요한 데이터	

2 데이터 수집하기

(1) 데이터, 어디서 구할까?

신발 사이즈를 예상하기 위해서는 신체 정보와 관련된 인체 치수 데이터를 수집해야 해요. 한국인의 인체 치수와 관련된 자료는 Size Korea(이하 사이즈 코리아)에서 얻을 수 있어요.

Size Korea(한국인 인체치수조사): https://sizekorea.kr/

[그림 17-1] 사이즈 코리아 홈페이지

사이즈 코리아의 데이터는 회원가입 후 이용할 수 있어요. 메뉴에서 **'인체치수조사 보고서'** 를 선택하면, 지금까지 수집된 데이터들을 확인할 수 있어요. 우리는 7차 인체치수조사를 활용할 거예요. 제7차 치수 데이터 다운받기 버튼을 누르면 해당 데이터를 내려받을 수 있어요.

개요 | 2020~21 8차 인체치수조사 | 2015 7차 인체치수조사 | 2010~14 6차 인체치수조사 | 2003~04 5차 인체치수조사 | 1997 4차 인체치수조사 | 1992 3차 인체치수조사 | 1986 2차 인체치수조사 >

7차 인체치수조사 (2015)

결과 보고서 다운받기 | 치수 데이터 다운받기

조사기간	- 2015년 5월 ~ 2015년 12월
측정 인원	- 16 ~ 69세 6,413명 - 남성 3,192명, 여성 3,221명
인체치수 측정 항목	- 직접측정 133개 항목
측정방법	- '14년도에 개발된 "제7차 한국인 인체치수 측정조사 프로토콜"에 근거 - 마틴(Martin)식 계측자, 체성분 분석기, 각도기 등 직접측정도구를 이용하여 실시

[그림 17-2] 7차 인체치수조사 화면

데이터를 다운받으면 [그림 17-3]과 같은 테이블을 확인할 수 있어요. [그림 17-3] 테이블을 살펴보니 열(속성)에는 성별, 나이, 골격근량, 체지방량 등 인체치수와 관련된 속성들이 입력되어 있어요. 행에는 개인별로 속성에 대한 값들이 입력되어 있어요. 9행에 입력된 남자분은 28세이며 골격근량은 약 44.5네요.

■ 제 7차 인체치수데이터(2015)

	A	B	C	D	E	F	G	G	G
1									
2									
3									
4		구분(전신/머리/손/발)				전신	전신	전신	전신
5		표준 측정항목 명				골격근량	체지방량	체수분	단백질
6		표준 측정항목 코드				S-STb-N-[BC04]-DM	S-STb-N-[BC05]-DM	S-STb-N-[BC01]-DM	S-STb-N-[BC02]-DM
7		HUMAN ID	성별	ISO나이	나이	골격근량	체지방량	체수분	단백질
8		211606300001	남	24.58	25	33.2	13.6	42.9	11.8
9		211606300002	남	27.71	28	44.5	28.7	56.5	15.5
10		211606300003	남	18.65	19	36.5	5.6	46.6	12.7
11		211606300004	남	20.39	20	35.2	7.0	45.1	12.3
12		211606300005	남	21.66	22	40.4	11.6	51.5	14.0
13		211606300006	남	22.90	23	41.5	21.1	53.0	14.4
14		211606300007	남	24.34	24	50.0	13.4	63.2	17.2
15		211606300008	남	23.71	24	44.5	9.4	56.7	15.4
16		211606300009	남	27.46	27	38.1	8.4	48.8	13.3
17		211606300010	남	25.71	26	35.5	11.1	45.0	12.4
18		211606300011	남	20.39	20	33.0	7.7	42.9	11.7
19		211606300012	남	25.77	26	38.2	13.2	48.5	13.4

[그림 17-3] (17장) 인체치수조사 데이터 일부

3 데이터 다듬기

(1) 어떤 데이터가 필요할까?

성별, 키, 몸무게를 입력하면 신발 사이즈를 예상하는 프로그램을 만들기 위해 우리가 수집한 데이터는 무엇인가요?

수집한 데이터	

테이블의 열(속성)에는 인체치수와 관련된 여러 속성이 입력되어 있어요. 이 중에서 우리에게 필요한 데이터와 필요하지 않은 데이터를 분류해볼게요.

필요한 데이터	필요하지 않은 데이터

이 책에서는 '성별', '키', '몸무게', '발 직선 길이'를 필요한 데이터로 분류하도록 할게요. 특히 성별에 따라 발의 크기가 다르므로 '성별' 데이터는 꼭 필요해요.

(2) 필요하지 않은 데이터를 삭제하자!

우리에게 필요하지 않은 데이터를 삭제해보도록 해요. '성별', '키', '몸무게', '발 직선 길이'가 포함된 열을 제외한 나머지 데이터를 삭제해보세요.

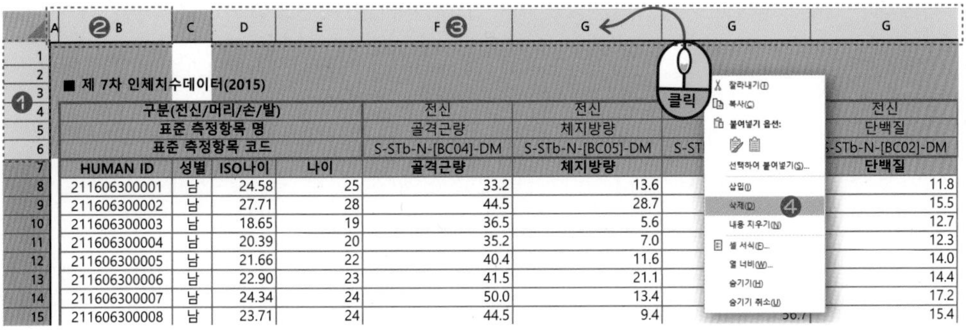

[그림 17-4] 필요하지 않은 데이터 삭제하기

	A	B	C	D	E
1	성별	키	몸무게	발직선길이	
2	남	1,736	72.1	228	
3	남	1,833	106.2	269	
4	남	1,744	69.1	244	
5	남	1,751	68.4	231	

[그림 17-5] 필요하지 않은 데이터 삭제 완료

속성값이 잘 드러나도록 D열의 1의 발직선길이를 발 크기로 변경해요. 데이터를 새로 입력하기 위해서는 셀 D1을 클릭하고 글자를 수정하면 돼요.

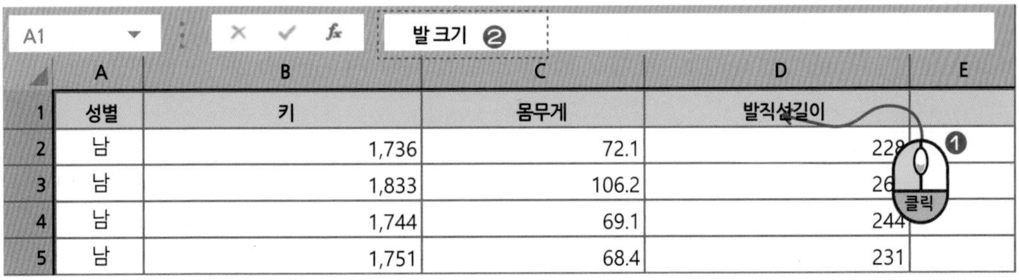

[그림 17-6] D열의 1행 바꾸기

이제 우리에게 필요한 데이터만 남았어요! 하지만 몇 가지 문제가 있어요.

첫 번째, 키의 숫자가 이상해요. 우리는 보통 키를 표현할 때 ㎝를 단위로 표현해요. 하지만 지금 데이터는 ㎜를 단위로 하고 있어요(키는 보통 세자리수로 표현되는데 지금 데이터는 네 자리수인 것으로 보아 유추할 수 있어요). 따라서 우리는 키를 ㎝로 변환해주어야 해요.

두 번째, 발의 직선 길이예요. 여러분의 신발 사이즈를 생각해보세요. 210㎜인 신발의 다음 사이즈는 무엇인가요? 맞아요. 211㎜가 아닌 215㎜에요. 신발 크기는 5㎜를 단위로 하기 때문이에요. 따라서 발의 직선 길이도 신발 사이즈로 변환하는 것이 좋아요.

이 두 가지는 엑셀의 '함수 기능'을 활용하면 쉽게 바꿀 수 있어요. 첫 번째, 키 데이터를 변환해볼게요. B열을 클릭하고 마우스 오른쪽 버튼을 눌러요. 삽입 버튼을 누르면 B열 왼쪽에 셀을 삽입할 수 있어요. 셀 B2에 =ROUND(C2/10, 0) 함수를 입력해요.

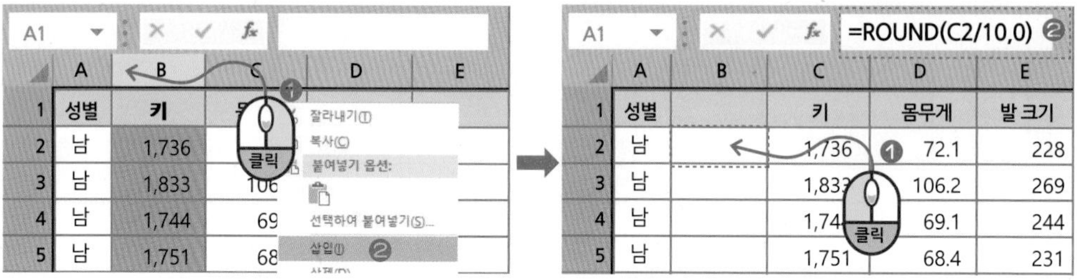

[그림 17-7] 열 삽입하고 키 숫자 변환하기

=ROUND(C2/10, 0)는 셀 C2의 숫자를 10으로 나누고 일의 자리까지 반올림하라는 뜻이므로 1,736을 10으로 나누어 173.6이 되고 일의 자리까지 반올림하여 174가 돼요. 셀 B2의 오른쪽 하단 십자가를 드래그하면 B열의 나머지 셀에도 함수를 자동으로 적용할 수 있어요.

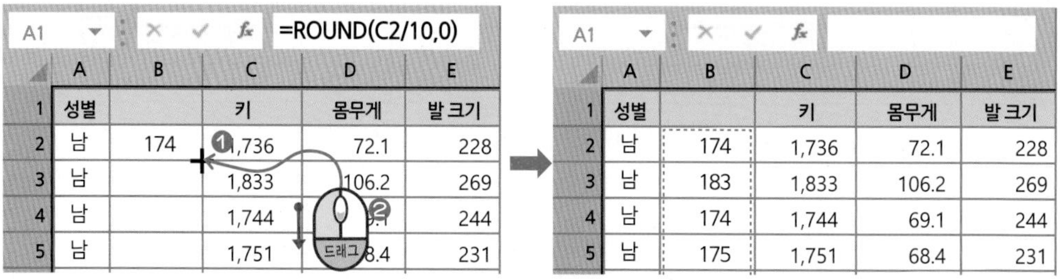

[그림 17-8] 함수 자동으로 적용하기

두 번째, 발 크기 데이터를 신발 사이즈로 변환해볼게요.

E열을 클릭하고 마우스 오른쪽 버튼을 눌러 삽입 버튼을 누르면 E열 왼쪽에 셀을 삽입할 수 있어요. 새로 만들어진 셀 E2를 선택하고 =MROUND(F2, 5) 함수를 입력해요. =MROUND(F2, 5)는 셀 F2의 숫자를 가까운 5의 배수로 바꾸는 함수이므로 값은 230이 돼요. 신발 크기는 5㎜를 단위로 하기 때문이에요.

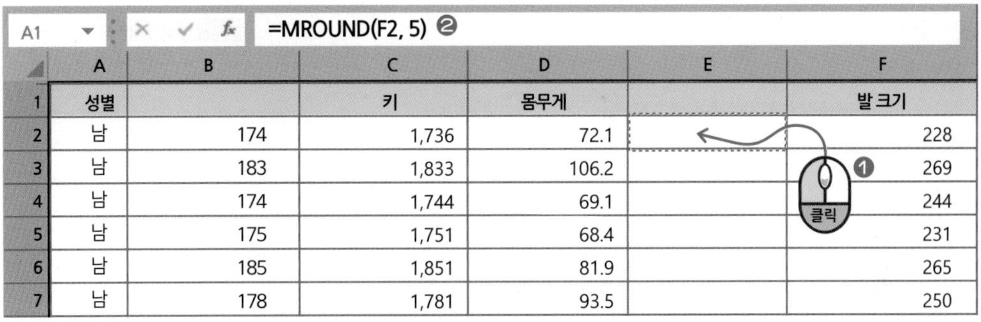

	A	B	C	D	E	F
1	성별		키	몸무게		발 크기
2	남	174	1,736	72.1		228
3	남	183	1,833	106.2		269
4	남	174	1,744	69.1		244
5	남	175	1,751	68.4		231
6	남	185	1,851	81.9		265
7	남	178	1,781	93.5		250

[그림 17-9] 열 삽입하고 신발 사이즈 변환하기

셀 E2의 오른쪽 하단 십자가를 드래그하면 E열의 나머지 셀에도 함수를 자동으로 적용할 수 있어요.

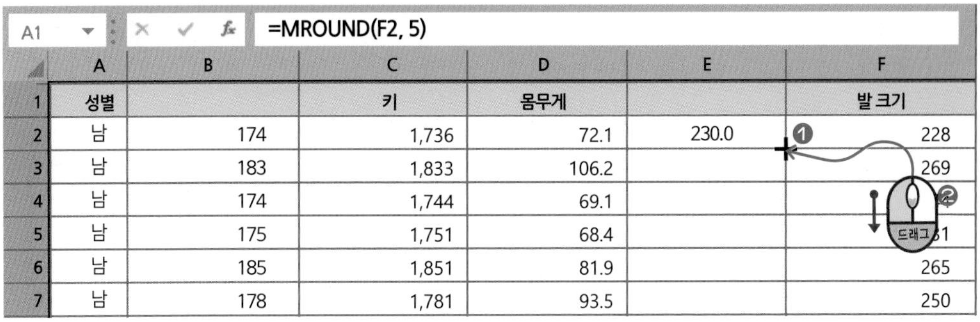

	A	B	C	D	E	F
1	성별		키	몸무게		발 크기
2	남	174	1,736	72.1	230.0	228
3	남	183	1,833	106.2		269
4	남	174	1,744	69.1		
5	남	175	1,751	68.4		
6	남	185	1,851	81.9		265
7	남	178	1,781	93.5		250

[그림 17-10] 함수 자동으로 적용하기

변환한 데이터에 소수점이 있으면 보기에 좋지 않아요. E열을 마우스의 오른쪽 버튼을 눌러 셀 서식을 선택하고 표시 형식의 숫자 안에 소수 자리수를 0으로 변경한 후 확인을 선택해요.

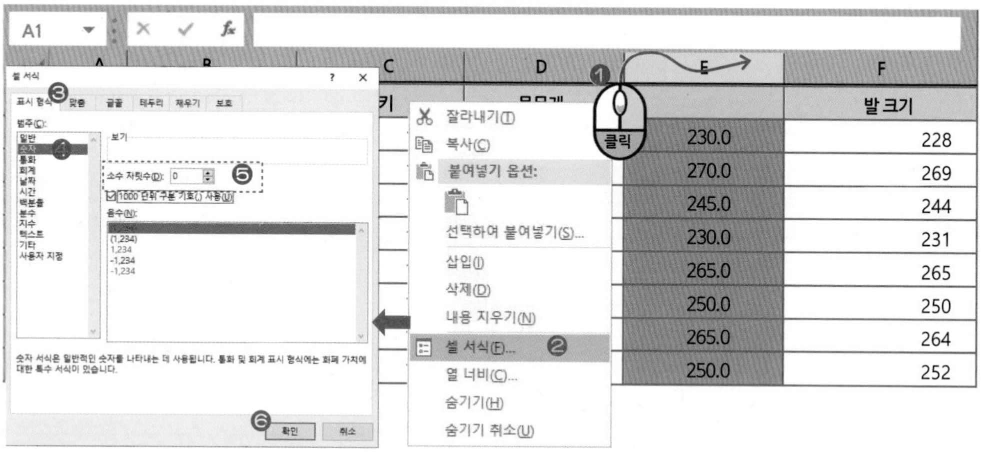

[그림 17-11] 소수점 없애하기

두 가지 함수를 적용했다면, ctrl + a를 눌러 모든 데이터를 선택해요.

셀 A1을 선택하고, 마우스 오른쪽 버튼을 클릭해요. 붙여넣기 옵션에서 '값만 붙여넣기'를 선택하여 함수를 적용한 결과만 붙여넣기해요.

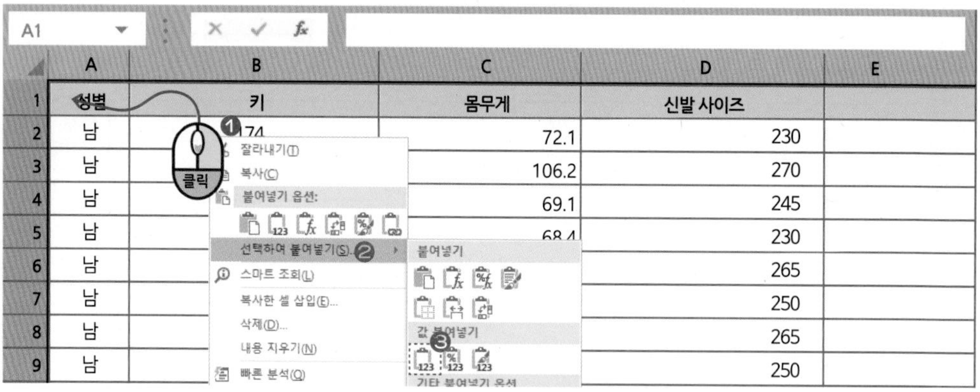

[그림 17-12] 값만 붙여넣기

키와 발 크기의 이전 데이터를 삭제해요.

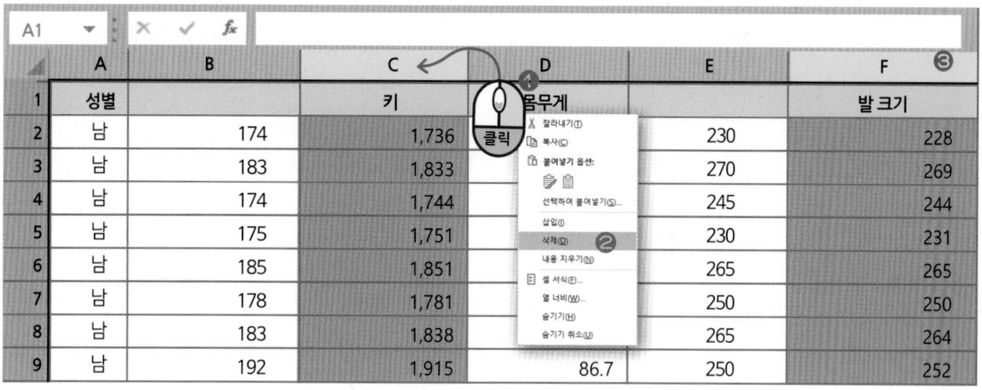

	A	B	C	D	E	F
1	성별		키	몸무게		발 크기
2	남	174	1,736		230	228
3	남	183	1,833		270	269
4	남	174	1,744		245	244
5	남	175	1,751		230	231
6	남	185	1,851		265	265
7	남	178	1,781		250	250
8	남	183	1,838		265	264
9	남	192	1,915	86.7	250	252

[그림 17-13] 이전테이터 삭제하기

B열에 키를 D열에 신발 사이즈를 입력해요.

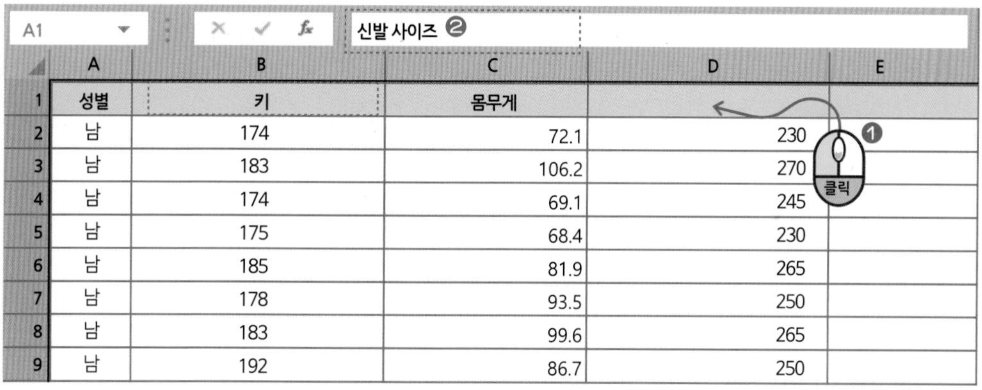

	A	B	C	D	E
1	성별	키	몸무게		
2	남	174	72.1	230	
3	남	183	106.2	270	
4	남	174	69.1	245	
5	남	175	68.4	230	
6	남	185	81.9	265	
7	남	178	93.5	250	
8	남	183	99.6	265	
9	남	192	86.7	250	

[그림 17-14] 문자 입력하기

데이터 다듬기를 완료했다면, 엔트리로 쉽게 불러올 수 있도록 1000행 이후의 데이터는 삭제해요.

	A	B	C	D	E
1	성별	키	몸무게	신발 사이즈	
2	남	174	72.1	230	
3	남	183	106.2	270	
4	남	174	69.1	245	
5	남	175	68.4	230	
6	남	185	81.9	265	
7	남	178	93.5	250	
8	남	183	99.6	265	
9	남	192	86.7	250	

[그림 17-15] 키와 신발 사이즈 적용 완료

이제 마지막 단계만 남았어요.

우리가 사용하려는 인공지능 모델은 현재 숫자만 입력할 수 있어요. 따라서 '성별' 속성값을 숫자로 바꿔야 해요. '성별'에는 두 가지 속성값이 있어요. 남성과 여성이에요. 편의상 남성은 숫자 1로, 여성은 숫자 2로 바꿔볼게요.

'찾아 바꾸기' 기능을 사용해볼게요. A열을 눌러 A열 전체를 선택해주세요. 찾기 및 선택 버튼을 누르고 바꾸기 버튼을 눌러보세요.

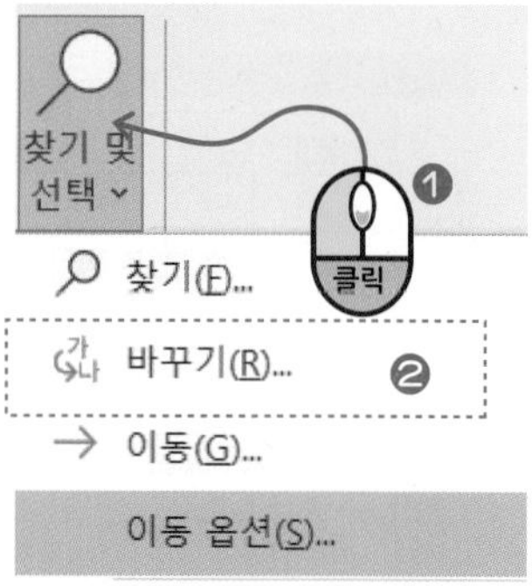

[그림 17-16] 바꾸기 메뉴

'찾을 내용'에는 '남' 또는 '여'를 넣고, '바꿀 내용'에는 '1' 또는 '2'를 입력해보세요.

예를 들어, '남성'을 1로 바꾸는 경우 '찾을 내용'은 '남', '바꿀 내용'은 '1'이 되어요. 입력을 마치면 모두 바꾸기 버튼을 눌러 데이터 전체에서 '찾을 내용'을 '바꿀 내용'으로 바꿔주세요.

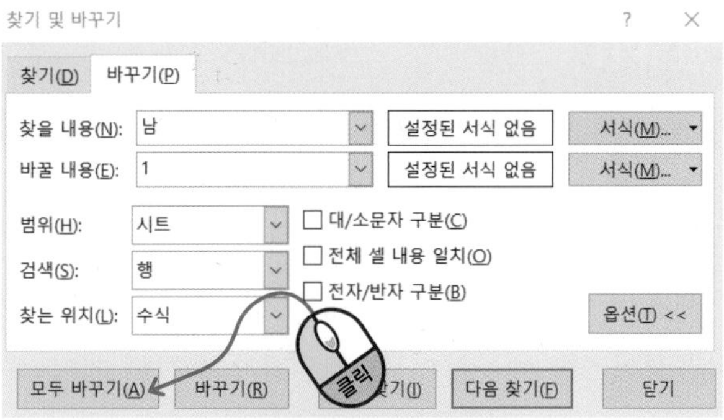

[그림 17-17] 찾아 바꾸기

이제 더 이상 '남'이라는 글자는 엑셀 파일에 존재하지 않아요. 같은 방법으로 '여'라는 글자를 숫자 2로 바꿔주세요.

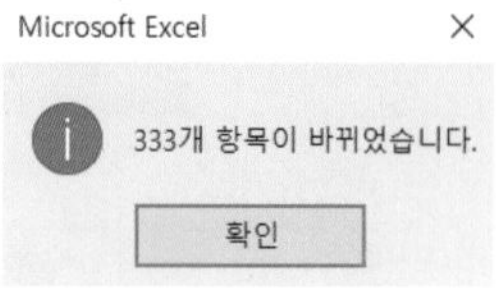

[그림 17-18] 찾아 바꾸기2

이제 데이터가 모두 준비되었어요!

인공지능 프로그램을 제작하기 전에 데이터를 시각화하고 수집한 데이터를 분석해보도록 해요.

4 데이터 시각화하기

(1) 데이터, 엔트리로 불러오자!

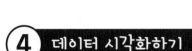

우리는 신발 사이즈를 예상하기 위해 사람들의 성별, 키, 몸무게 데이터를 수집했어요. 성별, 키, 몸무게에 따른 신발 사이즈를 예상하기 전에 우리가 수집한 데이터를 시각화하여 분석해 볼까요? 데이터분석 블록을 사용하여 파일을 엔트리로 불러오세요.

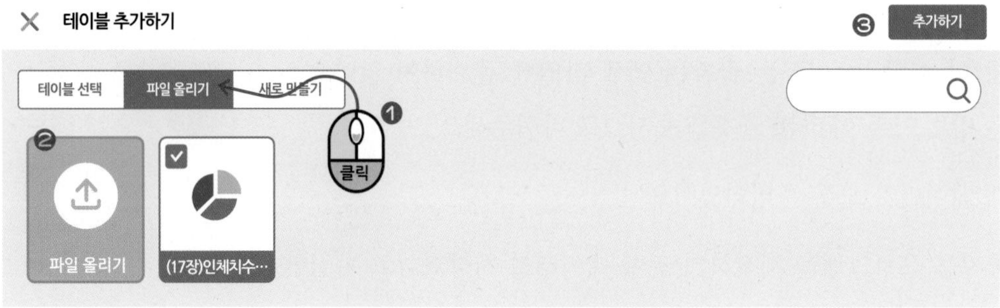

[그림 17-19] 데이터 불러오기

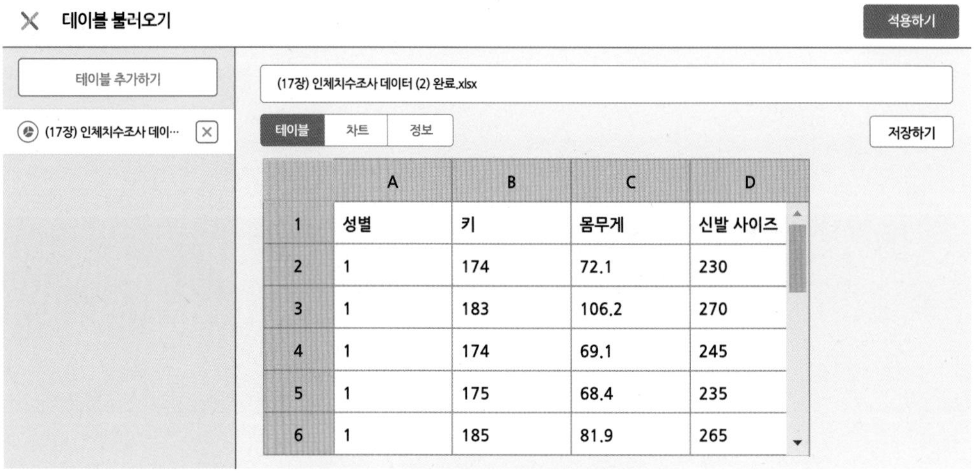

[그림 17-20] 데이터 불러오기 완료

(2) 데이터, 어떤 그래프로 표현할까?

'인체치수조사 데이터'를 적절하게 표현할 수 있는 그래프는 어떤 것일까요?

정해진 답은 없지만, 인체치수조사 데이터의 분포를 알고 싶다면 히스토그램을 사용하는 것이 좋아요. 히스토그램은 구간별 데이터의 개수를 시각화할 수 있어요. 히스토그램을 사용하여 데이터를 표현해볼까요?

(3) 데이터, 그래프로 표현하자!

다음 표를 보고 값을 설정해 차트를 만들어봐요!

그래프 종류	히스토그램	계열	키
차트 이름	인체치수조사 데이터 분포	계급 수	5

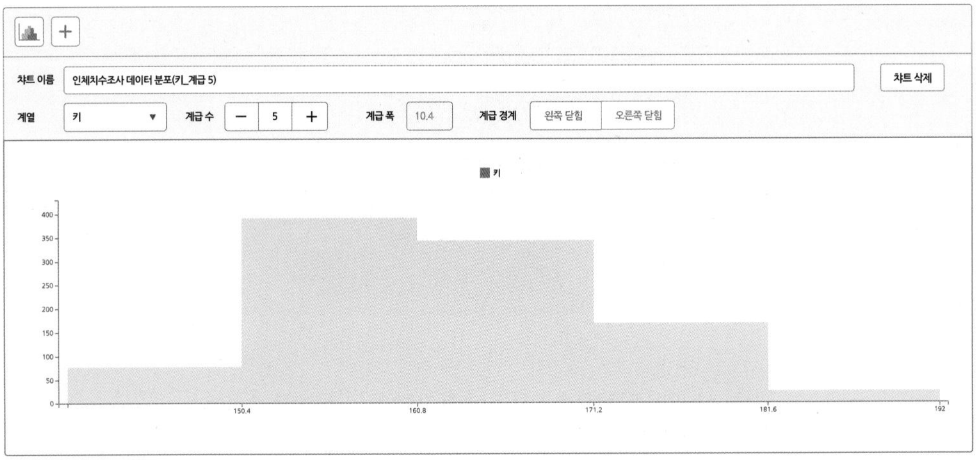

[그림 17-21] 인체치수조사 히스토그램 (키 계급수 5)

'계급 수'를 '5'로 설정한 것은 데이터에 포함된 '키' 속성값을 5가지 계급으로 나누어 표현한다는 것을 의미해요. 우리가 설정한 계급 수에 따라 계급 폭이 자동으로 계산돼요. 계열과 계급 수를 다르게 하며 그래프가 어떻게 변화하는지 살펴보세요.

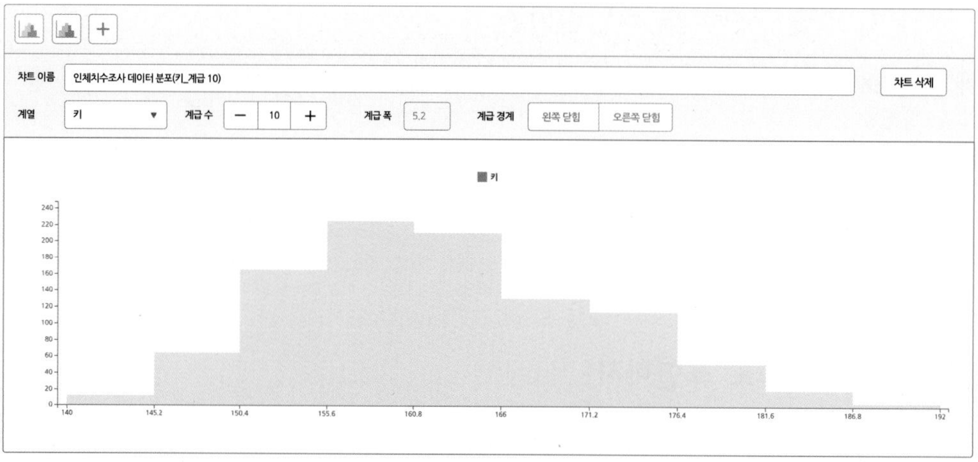

[그림 17-22] 인체치수조사 히스토그램(키 계급 수 10)

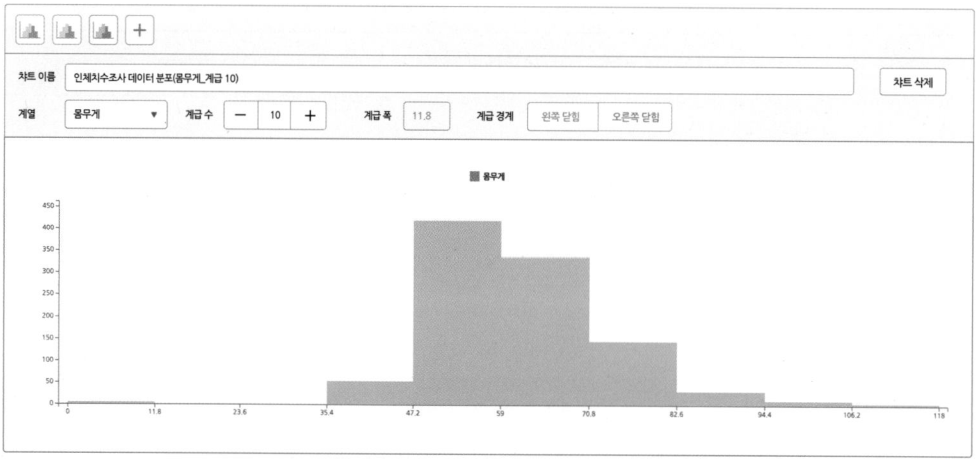

[그림 17-23] 인체치수조사 히스토그램(몸무게 계급 수 10)

* 몸무게가 0~11.8kg 사이인 사람은 없을 거예요. 이 빠진 데이터가 숨어있다는 사실을 발견할 수 있어요!

5 데이터 분석하기

(1) 데이터로 무엇을 알 수 있을까?

우리는 신발 사이즈를 예상하기 위해 **'인체치수조사 데이터'**를 수집했어요. 그리고 계열과 계급 수를 달리하여 히스토그램으로 데이터의 분포를 나타냈어요. 그래프로 시각화한 데이터를 통해 우리가 읽어낼 수 있는 정보는 무엇인가요? 새롭게 알게 된 정보를 정리하고 주어진 질문 외에도 여러분이 질문을 만들고 답해보세요.

키가 140보다 크거나 같고 145.2보다 작은 데이터의 수	
몸무게가 47.2보다 많거나 같고 59보다 적은 데이터의 수	

우리는 데이터를 수집하고 시각화한 후 분석까지 완료하였어요. 이제 지금까지 살펴보았던 데이터를 가지고 본격적으로 프로그램을 만들어보도록 해요. 키와 몸무게를 입력하면 신발 사이즈를 예상하여 분류하는 프로그램은 어떻게 만들 수 있을까요? 기대를 가지고 다음 쪽으로 넘어가 보도록 해요.

6 문제 해결

(1) 데이터를 어떻게 활용할까?

앞서 분석하였던 **'인체치수조사 데이터'**를 가지고 성별, 키, 몸무게를 입력하면 주변 사람들과 비교하여 신발 사이즈를 알려주는 프로그램을 만들어볼까요?

(2) 어떤 인공지능 모델을 학습시킬까?

우리는 이전 장에서 인공지능 모델 세 가지를 학습했어요. '분류', '예측', '군집'이에요. 키와 몸무게를 입력하면 신발의 사이즈를 알려주는 프로그램은 어떤 인공지능 모델로 만들 수 있을까요?

신발의 사이즈를 예상하는 것 같아 '예측'인 것 같기도 하고, 사이즈는 숫자별로 묶는 것이니까 '군집'이 아닐까 하는 생각도 들어요.

지도학습
분류: 숫자
테이블의 숫자 데이터를 가장 가까운 이웃(K개)을 기준으로 각각의 클래스로 분류하는 모델을 학습합니다.

[그림 17-24]
사용할 인공지능 학습 모델

정답은 **'분류'**예요. 잘 이해가 되지 않는다면 우리가 인공지능 모델에게 학습시킬 정보를 떠올리면 돼요. 우리는 인공지능 모델에게 '키가 *cm고, 몸무게가 *kg인 사람은 **사이즈 신발을 신어.'를 학습시켜요.

인공지능 모델은 우리가 알려준 데이터들을 학습하여 새로운 정보가 입력되었을 때 이것이 여러 신발 사이즈 중 어떤 것에 속하는지 분류할 수 있게 되어요.

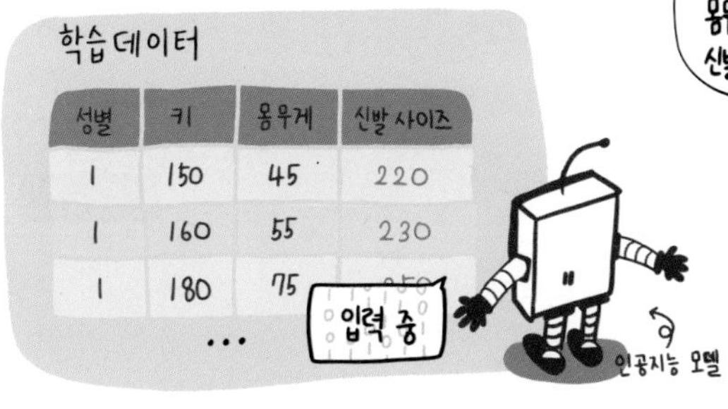

[그림 17-25]
사이즈 정보를 학습하는 인공지능

[그림 17-26]
학습한 결과를 토대로 신발 사이즈를 분류하는 인공지능

그렇다면 이제 본격적으로 '분류: 숫자' 모델을 학습시켜볼까요? 인공지능 블록을 누르고, 인공지능 모델 학습하기를 선택하세요. 그리고 우리가 만들 인공지능 모델인 '분류: 숫자'를 눌러보세요.

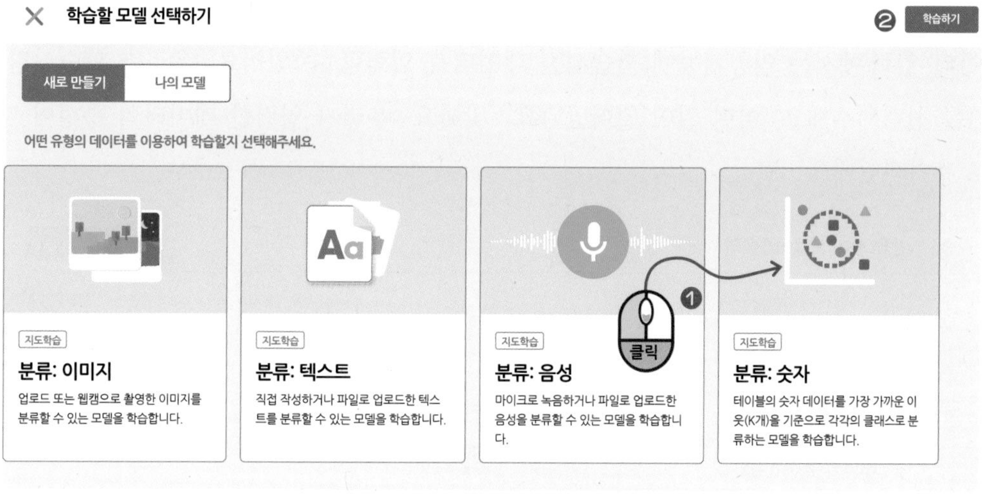

[그림 17-27] 학습할 모델 선택하기

새로운 창이에요. '새로운 모델'이라고 적힌 칸은 모델에게 이름을 붙이는 곳이에요. 인공지능 모델의 이름을 설정해두면 이후에 똑같은 모델을 불러올 때 유용하게 사용할 수 있어요. 우리는 **'신발 사이즈를 알려줘!**'로 이름 붙일게요.

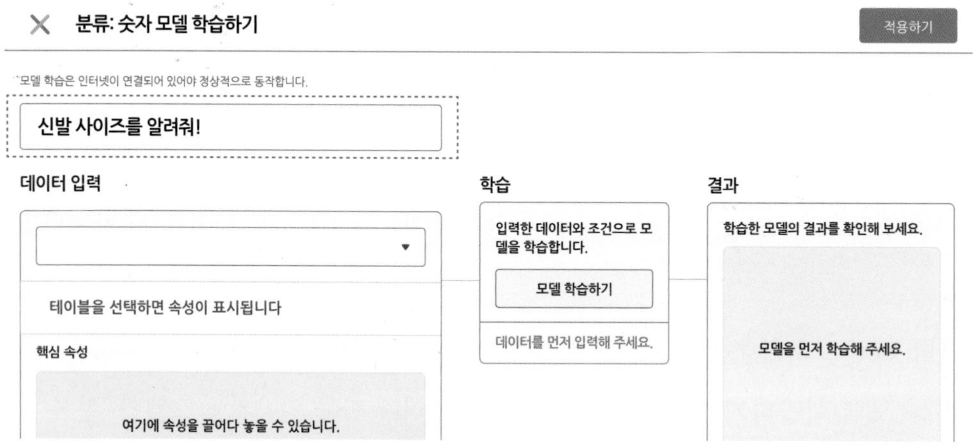

[그림 17-28] 분류: 숫자 모델 학습 창

'데이터 입력'에서는 인공지능에 학습시킬 데이터를 입력할 수 있어요. 우리가 학습시킬 데이터를 선택해주세요. 어떤 일이 일어났나요? 맞아요. 우리가 입력한 데이터의 속성이 자동으로 추가되었네요.

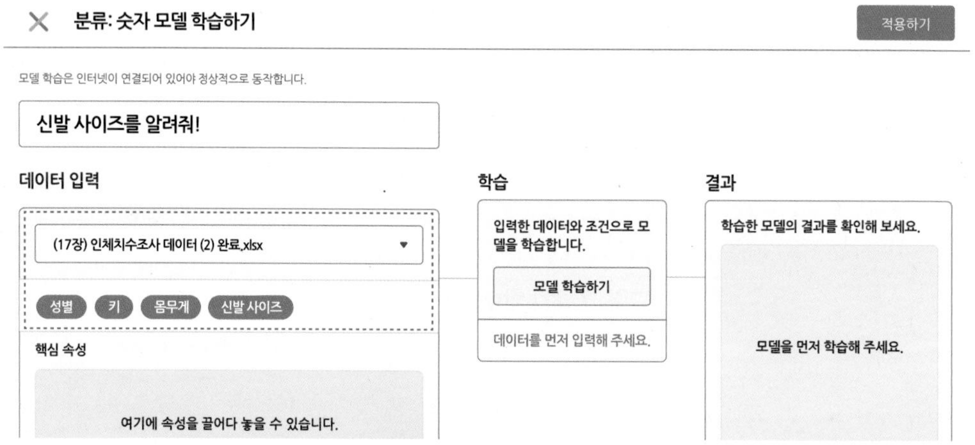

[그림 17-29] 속성 추가

속성들은 **'핵심 속성'**과 **'클래스 속성'**으로 나눌 수 있어요. 간단하게 원인과 결과로 이해하면 쉬워요. 우리가 핵심 속성을 인공지능에 학습시킨다고 생각해보세요. 인공지능은 새로운 자료를 입력받으면 학습했던 핵심 속성(원인)을 근거로 이것이 클래스 속성(결과) 중 어떤 것에 가까운지 분류할 수 있어요.

핵심 속성

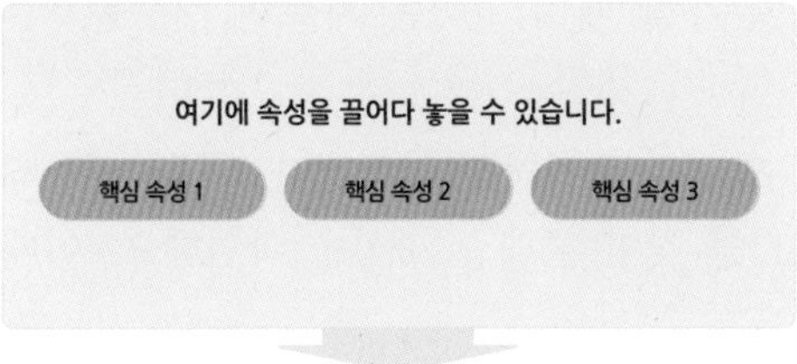

[그림 17-30] 핵심 속성

클래스 속성

[그림 17-31] 클래스 속성

그렇다면 **'신발 사이즈를 알려줘!'**에서 핵심 속성과 클래스 속성은 각각 무엇일까요?

핵심 속성	클래스 속성

핵심 속성은 '성별', '키', '몸무게'이고, 클래스 속성은 '신발 사이즈'예요. 즉, 인공지능은 성별, 키, 몸무게 속성을 이용하여 신발 사이즈를 학습해요. 학습이 끝난 다음 새로운 성별, 키, 몸무게 데이터를 입력하면 이것이 어떤 신발 사이즈에 가까운지 분류할 수 있어요.

핵심 속성

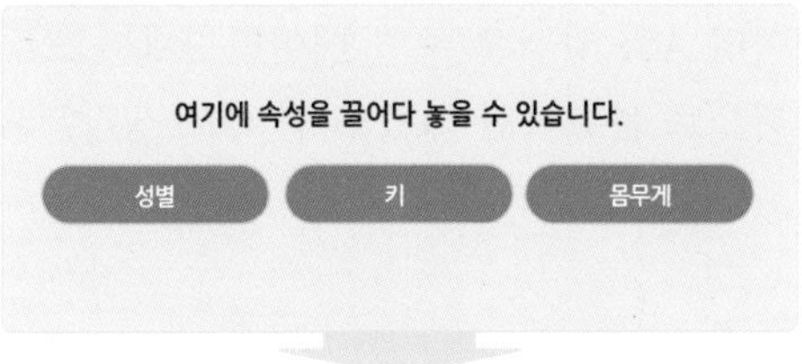

[그림 17-32] 핵심 속성 설정

클래스 속성

[그림 17-33] 클래스 속성 설정

아래에는 **'이웃 개수'**가 새롭게 등장하고 있어요. 이웃 개수가 무엇일까요?

구구박사의 데이터 과학 지식 더하기

이웃 개수란?

이웃 개수란 인공지능이 클래스 속성으로 분류할 때 참고하는 자료의 개수를 의미해요.

예를 들어 학습이 끝난 인공지능에 A라는 새로운 데이터를 입력했다고 생각해보세요. 인공지능은 A와 가장 가까이 위치한 데이터를 찾아 클래스 속성을 확인해요. 이때 설정한 이웃 개수만큼 주변 데이터를 확인해요.

그다음 이웃들 중 가장 많은 클래스 속성을 A의 클래스 속성으로 분류하게 되어요.

[그림 17-34] 이웃 개수

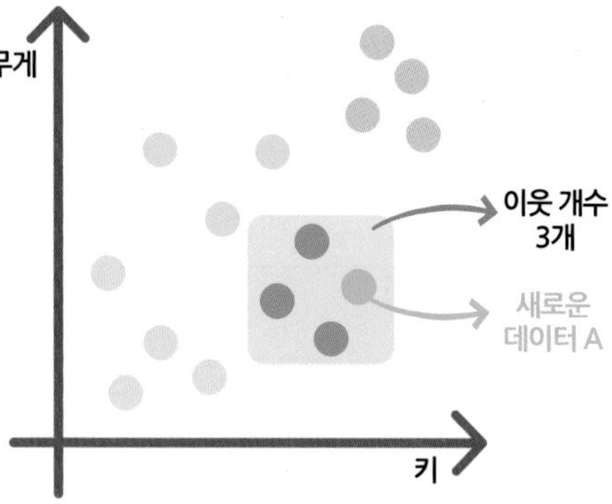

[그림 17-35] 이웃 개수란?

[그림 17-35]을 살펴볼게요.

이웃 개수를 3으로 설정했을 때 새로운 데이터 A와 가까운 주변 데이터 3개는 모두 파란색이에요. 따라서 인공지능은 'A도 파란색으로 분류하면 되겠구나!'라고 생각해요.

이 책에서는 이웃 개수를 3으로 설정하도록 해요.

이웃 개수를 선택했다면 모델 학습하기 버튼을 눌러 모델을 학습시켜보세요. 학습한 모델의 정확도를 확인하기 위해서는 [결과] 창에 새로운 데이터를 입력해보면 돼요.

여러분의 성별, 키, 몸무게를 입력하고 인공지능이 적절한 사이즈를 알려주는지 확인해보세요!

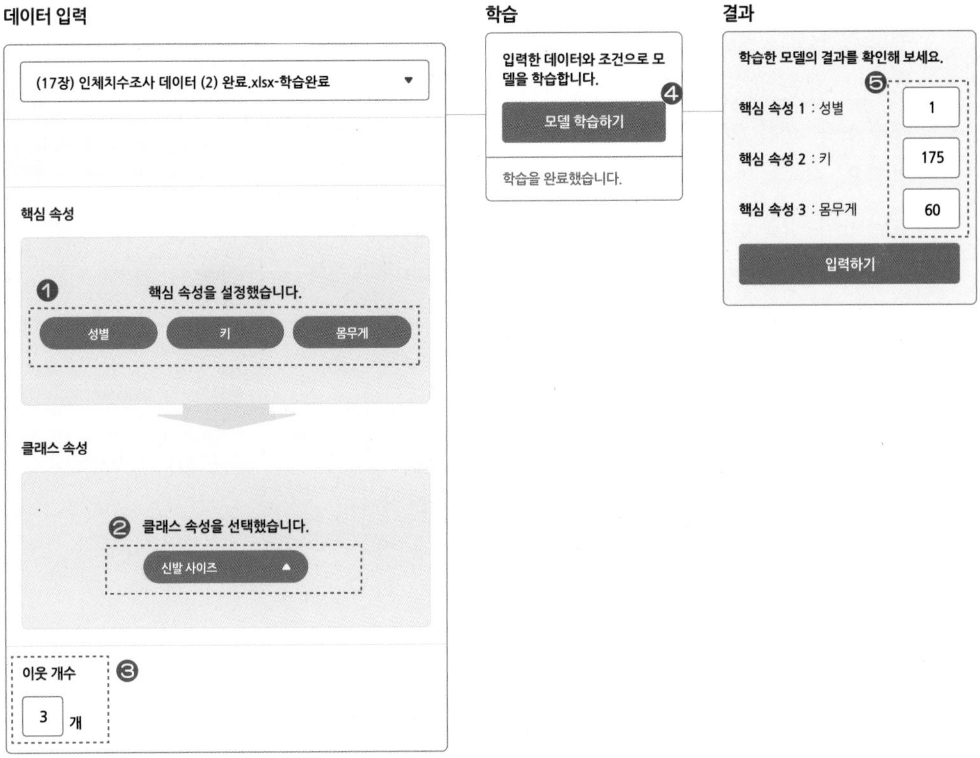

[그림 17-36] 분류: 숫자 모델 학습 결과

구구박사의 데이터 과학 지식 더하기

신뢰도란?

신뢰도란 입력한 데이터가 특정 클래스일 확률을 의미해요.

[그림17-30]의 경우 데이터가 클래스 265에 속할 확률 (265에 대한 신뢰도 33.93%), 클래스 260에 속할 확률 (260에 대한 신뢰도 33.62%), 그리고 클래스 245에 속할 확률 (245에 대한 신뢰도 33.44%)을 보여주고 있어요.

우리가 이웃 개수를 3개로 설정했기 때문에, 이웃들의 클래스가 각각 265, 250, 245였다는 것을 예상할 수 있어요.

남남이의 경우 키가 175cm이고, 몸무게가 60kg이에요. 입력을 해보니 신발 사이즈가 약 265mm라고 알려주고 있어요.

남남이의 성별, 키, 몸무게와 비슷한 데이터들은 265, 260, 245 클래스에 속하고 있어요.

그 중에서 클래스 265에 대한 신뢰도가 가장 높기 때문에 남남이의 신발 사이즈는 265로 분류가 되어요.

[그림 17-37] 결과

우리가 상상하는 인공지능은 100%의 정확도를 가질 것만 같았는데, 정확도가 너무 떨어진다고요? 그렇게 느낄 수 있어요. 하지만 인공지능은 데이터를 가지고 학습해요. 우리가 인공지능에 제공한 데이터는 1,000개 밖에 없어요. 전 국민의 신발 사이즈를 정확히 예측하기에는 너무 적은 양이죠. 따라서 정확한 인공지능을 만들어 내기엔 데이터가 부족하다는 점을 이해해주세요!

적용하기 버튼을 누르면 인공지능 모델이 적용되어요.

새로운 블록들이 보이네요. 이제 새롭게 생긴 블록들을 이용하여 본격적으로 '신발 사이즈 예측 프로그램'을 만들어볼까요?

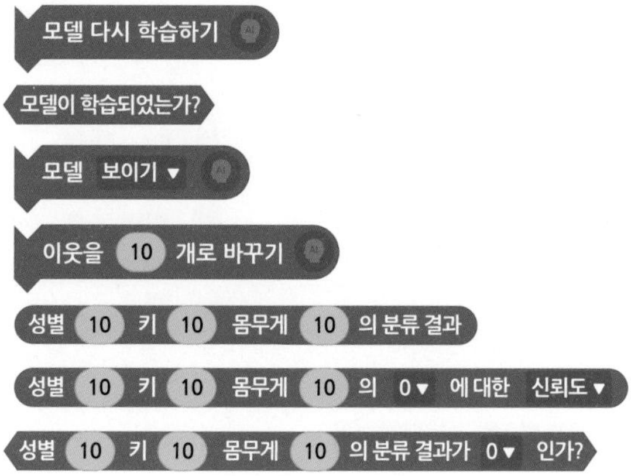

[그림17-38] 새로운 블록

(3) 데이터를 활용한 프로그램을 만들어보자!

완성된 작품 미리보기

❶ [장면 1] 완성 장면 확인하고 오브젝트 추가하기

[그림 17-39] 장면1 완성 모습

❷ [장면 1] 오브젝트에 추가 작업하기

엔트리봇이 움직이는 모양이 총 9개이므로 9의 배수씩 코드를 반복하면 동작을 완성할 수 있어요.

[그림 17-40] 점프 앞모습

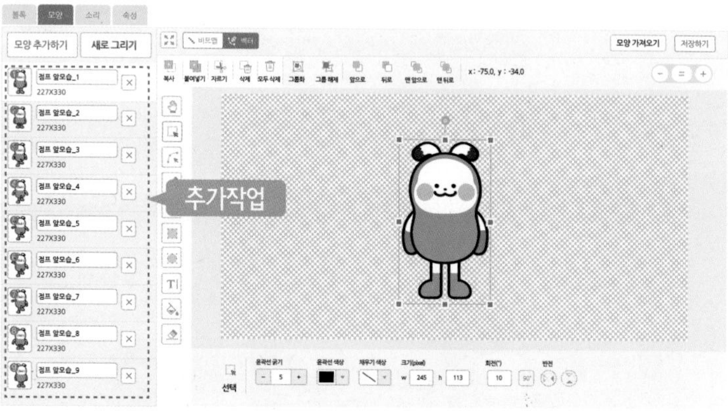

[그림 17-41] '점프 앞모습'의 모양 추가하기

❸ [장면 1]에 변수 추가하기

변수 '성별', '키', '몸무게'를 추가하고 '모든 오브젝트에 사용', '일반 변수로 사용'으로 설정해요. 모든 변수의 기본값을 0으로 설정해주세요.

[그림 17-42] 변수 추가하기

❹ [장면 1]의 오브젝트별 코드

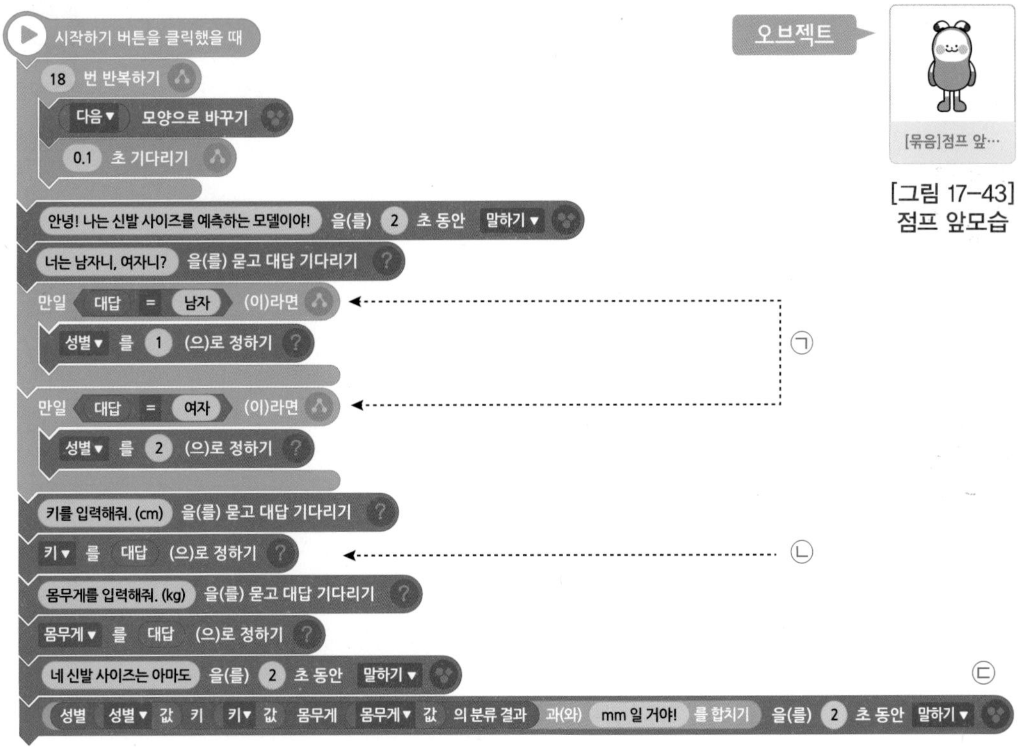

[그림 17-43] 점프 앞모습

[그림17-44] 엔트리봇 코드

㉠ 대답이 남자라면 변수 '성별'의 값을 1로, 대답이 여자라면 변수 '성별'의 값을 2로 정해요.

㉡ 성별, 키, 몸무게를 입력하면 각각의 대답을 변수에 저장해요.

㉢ 학습시킨 인공지능 모델에서 입력한 변수 '성별', '키', '몸무게'의 분류 결과를 출력해요.

(4) 만든 프로그램으로 문제를 해결하자!

데이터를 시각화해서 확인해보니 데이터의 구간별 분포를 확인할 수 있네.

그러게! 계급 수를 많이 설정할수록 데이터의 분포를 더 자세히 알 수 있어.
우리가 수집한 데이터의 계급 수를 10으로 했을 때
(150.4 / 155.6)㎝부터 160.8㎝ 사이의 키를 가진 사람들이 가장 많았어.

그렇다면 우리 아빠의 신발 사이즈를 예측해볼까?
우리 아빠는 키가 178㎝이시고, 몸무게는 95kg이야.

우리가 만든 엔트리 프로그램을 사용해보니 너희 아버지의 신발 사이즈는
약 (240 / 255)㎜일 거야.

우리 아빠에게 멋진 생신 선물을 드릴 수 있겠어!
데이터로 우리가 알고 있지 않은 정보까지 예상할 수 있다니!

정말 멋진 것 같아! 데이터를 이용하여 또 무엇을 할 수 있을까?

7 추가 미션

구구 박사의 추가 미션

학습한 내용을 떠올리며 공공데이터셋에서 데이터를 수집하여 '분류: 숫자' 인공지능 모델을 활용한 프로그램을 만들어보세요.

18장 2050년에 우리나라 인구수는 얼마일까요?

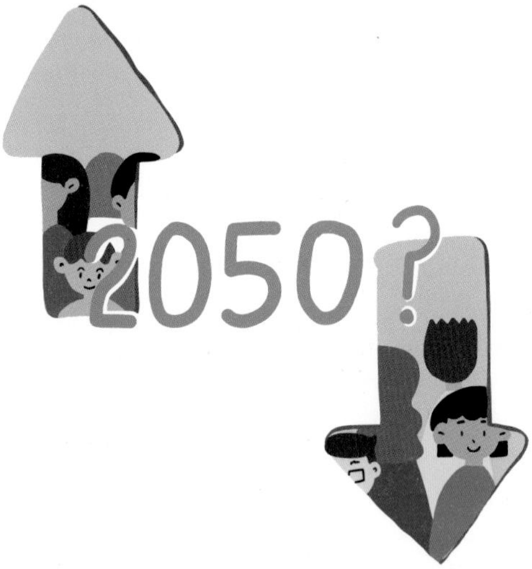

여러분은 미래 모습을 상상해본 적이 있나요? 미래에는 하늘을 나는 자동차도 많이 다닐 것 같고 우주여행도 보편화 될 것 같기도 해요! 이렇게 발전된 미래에는 몇 명이 우리나라에 살고 있을까요? 지금과 비슷할까요? 아니면 변화가 클까요? 이제까지 수집된 총인구수 데이터를 활용해서 미래의 인구수를 예측해보도록 해요.

이번 장에서는 무엇을 배울까요?

- 데이터 테이블을 살펴보고 필요한 데이터를 추가 수집할 수 있어요.
- 인공지능 예측 모델을 배우고 활용할 수 있어요.
- 연도를 입력하면 해당 연도의 인구수를 예측해주는 프로그램을 만들 수 있어요.

1 문제 인식

정은아! 잘 지내고 있어? 보고 싶다!
이사 간 곳은 어때?

학교도 가깝고 근처에 공원도 있어서 정말 좋아!
근데 부모님께서 예전보다 이 동네에 사람이 많이 없는 것 같다고 하셨어.

사람 수가 줄었구나. 인구 관련해서 사회 시간에도 배웠던 것 같아!

맞아.
나는 계속 증가하거나 지금과 비슷할 거로 생각했는데.

우리가 우리 부모님의 나이가 될 2050년 즈음에는 인구수가 얼마일까?

인구수 데이터로 같이 예측해보자!

문제 해결 계획하기

(1) 우리가 해결해야 하는 문제는 무엇인가요?

해결할 문제

(2) 문제 해결을 위해 어떤 데이터가 필요할까요?

필요한 데이터

2 데이터 수집하기

(1) 데이터, 어디서 구할까?

우리나라 인구수 데이터를 수집하기 위해서 우리나라의 다양한 데이터를 모아 제공하는 국가통계포털에서 적합한 데이터를 찾아보도록 할게요. 국내의 주제별 통계 중 [인구] 주제를 선택해요.

국가통계포털: https://kosis.kr/

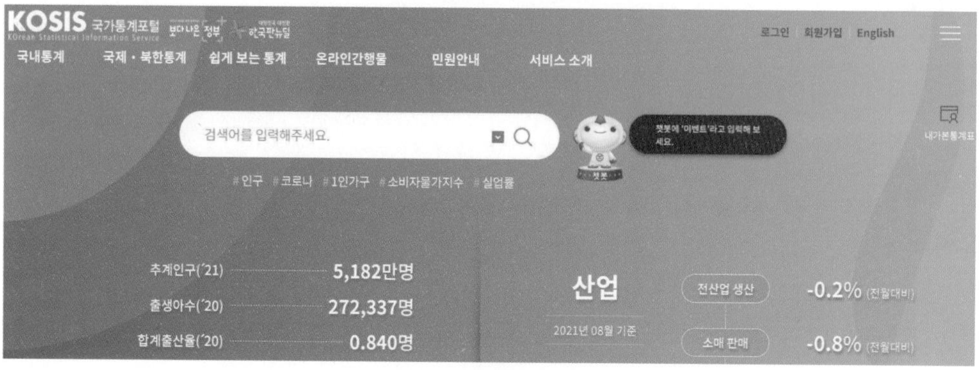

[그림 18-1] 국가통계포털

국가통계포털에서 위의 메뉴들을 누르면 원하는 데이터를 수집할 수 있는 것 알고 있죠? 데이터를 수집하기 위해 [국내통계] 〉 [주제별 통계] 메뉴를 선택해주세요.

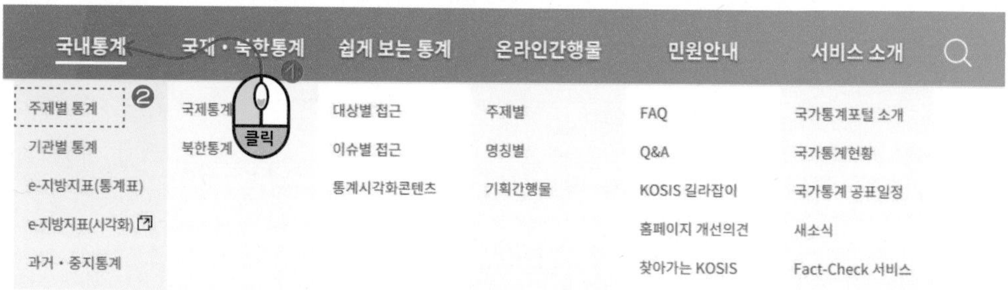

[그림 18-2] 국가통계포털의 통계 메뉴

[인구] 주제에는 오랜 기간 축적된 다양한 데이터들이 있어요. 각각 어떤 데이터들을 담고 있는지 확인해보세요. 많은 데이터 중에서도 어떤 데이터를 수집하는 것이 적절할지 한번 살펴보세요.

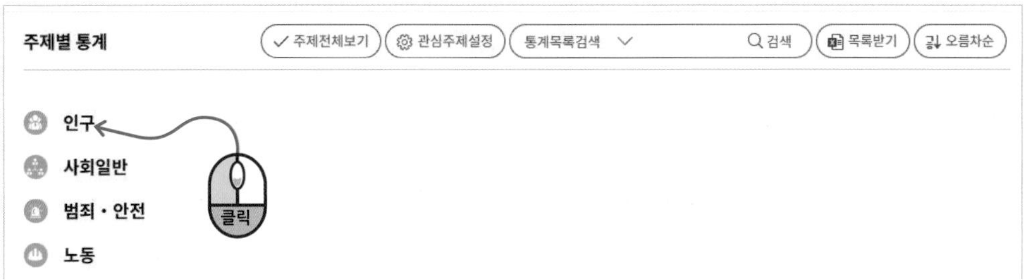

[그림 18-3] 주제별 통계인구

(2) 데이터, 어떤 것을 수집할까①

2050년의 인구수를 예측하기 위해서 최대한 오랜 기간의 인구 데이터를 찾아볼게요. 살펴보니 [인구총조사]의 인구부문 데이터 중 **'총조사인구 총괄(1925년~2010년)'**의 데이터가 오랜 기간의 데이터를 담고 있어요!

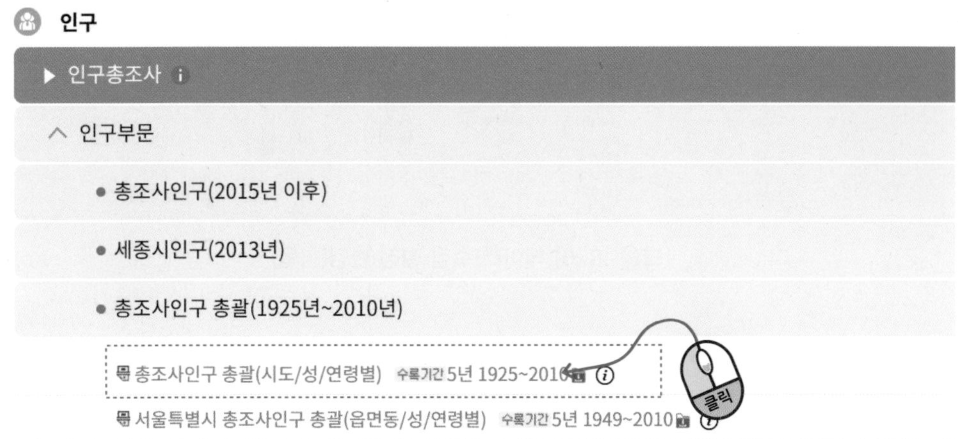

[그림 18-4] 가져올 인구 데이터

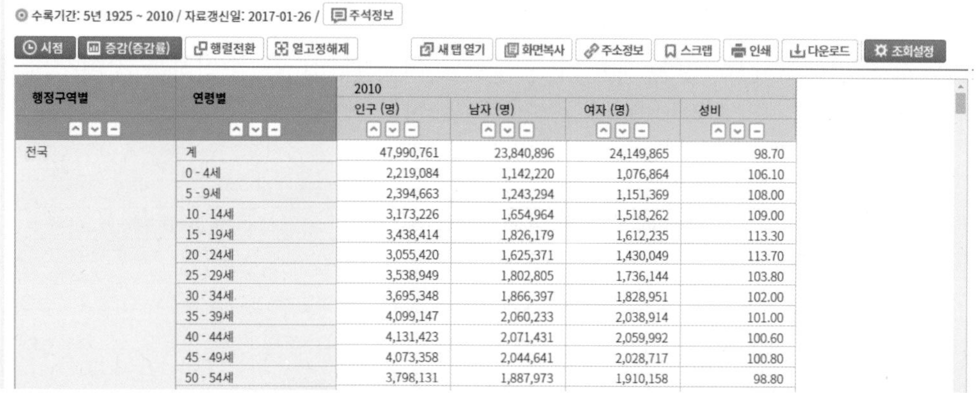

행정구역별	연령별	2010 인구 (명)	2010 남자 (명)	2010 여자 (명)	2010 성비
전국	계	47,990,761	23,840,896	24,149,865	98.70
	0 - 4세	2,219,084	1,142,220	1,076,864	106.10
	5 - 9세	2,394,663	1,243,294	1,151,369	108.00
	10 - 14세	3,173,226	1,654,964	1,518,262	109.00
	15 - 19세	3,438,414	1,826,179	1,612,235	113.30
	20 - 24세	3,055,420	1,625,371	1,430,049	113.70
	25 - 29세	3,538,949	1,802,805	1,736,144	103.80
	30 - 34세	3,695,348	1,866,397	1,828,951	102.00
	35 - 39세	4,099,147	2,060,233	2,038,914	101.00
	40 - 44세	4,131,423	2,071,431	2,059,992	100.60
	45 - 49세	4,073,358	2,044,641	2,028,717	100.80
	50 - 54세	3,798,131	1,887,973	1,910,158	98.80

[그림 18-5] 첫 번째 데이터 수집 결과

국가통계포털은 우리가 원하는 데이터를 설정하여 조회할 수 있어요.

데이터를 살펴보고, 데이터 다듬기 과정에 드는 노력을 줄이기 위해 데이터 조회설정을 변경해요. 우리에게 필요한 데이터는 우리나라의 총인구수이므로 필요한 데이터들만 조회설정에서 체크할게요.

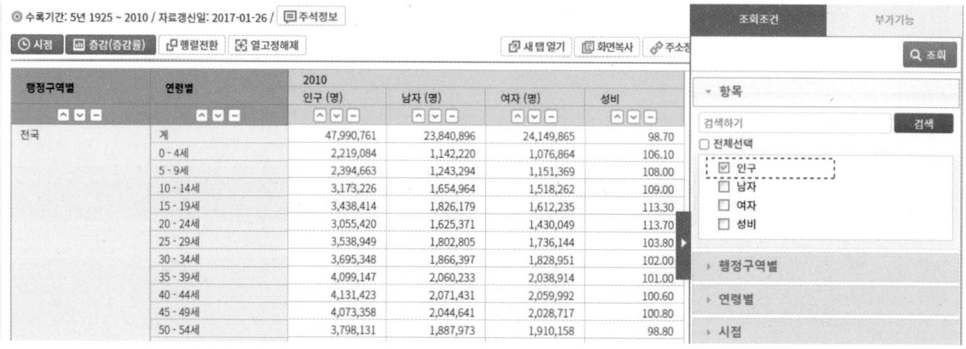

행정구역별	연령별	2010 인구 (명)	2010 남자 (명)	2010 여자 (명)	2010 성비
전국	계	47,990,761	23,840,896	24,149,865	98.70
	0 - 4세	2,219,084	1,142,220	1,076,864	106.10
	5 - 9세	2,394,663	1,243,294	1,151,369	108.00
	10 - 14세	3,173,226	1,654,964	1,518,262	109.00
	15 - 19세	3,438,414	1,826,179	1,612,235	113.30
	20 - 24세	3,055,420	1,625,371	1,430,049	113.70
	25 - 29세	3,538,949	1,802,805	1,736,144	103.80
	30 - 34세	3,695,348	1,866,397	1,828,951	102.00
	35 - 39세	4,099,147	2,060,233	2,038,914	101.00
	40 - 44세	4,131,423	2,071,431	2,059,992	100.60
	45 - 49세	4,073,358	2,044,641	2,028,717	100.80
	50 - 54세	3,798,131	1,887,973	1,910,158	98.80

[그림 18-6] 데이터 수집 설정 변경(항목)

행정구역별	연령별	2010 인구 (명)	남자 (명)	여자 (명)	성비
전국	계	47,990,761	23,840,896	24,149,865	98.70
	0 - 4세	2,219,084	1,142,220	1,076,864	106.10
	5 - 9세	2,394,663	1,243,294	1,151,369	108.00
	10 - 14세	3,173,226	1,654,964	1,518,262	109.00
	15 - 19세	3,438,414	1,826,179	1,612,235	113.30
	20 - 24세	3,055,420	1,625,371	1,430,049	113.70
	25 - 29세	3,538,949	1,802,805	1,736,144	103.80
	30 - 34세	3,695,348	1,866,397	1,828,951	102.00
	35 - 39세	4,099,147	2,060,233	2,038,914	101.00
	40 - 44세	4,131,423	2,071,431	2,059,992	100.60
	45 - 49세	4,073,358	2,044,641	2,028,717	100.80
	50 - 54세	3,798,131	1,887,973	1,910,158	98.80

[그림 18-7] 데이터 수집 설정 변경(행정구역별)

행정구역별	연령별	2010 인구 (명)	남자 (명)	여자 (명)	성비
전국	계	47,990,761	23,840,896	24,149,865	98.70
	0 - 4세	2,219,084	1,142,220	1,076,864	106.10
	5 - 9세	2,394,663	1,243,294	1,151,369	108.00
	10 - 14세	3,173,226	1,654,964	1,518,262	109.00
	15 - 19세	3,438,414	1,826,179	1,612,235	113.30
	20 - 24세	3,055,420	1,625,371	1,430,049	113.70
	25 - 29세	3,538,949	1,802,805	1,736,144	103.80
	30 - 34세	3,695,348	1,866,397	1,828,951	102.00
	35 - 39세	4,099,147	2,060,233	2,038,914	101.00
	40 - 44세	4,131,423	2,071,431	2,059,992	100.60
	45 - 49세	4,073,358	2,044,641	2,028,717	100.80
	50 - 54세	3,798,131	1,887,973	1,910,158	98.80

[그림 18-8] 데이터 수집 설정 변경(연령별)

행정구역별	연령별	2010 인구 (명)	남자 (명)	여자 (명)	성비
전국	계	47,990,761	23,840,896	24,149,865	98.70
	0 - 4세	2,219,084	1,142,220	1,076,864	106.10
	5 - 9세	2,394,663	1,243,294	1,151,369	108.00
	10 - 14세	3,173,226	1,654,964	1,518,262	109.00
	15 - 19세	3,438,414	1,826,179	1,612,235	113.30
	20 - 24세	3,055,420	1,625,371	1,430,049	113.70
	25 - 29세	3,538,949	1,802,805	1,736,144	103.80
	30 - 34세	3,695,348	1,866,397	1,828,951	102.00
	35 - 39세	4,099,147	2,060,233	2,038,914	101.00
	40 - 44세	4,131,423	2,071,431	2,059,992	100.60
	45 - 49세	4,073,358	2,044,641	2,028,717	100.80
	50 - 54세	3,798,131	1,887,973	1,910,158	98.80

[그림 18-9] 데이터 수집 설정 변경(시점)

데이터 설정 후 조회 버튼을 누르면 설정한 조건에 맞는 데이터가 조회되어요.

[그림 18-10] 통계표 조회

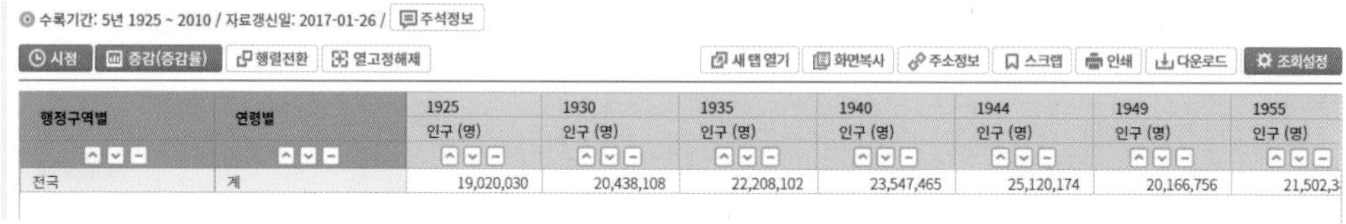

[그림 18-11] 첫 번째 데이터 수집 설정 후

데이터 데이블의 첫 번째 열(속성)에 '시점(연도)' 데이터가, 두 번째 열(속성)에 '항목(총 인구수)' 데이터가 위치하도록 행렬전환을 해요. 행정구역별 데이터는 우리의 데이터 분석에 영향을 미치지 않으므로 데이터 다듬기 단계에서 삭제할게요.

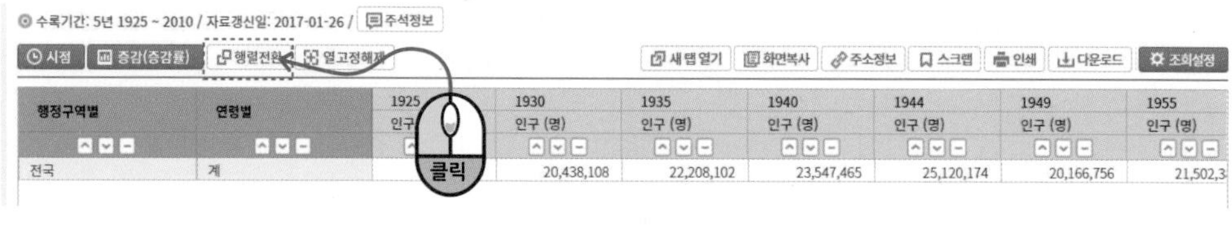

[그림 18-12] 행렬전환 버튼

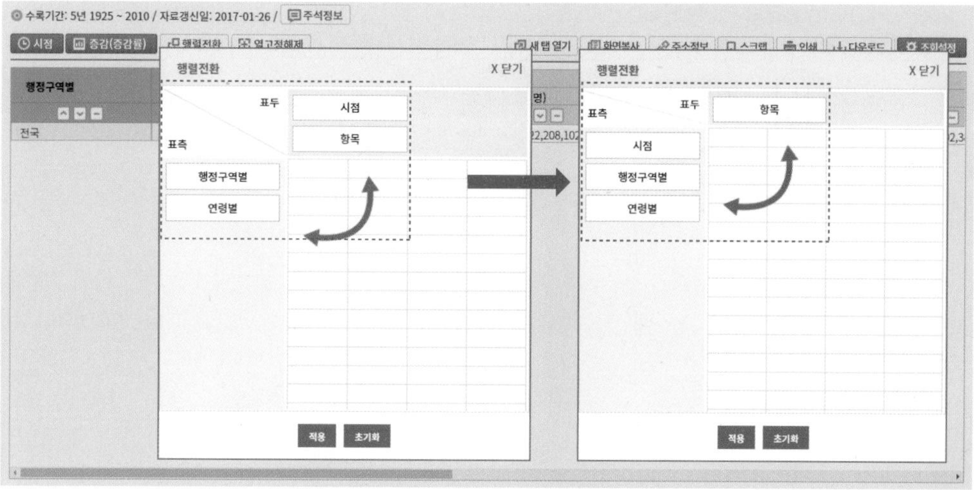

[그림 18-13] 첫 번째 데이터 테이블 행렬전환 방법

수록기간: 5년 1925 ~ 2010 / 자료갱신일: 2017-01-26 / 주석정보

시점 | 증감(증감률) | 행렬전환 | 열고정해제 | 새 탭 열기 | 화면복사 | 주소정보 | 스크랩 | 인쇄 | 다운로드 | 조회설정

시점	행정구역별	연령별	인구 (명)
2010	전국	계	47,990,761
2005	전국	계	47,041,434
2000	전국	계	45,985,289
1995	전국	계	44,553,710
1990	전국	계	43,390,374
1985	전국	계	40,419,652
1980	전국	계	37,406,815
1975	전국	계	34,678,972
1970	전국	계	31,435,252
1966	전국	계	29,159,640
1960	전국	계	24,989,241
1955	전국	계	21,502,386
1949	전국	계	20,166,756
1944	전국	계	25,120,174
1940	전국	계	23,547,465
1935	전국	계	22,208,102
1930	전국	계	20,438,108
1925	전국	계	19,020,030

[그림 18-14] 첫 번째 데이터 테이블 행렬전환 후

행렬전환 후 데이터 값이 최근 시점 순으로 입력되어 있다면 시점을 오름차순으로 변경하여 데이터의 순서를 바꿀 수 있어요.

[그림 18-15] 시점설정 버튼

시점	행정구역별	연령별	인구 (명)
1925	전국	계	19,020,030
1930	전국	계	20,438,108
1935	전국	계	22,208,102
1940	전국	계	23,547,465
1944	전국	계	25,120,174
1949	전국	계	20,166,756
1955	전국	계	21,502,386
1960	전국	계	24,989,241
1966	전국	계	29,159,640
1970	전국	계	31,435,252
1975	전국	계	34,678,972
1980	전국	계	37,406,815
1985	전국	계	40,419,652
1990	전국	계	43,390,374
1995	전국	계	44,553,710
2000	전국	계	45,985,289
2005	전국	계	47,041,434
2010	전국	계	47,990,761

[그림 18-16] 첫 번째 데이터 테이블 준비 끝

과거의 데이터부터 최근 데이터까지 나오도록 설정이 완료되었죠? 이제 데이터를 내려받을 준비가 끝났어요! 다운로드를 눌러 설정을 확인하고 .xlsx 파일을 내려받아요.

시점	행정구역별	연령별	인구 (명)
1925	전국	계	19,020,030
1930	전국	계	20,438,108
1935	전국	계	22,208,102
1940	전국	계	23,547,465
1944	전국	계	25,120,174
1949	전국	계	20,166,756
1955	전국	계	21,502,386
1960	전국	계	24,989,241

[그림 18-17] 다운로드 버튼

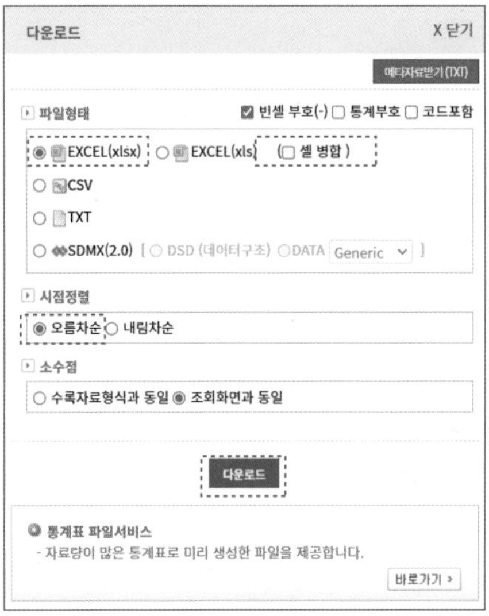

[그림 18-18] 첫 번째 데이터 다운로드 설정

[파일명]: (18장) 1925~2010 총조사인구 (원본).xlsx

	A	B	C	D
1	시점	행정구역별	연령별	인구 (명)
2	1925	전국	계	19,020,030
3	1930	전국	계	20,438,108
4	1935	전국	계	22,208,102
5	1940	전국	계	23,547,465
6	1944	전국	계	25,120,174
7	1949	전국	계	20,166,756
8	1955	전국	계	21,502,386
9	1960	전국	계	24,989,241
10	1966	전국	계	29,159,640
11	1970	전국	계	31,435,252
12	1975	전국	계	34,678,972
13	1980	전국	계	37,406,815
14	1985	전국	계	40,419,652
15	1990	전국	계	43,390,374
16	1995	전국	계	44,553,710
17	2000	전국	계	45,985,289

[그림 18-19] (18장) 1925~2010 총조사인구 (원본)

(3) 데이터, 어떤 것을 수집할까②

비교적 최근의 인구수가 있는 데이터 테이블 중 [주민등록인구현황]의 **'행정구역(시군구)별, 성별 인구수'** 데이터를 수집해 볼게요.

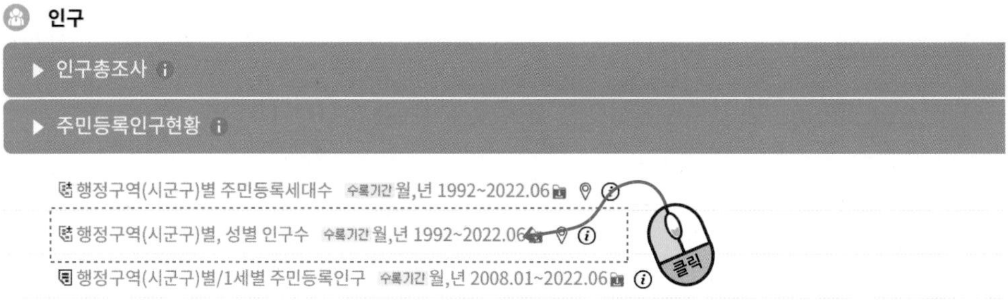

[그림 18-20] 가져올 인구 데이터

행정구역(시군구)별	2022.04			2022.05			2022.06		
	총인구수 (명)	남자인구수 (명)	여자인구수 (명)	총인구수 (명)	남자인구수 (명)	여자인구수 (명)	총인구수 (명)	남자인구수 (명)	여자인구수 (명)
전국	51,592,660	25,721,053	25,871,607	51,583,722	25,715,591	25,868,131	51,578,178	25,711,784	25,866,394
서울특별시	9,500,480	4,610,082	4,890,398	9,496,887	4,607,440	4,889,447	9,494,807	4,605,655	4,889,152
2) 부산광역시	3,340,214	1,633,170	1,707,044	3,338,167	1,631,825	1,706,342	3,336,737	1,630,944	1,705,793
대구광역시	2,378,573	1,171,451	1,207,122	2,376,676	1,170,309	1,206,367	2,375,306	1,169,571	1,205,735
인천광역시	2,953,260	1,478,514	1,474,746	2,955,167	1,479,428	1,475,739	2,957,066	1,480,432	1,476,634
광주광역시	1,436,916	710,524	726,392	1,436,012	710,062	725,950	1,435,378	709,685	725,693
대전광역시	1,449,360	723,063	726,297	1,448,933	722,840	726,093	1,448,401	722,517	725,884
울산광역시	1,117,204	573,984	543,220	1,116,482	573,619	542,863	1,115,609	573,152	542,457
3) 세종특별자치시	378,196	188,778	189,418	379,340	189,302	190,038	380,215	189,723	190,492
경기도	13,577,808	6,833,859	6,743,949	13,581,496	6,835,968	6,745,528	13,585,967	6,838,396	6,747,571
강원도	1,539,038	774,562	764,476	1,539,005	774,458	764,547	1,539,064	774,405	764,659
충청북도	1,597,284	811,063	786,221	1,597,033	811,009	786,024	1,597,118	811,127	785,991
충청남도	2,119,296	1,083,970	1,035,326	2,119,661	1,084,296	1,035,365	2,120,201	1,084,712	1,035,489
전라북도	1,780,824	886,274	894,550	1,779,230	885,475	893,755	1,778,279	884,908	893,371

[그림 18-21] 두 번째 데이터 수집 결과의 일부

우리는 우리나라 전체의 총인구수만 필요해요. 데이터 조회 설정을 첫 번째 데이터 수집에서 학습했던 것처럼 변경해요.

[그림 18-22] 두 번째 데이터 수집 설정 변경(항목)

행정구역(시군구)별	2022.04 총인구수 (명)	남자인구수 (명)	여자인구수 (명)	2022.05 총인구수 (명)
전국	51,592,660	25,721,053	25,871,607	51,583,722
서울특별시	9,500,480	4,610,082	4,890,398	9,496,887
2) 부산광역시	3,340,214	1,633,170	1,707,044	3,338,167
대구광역시	2,378,573	1,171,451	1,207,122	2,376,676
인천광역시	2,953,260	1,478,514	1,474,746	2,955,167
광주광역시	1,436,916	710,524	726,392	1,436,012
대전광역시	1,449,360	723,063	726,297	1,448,933
울산광역시	1,117,204	573,984	543,220	1,116,482
3) 세종특별자치시	378,196	188,778	189,418	379,340
경기도	13,577,808	6,833,859	6,743,949	13,581,496

[그림 18-23] 두 번째 데이터 수집 설정 변경(행정구역별)

행정구역(시군구)별	2022.04 총인구수 (명)	남자인구수 (명)	여자인구수 (명)	2022.05 총인구수 (명)
전국	51,592,660	25,721,053	25,871,607	51,583,722
서울특별시	9,500,480	4,610,082	4,890,398	9,496,887
2) 부산광역시	3,340,214	1,633,170	1,707,044	3,338,167
대구광역시	2,378,573	1,171,451	1,207,122	2,376,676
인천광역시	2,953,260	1,478,514	1,474,746	2,955,167
광주광역시	1,436,916	710,524	726,392	1,436,012
대전광역시	1,449,360	723,063	726,297	1,448,933
울산광역시	1,117,204	573,984	543,220	1,116,482
3) 세종특별자치시	378,196	188,778	189,418	379,340
경기도	13,577,808	6,833,859	6,743,949	13,581,496

[그림 18-24] 두 번째 데이터 수집 설정 변경(시점)

데이터 설정 후 조회 버튼을 누르면 설정한 조건에 맞는 데이터가 조회되어요.

행정구역(시군구)별	2022.04 총인구수 (명)	남자인구수 (명)	여자인구수 (명)	2022.05 총인구수 (명)
전국	51,592,660	25,721,053	25,871,607	51,583,722
서울특별시	9,500,480	4,610,082	4,890,398	9,496,887
2) 부산광역시	3,340,214	1,633,170	1,707,044	3,338,167
대구광역시	2,378,573	1,171,451	1,207,122	2,376,676
인천광역시	2,953,260	1,478,514	1,474,746	2,955,167
광주광역시	1,436,916	710,524	726,392	1,436,012
대전광역시	1,449,360	723,063	726,297	1,448,933
울산광역시	1,117,204	573,984	543,220	1,116,482
3) 세종특별자치시	378,196	188,778	189,418	379,340
경기도	13,577,808	6,833,859	6,743,949	13,581,496

[그림 18-25] 통계표 조회

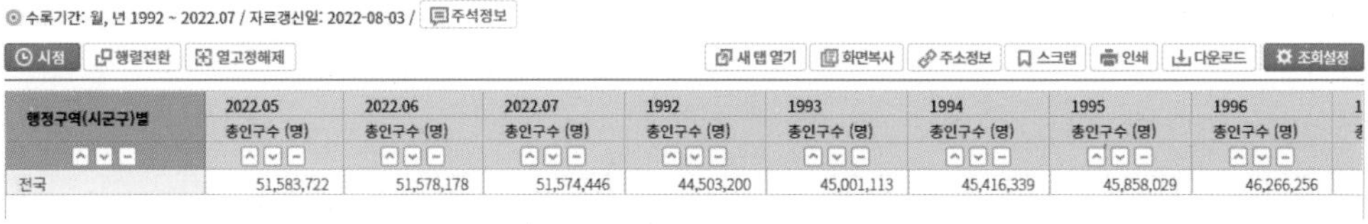

[그림 18-26] 두 번째 데이터 수집 설정 후

첫 번째 데이터 테이블처럼 첫 번째 열(속성)에 '시점' 데이터가, 두 번째 열(속성)에 '총인구수' 데이터가 표시될 수 있도록 행렬전환을 해요. 행정구역(시군구)별은 영향을 미치지 않으므로 어디에 위치해도 괜찮아요. 데이터 다듬기 단계에서 삭제할게요.

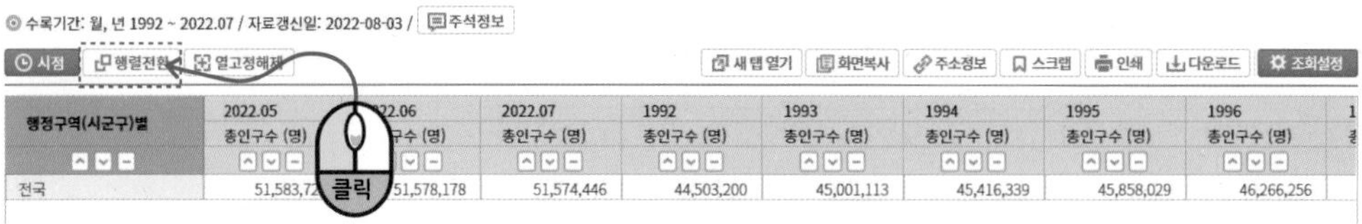

[그림 18-27] 행렬전환 버튼

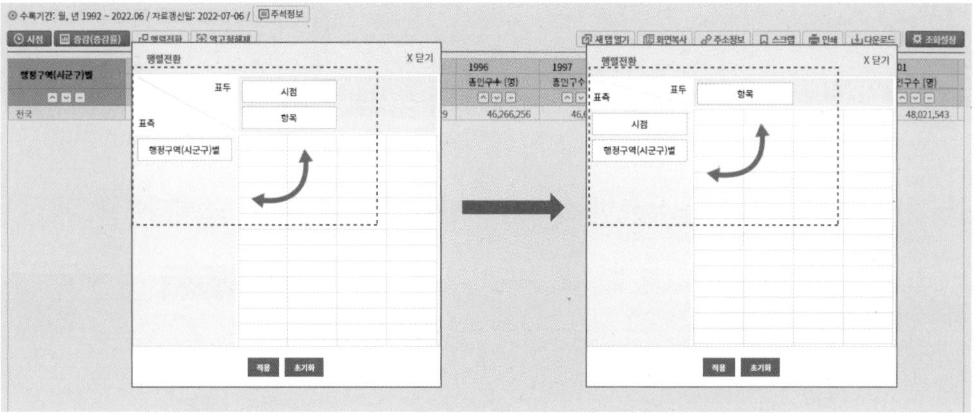

[그림 18-28] 두 번째 데이터 테이블 행렬전환 후

시점	행정구역(시군구)별	총인구수 (명)
2020	전국	51,829,023
2019	전국	51,849,861
2018	전국	51,826,059
2017	전국	51,778,544
2016	전국	51,696,216
2015	전국	51,529,338
2014	전국	51,327,916
2013	전국	51,141,463
2012	전국	50,948,272
2011	전국	50,734,284
2010	전국	50,515,666
2009	전국	49,773,145
2008	전국	49,540,367
2007	전국	49,268,928
2006	전국	48,991,779
2005	전국	48,782,274
2004	전국	48,583,805
2003	전국	48,386,823
2002	전국	48,229,948
2001	전국	48,021,543

[그림 18-29] 두 번째 데이터 테이블 행렬전환 후

행렬전환 후 데이터 테이블 최근 시점(연도) 순으로 데이터가 있으면 시점에서 오름차순을 선택하여 데이터 나열 방식을 변경해요. 만약 월별 데이터가 체크되어 있다면 체크를 해제해주세요. 우리는 년 단위로 데이터를 수집하기 때문이에요.

[그림 18-30] 부가기능설정

[그림 18-31] 두 번째 데이터 테이블 준비 끝

데이터를 내려받을 준비가 끝났어요! 이제 다운로드를 눌러 설정을 확인하고 .xlsx 파일을 내려받아요.

[그림 18-32] 다운로드 버튼

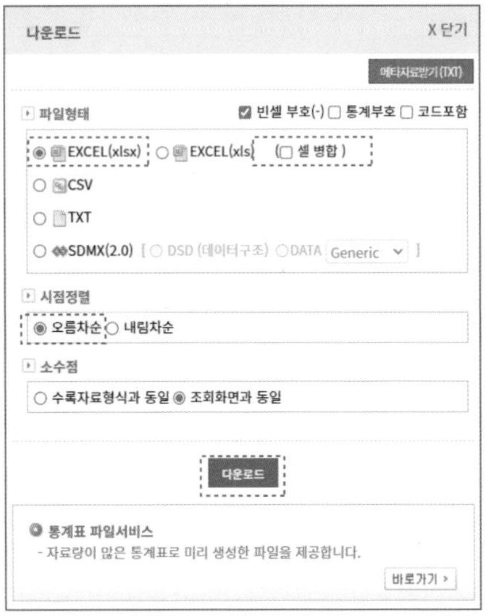

[그림 18-33] 두 번째 데이터 다운로드

[파일명]: (18장) 1992~2020 행정구역별 인구 (원본).xlsx

	A	B	C
1	시점	행정구역(시군구)별	총인구수 (명)
2	1992	전국	44,503,200
3	1993	전국	45,001,113
4	1994	전국	45,416,339
5	1995	전국	45,858,029
6	1996	전국	46,266,256
7	1997	전국	46,684,069
8	1998	전국	46,991,171
9	1999	전국	47,335,678
10	2000	전국	47,732,558
11	2001	전국	48,021,543
12	2002	전국	48,229,948
13	2003	전국	48,386,823
14	2004	전국	48,583,805
15	2005	전국	48,782,274
16	2006	전국	48,991,779
17	2007	전국	49,268,928

[그림 18-34] (18장) 1992~2020 행정구역별 인구 (원본)

3 데이터 다듬기

(1) 어떤 데이터가 필요할까?

2050년의 인구수를 예측하기 위해 국가통계포털에서 우리가 수집한 데이터는 무엇인가요?

수집한 데이터	

우리가 수집한 데이터는 두 가지예요. **'1925~2010 총조사인구 (원본)'**의 열에는 '시점', '행정구역별', '연령별', '인구'가 입력되어 있어요. 그리고 **'1992~2020 행정구역별 인구 (원본)'**의 열에는 '시점', '행정구역(시군구)별', '총인구수'가 입력되어 있어요. 이 중 우리에게 필요한 데이터와 필요하지 않은 데이터를 구분해보세요.

필요한 데이터	필요하지 않은 데이터

(2) 필요하지 않은 데이터를 삭제하자!

우리는 '시점'과 '총인구수' 데이터는 필요하지만 모두 다 같은 데이터 값을 가진 '행정구역별'과 '연령별' 열은 필요하지 않아요. 따라서 필요하지 않은 데이터를 삭제할게요.

첫 번째 데이터 테이블인 **'(18장) 1925~2010 총조사인구 (원본)'**을 열고 우리에게 필요하지 않은 '행정구역별'과 '연령별' 데이터를 삭제할게요. B열과 C열을 한번에 삭제하려고 한다면 B열을 선택하고 ctrl을 누르면서 C열을 함께 선택한 뒤, **'삭제'** 버튼을 눌러보아요.

[파일명]: (18장) 1925~2010 총조사인구 (1) 데이터 삭제하기.xlsx

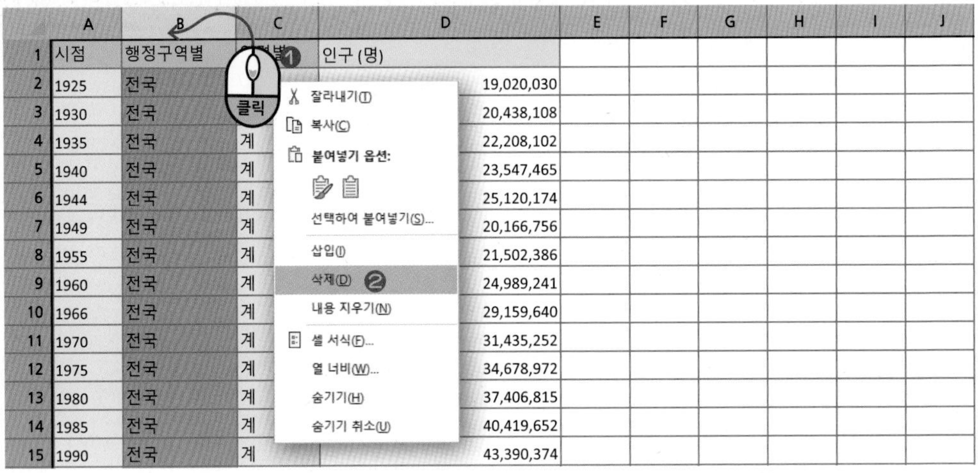
시점
행정구역별
인구 (명)
클릭
1925 전국 19,020,030
1930 전국 20,438,108
1935 전국 계 22,208,102
1940 전국 계 23,547,465
1944 전국 계 25,120,174
1949 전국 계 20,166,756
1955 전국 계 21,502,386
1960 전국 계 24,989,241
1966 전국 계 29,159,640
1970 전국 계 31,435,252
1975 전국 계 34,678,972
1980 전국 계 37,406,815
1985 전국 계 40,419,652
1990 전국 계 43,390,374
잘라내기(T)
복사(C)
붙여넣기 옵션:
선택하여 붙여넣기(S)...
삽입(I)
삭제(D)
내용 지우기(N)
셀 서식(F)...
열 너비(W)...
숨기기(H)
숨기기 취소(U)
[그림 18-35] 필요하지 않은 데이터 삭제하기-B열, C열

마찬가지로 두 번째 데이터 테이블인 **'(18장) 1992~2020 행정구역별 인구 (원본)'**에서 필요하지 않은 '행정구역별' 데이터를 삭제해요. B열을 선택하고 **'삭제'**해요.

[파일명]: (18장) 1992~2020 행정구역별 인구 (1) 데이터 삭제하기.xlsx

시점
총인구수 (명)
클릭
1992 전국
1993 전국
1994 전국
1995 전국
1996 전국
1997 전국
1998 전국
1999 전국
2000 전국
2001 전국
2002 전국
2003 전국
2004 전국
2005 전국 48,782,274
잘라내기(T)
복사(C)
붙여넣기 옵션:
선택하여 붙여넣기(S)...
삽입(I)
삭제(D)
내용 지우기(N)
셀 서식(F)...
열 너비(W)...
숨기기(H)
숨기기 취소(U)
[그림 18-36] 필요하지 않은 데이터 삭제하기-B열

(3) 데이터를 합쳐보자!

'1925~2010 **총조사인구**'의 1925년부터 1990년까지의 데이터를 '1992~2020 **행정구역별 인구**' 데이터 테이블로 옮겨 하나의 총인구수 데이터 파일을 만들어요. A2부터 B15까지 드래그하여 마우스 오른쪽을 클릭해 '**복사**'해요.

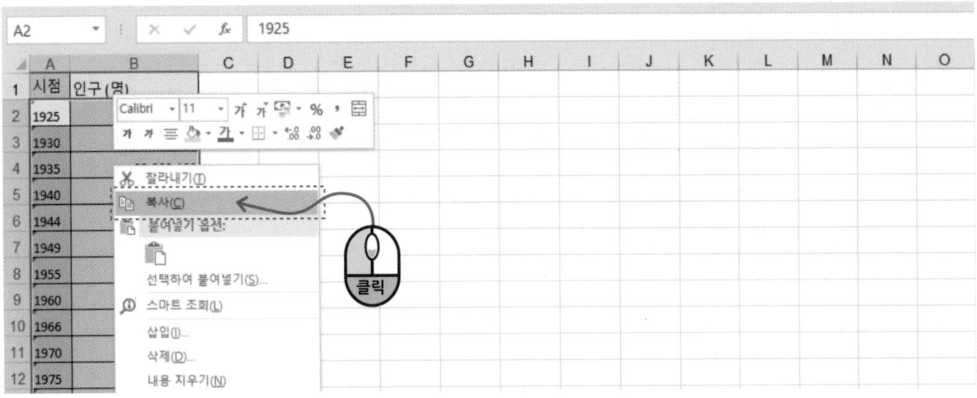

[그림 18-37] 필요한 데이터 복사하기

복사한 데이터 값을 '1992~2020 **행정구역별 인구**' 데이터 테이블 1992년 위에 삽입할 거예요. 2행의 A2를 클릭하고 마우스 오른쪽을 클릭하여 '**복사한 셀 삽입**'을 해요. 그리고 '**셀을 아래로 밀기**'를 하여 1992년 위에 데이터가 들어갈 수 있도록 해요.

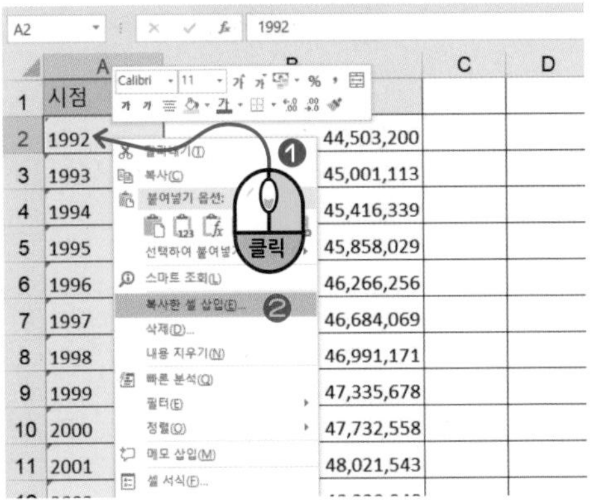

[그림 18-38] 복사한 셀 삽입하기

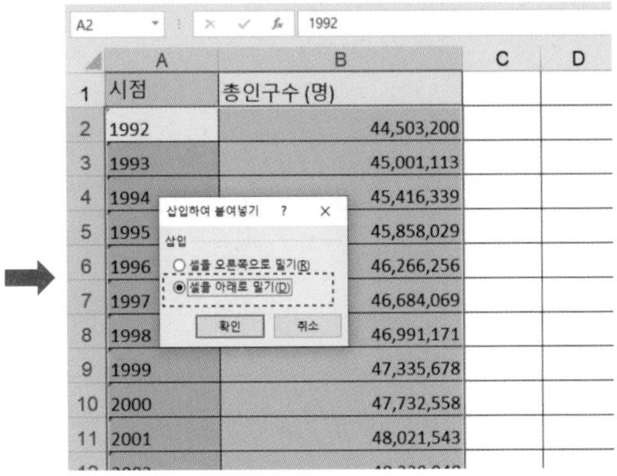

[그림 18-39] 셀을 아래로 밀기

이제 우리에게 필요한 데이터들이 하나의 데이터 파일로 정리가 되었어요! 데이터 테이블이 바뀌었으니 **'다른 이름으로 저장'** 해주면 데이터 다듬기는 끝이에요. 인공지능 프로그램을 제작하기 전 데이터를 시각화하여 수집한 데이터를 분석해보세요.

[파일명]: (18장) 1925~2020 총인구수 (1) 데이터 합치기

	A	B	C	D	E	F	G
1	시점	총인구수 (명)					
2	1925	19,020,030					
3	1930	20,438,108					
4	1935	22,208,102					
5	1940	23,547,465					
6	1944	25,120,174					
7	1949	20,166,756					
8	1955	21,502,386					
9	1960	24,989,241					
10	1966	29,159,640					

[그림 18-40] 데이터 다듬기 완료

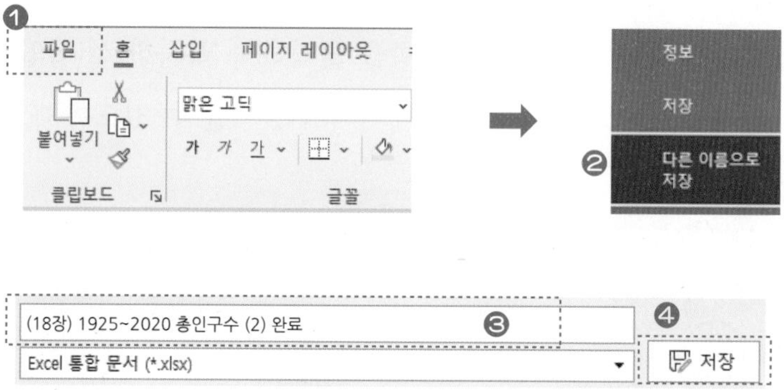

[그림 18-41] 다른 이름으로 저장하는 방법

4 데이터 시각화하기

(1) 데이터, 엔트리로 불러오자!

새롭게 만든 '1925~2020 **총인구수**' 데이터 파일을 엔트리로 불러오세요.

[파일명]: (18장) 1925~2020 총인구수 (2) 완료

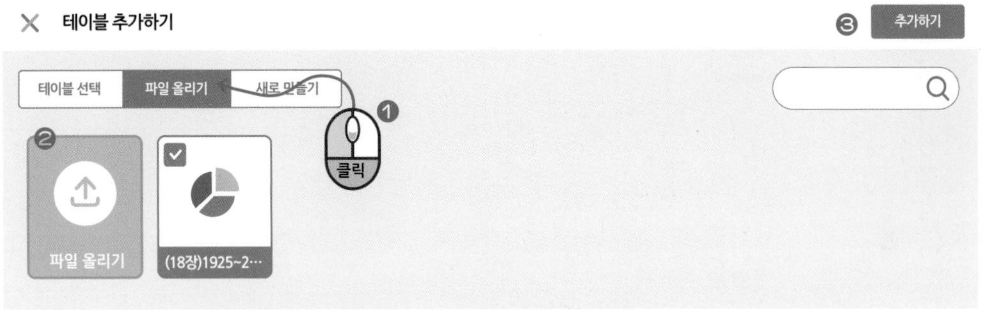

[그림 18-42] 데이터 불러오기

	A	B
1	시점	총인구수 (명)
2	1925	19020030
3	1930	20438108
4	1935	22208102
5	1940	23547465

[그림 18-43] 불러온 데이터 테이블

(2) 데이터, 어떤 그래프로 표현할까?

총인구수 데이터를 시각화하려면 어떤 그래프를 활용하면 좋을까요?

총인구수의 변화 정도를 파악하면 2050년 인구수 예측이 가능할 것 같아요. 따라서 데

이터양의 변화 정도를 쉽게 파악할 수 있는 선 그래프가 적합해요. 이번 데이터는 막대 그래프도 시각화 방법으로 적절하니 두 그래프 모두 확인해보세요.

그래프종류	막대/선	가로축	시점
차트 이름	1925~2020년의 총인구수 (차트 종류)	계열	총인구수(명)

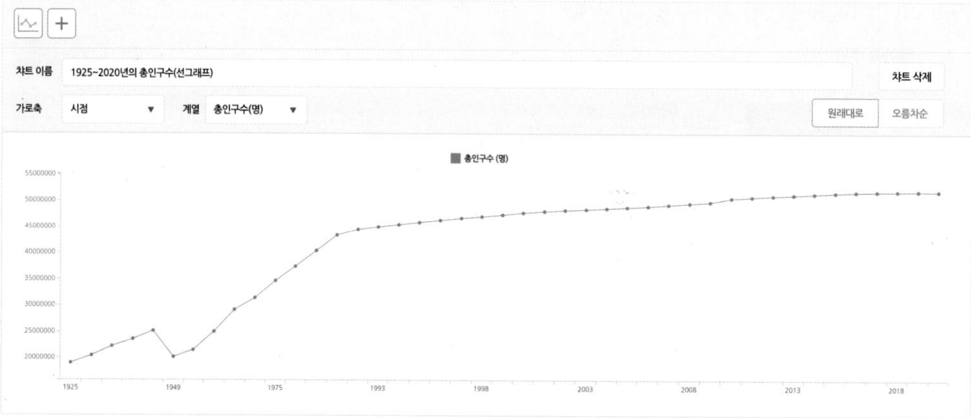

[그림 18-44] 1925~2020년의 총인구수 선 그래프

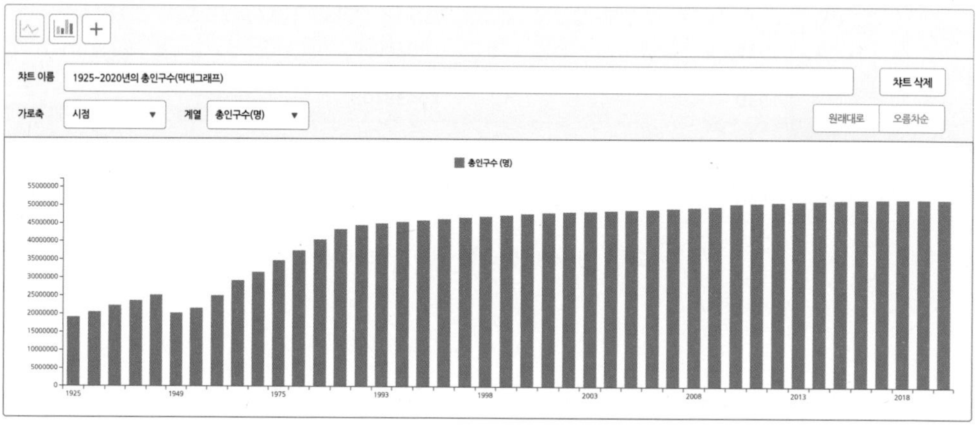

[그림 18-45] 1925~2020년의 총인구수 막대그래프

5 데이터 분석하기

(1) 데이터로 무엇을 알 수 있을까?

우리는 시점(연도)별 총인구수의 값이 있는 데이터를 수집했어요. 그리고 이를 시각화하여 총인구수 변화의 모습을 한눈에 그래프로 확인할 수 있었어요.

선 그래프 또는 막대그래프로 시각화한 데이터 살펴보며 새롭게 알게 된 정보를 정리해 보세요!

빠르게 총인구수가 증가한 기간	
총인구수 변화의 모습	

2050년의 총인구수를 예측해 보기 위해 데이터를 수집하고, 다듬고, 시각화하여 분석하기까지 완료했어요. 우리가 수집한 데이터를 활용하여 엔트리의 데이터 분석 블록과 함께 인공지능 블록을 활용하여 2050년의 총인구수 예측이 가능한지 함께 만들어보도록 해요!

6 문제 해결

(1) 데이터를 어떻게 활용할까?

우리가 수집하여 다듬기까지 완료한 **'1925~2020 총인구수'** 데이터를 활용하여 2050년의 미래 인구수를 예측해보는 프로그램을 만들어볼까요?

(2) 어떤 인공지능 모델을 학습시킬까?

앞서 **'네 걸음 준비운동!'**에서 소개한 것처럼 엔트리에는 다양한 인공지능 모델이 있어요. 2050년인 미래의 인구수를 알아보기 위하여 어떤 모델을 학습시켜야 할까요?

바로 '예측: 숫자' 모델을 학습시켜 미래의 인구수를 예측하는 프로그램을 만들어보도록 할게요! 인공지능 블록을 누르고, 인공지능 모델 학습하기를 선택하세요. 그리고 우리가 만들 인공지능 모델인 '예측: 숫자'를 눌러보세요.

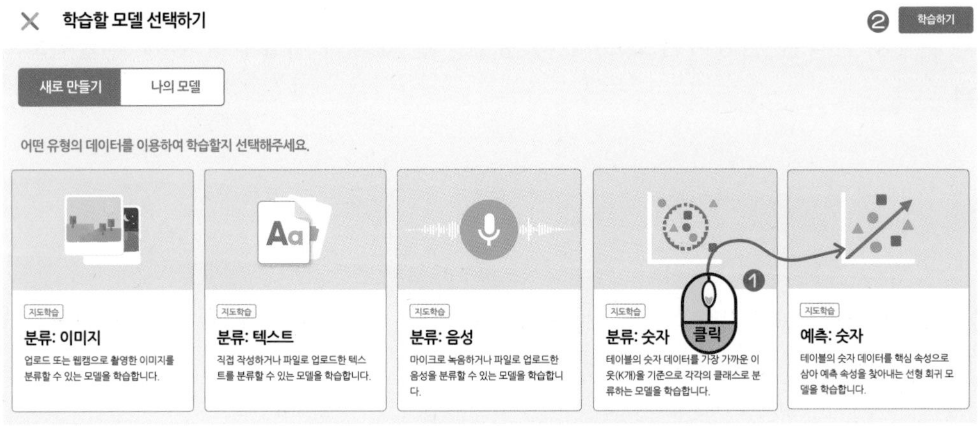

[그림 18-46] 사용할 인공지능 학습 모델

구구박사의 데이터 과학 지식 더하기

선형회귀모델

엔트리의 '인공지능 예측: 숫자' 모델에서는 숫자 데이터를 핵심 속성으로 하여 학습한 뒤, 우리가 예측하고자 하는 값을 찾아내는 선형 회귀 모델을 학습해요.

선형 회귀 모델이란 데이터에 해당하는 값을 그래프에 나타내고, 모여 있는 값들을 이용하여 특정한 규칙이 있는 선을 그려 예측을 할 수 있는 인공지능 모델 이에요.

[그림 18-47]은 키와 몸무게를 학습한 선형회귀 모델이에요. 가로축과 세로축의 데이터는 무엇을 나타내고 있나요?

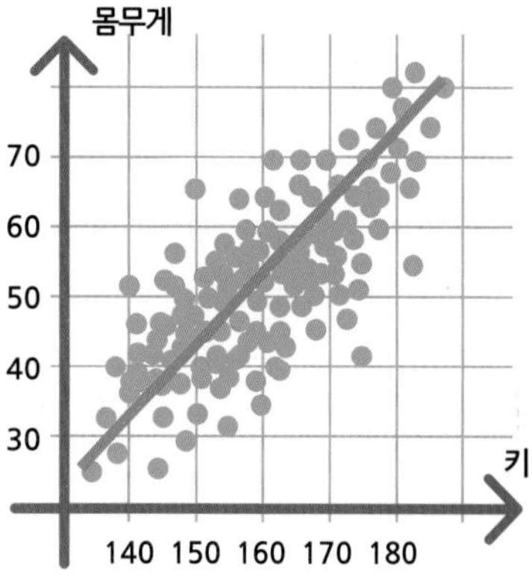

[그림 18-47]
선형회귀모델 그래프

가로축은 키 데이터, 세로축은 몸무게 데이터예요.

이 둘의 관계를 학습을 통해 인공지능이 분석해 주황색 선으로 특정 규칙을 찾아낸 것이에요. 이를 바탕으로 값을 예측할 수 있어 키 또는 몸무게를 입력하면 예상값을 알려줄 수 있는 거예요!

'예측: 숫자' 모델을 선택하고 학습하기를 눌러볼게요.

인공지능 모델 학습창에 제목을 **'총인구수'**라고 입력해요. 그 후 데이터를 우리가 불러왔던 **'1925~2020 총인구수'** 파일을 선택하면 **'시점'**과 **'총인구수(명)'** 속성이 나타나요. **'시점'**별 총인구수를 핵심 속성으로 설정하여 학습시키고 최종적으로 우리가 구하고자 하는 미래의 **'총인구수(명)'**를 예측 속성으로 설정해요. 인공지능은 새로운 데이터를 입력받으면 학습했던 핵심 속성을 근거로 예측 속성을 예측할 수 있어요.

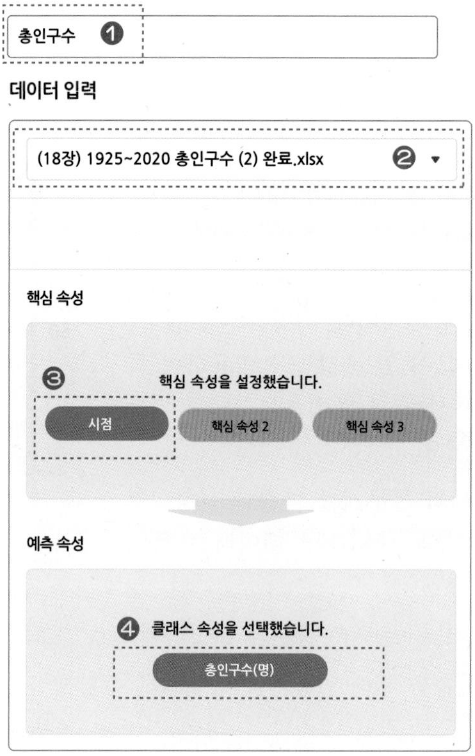

[그림 18-48] 예측: 숫자 모델 학습창

속성을 설정한 뒤 모델 학습하기를 눌러보세요. 모델 학습 조건에 대한 설명은 아래 표를 참고하세요.

세대	데이터 전체의 반복 학습 횟수
배치 크기	데이터 전체를 얼마나 작게 나누어 학습할 것인지 정하는 것
학습률	데이터를 얼마나 자세히 학습하는지 정하는 것
검증 데이터 비율	데이터 중 얼마의 비율로 모델을 테스트하는 데 사용할지 정하는 것 0.25일 때는 100개의 데이터가 있을 때 75개는 학습용으로 25개는 검증용으로 쓰는 것을 의미

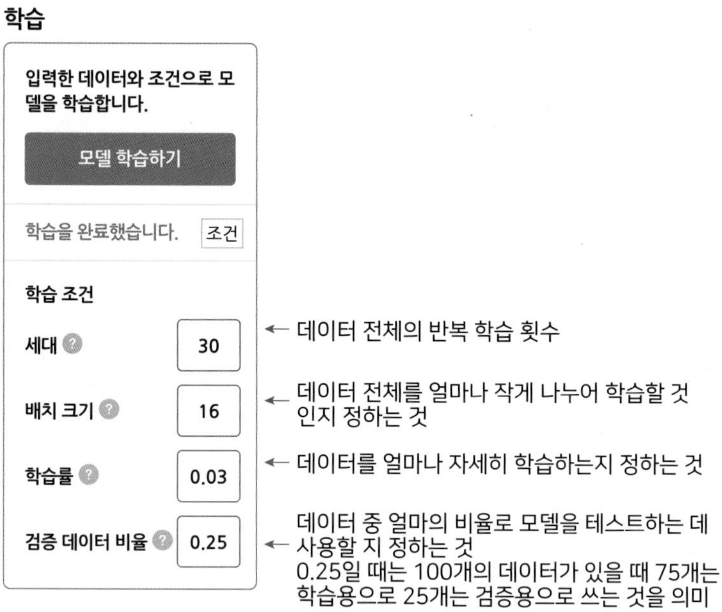

[그림 18-49] 예측: 숫자 모델 조건 설정

학습이 완료되면 아래와 같이 학습한 모델의 결과가 나타나요.

주황색 점은 실제값을 나타내고 파란색 선은 예측값을 나타내요. 파란색 선의 모양이 실제값의 분포와 비슷해질 때까지 모델 학습하기를 눌러 진행해요.

엔트리에서 모델 학습을 할 때, 같은 데이터를 학습시켜도 모델 학습의 결과가 다를 수 있다는 것을 유의해주세요!

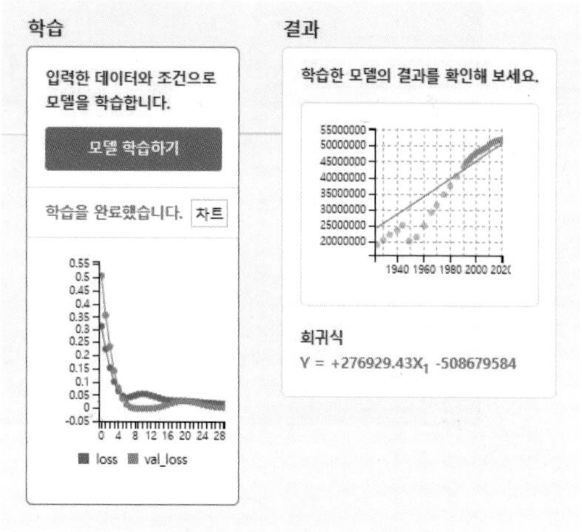

[그림 18-50] 예측: 숫자 모델 학습 결과

우리가 데이터 시각화에서 확인했던 그래프와 인공지능이 학습한 결과 그래프가 비슷한가요?

예측의 정확도를 높이기 위해서는 많은 양의 데이터가 필요해요. 정확도를 더 높이고 싶다면 데이터를 추가로 수집해도 좋아요.

적용하기를 누르면 학습한 인공지능 모델이 엔트리 편집창에 반영되어요.

인공지능 모델 학습도 완료했으니 이제 2050년의 인구수를 예측할 수 있는 프로그램을 만들어볼게요.

(3) 데이터를 활용한 프로그램을 만들어보자!

완성된 작품 미리보기

❶ [장면 1] 완성 장면 확인하고 오브젝트 추가하기

[그림 18-51] 장면 1 완성 모습

❷ [장면 1] 오브젝트에 추가 작업하기

'꼬마 마법사' 오브젝트에 '다시하기 버튼_1' 모양을 추가해요.

[그림 18-52] 꼬마 마법사

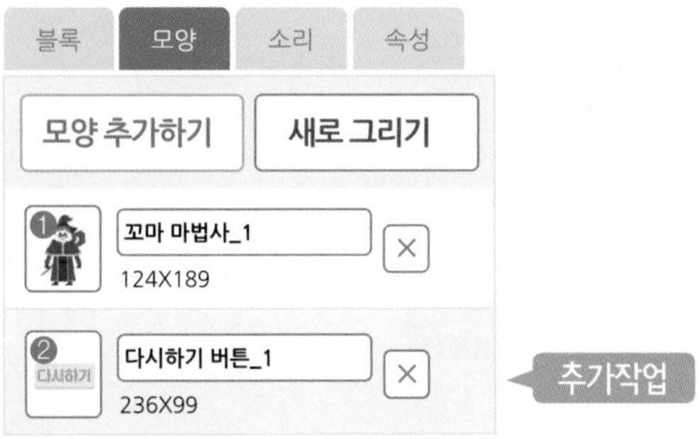

[그림 18-53] '꼬마마법사'의 모양

❸ [장면 1]에 신호 추가하기

신호 '끝'을 추가해주세요.

[그림 18-54] 장면 1의 신호

❹ [장면 1]의 오브젝트별 코드

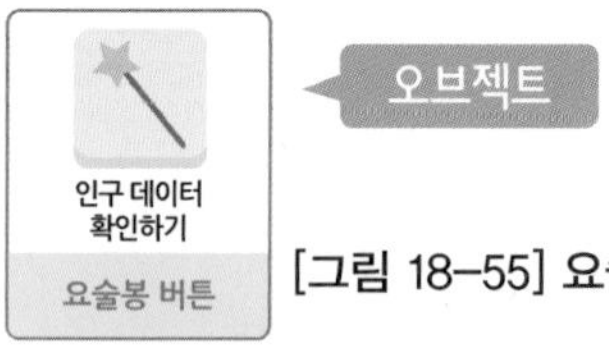

[그림 18-55] 요술봉 버튼

[그림 18-56] '요술봉 버튼'의 코드 1

[그림 18-57] '요술봉 버튼'의 코드 2

[그림 18-58] '요술봉 버튼'의 코드 3

[그림 18-59] 꼬마 마법사

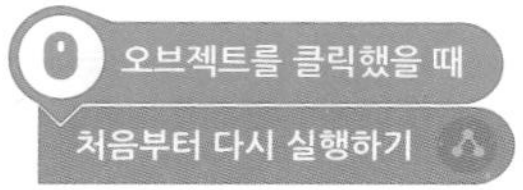

[그림 18-61] '꼬마 마법사'의 코드2

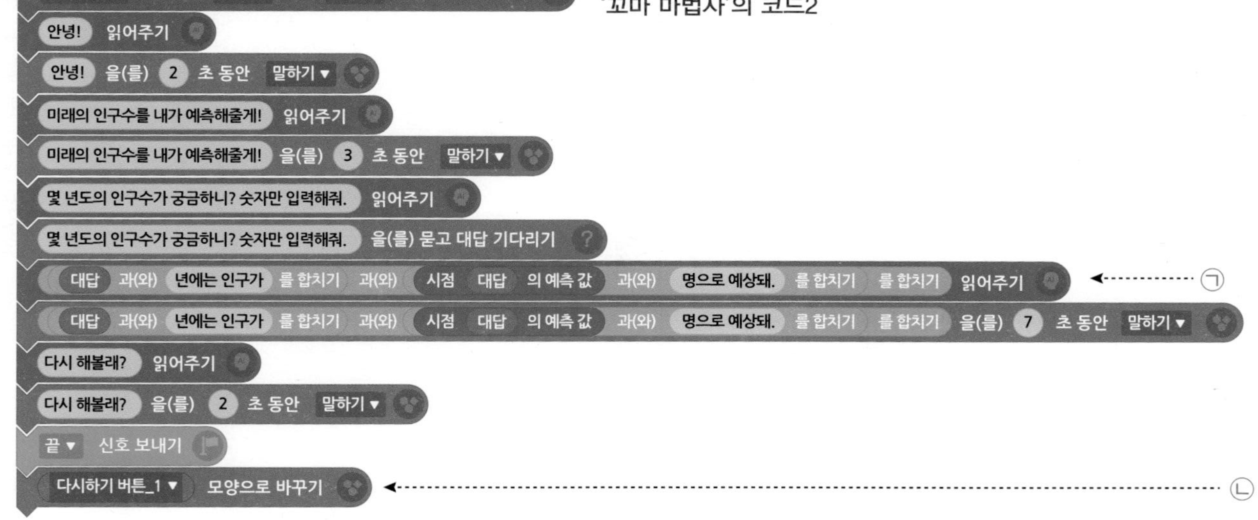

[그림 18-60] '꼬마 마법사'의 코드1

㉠ "(궁금한 연도) 년에는 인구가 (인공지능 예측값) 명으로 예상돼."라고 말하기 위하여 합치기 블록을 사용해요.

㉡ 꼬마 마법사가 다시하기 버튼으로 모양이 바뀌어 다시하기 버튼을 클릭했을 때 처음부터 실행돼요.

(4) 만든 프로그램으로 문제를 해결하자!

데이터를 시각화를 확인해보니 인구수의 증가하는 정도가 작아지는 게 보이네.

그러게! 이렇게 데이터로 확인하니까 눈에 잘 보인다.

우리나라 인구수가 2050년에는 (   )명이라고 예측해줬어!

2070년에는 (   )명의 인구가 우리나라에 있다고 예측해주네!

데이터 수집한 것을 다듬어서 인공지능으로 미래를 예측해보니 신기하고 재미있다!
그런데 뉴스에서는 우리나라 인구수가 많이 줄어들 거라고 하던데...
단순히 연도별로 전체 인구수 데이터로만 예측하는 것보다는 연령별 인구수,시대의 모습 등 다양한 요소를 고려해서 예측하는 것이 더 정확하겠지?

맞아. 데이터 과학은 데이터를 수집하고 분석한 것에 데이터 과학자의 경험과 다양한 학문적 지식을 더하기도 하니까.
여러가지 요소를 고려해서 데이터 과학을 하면 더 좋을거야!
데이터로 할 수 있는 게 정말 많은 것 같아!! 흥미로운 다른 데이터들을 더 찾아봐야겠어.

7 추가미션

구구 박사의 추가 미션

학습한 내용을 떠올리며 연령별 인구수를 수집하여 연령별 인구수 예측 프로그램을 만들어보세요.

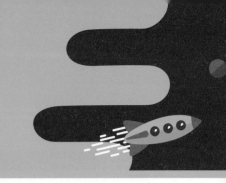

19장 데이터 과학자가 되어볼까요?

축하해요! 여러분은 데이터 과학자가 되어 여러 가지 미션을 해결해보았어요. 직접 데이터를 수집하고 분석하여 새로운 정보를 찾아내고, 문제를 해결하기 위해 새로운 프로그램을 만들기도 했어요!

이번에는 여러분의 차례예요. 생활 속에서 질문을 던져보고 여러분만의 미션을 만들어보는 건 어떨까요? 데이터 과학의 절차를 떠올리며 미션을 만들어보도록 해요.

1 문제 인식

지금까지 우리가 해결한 미션들은 정은이와 하은이의 질문에서 시작되었어요. 데이터 과학은 이처럼 여러분이 일상생활에 질문을 가지는 것으로 시작해요.

여러분은 평소에 어떤 생각을 하나요? 또는 관심 있는 것은 무엇인가요? 스스로 질문을 던져보면 직접 해결해보고 싶은 문제를 발견할 수 있을 거예요.

(1) 여러분이 해결하려는 문제는 무엇인가요?

해결할 문제

(2) 문제 해결을 위해 어떤 데이터가 필요할까요?

필요한 데이터

2 데이터 수집하기

(1) 데이터, 어디서 구할까?

여러분의 문제를 해결하기 위한 데이터는 어디서 구할 수 있을까요? 지금까지 우리는 여러 데이터셋을 살펴보며 데이터를 수집했어요. '9장. 세 걸음 준비운동!'에서 소개한 플랫폼들을 떠올려보세요. 여러분에게 필요한 데이터는 어디에 있을까요?

필요한 데이터 수집하기	
공공데이터포털	
국가통계포털	
기상자료개방포털	
그 외 데이터셋	

3 데이터 다듬기

(1) 어떤 데이터가 필요할까?

데이터를 수집했으면, 필요에 맞게 데이터를 다듬어 볼 차례예요. 수집한 데이터를 천천히 살펴보세요. 문제 해결을 위해 여러분이 수집한 데이터는 무엇인가요?

수집한 데이터	

멋진 데이터예요. 우리가 수집한 데이터에는 우리에게 필요한 데이터도 있지만, 필요하지 않은 데이터도 있어요. 우리에게 필요한 데이터와 필요하지 않은 데이터를 구분해보세요.

필요한 데이터	필요하지 않은 데이터

(2) 필요하지 않은 데이터를 삭제하자!

우리에게 필요하지 않은 데이터는 다듬어주어야 해요. 지금까지 학습했던 스프레드시트 프로그램의 '필터 기능', '정렬 기능' 등을 활용하여 우리에게 필요하지 않은 데이터를 삭제해주도록 해요.

4 데이터 시각화하기

(1) 데이터, 엔트리로 불러오자!

데이터를 잘 다듬었나요? 이제 데이터를 한눈에 파악할 수 있도록 그래프로 표현해볼까요? 데이터를 시각화하면 모래처럼 흩어져 있던 데이터들 속에서 새로운 가치를 찾아낼 수 있어요. 데이터를 시각화하기 위해서는 먼저 데이터를 엔트리로 불러와야 해요.

(2) 데이터, 어떤 그래프로 표현할까?

여러분이 수집한 데이터를 한눈에 보기 쉽게 표현할 수 있는 그래프는 어떤 것일까요? 그래프를 만들어보기 전 예상해보세요.

그래프를 꼭 하나만 선택하기보다는 여러 그래프로 표현해보면 데이터에서 더 많은 가치를 발견할 수 있어요.

[그림 19-1] 그래프 종류 선택하기

(3) 데이터, 그래프로 표현하자!

그래프를 선택했다면 차트에 적절한 이름을 붙여볼까요? 다른 사람이 차트의 이름만 보아도 어떤 데이터가 들어있는지 알 수 있게 이름을 붙여주는 것이 좋아요. 이름을 붙였다면, 가로축/계열/값을 바꿔가며 데이터를 시각화해보세요. 다양한 그래프로 표현할수록 여러분은 데이터 속에서 새로운 가치들을 찾아낼 수 있을 거예요!

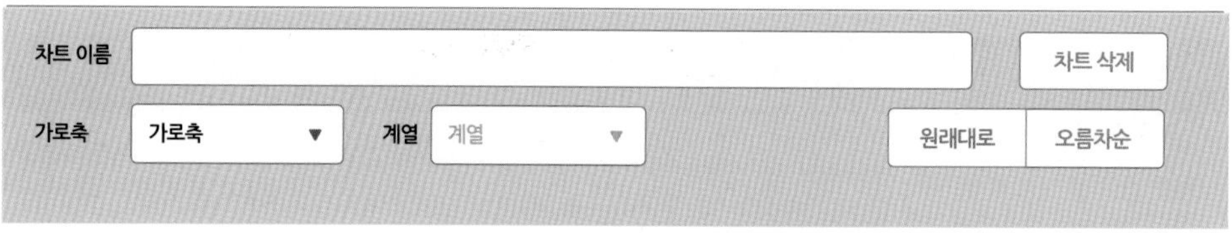

[그림 19-2] 차트 속성 설정창

5 데이터 분석하기

(1) 데이터로 무엇을 알 수 있을까?

데이터를 그래프로 표현하니 어떤 일이 일어났나요? 나열된 데이터 속에서는 보이지 않던 새로운 정보들이 보이나요? 새롭게 알게 된 정보들을 최대한 많이 정리해보세요. 자세히 살펴보면 데이터들 사이의 관계도 파악할 수 있어요.

분석한 결과	새롭게 알게 된 내용

6 문제 해결

(1) 데이터를 어떻게 활용할까?

이제! 마지막 단계예요. 분석한 데이터를 활용하여 우리의 문제를 해결해주는 엔트리 프로그램을 만들어볼까요? 어떤 프로그램이 좋을까요?

내가 만들고 싶은 프로그램

(2) 어떤 데이터가 필요할까?

원하는 프로그램을 만들기 위해서는 어떤 데이터가 필요할까요? 시각화한 데이터만 사용해도 좋고, 새로운 테이블을 추가해서 활용해도 좋아요.

필요한 데이터	

(3) 데이터를 활용한 프로그램을 만들어보자!

여러분이 만들 프로그램에는 어떤 장면이 필요할까요? 장면에 들어갈 배경과 오브젝트를 추가해보세요. 선택한 배경과 오브젝트에 어떤 코드가 필요할까요? 전체적인 코드의 흐름을 적어본 다음, 엔트리 블록을 사용하여 직접 프로그램을 만들어보세요!

프로그램 흐름 구상하기

스스로 미션을 만들고 해결해보았나요? 여러분은 이제 어엿한 데이터 과학자예요! 데이터를 가지고 주변을 바라보면, 더 넓은 세상을 마주할 수 있어요. 데이터 과학자가 된 것을 축하해요!

해 답

5장

1. 들어가기
해결할 문제 : 방송실에서 계절별로 틀어줄 노래의 종류 정하기　　필요한 데이터 : 계절별 사람들이 즐겨 듣는 노래의 종류

3. 데이터 다듬기
수집한 데이터 : 네이버 VIBE 장르별 재생 수

5. 데이터 분석하기
1~3월에 많이 재생되는 노래의 장르: 발라드

4~7월에 많이 재생되는 노래의 장르: 댄스

봄에 많이 재생되는 노래의 장르: 댄스

가을에 많이 재생되는 노래의 장르: 발라드

6. 데이터 분석하기
발라드, 댄스, 발라드, 발라드, 댄스

6장

1. 들어가기
해결할 문제 : 우리나라에서 비가 많이 오는 지역 알아보기　　필요한 데이터 : 우리나라 지역별 강수량

3. 데이터 다듬기
수집한 데이터 : 월전체 강수량

필요한 데이터 : 2019년의 시도별 월전체 강수량　　필요하지 않은 데이터 : 2018년의 시도별 월전체 강수량

5. 데이터 분석하기
서울특별시의 7월 강수량 : 194.4　　제주도의 7월 강수량 : 417.5

7월에 비가 가장 많이 내리는 지역 : 제주도　　강수량이 점차 줄어드는 달 : 10월

6. 데이터 분석하기
제주도, 504.73, 9월, 7, 9

7장

1. 들어가기

해결할 문제 : 몇 월에 소풍을 가는 것이 좋을지 알아보기　　필요한 데이터 : 월평균 미세먼지 농도

3. 데이터 다듬기

수집한 데이터 : 월평균 미세먼지 농도

5. 데이터 분석하기

가장 높은 전국 월평균 미세먼지 농도 수치 : 75　　가장 낮은 전국 월평균 미세먼지 농도 수치 : 20

미세먼지 농도가 제일 낮았던 횟수가 가장 많은 월 : 8,9월　　미세먼지 농도가 제일 높았던 횟수가 가장 많은 월 5월

6. 데이터 분석하기

8,9 , 5, 8,9

8장

1. 들어가기

해결할 문제 : 배추밭이 넓고 배추를 가장 많이 생산하는 지역 찾기　　필요한 데이터 : 여러 해의 지역별 배추밭 크기와 배추 생산량

3. 데이터 다듬기

수집한 데이터 : 연도별 배추 생산량

5. 데이터 분석하기

배추 생산량의 최댓값 : 826654　　배추 생산을 가장 많이 하는 지역 : 전라남도

가장 넓은 면적의 값 : 12009　　가장 넓은 면적이 넓은 지역의 배추 생산량 값 : 723550

배추 재배 면적과 배추 생산량의 관계 : 배추 재배 면적이 넓을수록 배추 생산량이 많다.

6. 데이터 분석하기

전라남도, 23291539, 클수록, 전라남도

10장

1. 들어가기

해결할 문제 : 지역 또래의 평균 키 알아보기　　필요한 데이터 : 지역별, 연령별 또래 학생들의 평균 키

3. 데이터 다듬기

수집한 데이터 : 시도별, 연령별 학생들의 평균 키

필요한 데이터 : 시도별, 연령별 키　　필요하지 않은 데이터 : 시점, 학교별, 성별 값

5. 데이터 분석하기

서울특별시의 12세 남자, 여자의 평균 키 : 160.7 , 157.5　　경기도의 12세 남자, 여자의 평균 키 : 160.1, 157

내가 사는 지역의 내 나이의 평균 키 :　　남자와 여자의 키 성장의 정도가 줄어드는 시기 : 13세 / 12세

6. 데이터 분석하기

느려지고, 157.5, 작구나, 느려지겠다, 늘려

11장

1. 들어가기

해결할 문제 : 자치구별 인구 비교하기　　필요한 데이터 : 주민등록인구(연령별/동별) 통계

3. 데이터 다듬기

수집한 데이터 : 서울시 주민등록인구 통계

필요한 데이터 : 자치구, 계, 자치구별·연령별 인구 수　　필요하지 않은 데이터 : 기간, 한국인·외국인 구분 등

5. 데이터 분석하기

전체 인구가 가장 많은 자치구 : 송파구　　전체 인구가 두 번째로 많은 자치구 : 강서구

10~14세가 가장 많은 자치구 : 강남구　　20~24세가 가장 많은 자치구 : 관악구

6. 데이터 분석하기

양천구, 3

12장

1. 들어가기

해결할 문제 : 모기가 활동하기 시작하는 시기 알아보기　　필요한 데이터 : 서울시 모기예보제 정보

3. 데이터 다듬기

수집한 데이터 : 서울시 모기예보제 정보

필요한 데이터 : 모기지수 발생일, 모기지수(주거지)　　필요하지 않은 데이터 : 모기지수(수변부), 모기지수(공원)

5. 데이터 분석하기

모기지수가 급격하게 증가하기 시작하는 시기 : 4월　　모기지수가 가장 높은 시기 : 8월

6. 데이터 분석하기
4, 8, 8, 평균 기온, 평균 기온

13장

1. 들어가기
해결할 문제 : 지역별 해수욕장의 수와 해수욕장별 이용객 수 알아보기　필요한 데이터 : 지역별 해수욕장의 수와 해수욕장별 이용객 수

3. 데이터 다듬기
수집한 데이터 : 연도별 해수욕장 이용객 현황

5. 데이터 분석하기
해수욕장 수가 가장 많은 시도명 : 강원도　해수욕장 수가 가장 많은 시군구명 : 고성군, 태안군

가장 많은 이용객이 방문한 해수욕장 이름과 이용객 수 : 해운대, 11202000명

가장 많은 이용객이 방문한 해수욕장이 있는 시도명 : 부산광역시

6. 데이터 분석하기
강원도, 3, 고성군, 양양군, 강릉시, 해운대, 11202000, 부산광역시

14장

1. 들어가기
해결할 문제 : 놀이공원 입장객 수가 가장 적은 월 찾기　필요한 데이터 : 월별 놀이공원 입장객 수

3. 데이터 다듬기
수집한 데이터 : 에버랜드 월별 입장객 수

필요한 데이터 : 월별 입장객 수　필요하지 않은 데이터 : 시도, 군구, 관광지, 연도별 입장객 수, 내국인, 외국인

5. 데이터 분석하기
평균 입장객 수가 많은 월 : 5월　2005년 입장객 수가 가장 많았던 월 : 8월

6. 데이터 분석하기
5, 1(연도별 입장객 수가 가장 적은 달은 1월이 가장 많아요. 다음 단계인 데이터 응용하기에서 함께 확인해 보아요.)

15장

1. 들어가기
해결할 문제 : 집에서 가까운 학교 찾기 필요한 데이터 : 전국 초중등학교 위치 데이터

3. 데이터 다듬기
수집한 데이터 : 전국초중등학교 위치 데이터

필요한 데이터 : 학교명, 학교급구분, 소재지 도로명주소, 시도교육청명, 위도, 경도

필요하지 않은 데이터 : 학교ID, 설립일자, 설립형태 등

5. 데이터 분석하기
전국에서 가장 많은 학교급 : 초등학교 전국에서 학교가 가장 많은 도시 : 경기도

초등, 200

17장

1. 들어가기
해결할 문제 : 신발 사이즈 예상하기 필요한 데이터 : 키와 몸무게에 따른 신발 사이즈

3. 데이터 다듬기
수집한 데이터 : 인체치수 데이터

필요한 데이터 : 성별, 키, 몸무게, 발 직선 길이 필요하지 않은 데이터 : 나이, 골격근량, 체지방량, 체수분, 단백질, 무기질, BMI 등

5. 데이터 분석하기
키가 140보다 크거나 같고 145.2보다 작은 데이터의 수 : 12개

몸무게가 47.2보다 크거나 같고 59보다 적은 데이터의 수 : 419개

6. 문제해결
155.6, 255

18장

1. 들어가기
해결할 문제 : 우리나라의 2050년 인구수 예측하기 필요한 데이터 : 연도별 총인구

3. 데이터 다듬기
수집한 데이터 : 1925~2010년의 총인구수, 1992~2020년의 총인구수

필요한 데이터 : 시점, 총인구수 필요하지 않은 데이터 : 행정구역별, 연령별

5. 데이터 분석하기

빠르게 총 인구 수가 증가한 기간: 1949~1990년

총 인구 수 변화의 모습: 급격히 상승하다가 점차 증가 속도가 느려짐

6. 문제해결

59025744, 64564328 (위의 답은 인공지능모델 학습결과에 따라 값은 다를 수 있어요.)